e- 비즈니스의 이해

이론과 사례

최 무 진 지음

계명대학교출판부

e-비즈니스의 이해 : 이론과 사례

초판 1쇄 발행 2013년 2월 28일
초판 2쇄 발행 2014년 9월 1일

지 은 이 최무진
펴 낸 이 신일희
펴 낸 곳 계명대학교출판부
출판등록 제347-1998-1호(1970. 9. 1)
주 소 대구광역시 달서구 달구벌대로 1095
대표전화 053-580-6233
팩 스 053-580-6235
홈페이지 www.kmupress.com

ISBN 978-89-7585-618-1 93320 정가 18,000원

본 교재는 교육과학기술부의 재원으로 한국연구재단의 지원을 받아 수행된 산학협력 선도대학(LINC) 육성사업의 연구결과입니다.

Contents_

머리말

▶ ……… e-비즈니스의 정의와 범위 그리고 내용은 사람과 IT전문업체에 따라 다양하다는 특징이 있다. 특히 많이 하는 오해들 중에 하나는 e-비즈니스를 단순히 전자상거래와 동일시 한다는 점이다. 그러나 e-비즈니스는 기업의 모든 경영활동에 인터넷 기반기술과 전통적 디지털 정보기술(IT)을 전자적으로 통합 적용함으로써 경영의 효율성과 효과성을 극대화하고 다양한 비즈니스 가치를 광범위하고 편리하게 실현하고자 하는 혁신적 경영방식이므로 당연히 전자상거래와는 구분되어야 한다.

▶ ………네트워크의 영역에 따라 e-비즈니스는 크게 인트라넷, 엑스트라넷, 인터넷으로 나눌 수 있다. 일반적으로 MIS/ERP는 인트라넷에, SCM 및 전자상거래는 엑스트라넷에, 불특정 다수를 위한 웹사이트(기본 보안절차를 요구하지 않는 영역)는 인터넷에 속한다. 특히 e-비즈니스는 표준화된 개방형 웹 기술을 기반으로 이러한 모든 부분들을 통합함으로써 중단 없는(seamless) 정보 공유와 사용자 참여를 가능하게 하는 Web 2.0 환경을 추구한다. 이러한 관점에서 이 책은 유무선 인터넷이라는 새로운 정보처리환경에서 빛의 속도로 진행되는 거래와 업무처리, 신속한 의사결정, 지속적인 경영혁신, 창조적 비즈니스 모델을 이해하는데 필요한 신 개념의 정보시스템, 이를 구성하는 IT/IS, e-비즈니스 구축 전략, 각종 e-비즈니스 모델, 풍부한 현장 사례들을 제공할 것이다.

▶ ………저자는 특히 외국대학에서 많이 활용되고 있는 다수의 교재와 저자의 경험을 중심으로 e-비즈니스에서 반드시 다뤄야 하는 주제들을 선정하였다. 아울러 창업이 장려되고 있는 오늘날, 이론과 사례들이 IT벤처창업 준비와 창업 후 관리와 연계되도록 서술하였다. 학부 학생들이 e-비즈니스 이론을 가장 잘 이해할 수 있는 방편은 사례이므로 신문, IT잡지 등에서 소개되는 풍부한 현장 사례를 매 장의 중간 또는 마지막에 편성하였다.

이 책은 다음과 같은 소정의 목적을 가지고 쓰여 졌다.

▶ ·········1. e-비즈니스의 개념과 범위는 때로 혼란스럽고 광범위하며 다양한 측면이 있다. 그렇지만 이 교재는 학부 학생들이 꼭 습득해야 하는 주제와 교육내용을 다루었기 때문에 야기될 수 있는 혼란과 오해를 최소화 할 수 있다.

▶ ·········2. 인터넷, IT벤처 관련 창업을 시작하는 사람들이 알아야 하는 지식과 기본적인 가이드를 제공한다.

▶ ·········3. 인터넷 기반기술과 전통적 정보기술을 융합한 경영혁신, 시스템 통합, 전자상거래 시스템을 비롯한 각종 e-비즈니스 시스템을 기획하고 실현하고자 하는 현장 실무자들에게 유익한 지침서가 될 수 있다.

끝으로 이 책은 다음의 독자들에게 추천하고 싶다.

▶ ·········1. 경영정보학(MIS) 관련 학과가 개설하는 「e-비즈니스」 과목에서 교재로 사용할 수 있으며, 인터넷 및 IT벤처 관련 창업과 IT/IS를 활용한 혁신전략을 가르치는 강좌에서 주 · 부교재로 활용될 수 있다.

▶ ·········2. 지식서비스창업전공을 하는 학생들에게 수업교재 및 참고자료로 활용될 수 있다.

▶ ·········3. 경영대학원 MBA의 과정에서 개설되는 e-비즈니스 과목에서 교재로 활용될 수 있다.

▶ ·········4. 기타 e-비즈니스, 인터넷 창업, 경영혁신, e-비즈니스 시스템의 계획과 구축에 관심이 있는 사람들에게 유용한 참고도서가 될 수 있다.

모쪼록 이 책을 통하여 독자들이 e-비즈니스의 개념과 구성요소들 그리고 구성요소들 간의 관계에 대한 확실한 이해를 바탕으로 디지털 경제를 떠받치고 있는 각종 e-비즈니스 시스템의 설계, 구축, 통합 그리고 이러한 것들을 통한 경영혁신을 공부하는데 일 보 진전이 있기를 바란다.

2012년 12월

성서캠퍼스 연구실에서 저자

Chapter_01

경영환경변화와 인터넷

Business

제 1 장
경영환경 변화와 인터넷

Key Point

경영환경 변화 및 정보기술 동향의 변화를 왜 이해해야 하는가?

주요 내용

- 경영환경의 변화와 기업의 대응
- 주요 정보기술의 변화 동향과 기업의 대응
- [사례 연구] 셋톱박스 제조업체 휴멕스의 e-비즈니스
- [인터뷰] 소유의 시대서 공유의 시대로… 이젠 모든 걸 오픈하라. MIT 미디어 랩 소장 조이 이토

제1절 경영환경의 변화와 기업의 대응

○ 경영환경은 지속적으로 변화한다.

변화는 과거와의 단절이 결코 아니다. 과거의 축적된 결과에서 현재의 모습을 발견할 수 있으며, 현재의 특징과 과거로부터 변화된 흐름을 분석해서 미래를 조명할 수 있는 것이다. 특히 최근의 경영환경은 완만하기보다는 급격한 형태로 진행되고 있다는 점에 주목해야 할 필요가 있다.

o 경영환경의 변화에 적응하는 것이 기업생존의 핵심일 뿐만 아니라 경쟁에서 승리할 수 있는 원동력이다.

기업은 변화의 방향을 예측하고 이에 대한 사전 준비를 해야 한다. 변화의 특징과 트렌드를 분석해서 조직에 미치는 영향을 파악하고 이에 대비하기 위해서 조직의 역량을 집중하는 것이 중요하다.

1.1 현재의 경영환경은 어떻게 변화하고 있는가?

o 경영환경 변화의 주요 흐름을 다음 6 분야로 나누어 이해할 필요가 있다.

1) 세계화 경영의 확대
2) 경쟁의 심화
3) 비즈니스의 디지털화
4) 제품생명주기(Product Life Cycle)의 단축
5) 정보/지식의 중요성 증가
6) 고객의 중요성 증가

1) 세계화 경영의 확대

자본주의 사회의 자유경쟁 환경에서 국가와 국경의 의미는 점점 쇠퇴하고 있다. 한 때 사회주의 국가들이 민주화된 후 자본주의가 유입되면 제일 먼저 입성하는 미국 기업들이 코카콜라나 맥도날드 회사였다.

이제 코카콜라는 전 세계인이 찾는 청량음료로 자리를 잡았으며, 햄버거는 국가 또는 민족에 상관없이 즐겨먹는 음식이 되었다. 물론 그 나라에 맞도록 재료와 레시피를 조금 바꾸는 경우는 있지만 햄버거라는 기본적인 형태는 그대로 유지되고 있다.

자본시장이 개방되면서 이제 거대기업의 지분은 글로벌화 되어 우리 기업이라는 개념이 점점 약해지고 있다. 삼성전자(49% 이상), POSCO(50%에 근접) 등은 외국인 지분이 매우 높아 더 이상 한국 기업이라 하기 힘들 것이다(2010년 8월 기준).

세계경영은 커뮤니케이션 기술의 발달과도 매우 밀접하다. 인터넷, 스마트폰, 인공위성,

스마트 TV와 같은 커뮤니케이션 및 멀티미디어 기술의 발달은 새로운 소식을 쉼 없이 전 세계에 전달한다. 따라서 음악, 영화, 게임, 패션 등의 유행은 전 세계에 동시적으로 진행하므로 세계가 한울타리가 되고 시장은 점점 단일화되고 있다. 따라서 기업은 이제 생존과 발전을 위해서, 전 세계를 단일시장으로 보고 경쟁에서 승리하기 위한 전략수립과 경영활동 수행할 필요가 있다. 삼성전자 등 글로벌 기업은 이렇게 단일화된 거대 시장(휴대폰, 반도체 등)을 대상으로 엄청난 R&D투자를 할 수 있으며, 규모의 경제의 혜택을 톡톡히 누리는 것이다. 따라서 한번 기회를 놓치거나 잘못된 판단으로 투자를 하면 회복하기 어려운 위기를 맞을 수도 있다.

유튜브, 페이스북과 같은 SNS 등은 한국의 문화콘텐츠를 전 세계에 확산하는데 큰 역할을 하고 있다. 가수 싸이의 '오빤, 강남스타일'이 전 세계적으로 대히트를 칠 수 있었던 것도 이러한 커뮤니케이션 기술의 발달에 힘을 입었다하지 않을 수 없다.

[참고 자료] 아시아로 확산되는 '진정한 모바일 혁명'

에릭 슈미트 구글 회장 기고

최근 캄보디아에서 일어난 범죄 사건은 잘못된 휴대전화 사용 사례와 함께 아시아 지역의 놀라운 기술 발전 정도를 동시에 보여주었다. 프놈펜에 사는 한 남성이 전(前) 직장의 사장을 살해하겠다고 협박하며 돈을 요구하다가 미수에 그쳤다. 언론 보도에 따르면 이 남성은 휴대전화 뱅킹 계좌로 돈을 보내라고 요구하다가 꼬리가 잡혔다. 문자메시지(SMS)로 협박문을 보낼 때는 본인 휴대전화를 쓰면 안 된다는 것쯤은 누구나가 아는 사실이다. 그런데 이 범인은 그리 똑똑하지 못했던 모양이다. 이에 비하면 그의 휴대전화는 믿기지 않을 정도로 '스마트'했다. 삼류 사기꾼인 범인은 미국에서도 많은 사람이 부러워하는 뛰어난 서비스를 범죄에 활용했던 것이다.

아시아는 오랫동안 모바일 인터넷 기술의 혁신 주자였다. 한국이나 일본에서는 몇 년 전부터 휴대전화로 기차표를 사고 영화도 본다. 동남아에서는 문자메시지가 인터넷을 활용하는 간단하면서도 강력한 도구다. 인도의 시골 농부들은 언제 어디서든 휴대전화로 농산물 가격을 알아볼 수 있다. 일부 아시아 기업은 은행이 진출을 꺼리는 지역에서 휴대전화를 통해 금융 서비스를 판매한다. 문자메시지를 통해 날씨 보험에 가입하고 보장된 기간에 비가 오지 않을 경우 휴대전화를 통해 자동으로 보상금을 수령하는 상품까지 나왔다.

사람들은 지금까지 꽤 긴 기간 '모바일 혁명'을 환영해왔다. 하지만 2011년은 지난 몇 년과 비교해 크게 다른 점이 있다. 첨단 스마트폰과 가장 기본적인 기능만 가진 일반 휴대전화가 하나로 통합되는 근본적인 변화가 이뤄졌다. 사실 지금까지는 모바일 기술 발전이 이런 방향으로 전개되지는 않았다. 일부 국가에서는 획기적인 기능을 갖춘 휴대전화가 도입됐지만 인터넷을 이용할 수 없거나 다른 통신사 네트워크를 사용하는 휴대전화와 호환이 어려웠다. 얼마 전까지만 해도 구글이 여러 종류의 휴대전화에서 모바일 지도 서비스가 작동하도록 투자한 시간은 제품 자체의 기능 향상에 투자한 시간과 맞먹었다.이제는 완전히 다른 세상이 열렸다. 개발자나 제조사가 자유롭게 사용할 수 있는 개방형 구조를 스마트폰이 채용하고 있다. 아시아는 이 기회를 놓치지 않았다. 아시아의 모바일 서비스는 문자메시지, 스마트폰 운영체제, 모바일 인터넷 등 기기나 플랫폼에 관계없이 혁신을 빠르게 진행할 수 있다. 중국은 모바일 응용프로그램(앱) 다운로드 수에서 세계 2위다. 얼마 전만 해도 한국과 일본에서 개발된 앱이 국경을 넘기 힘들었지만 이제는 아이폰과 안드로이드폰에서 모두 사용 가능한 진정한 글로벌 히트작들을 자랑하고 있다. 스마트폰 가격이 내려가면서 이러한 힘은 아시아 전역으로 전파될 것이다.이러한 기술은 무료 문자메시지 앱 '카카오톡', 메모용 앱 '어썸노트' 등을 만드는 한국의 개발자 모두 손쉽게 활용할 수 있다. 이러한 이유 때문에 자신의 테두리 안에 가둬놓는 폐쇄적인 가두리형이 아니라 개방형 시스템이 아시아 모바일 인터넷의 더욱 확고한 기반이 된다. 장애물 없이 정보를 주고받을 수 있는 힘을 과소평가해서는 안 된다. 지난해 10월 캄보디아와 태국 정상이 비공식 채널을 통해 소규모 국경분쟁을 원만하게 해결했다. 여기서 의견 교환에 이용된 수단은 바로 양국 간 전화 핫라인이 아니라 문자메시지였다. (자료원: 조선일보 11.7.22)

2) 경쟁의 심화

기업들의 경쟁이 경쟁해야 하는 범위는 더욱 확대되고 심화되어가고 있다. 세계화 경영이 확대되는 환경에서 경쟁은 자국 내에서만 발생하는 것이 아니라 전 세계 기업을 대상으로 발생하고 있다. 경쟁이 심화되는 환경에서 기업들이 경쟁적 우위를 확보하기 위한 노력은 끊임없이 계속하지 않는다면 시장에서 도태될 수밖에 없을 것이다.

외부환경이 변화함에 따라 기업이 보유하고 있는 경영자원 및 능력의 차이와 대응경험의 차이에 따라 경쟁에서 살아남을 수도 도태될 수도 있다. 따라서 기업이 얼마나 내부 혁신을 잘 추진하는 정도에 따라 경쟁우위가 판가름 난다.

경쟁에서 이기기 위해 기업들은 제 자리에 머물러 있어서는 안된다. 각고의 노력을 통해 성취한 핵심 기술, 발명 특허, 우수 인력 등이 영원한 승리를 보장해 주지 않기 때문이다. 따라서 기업은 계속적으로 혁신하고 변화해서 경쟁우위를 지킬 수 있는 핵심 역량 보유 필요할 필요가 있다.

한순간의 방심과 의사결정 잘못으로 경쟁에서 완전히 낙오될 수 있다. 따라서 기업은 계속해서 긴장하고 지속적인 혁신 노력을 해야 한다. 한 때 삼성그룹 이건희 회장이 끝없는 개혁을 촉구하기 위해 "마누라와 자식만 빼고 모두 바꿔라", "10년 후 먹고 살 것 걱정하면 등에 식은 땀이 난다" 등 위기의식을 자극하는 발언을 하였던 것이다.

3) 비즈니스의 디지털화

현대 기업 경영에서 컴퓨터가 없는 경우를 가정한다면?

- 피해와 손실의 정도가 점점 더 심해지는 환경이 되고 있다. 컴퓨터가 없으면 업무가 마비되는 기업들이 증가하고 있다. 현대 경영에서 거의 모든 기업들이 정보시스템에 의존하지 않고는 기업 본연의 활동을 하기가 어려운 것이 사실이다.

정보기술 활용도가 계속 증가하고 있다.

- 과거에서부터 정보기술의 활용도는 꾸준히 증가해 왔으며, 현재에도 중요하게 활용되고 있으며, 앞으로도 그 비중은 계속해서 증가될 것으로 예상된다.

비즈니스의 디지털화가 의미하는 것은 무엇일까?

- 경영활동 전반에서 정보기술이 차지하는 비중이 높아진 상태를 말하며, 기업경영(비즈니스)이 디지털 기반에서 수행되는 환경을 의미한다.

e-트랜스포메이션 ('비즈니스의 디지털화'의 다른 용어)

- 모든 거래와 경영활동을 전자적으로 수행할 수 있도록 정보기술을 조직의 모든 프로세스에 적용하는 경영혁신 방법이며 이는 e-비즈니스와 동의어로 쓰인다.

기업경영(비즈니스)이 디지털 기반에서 수행되는 환경의 특징

시장	☞ 전통적 시장	☞ 새로운 시장 : 전자상거래 등
프로세스	☞ 제품중심	☞ 고객중심
기술	☞ 아날로그 기술(Fax, 복사기, 전화)	☞ 디지털 정보기술 ☞ 인터넷 기술
매개수단	☞ 전통적 수단 ☞ Off Line 채널	☞ 디지털 컨버전스 ☞ On-Off Line 채널 병행 ☞ e-채널
제품	◈ 물리적 제품	◈ 디지털 제품 및 서비스

[쉬어 가기]

2010년 한국은 영국 이코노미스트 부설 EIU와 IBM 기업가치연구소가 공동으로 조사한 디지털경제지수 조사에서 세계 70개 국가 중 13위에 올랐다. 한국은 '정부정책과 비전' '사회문화적 환경' 부문에서 각각 스웨덴과 미국을 이어 2위를 기록했다. 또한, 한국은 아시아 국가 중 '접속 및 기술인프라' '정부정책과 비전' 등에서 선두를 나타낸 반면, 디지털 경제 경쟁력 강화를 위해 '비즈니스환경(25위)' '법적환경(26위)' '소비자와 비즈니스 수용 정도(23위)'의 개선이 필요한 것으로 나타났다.

디지털경제지수 1위는 스웨덴이 차지했으며, 덴마크(2위)와 미국(3위)이 뒤를 이었다. 아시아에서는 홍콩이 7위, 싱가포르가 8위를 기록했다.

4) 제품생명주기(Product Life Cycle)의 단축

과거의 경영환경 변화는 완만하게 진행되는 추세였지만, 최근의 흐름은 변화의 물결이 급격히 다가오는 추세이다.

- 전 세계적으로 동시에 진행되는 유행도 점점 짧아지는 추세이다.
- 테크노 음악이 유행하는가 싶더니 어느새 사라지고, 방송에서 스타로 불리는 대중가수들도 자주 바뀌고, 스타의 자리에 있는 시간도 점점 짧아지는 추세이다.
- 디지털 컨버전스, 신기술의 개발로 디카, 휴대폰의 수명은 계속 짧아지고 있다. 이는 지식이나 기술의 생명주기는 짧아지는 것과 같다.

인터넷 기술도 점점 빠르게 변화하고 있다.

- 전화 모뎀을 이용하는 인터넷에서 초고속 통신망을 이용한 인터넷으로 바뀐 지 얼마 되지 않은 것 같은데 벌써 무선인터넷 서비스가 확산되는 등 변화의 속도가 점점 빨라지고 있다. 따라서 인터넷 서비스를 제공하는 기업 입장에서는 발전하는 인터넷 기술에 투자하지 않을 경우 경쟁에서 낙오할 수밖에 없다.
- 실제로 새로운 기술이 나오기까지 걸리는 시간은 점점 더 짧아지는 것이 현실이다. 길더의 법칙은 향후 10년 동안 통신시스템의 대역폭이 12개월마다 3배씩 증가함을 말함. 따라서 인터넷사용자와 멀티미디어 콘텐츠가 계속 증가하더라도 인터넷 속도는 저하하지 않을 것이며 오히려 관련 사업이 더욱 발달하는 계기가 될 수 있다.

세상의 모든 것은 변화한다는 것이 진리이고, 기업 경영도 변화하고 있으며, 변화하는 내용의 주기 또한 점점 빨라지고 있다는 것도 진리이다.

- 고객이 빠르게 변하고 있기 때문에 기업의 사업 내용도 새롭게 변경된다.
- 신규 상품을 경쟁사보다 빠르게 시장에 내 놓아야 고객의 눈길을 끌 수 있으며, 뒤쳐지면 경쟁에서 패배한다. 즉 제품의 개발에서 시장에의 출시까지 걸리는 Time-to-market을 줄이지 않으면 경쟁적 시장에서 살아 남을 수 없다.

5) 정보/지식의 중요성 증가

21세기는 지식, 정보화 사회이다.

- 지식과 정보가 국가 및 사회의 경쟁력을 결정하는 시대이다.
- 지식과 정보가 경쟁력의 원천이 되며, 지식과 정보를 활용하여 새로운 부가가치와 상품 및 서비스를 창출하는 능력이 요구되는 현실에 살고 있다.
- 기업의 경쟁력을 결정하는 고부가치의 무형의 자산(아이디어, 지적자산, 특허 등)이 희소하므로 이를 생성하는 창의적 인적자산(인재)을 관리하는 일이 매우 중요하다.

지식, 정보화 사회가 이미 시작되었다.

- 컴퓨터와 통신기술의 발달, 인터넷의 등장과 그에 따른 인터넷 중심사회로의 이

행에서 지식 및 정보화 사회는 이미 출발하였다. 이러한 사회에서 개인 및 조직은 끊임없이 등장하는 새로운 지식과 기술을 습득하고 활용할 수 있는 능력을 개발해야 한다.

기업 경영방식이 변화되고 있다.

- 기술, 정보 및 지식 집약적 분야에 경영자원을 집중적으로 배치해야 경쟁력을 확보할 수 있는 시대가 되고 있다.
- 지식과 정보 자원의 효율적 유통을 위한 정보통신 인프라를 기반으로 지식과 정보의 생산과 유통, 소비가 원활히 이루어질 때 경쟁력 확보가 가능하다.

앨빈 토플러(A. Toffler)는 정보와 지식을 권력의 원천이자 권력이동(Power Shift)의 핵심이라고 주장하였다. 따라서 미래의 경쟁 환경의 승리자는 지식과 정보의 자원화에 따른 두뇌경쟁력에 의하여 결정될 것으로 전망된다.

6) 고객의 중요성 증가

미국의 경영 패러다임 발전을 기준으로 분류한다면 생산우선시대, 판매우선시대, 마케팅우선시대로 나눌 수 있다. 각 시대의 특징은 다음과 같다.

① 1925년 이전의 시대 : 생산 우선시대(Production Era)

- 수요보다 공급이 부족하여 제품을 만들어 내기만 하면 판매가 이루어지던 시절이다. 시장을 선도하는 기업 또는 우량 기업의 성공요인은 표준화된 제품의 대량생산하는 것이어서 고객은 경영활동의 주요 고려대상으로 상상도 할 수 없던 시기였다.

② 1925년부터 1950년 초반의 시기 : 판매 우선시대(Sales Era)

- 생산기술의 발전과 이에 따른 생산성 향상과 생산량의 증대로 인해 소비자의 욕구가 어느 정도 충족된 시기이다. 어떻게 하면 영업을 잘해서 판매량을 늘릴 것인가가 시장 점유율을 향상시킬 수 있는 관건이었고 우량기업의 성공요인이었다. 따라서 고객을 중심에 놓고 경영활동을 수행한 것은 아니었다.

③ 1950년 중반 이후 : 마케팅 우선시대(Marketing Era)

- 생산기술의 발달이 급격하게 진전되어 공급이 수요를 초과하는 불균형 현상 발생하였다. 즉 구매자가 상품 및 서비스에서 선택할 수 있는 범위가 확대되고 소비자 주권 시대로 이어졌다. 그렇지만 고객을 중심에 놓고 경영활동을 수행한 것은 한참이 지난 후에야 가능

고객이 가치를 인정받던 초기에는 기업은 이벤트 같은 행사를 통해 고객의 마음을 유인하려고 노력하였다. 즉 구호나 슬로건 중심으로 고객만족 실현 추구하려 하였지만 그러나 진정한 고객가치가 존중되지 못했을 경우 고객은 기업을 외면하게 된다.

현대 기업 경영은 고객의 충족되지 않은 욕구를 찾아서 감동을 실현시키는, 진정한 고객만족 방향으로 변해야 생존 가능하다. 그 일완으로 추구되는 CRM(Customer Relationship Management)은 대량의 내부 및 외부 자료를 최대한 분석하고 활용하여 충족되지 않은 고객의 필요가 어디에 있으며 불만족이 어디에 있는 지를 찾는 e-비즈니스의 한 영역이다.

1.2 경영환경변화에 기업은 어떻게 대응해야 할 것인가?

o 경영환경변화에 대한 적절한 대응방안을 찾는 것이 핵심이다.

경영환경 변화의 주요 내용이 과거와 유사하다 할지라도 두드러지는 특징은 시기별로 달라질 수 있으며, 기업에 미치는 영향에서도 차이가 있다.

따라서 경영환경 변화의 시사점을 파악하고 적절히 분석해서 경영활동에 적용하는 것이 중요하다. 경영환경변화에 대한 기업들의 대응방식을 다음 5가지로 설명할 수 있다.

1) 변화하는 환경을 예측하고 자사에 미치는 영향을 분석하라.

2) 조직을 준비시켜라! 즉, 시스템을 갖추어야 한다.

3) 기회를 선점하라.

4) 인터넷을 경영의 핵심 도구로 활용하라 : e–Business의 전면화

5) 지속적으로 경영혁신을 추진하라 : e–Business 패러다임 추진

1) 변화하는 환경을 예측하고 자사에 미치는 영향을 분석하라.

경영환경 변화를 현재 시각으로 볼 것이 아니라 미래 시각으로 보는 것이 중요하다.

- 앞서 설명한 경영환경의 주요 변화 방향과 그 특징에 대해 이해하는 수준으로 끝난다면 아무 의미도 없으며, 현재 경영환경 특징만을 이해한다해도 여전히 한계가 있다.
- 미래 경영은 여전히 불확실하고, 미래의 시장은 불투명하고 경영성과도 보장할 수 없다.
- 따라서 미래의 경영을 성공적으로 이끌기 위해서는 현재의 경영환경 변화만을 볼 것이 아니라 미래에 변화가 예상되는 분야 파악에 집중해야 한다. 예를 들면, 스마트 폰(손안의 PC와 인터넷) 이용자의 확산으로 모바일 비즈니스의 증가와 업무처리방식의 변화가 예상되며, 고령화 사회로 가므로 첨단 의료서비스 수요가 확대될 것이며, 여성취업자 비율이 증가하는 현상은 재택근무환경(스마트워크)과 유연근무제 등이 필요해짐을 의미한다.

미래 경영환경의 변화가 자사에 미치는 영향을 파악해야 한다.

- 환경변화 요인 가운데에는 새롭게 시장을 제공하거나 기업이 획기적으로 성장할 수 있는 기회 요인을 분석해야 한다. 즉 자사에 긍정적 영향을 미치고 발전적으로 활용할 수 있는 영역을 선택해서 이를 집중적으로 부각해야 한다.
- 반면에 기업의 존폐에 영향을 미칠 만큼, 심각한 위기가 되는 위협요인에는 대비해야 한다. 치명적인 문제를 야기 시킬 가능성이 높은 영역에 관해서는 사전에 철저한 준비가 필요하다. 이를 위해서 경쟁기업이나 선진 우량기업이 취할 행동을 미리 예측하거나 시나리오를 작성할 필요가 있다.

경영환경 변화요인을 파악해서 조직에 미치는 영향을 분석하는 과정

- 조직이 어느 정도 준비되었느냐에 변화를 창조적으로 수용할 수 있고 미래지향적 대안을 설계할 수 있다.

〈그림 1-1〉 경영환경 변화와 조직의 준비

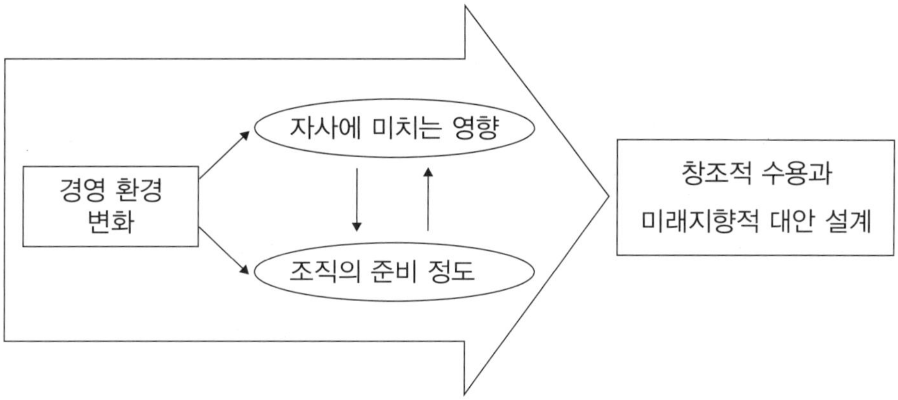

2) 조직을 준비시켜라! 즉, 시스템을 갖추어야 한다.

조직이 준비되어야만 한다. 이 조직의 준비는 경영시스템으로 나타난다.

- 경영환경 변화에 대한 분석은 분석으로 끝나는 것이 아니라 기업 경영에 활용해서 가시적 성과를 보여줄 때 의미가 있다. 즉, 경영환경변화 내용을 자사의 전략과 경영활동에 반영하는 것이 중요하다.

시스템은 다음과 같은 특징이 있다.

- 시스템은 하나의 목적을 달성하기 위해 관련된 요소들이 유기적으로 결합된 것을 의미한다.
- 조직 역량의 강화는 어떤 특정 요소만이 월등하다고 해서 가능한 것이 아니다. 따라서 확보하고 있는 기술이 아무리 우수하다 할지라도, 이를 사용하는 인력의 능력이 뒷받침되지 못하면 성과는 기대하기 곤란하다.
- 따라서 조직 역량의 강화는 경영시스템의 완벽한 준비가 이루어질 때 가능하며,

이 시스템과 조직구성원은 상호 보완적이다. 즉 시스템의 취약성을 조직구성원의 역량으로 메울 수 있고, 조직구성원의 취약성을 강력한 시스템으로 어느 정도 극복할 수 있다.

- 환경변화를 창조적으로 해석하고 이를 수용해서 미래지향적 대안설계에 적용해야 한다.
  - 경영환경 변화를 자사에 적용하는 방식도 획일적이어서는 곤란하다. 환경변화의 특성이 현시점에서 과거와 유사하다 할지라도 자사의 내부 상태에 따라 미치는 영향은 다르다. 예를 들면 비즈니스 디지털화는 사전에 정보기술 하부구조가 충분하게 준비된 기업 입장에서는 새로운 시장과 고객을 창출하고, 이를 경영성과로 연결할 수 있는 기회이지만 반면에 최고경영자의 무관심과 전략적 마인드가 결여되고 조직역량도 부족한 기업 입장에서는 치명적인 위협요인이 되기도 한다.

3) 기회를 선점하라.

- 기회는 누구에게도 오지만 그것을 선점하는 조직은 많지 않다. 기회를 선점해야 경쟁에서 승리할 수 있게 된다.
  - 치열한 경쟁의 시대에 현재의 위치에 만족하고 안심할 수 있는 기업은 없다. 현재 시장에서 독보적 위치에 있는 기업도 안심하고 있으면 위기에 직면할 수 있다.
  - 안심은 자만이고 자만은 곧 시장에서의 퇴출 또는 사세위축과 직결되므로 경쟁에서 이기기 위해서는 남들보다 앞서야 하고 또 달라야 한다.
  - 기회가 왔을 때 물적자원, 시스템, 인적자원이 확보되어 있지 않으면 그 기회를 포착할 수 없다.

- 기회를 선점한 예는 많이 있다.
  - 휴대폰 시장에서 한국 기업의 상품은 고급 제품분야에서 독보적 위치를 점하고 있었으나, 한 때 애플의 i-phone의 등장으로 스마트 폰 시장에서는 주도권을 잃었다가 현재는 삼성전자 등이 대응하게 경쟁하고 있다.
  - 유기 EL칼라, 모바일 컨텐츠와 게임, 무선 인터넷, 휴대폰과 디지털 카메라의 결합 등 고기능 분야에서는 한국은 독보적 기술력을 자랑하고 있다.

- 국내 반도체 기업(삼성전자, 하이닉스)들은 반도체 시장에서도 새롭게 창출될 시장을 예상하여 경쟁사에 비해 압도적으로 발 빠른 투자를 함으로써 가격 경쟁력이 있는 새로운 메모리와 비메모리 칩을 계속해서 출시하고 있다. 이는 새로운 기능을 요구하는 시장의 요구를 반영해서 기회를 선점한 결과라 할 수 있다.

기회는 찾고 노력해서 형성되는 것이지 안일한 채로 거저 얻는 것이 아니다.

- 기회를 발견하는 것도 능력이며, 발견한 기회를 실제 성과로 연결시키는 것도 능력이다.
- 경쟁에서 이기기 위해서는 다른 기업과 달라야 하고, 기회를 잘 활용하는 것이 매우 중요하다.
- 기회는 모든 기업에게 공평하게 찾아오는 것이 아니기 때문에 다른 기업보다 선점하는 것이 중요하다. 즉 기회를 선점하는 것이 다른 기업과 달라지는 것이며, 경쟁에서 이길 수 있는 유리한 위치를 차지하는 길이다.

4) 인터넷(WWW)을 경영의 핵심 도구로 활용하라 : e-Business를 전면화하라.

인터넷의 급격한 확산은 준비된 기업 입장에서는 새로운 시장과 고객을 창출하고, 이를 경영성과로 연결할 수 있는 귀중한 기회이다.

- 기업은 새로운 사업기회로 인터넷 기술을 적용한 전자상거래를 중시해야 한다.
- 전자상거래는 가상공간을 통한 직접 거래, 복잡한 중간 유통단계 생략, 시간적, 지역적, 공간적 제약을 극복한 실시간 거래가 가능하다는 점에서 전통적 상거래와 많은 차이점이 있다. 전자상거래를 통해 고객이 얻을 수 있는 이점은 검색엔진 등을 이용해 실시간 다양한 상품비교가 가능하고, 시간적, 지리적 제약을 극복한 상태에서 가격혜택을 얻을 수 있고 상품정보를 지속적으로 얻을 수 있다는 점에서 유리하다.

기업에서 인터넷 기술을 활용하는 범주는 전자상거래로만 끝나지 않는다. 인터넷을 기반으로 한 비즈니스 모델은 무한하다고 해도 과언이 아니다. 전자 카탈로그, 전자 화폐, 전자자금 이체, 인터넷 뱅킹, 암호화와 보안, 감사, 물류, 유통, 마케팅과 고객관리, 유통, 회계처리, 경영자원 관리 등 다양한 형태로 발전하고 있다. 즉, 인터넷을 경영의 주요한 도구로 활용할 수 있는 여지는 광범위하다.

- e-Business의 전면적 추진은 무엇을 의미할까?
  - e-Business의 전면적 추진은 경영활동의 모든 분야에 인터넷을 활용함으로써 새로운 시장과 고객을 창출하고, 이를 경영성과로 연결할 수 있는 계기로 활용하는 것이다. 즉 인터넷 기술이 기업경영에서 핵심 수단으로 활용되는 현실에 관한 것이 바로 e-Business의 전면화라 할 수 있다.

5) 지속적으로 경영혁신을 추진하라 : e-Business 패러다임 추진

- 변화하지 않고 현실에 안주하는 기업은 실패할 수밖에 없다.
  - 즉, 지속적으로 혁신하지 않은 기업은 실패한다. 컴팩(Compaq)은 PC시장의 변화에 적절히 대처하지 못하고 시장 점유율이 감소되면서 휴렛팩커드(Hewlett Packard)와 합병되고 말았다.
- 크라이슬러 자동차는 회사는 유지되었지만, 메르세데스 벤츠와 합병되었다.
- IBM이 위기에서 회생할 수 있었던 것은 루 거스너 회장의 경영리더십 때문이었다.
  - 1993년 IBM의 최고경영자가 된 루 거스너 회장은 빈사상태에 빠진 빅블루(Big Blue ; IBM의 애칭)를 하드웨어 제조회사에서 소프트웨어 개발 및 IT서비스 업체로 변모시켰고 그로 인해 기사회생할 수 있었다.
- 경영학의 구루였던 피터 드러커(P. F. Drucker)는 경영자가 갖춰야 할 직무 특성 가운데 하나를 혁신(Innovation)이라고 말하였다.
  - 경영혁신은 급격한 환경의 변화에 적극적이고 능동적인 대처와 경쟁력 강화를 목적으로 채택하여 실행하는 조직내부 전체의 체질을 변화시키는 것이다. 경영혁신은 환경변화에 따른 대응전략의 필요성에 따라, 조직의 경쟁력 확보와 경영성과를 보장하기 위한 방안으로 지속적으로 추진되어야 한다.
- 현재의 경영혁신은 인터넷을 기업의 경영활동의 핵심수단으로 활용하는 e-Business 패러다임으로 변화하는 방향으로 진행

제2절 주요 정보기술 변화동향

- 정보기술은 기업의 요구, 사용자의 요구에 따라 지속적으로 발전하고 있다.
- 때로 이 정보기술은 기업의 업무프로세스와 비즈니스 방식을 바꾸기도 한다.
- 정보기술의 발전에 따라 사용자의 업무 및 조직에 영향을 미쳐 생산성 향상과 고객만족 증진에 기여한다. 즉, 정보기술은 조직의 목표 및 전략수행을 지원하는 방향으로 활용될 때 그 본분의 역할을 다하는 것이다.

2.1 최근 관심의 대상이 되고 있는 정보기술은?

- 1946년 세계 최초의 컴퓨터로 ENIAC이 나온 이래 정보기술 분야는 지속적으로 발전하여 사회, 문화, 경영, 경제 전반에 큰 영향을 미쳤다.
- 현재 관심의 대상이 되고 있는 정보기술의 변화 방향은 다음과 같다.

  1) 인터넷 응용 기술의 보편화
  2) 무선 기술 활용 증가
  3) 멀티미디어 활용 증가
  4) 사용자 편의성 중시
  5) 시스템 통합 추세
  6) 자료 관리 기술의 중요성

1) 인터넷 응용 기술의 보편화

World Wide Web 구조의 인터넷은 급격한 속도로 확산되었다.

- 하이퍼 링크 인터페이스에 따른 사용자 접근의 편의성 향상, 텍스트 및 멀티미디어 등 정보제공 형태의 다양성과 화려함 등이 WWW의 큰 장점이다. 소위 웹의

확장은 사회, 문화, 경제 등 각 분야 역시 급격한 변화와 발전을 가져왔으며, 개인과 가정 생활에도 변화의 물결을 동반하였다.

- 인터넷을 이용할 수 있는 단말기도 전통적 PC나 노트북 컴퓨터에만 국한되지 않고 스마트TV, 테블릿 PC, 스마트폰, 키오스크 등 다양한 유무선 기기들이 등장하였다.
- 통신수단도 전화선에서부터 시작해서, 전용선, ADSL(Asymmetric Digital Subscriber Line), VDSL(Very high bit rate Digital Subscriber Line), 무선통신, 인공위성 등 다양하게 변화해 왔다.

기업의 입장에서 볼 때 이러한 인터넷 기술은 매우 귀중한 사업적, 경영혁신의 기회를 제공했다.

- 기업들은 이 인터넷 기술(인터넷이 가능한 모바일 기기의 확산)을 어떻게 활용해서 더 향상된 효과를 거둘 것인가를 두고 고심한 것이다.
- 인터넷은 상품구매, 신문, 방송, 여행, 광고, 음악 및 영화관람 등 다양한 분야에서 편리한 서비스 제공할 수 있다.
- 이 인터넷 기술은 산업사회가 100년 동안 유지해온 전통적 경영 패러다임을 근본적으로 변화시키고 기업들이 새로운 패러다임에 적응할 것을 요구하고 있다.
- 인터넷 기술은 경영활동의 핵심도구로 사회와 경제 및 경영 체제를 변화시키고 있는 것이다.

2) 무선 기술 활용 증가

인터넷 다음 세상에서 주목 받을 핵심기술 분야에 대한 궁금증과 기대는 매우 다양한 형태로 전개되었다. 동시에 인터넷 다음세대의 정보기술이 사회, 문화, 경제 분야에 어떤 영향을 미칠 지에 대해서도 관심과 궁금증 증가하였다.

인터넷 다음 세상을 이끌어 나갈 여러 기술 후보 가운데 무선 기술 분야(무선인터넷, RFID/USN)가 당연 각광을 받고 있다.

세상은 가볍고 간편하고 이동에 편리한 컴퓨팅 환경을 제공하는 모바일 컴퓨팅

(Mobile Computing) 분야를 주목하고 있다. 모바일 컴퓨팅이면 세상 어느 곳과도 연결될 수 있는 정보시대의 새로운 시대, 유비쿼터스 컴퓨팅이 가능해 지는 것이다.

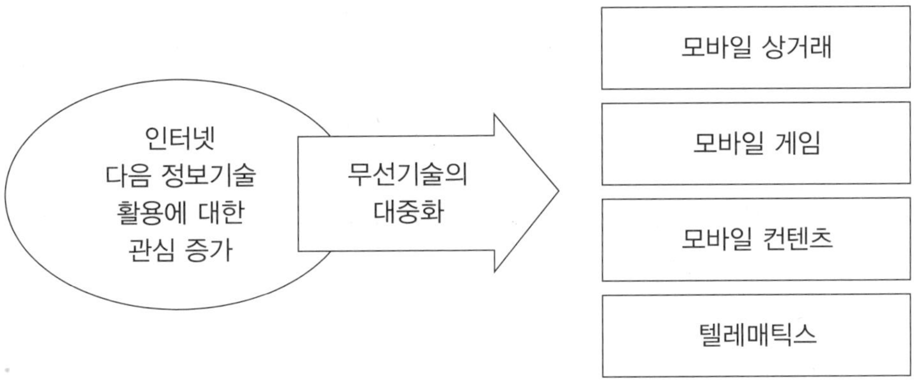

〈그림 1-2〉 미래 모바일 세상

3) 멀티미디어 활용 증가

- 사람들은 점차 평범한 구성에는 싫증을 내고 좀 더 화려한 것을 보고 싶어한다
  - 사람들이 이제 정지된 이미지 보다는 움직임이 활발한 멀티미디어로 구성된 콘텐츠를 보았을 때 더욱 만족한다. 이러한 인간의 정보소비욕구에 정확하게 부응한 사이트가 유튜브(YouTube)였다.
  - 이제 컴퓨터 화면에서 글자위주의 내용을 보면 식상해 한다. 따라서 단순한 영상보다는 동영상과 음성이 결합되었을 때 만족도는 더욱 증대하는 것이다. 3D 영상기술의 발전으로 콘텐츠 전달 매체는 더욱 혁신되었다.

- 멀티미디어와 같은 대용량 자료의 신속한 처리가 가능한 컴퓨팅 환경이 조성되었다.
  - 인터넷이 보편화되고, 또 국가차원에서 적은 비용으로 가정 및 사무실에서 이용할 수 있는 초고속 통신망이 확대되면서 대용량 자료를 처리하기가 매우 용이해졌다. 멀티미디어 자료는 대용량이기 때문에 초고속 통신망이 확대되기 전에는

전송속도의 한계로 인해 사용자 불만이 매우 높았다. 그렇지만 사용자의 멀티미디어 요구가 늘어나고 이를 처리할 수 있는 초고속 통신망이 갖추어져 있기 때문에 현재의 정보기술 환경을 멀티미디어 중심 환경이라고 할 수 있다.

4) 사용자 편의성 중시

- 사용자들에게 처음 컴퓨터를 배울 때 과연 쉬웠느냐고 물어본다면 어떤 결과가 나올까? 여러분의 경우는 어떠한가?

- 애플의 메킨토시 PC가 처음으로 GUI(graphic user interface)를 처음으로 도입한 이후 MS사의 Windows의 등장과 함께 GUI환경은 보편화되기 시작하였다. DOS의 명령어 중심적 인터페이스보다는 한결 쉬운 인터페이스인 GUI환경은 이제 더욱 발전해서 hyper text, hyper media 환경으로 진화하고 있다.

- 그렇지만 아무리 편리하다 할지라도 현재의 인터페이스에 만족할 수 있겠는가? IT업계는 사용자의 편의성을 확대하기 위해 끊임없이 노력하고 있다. 펜(필기체) 인식, 음성인식, 동작인식, 시멘틱 웹(semantic web), 신경망컴퓨터 등이 이러한 노력의 결과라 할 수 있다.

5) 시스템 통합 추세

- 오늘날 단일 시스템으로 고객서비스에 부응하기는 어려운 경우가 많다. 따라서 여러 이질적 시스템의 상호 통합과 통신이 필요하다. 시스템의 통합이 불가피한 이유는 다음과 같다.
  - 서로 다른 시기에 독자적으로 개발된 단일 시스템들은 나중에 통합하기가 힘들 정도로 이질적인 부분(입력 데이터의 호환문제, 기반 운영체제 등)들이 많아졌기 때문이다.
  - 한편 처리해야 할 자료 및 정보의 물리적 양도 기하급수적으로 증가하고 있다.
  - 산출되는 정보의 품질 수준에 대한 사용자나 고객의 요구도 상승하고 있다.

- 고객정보가 확보되고 활용되는 과정을 살펴보면 시스템 통합이 왜 필요한지 알 수 있다.
  - 예를 들어 고객에 관한 정보는 영업부서에서만 산출되거나 사용되는 것이 아니라 회계, 연구개발, 생산, 마케팅 등에서 각기 다른 용도로 사용된다. 영업부서가 알게된 고객의 불만정보는 생산부서가 제품의 품질향상을 위해 활용할 수 있으며, 연구개발부서는 제품의 재설계를 위해 활용할 수 있을 것이다. 따라서 여러 부서의 정보처리의 상호연계와 통합은 매우 중요하다.
- 현업에서 기능(부서)간 통합 및 정보처리 통합요구가 존재한다 할지라도 이를 뒷받침할 수 있는 기술이 없다면 사실 불가능할 것이다.
  - 따라서 시스템간 상호운용성, 호환성, 이식성, 유연성 등이 보장되는 기술 표준화의 진전으로 인해 시스템 통합이 가능하게 되었다. 특히 개방형의 인터넷과 표준화된 관련기술은 이러한 통합을 더욱 용이하게 만들었다. TCP/IP(Transmission Control Protocol/Internet Protocol)은 대표적인 개방형 통신 규약으로 자리를 잡았다.
- 오늘날 e-Business 환경에서는 인터넷 기술(웹 기반 기술)을 기반으로 해서 각 시스템이 상호 연계되면서 업무를 처리하고 있다. 각 단위 시스템은 독립적으로 운영될 때보다, 다른 시스템과 통합적으로 운영될 때 더 큰 상승효과(Synergy Effect)를 기대할 수 있으므로 기업들은 시스템 통합을 강력하게 추진하고 있다.

6) 자료 관리 기술의 중요성

- 앞서 언급한 시스템 통합을 위해서는 데이터베이스의 통합이 필수적이다.
- 산업의 고도화 및 지식/정보화 사회의 도래에 따라 조직들이 처리해야하는 자료의 양은 기하급수적으로 증가하고 있다. 인터넷시대의 도래에 따라 자료의 거래 빈도도 빠른 속도로 증가하고 있다. 오늘날에는 사람들이 SNS를 통해 주고 받는 수많은 메시지를 분석해 사회의 트렌드와 이슈를 포착할 수 있으며, 자동차 내 수 많은 부품들에 장착된 센서를 통해 수집되는 데이터를 분석하여 자동차 유지

보수를 하는데 활용할 수 있다.

- 한편 사용자나 고객의 신속하고 정확한 의사소통 및 정보처리에 대한 요구수준도 계속 증가하고 있으며, 그와 동시에 정보품질의 중요성도 더욱 강조되고 있다.

- 이러한 요구에 부응하여 자료관리에 관한 기술의 발전은 정보시스템의 발전과 거의 맥을 같이하고 있다.
  - 첫째, 관계형 DB인 R-DBMS에서 객체지향 DBMS로 발전함으로써 다양한 종류의 데이터를 보다 효율적으로 저장하고 가공할 수 있게 되었다.
  - 데이터 웨어하우스 및 데이터 마이닝 기술의 출현으로 자료관리는 더욱 선진화될 수 있었다. 기업을 경영하다 보면 생성되는 다년간의 내부데이터와 외부데이터를 주제별로 통합하여 별도의 프로그램 없이도 다차원분석을 가능하게 하는 신개념의 DB기술이 데이터 웨어하우스 및 데이터 마이닝 기술이다. 이는 오늘날 초대형DB와 최첨단분석기법을 합한 Big Data Analysis 영역으로 발전해 가고 있다.
  - 아울러 이러한 많은 양의 데이터를 저장하기 위해서 대용량 스토리지 기술도 함께 발전하고 있다.

2.2 정보기술변화에 기업은 어떻게 대응할 것인가?

- **기업들은 현재 관심의 대상이 되는 정보기술의 실제 내용과 기술변화의 내용을 파악하고 그 시사점을 발견해서 대응전략을 수립해야 한다.**

- **기업의 주요 대응방안은 다음과 같이 5가지로 나누어 생각해 볼 수 있다.**

  1) 경영환경변화와 정보기술 환경 변화를 연계해서 적용하라.
  2) 새로운 정보기술의 등장을 파악하고 기술 적용방안을 설계하라.
  3) 인터넷 기술의 활용을 확대시켜라.
  4) 사용자가 정보기술을 편리하게 사용할 수 있도록 준비하라.
  5) 개방형 환경에서 통합을 추진하라.

1) 경영환경변화와 정보기술 환경 변화를 연계해서 적용해야 한다.

- 경영환경변화의 주요 내용을 정보기술변화의 주요 내용과 연관지어 분석해야 한다. 예를 들어 스마트 폰 사용자(고객, 내부직원)가 증가한다는 것은 기업에게 스마트 폰 애플리케이션을 개발할지 여부를 판단해야 할 것이다. 스마트 폰을 이용해 주문 처리 조회를 원하는 고객을 위한 앱이 필요한가? 출장 직원을 위한 메일 확인과 결제 시스템 제공이 필요한가? 등을 물어봐야 할 것이다. 또 다른 예로써, 물류경쟁력(재고 및 배송관리 등)을 제고할 필요가 있다면 SCM을 구축하거나, 재고 및 창고관리에 무선기술(RFID/USN)의 응용가능성을 탐색해 보아야 할 것이다.

- 이러한 환경변화와 정보기술의 변화가 조직에 미치는 영향과 시사점을 파악한 후 그 영향의 범위와 도입 기술의 우선순위를 결정해야 할 것이다.

2) 새로운 정보기술의 등장을 파악하고 기술 적용방안을 설계하라.

- 어제의 새로운 기술이 오늘은 낡은 기술이 될 만큼 기술 발전 주기는 점점 빨라지고 있는 추세이다. 새로운 기술이 확산되고 보편화되기까지 소요되는 시간도 점점 단축되고 있는 것이 현실이다. 예를 들어 전 세계적으로 5,000 만 명의 사용자를 확보하는데 소요된 기간을 비교해 보면 라디오가 38년, TV가 13년, PC가 16년 걸린 데 비해, 인터넷은 4년, 스마트 폰은 2년이 걸렸다. 최근 스마트 TV는 대세가 될 수 있을까? 있다면 어느 정도의 시간이 걸릴까?

- 기술개발 주기가 점점 단축되는 예는 마이크로소프트(Microsoft)의 Windows 시리즈를 보더라도 알 수 있다.
  - 운영체제가운데 마이크로소프트(Microsoft)의 Windows 시리즈는 1983년 11월 그래픽 사용자 환경을 지원하였다.
  - Windows3.1은 1993년에 등장해서 많은 사용자를 확보하기 시작하였다.
  - Windows95가 95년에 등장, Windows98이 1998년에 3년 만에 등장하였다.
  - WindowsME는 2년 만에 2000년에 등장했고, 불과 1년 후인 2001년에

Windows XP, 2007년 Window vista, 2009년 Window 7 이 등장하였다.

- PC에 장착되는 CPU의 발전속도도 286, 386, 486, Pentium, Pentium-Pro, Pentium-MMX, Pentium-II, Pentium-III, Pentium-IV 로 이어지기까지 기술개발 주기가 점점 빨라지는 추세이다.

이러한 새로운 정보기술이 등장하는 추세에 지속적으로 관심을 갖고 분석할 필요가 있다. 새로운 정보기술의 등장에 무관심하다면 현대의 기업 경영과는 거리가 있다. 즉 경쟁기업이 신규 정보기술을 응용해서 획기적 성과를 거둘 때까지 신규 정보기술 동향을 모르고 있다면 경쟁에서 필패할 수밖에 없을 것이다.

새로운 정보기술의 등장과 기존 정보기술의 변화가 자사에 미치는 영향을 분석하고 기술 활용방안을 추구해야 한다.

- 신규 정보기술의 등장과 기존 정보기술 변화가 자사에 미치는 긍정적 영향과 부정적 영향 분석해야 한다.
- 그런 다음 조직의 현재 기술 활용수준에 따른 구체적 적용방안을 설계해야 한다. 즉 신규 정보기술을 업무프로세스의 생산성 향상과 고객 및 시장 분석, 신제품 개발, 정보가공 분야 등에 적용할 수 있는 방안을 설계해야 한다.

3) 인터넷 기술의 활용을 확대시켜라.

현대는 인터넷 중심사회로 정의할 수 있다.

- 이는 사회, 경제 활동의 중심이 물질적인 것에서 고도의 인터넷기술을 기반으로 한 정보/지식 중심 사회로 변화하는 것을 의미한다. 즉, 인터넷 기술을 응용하여 사회, 경제 활동의 생산성과 편의성이 향상되고 인류사회 삶의 질이 근본적으로 변화하는 것이다.

인터넷 사용자와 사용량의 사회적 확산은 각종 사회활동과 경제활동에 있어 질적인 변화 초래하였다. 인터넷은 이제 교육, 문화, 예술, 상거래, 정치, 사회, 경제, 경영 등 전 분야에서 효율성을 향상시킬 수 있는 유용한 도구로 인정받고 있는 현실을 받아들여야 한다. 예를 들어, 미국 대통령 오바마는 자신의 선거운동에 SNS를 적극적으로 활용하여 적은 비용으로 선거운동을 했을 뿐만 아니라 많은 젊은 지지층을 끌어들일 수 있었다.

- 따라서 기업 경영에서 인터넷 기술의 활용을 확대해야 한다.
  - 만일 인터넷을 핵심적으로 고려하지 않으면 경쟁에서 우위를 점하기 어렵고 시장에서 실패할 가능성이 높으므로 인터넷이 제품과 서비스의 가치와 경영하는 방식에 미칠 영향을 기업이 심각하게 고려해야 한다. 따라서 기업 경영에서 인터넷 기술의 활용을 확대해야 하는 것은 당연하다.

4) 내부 및 외부 사용자(고객)가 정보기술을 편리하게 사용할 수 있도록 준비하라.

- 사용자가 쉽게 배우고 편리하게 이용할 수 있는 정보기술일 때 사용자는 그 기술을 적극적으로 받아들여 업무에 적용함으로써 조직의 성과는 향상된다.
  - 정보기술과 정보시스템은 조직의 업무 성과 향상에 기여하고자 하는 목적을 가지고 활용되어야 한다.
  - 사용자 편리하게 정보기술을 활용할 수 있는 방향으로 사용자 인터페이스와 관련 기술은 발전해 왔으며, 앞으로도 계속적으로 발전할 것으로 예상된다. 1980년대 명령어 중심 처리에서 GUI 환경으로 그리고 Hyper-Link 환경(인터넷 WWW 지칭)으로 변화한 것이 사용자의 편의성을 향상시킨 좋은 예이다. 멀티미디어 기술이 2D에서 3D로 변화하는 것도 이러한 맥락에서 볼 수 있다.
- e-Business의 전면적 확산을 위해서는 편리한 사용방법의 개발이 필수적이다.
  - 예를 들어 Hyper-Link 방식의 인터넷은 사용자가 정보기술을 편리하게 사용할 수 있는 최상의 여건이라고 할 수 있다. 그러므로 인터넷 기술을 활용해서 사용자가 정보기술을 쉽게 활용할 수 있도록 조직이 준비하면, e-Business의 전면적 확산은 가능
  - 그러나 편리한 사용을 위한 인터페이스의 발전을 어느 정도가 될지 아직 예측이 불가능하다. 사람의 마음(두뇌 에너지)으로 정보기기를 작동할 수 있는 날도 머지않아 올 것이다.

5) 개방형 환경에서 통합을 추진하라.

통합을 할 때 가장 큰 기술적 장애는 기술의 섬(islands of technology) 문제이다.

- 항상 새로운 기술이 등장하고 있는 환경에서, 다양한 기술과 시스템이 각기 다른 원리와 이론에 기반하고 있어 표준이 없다면 기술의 섬(islands of technology)이라는 현상이 발생한다. 기술의 섬 문제가 있으면 다른 시스템, 다른 기술과의 협력적 일 처리가 불가능해 진다. 앞서 설명하였듯이 오늘날 많은 경영활동과 소비자 활동들은 여러 시스템과 기술들이 협력해서 처리해 준다.

따라서 오늘날 시스템은 통합과 상호작용이 매우 중시되고 있다.('개방형'의 의미)

- 즉 다양한 기술이 빠르게 등장하고 소멸해가는 환경에서는 각각의 기술은 새로운 기능의 추가나 다른 환경에 적응하기 위해 쉽게 수정될 수 있도록 개발되어야 한다. 그래야 전체나 일부가 다른 응용목적으로 재사용될 수 있는 정도가 높아지는 것이다. 대표적인 표준 기술들로는 개방형 통신 프로토콜인 TCP/IP, 개방형 프로그래밍 언어인 JAVA 등이 있다.

정보기술이 통합될 때 상승효과(Synergy Effect)가 발생한다.

- 정보기술 적용환경이 개방형으로 가기 때문에 개방형 환경은 정보기술의 통합을 전제로 하는 기술구조라 할 수 있다.
- 따라서 기업에서도 경영성과 향상에 공헌하는 정보기술을 구현하기 위해서는 각각의 기술들이 통합되도록 추진해야 한다. 즉 향후 기술의 섬(Islands of Technology) 현상이 발생하지 않도록 주의할 필요가 있는 것이다.

[사례 연구] 셋톱박스 제조업체 휴멕스의 e-비즈니스

셋톱박스 제조업체 휴맥스의 변대규 사장(48)은 대표적인 벤처기업인이다. 2000년대 초반 반짝했던 수많은 벤처 스타들이 사라졌지만 그는 여전히 자리를 지키고 있다. 그런 변사장도 지난 1년 6개월 동안 힘든 시기를 보냈다. 세계 셋톱박스 시장의 경쟁 격화로 수익률이 급격히 하락하고 신(新)사업도 여의치 않았다. 그러나 그는 힘든 시기를 그냥 보내지 않았다. 그는 최근 서울 강남 팔래스 호텔에서 가진 인터뷰에서 "그 동안 대외 활동을 일절 중단하고 내부 역량을 강화하는 데 집중했다"면서 "지금 목표의 절반 정도까지 왔으며, 1년 뒤에는 효율적인 경영체제가 뿌리를 내릴 것"이라고 말했다. 그는 "올해부터 신규 사업인 LCD(액정표시장치) TV가 본격적인 성장궤도에 오를 것이며, 내년에는 연결기준 매출이 1조원을 넘을 것"이라고 말했다.

▲ 작년 회사가 상당히 어려웠다고 들었다. 어떤 어려움이 있었나.

"매출 3000억원이었던 회사가 2005년 매출 6000억원으로 넘어서면서 생각지 않은 어려움에 봉착했다. 열정과 주인의식이 강한 벤처도 아니고 시스템 경영이 제대로 구축된 대기업도 아닌 어정쩡한 상황에서 엄청난 비효율이 발생하기 시작했다."

- 구체적으로 어떤 비효율이 나타났는가.

"SCM(Supply Chain Management)이 왜 중요한 지 미처 몰랐다. 벤처시절에는 재고나 영업관리를 대부분 수작업으로 했다. 하지만 생산기지가 유럽 · 중국 · 인도 · 폴란드 등으로 다변화하고 매출이 크게 늘어나면서 기존 방식에 한계가 드러났다. 장부상 재고와 실제 사이에 엄청난 차이가 나는 것은 물론, 배로 가야 할 자재가 비행기로 가든지 하는 사례가 비일비재했다. 어렵게 번 돈을 이처럼 눈 뜨고 날리는 경우가 허다했다."

- 단기간에 시스템 경영을 구축하는 게 쉽지 않았을 텐데.

"해외 성공사례를 배우기 위해 노력을 많이 했다. 한번은 일본의 '후나이'라는 작은 회사를 방문한 적도 있다. DVD 플레이어 같은 소형 가전제품을 만드는 회사인데, 놀랍게도 영업이익이 샤프나 소니를 훨씬 능가했다. 올해 87세가 된 회장을 만났더니 이미 20년 전부터 도요타 방식을 생산에 접목시키고 있다고 했다. 그에게서 많이 배웠다."

- 인터뷰에 응한 것을 보니 올해는 실적이 좋을 것 같다.

"인터넷(스마트) TV와 고화질(HD) 디지털 TV 시장이 본격적으로 열림에 따라 셋톱박스 수요도 크게 늘어날 것이다. 중국 올림픽 특수도 있고, 인도 · 러시아 같은 신흥시장도 전망이 좋다. 새로 시작한 LCD TV는 생산 규모를 늘리기 위해 올해부터는 ODM(Original Development Manufacturing · 생산자개발방식)으로도 수출을 할 생각이다. 얼마 전 약 5000만 달러 규모의 일본 수출 계약을 발표했는데, 지금 비슷한 규모의 다른 계약도 진행

중이다. 올해 전체적으로는 매출이 8500억~9000억원 정도 될 전망이다."

- 벤처로 출발해 20년 만에 매출 1조원을 넘겠다.

"내년 정도면 가능할 것 같다. 하지만 최근 어려움을 겪으면서 매출 1조원이 넘기 위해서는 내부 역량이 중요하다는 점을 절실히 느꼈다. 우리나라는 벤처로 창업해 세계 시장에서 성공한 기업이 거의 없는데, 휴맥스가 좋은 실험을 하는 셈이다. 휴맥스는 처음부터 수출 위주로 사업을 했고 현재도 국내 매출이 5%에 불과하다."

- 대기업처럼 내수 중심으로 사업 다각화를 하면 매출 증대가 쉽지 않은가.

"대기업처럼 업종다각화를 하는 일은 없을 것이다. 돈을 더 벌고, 계열사를 늘리는 것보다는 내가 아니면 안 되는 사업을 하고 싶고 사회적으로 의미가 있는 시도를 하고 싶다."

- 최근에는 벤처 열기가 시들하다.

"한국은 더 이상 IT 제조업이 힘들다. 고임금에 부품 산업 인프라도 중국에 비해 뒤쳐지기 시작했다. 가장 문제가 뛰어난 인력이 벤처 같은 신생 기업 쪽으로 잘 오지 않는다는 점이다. 게다가 중소벤처가 대기업과의 협력관계를 통해 성장하기도 힘들다. 우리는 갑을(甲乙) 관계가 너무 분명하다."

변대규 사장의 이력

서울대 제어계측공학 박사 출신으로 연구실 동료, 선후배들과 함께 건인시스템이라는 벤처를 창업했다. 자본금 5000만원으로 서울대 캠퍼스 근처에 작은 사무실을 얻어 창업을 했지만 지금은 세계 셋톱박스 시장에서 기술력을 인정받고 있다. 어떤 문제에 매우 논리적으로 접근하는 스타일이다. 2002년 세계경제포럼 아시아 차세대 지도자로 선정된 데 이어 2005년에는 한국공학한림원의 최연소 정회원이 됐다.

(자료원 : 조선일보 2008.03.27)

질문 1) 기업이 성장하며 겪은 경영상의 문제는 무엇인가?

2) 이 문제를 어떻게 극복하였는가?

3) SCM의 개념은 무엇인가?

[인터뷰] 소유의 시대서 공유의 시대로… 이젠 모든 걸 오픈하라 MIT 미디어 랩 소장 조이 이토

- 인터넷을 근간으로 한 융합과 개방의 시대에 맞는 인재형은?
- 공유와 개방의 시대가 경영자에게 주는 의미는? 이에 맞는 혁신적 비즈니스 모델은?
- 생명공학과 IT의 융합이 추구하는 것은?

내로라하는 이공계 천재들이 모여 있는 미국 매사추세츠 공과대학(MIT), 이곳에서 '꿈의 연구소'로 불리는 미디어 랩(Media Lab)은 컴퓨터 · 전자 · 바이오 기술을 디자인 · 건축 · 예술과 융합해 첨단 미래 기술을 창조하는 본산이다. 1985년 미디어학(學)의 대가인 니콜라스 네그로폰테 교수가 세운 후 최근 27년 동안 전자책(e-book)을 탄생시킨 전자잉크(E-Ink), 표정 짓는 로봇, 동작에 반응하는 유저인터페이스(UI) 같은 여러 신기술을 선보였다.

이 '꿈의 연구소'는 지난해 4월, 4대 소장을 임명하면서 다시 꿈같은 일을 벌였다. 흔한 학사 학위도, 한편의 논문도, 영어로 된 저서도 한 권 없는 일본계 대학 중퇴자를 고른 것이다. 인터넷 벤처사업가인 이토 조이치(45 · 伊藤穰一)다. 미국에선 '조이 이토(Joi Ito · 사진)'로 불리는 그는 미국 대학을 두 번 다녔지만 모두 중퇴했다. 대신 클럽의 DJ(디스크자키), 스쿠버다이빙, 인터넷 게임 같은 '하고 싶은 일'에 빠져 있던 괴짜였다. 1990년대 중반, 인터넷의 무한한 가능성에 심취해 각종 사업을 시도하며 벤처사업가의 길로 들어선 그는 트위터(twitter), 플리커(flicker), 위키아(Wikia) 같은 회사에 초기 투자로 대박을 내면서 나름 유명해졌다. 그런 그가 지난해 4월 150여명의 경쟁 후보자들을 제치고 미디어 랩 소장에 발탁됐다. 미디어 랩의 융합과 연결의 정신에 제대로 부합하는 인물이었기 때문이다. 이토 소장은 "혁신은 공유와 소통에서 나온다"고 믿는 인터넷 자유론자다.

그는 자신의 블로그와 각종 언론에 기술 혁신이나 리더십에 관한 수많은 칼럼을 쓰고 있는데, 트위터로 자신이 어디서 무엇을 하는지 실시간(實時間)으로 알리며 전 세계인들과의 소통을 즐긴다. '열린 마음'과 '자유'를 24시간, 365일 내내 실천하고 있는 것이다. 또 '저작권'이란 자물쇠에 갇혀 있던 각종 인터넷 소스(source)를 저작권자 스스로 공개해 공유하도록 하는 활동을 수년 전부터 앞장서 펼치고 있다. 공유를 주창하는 비영리단체인 '크리에이티브 커먼스'(Creative Commons)의 최고 책임자로 2008년부터 활동했고 지난해부터 이사회 의장을 맡고 있는 게 그 증거이다.

그가 책임자로 있는 보스턴 MIT대 캠퍼스에 있는 미디어 랩은 건물 외관부터 '열림과 융합' 정신이 물씬 묻어나 보였다. 저명한 일본 건축가인 후미히코 마키가 2009년 지은 이 건물은 외관과 내부 대부분을 유리로 채웠다. 1층에 도착해 위를 둘러보니 청바지에 와이셔츠를 입은 이토 소장이 2층 복도를 걸어가고 있는 모습이 유리 벽면을 통해 보였다. 3층에서는 2층이, 4층에서는 3층이 보였고, 그의 사무실 역시 유리벽을 통해 훤하게 볼 수 있었다. 그는 책상 맞은 편 벽면의 대형 모니터 화면에 이달 일정을 빼곡하게 표시한 구글 스케줄러를 띄워놓고 있었다. 손님이 유심히 들여다보는 것도 신경 쓰지 않았다. 칠판에는 미디어 랩을 위한 모금(募金) 방법부터 새로 추진할 도시과학 프로젝트나 관심을 쏟을 외부 활동까지 머릿속에 든 생각들이 낱낱이 적혀 있었다. '있는 그대로 모두 보여주기'가 모토인 듯했다.

그는 이달 중순 Weekly BIZ와의 인터뷰에서 "인터넷은 열고 맺고 소통하지 않으면 살아남기 힘든 '생태계'다. 인터넷뿐 아니라 모든 것은 열리면서 생명력을 더 얻는다. 소프트웨어가 이미 열렸고, 하드웨어는 지금 빠르게 열리고 있으며 앞으로는 바이오 기술이 열릴 것이다"라고 말했다. 미래학자 제러미 리프킨(Rifkin)은 화석 연료를 중심으로 한 1 · 2차 산업혁명에선 '소유'가 중시됐지만, 재생 에너지와 네트워크 중심의 3차 산업혁명 시대엔 '공유'가 주요 경제 모델이라고 주장했다. 조이 이토 소장도 "지금은 '공유(共有) 혁명'의 시대"라고 거듭 강조했다.

조이 이토 MIT 미디어 랩 소장은 미래학자 제러미 리프킨이 말한 3차 산업혁명 시대에 어울리는 전형(典型)이다. 리프킨은 1 · 2차 산업혁명 시대에 엄격한 규율과 근면한 노동, 상명하달식 권위주의가 중요했지만, 3차 혁명 시대에는 창의적인 놀이, 동료 간의 상호작용, 사회적 자본, 개방형 공유제, 글로벌 네트워크가 더 중요해진다고 봤다. 이토 소장은 월드오브워크래프트 같은 온라인 게임을 즐기고, 한 달에 한 번 이상 여행을 다니며, 스쿠버 다이빙 강사 자격증이 있으며, 블로그와 트위터를 통해 전 세계 누구하고나 스스럼없이 소통한다. 그는 인터넷 공간에서 자기의 지적 자산을 오픈해 서로 창작을 도울 수 있다고 믿는다. 그는 "20대에 DJ로 일한 경험이 있는데 DJ와 미디어 랩 소장의 역할이 비슷하다"고 했다. "미디어 랩 소장은 학생이나 교수 위에 군림하는 리더가 아니라, 그들의 표정과 움직임을 살피며 그에 적합한 분위기를 만들어주고 원활하게 소통할 수 있게 돕는 역할을 한다"는 것이다.

▲ "공유하지 않으면 '표준'이 될 수 없다."

- 공유와 소통을 끊임없이 강조하는 이유가 무엇인가?

"세상은 공유하는 사람들에게 점점 유리해지고 있다. 모든 상품이 연결돼있고, 나를 도와줄 수 있는 사람이 나를 아는 것이 더 중요해지고 있다. 내가 블로그에 내 생각과 내가 하는 일, 연구 중인 것을 올려놓으면 그에 관심 있는 사람들이 구글로 검색해서 나를 찾아온다. 그럼 서로 협력해서 시너지를 낼 수 있다. 비밀로 하면 내가 무슨 일을 하는지 모르기 때문에 소용이 없다. 그냥 네트워크에 접속만 하면 공유할 수 있는 시대다. 새로운 것을 창조하는 비용이 확 줄어드는 것이다."

- 공유하는 것이 세상을 이롭게 만든다고 보나?

"소프트웨어를 보자. 이것은 마치 언어와 같다. 언어는 사람들과 공유할수록 더 나아지고 발전한다. 공유된 소프트웨어는 누구나 고치고 개선할 수 있다. 누구도 잃는 것이 없다. 이것은 매우 경제적이면서 사회적인 활동이다. 이런 오픈 소스, 오픈 소프트웨어 시장은 계속 성장할 것이다."

- 공유는 공짜를 의미할 수 있고, 수익성에 해가 될 수 있다.

"모든 것을 다 공유할 필요는 없다. 산업별로 다르겠지만, 인터넷 생태계에선 표준이 되고자 한다면 공유해야 한다. 몇 년 전 마이크로소프트(이하 MS)가 CD 형태로 내놓은 백과사전인 엔카타(Encarta)는 전 세계 네티즌의 집단 지성이 만들어내는 위키피디아에 무릎을 꿇었다. 검색 엔진도 모두 무료 엔진만 살아남았고, 인터넷 브라우저도 마찬가지다. 공유하지 않으면 표준이 될 수 없다. MS는 자기들의 핵심 기술을 보호하려 했지만 더 이상 통하지 않았다. 구글 조차 안드로이드 운영체제 코드 소스(code source)를 오픈함으로써 저변을 확대하고 있다. 이제 고객들이 프로그래머가 됐고, 소프트웨어 회사는 필요가 없어지고 있다. MS가 태플릿 PC를 만드는 것도 이제 소프트웨어보다 하드웨어로 통제할 필요를 느꼈기 때문이다."

▲ 소프트웨어처럼 하드웨어도 '오픈 혁명' 중

- 공유 혁명은 소프트웨어에만 한정되는 것인가?

"하드웨어 분야에서도 '오픈 혁명'이 이미 시작됐다. 수년 내에 하드웨어와 관련된 빅뱅이 일어날 것이다. 중국은 비슷한 기술 수준의 제품을 더 싼 값에 생산하고 있다. 디스플레이, 가전제품, 스마트폰, 자동차까지 중국은 아마 몇 년 내에 한국 제품을 따라잡을 것이다."

- 아직 중국 제품은 품질에 대한 신뢰도가 낮지 않은가?

"한 예로 LCD를 들어보자. 지금은 삼성전자가 마케팅이나 브랜딩, 영업, 디자인 면에서 우월하기 때문에 앞서고 있다. 하지만 얼마나 오래갈지 의문스럽다. 중국 기업들이 끊임없이 인재 영입과 해외 기업 인수를 통해 기술과 디자인을 업그레이드하고 있다. 내가 만약 한국인이라면, 내가 삼성 사람이라면 소니가 추락한 이유를 제대로 공부해 볼 것이다."

- 소니는 왜 추락했다고 보나?

"너무 거만했다. 더 배우거나 주변 말을 들으려고 하지 않았다. 한국 제품은 품질이 낮다면서 무시했다. 이건 1970년대 미국 자동차 회사들이 일본 자동차를 로엔드(low-end · 저급)라며 얕잡아봤다가 일본차에 밀렸던 과정과 비슷하다. 삼성은 매우 뛰어난 회사지만 소니와 비슷한 과정을 겪을 수 있다. 삼성이 그나마 다행인 것은 구세대 매니저와 엔지니어가 적체된 소니와 달리, 핵심 간부들이 젊고 공격적이라는 것이다."

- 한국 기업들은 어떻게 해야 하나?

"한국 기업이 가진 글로벌 기업의 지위와 네트워크를 최대한 활용할 필요가 있다. 하지만 중국 기업들은 국제화하지 못했다. 아직까지 정부의 간섭을 받고, 미디어 통제 때문에 광고도 제약을 받고 있다. 판매는 현지 시장에 의존한다. 한국 기업이 국제적 지위를 유지하는 한 더 좋은 인재를 영입하기도 쉽고, 미국 등의 해외시장 점유도 더 쉬울 것이다. 다만 한국 기업들의 조직 문화는 상당히 한국적이다. 글로벌 경영 관행을 좀 더 실험적으로 도입할 필요가 있다. 또 중국이 무서운 속도로 성장하고 있기 때문에 매우 위험한 상황이다. 소니가 저질렀던 실수를 답습하지 않기를 바란다."

▲ "넥스트는 '바이오 혁명', 저성장 시대일수록 더 투자하고 더 혁신하라"

- 기술 혁신 속도가 점점 느려지고 있다. 이제 더 이상 '혁명'과 같은 첨단 기술은 기대하기 어려운가?

"소프트웨어나 하드웨어, 즉 인터넷과 컴퓨터 혁신은 둔화하고 있는 것이 사실이지만 바이오(biology · 생물학)라는 거대 영역에서는 이제 막 혁명이 시작되고 있다. 유전자 분석과 조작, 뇌과학, 로봇 신체, 생물학적 디자인 같은 분야가 빠르게 발전하고 있다."

- 미디어 랩에선 어떤 바이오 기술을 개발하고 있나.

"반도체 전자회로를 만드는 과정은 매우 정교한 작업이라 정확도가 생명이다. 그런데 유전자(DNA)를 활용하면 분자(分子 · molecule) 단위의 오류까지 줄이면서 회로를 만들 수 있다. 유전자 중에는 스스로 단백질 같은 물질을 이동하고 조립하고 오류를 수정하는 유전자가 있는데, 이 유전자를 인공적으로 만들어 회로를 만드는 기계에 적용하고 있다.

또 뇌신경회로를 분석해 특정 세포에 빛 자극을 줌으로써 알츠하이머나 파킨슨, 과잉 행동 장애 같은 질환을 치료하는 방법을 개발하고 있다. 이 연구는 뇌 기능을 더 좋게 하는 방법을 개발하는 방향으로도 진행될 수 있다."

- 바이오 기술은 생명 윤리 논란과 규제를 피할 수 없다. 바이오 기술이 빠르게 성장할 수 있을까?

"앞으로 우리에겐 더 많은 책임감이 요구될 것이다. 인간의 신체와 윤리, 자연 파괴에 대한 고민이 필요해질 것이다. 하지만 부작용이 있다고 해서 기술 진보를 막을 수는 없다. 인류는 문제가 발생하면 그것을 해결하면서 진보해왔다. 페이스북의 사생활 침해 문제가 발생했지만, 문제점을 하나하나 개선해나가듯이 말이다. 환경과 인류에 도움이 되는 기술만 개발할 수 있을 것이다."

- 저성장과 긴축의 시대가 도래했다. 기업들이 생존하려면 어떻게 해야 하나?

"구태의연한 말이지만, '혁신'해야 한다. 애플을 봐라. 불황에 살아남았고 수많은 관련 중소기업을 살렸다. 그동안 일본 기업들은 비용 절감(cost cut)만을 외치다 아무것도 남지 않았다. 좋은 사람을 뽑을 기회조차 잃었기 때문이다. 지금은 뭐든 싸다. 근래에 가장 싸게 투자할 좋은 기회다. 넘버원이 될 기회가 있다면 과감히 투자하라.”

- 현대사회에서는 당신과 같은 ‘통섭형 인재’가 요구되고 있다. 이런 인재를 키우려면?”

나처럼 무엇이든 해보고 도전하고 망해도 보면 된다. 나도 사실 100개 정도 투자했다가 10개 정도 성공했다. 과거엔 작은 아파트에서 빚지고 살던 ‘마이너스 인간’이었다. 하지만 하고 싶은 것을 했고 후회하지 않는다. 유치원과 학교를 생각해보자. 유치원에서는 아이들을 그냥 놀게 놔둔다. 놀이에 집중하고 자유롭게 생각하고 탐험할 시간을 많이 준다. 그러나 학교에 가는 순간 아이들은 구조화되고 박스 안에 갇힌다. 교사와 부모는 아이들이 복종하기를 바란다. 대학에 가면 학위라는 사회적 틀에 맞추기 위한 공부가 진행된다. 이런 환경에서는 다양한 경험을 통합해 융통성 있게 문제를 해결하는 인재가 나오기 어렵다. 한국 역시 비슷한 아시아 문화와 교육 시스템을 갖고 있다. 하지만 한국인의 강점인 ‘융통성’을 잘 활용한다면 통섭형 인재가 많이 나올 것이다.”

◆ 조이 이토의 이력

- 출생 : 1967년 일본, 1970년 미국 이주 후 10년간 거주
- 학력 : 일본 아메리칸스쿨(고교) 졸업
  터프츠대 컴퓨터공학과 중퇴
  시카고대 물리학과 중퇴
- 경력 : 1995~96년 일본 인터넷 기업 에코시스, 디지털 가라지 등 설립
  2008~11년 크리에이티브 커먼스 CEO
  현재 뉴욕타임스 이사, 맥아더재단 이사, 일본 정부 IT전략본부 위원

(자료원 : 조선일보 12.8.25)

Chapter_02

e-Business의 개념

Business

제 2 장
e-Business의 개념

Key Point

e–Business의 개념을 정확히 이해할 때, e–Business 전체에 대한 상세한 이해가 가능하다

주요 내용

- 비즈니스 관점의 Internet 가치의 이해
- e–Business 개념의 이해
- e–Business 유사용의 이해
- 사례연구 : 롯데닷컴의 전자상거래 전략 및 전망
- IBM의 광고

제1절 인터넷은 비즈니스에 어떤 도움이 되는가?

o 인터넷은 비즈니스 관점에서 다양한 가치를 제공한다.

- 초기 군사적 목적으로 출발한 인터넷은 전 세계를 연결해주는 역할을 수행하면서, 다양한 비즈니스 관점의 가치를 제공하고 있다.
- 기업에서 인터넷을 활용하는 것은 초기 정보검색과 홈페이지 개설과 e-Mail 사용 수준에서 발전해서, 현재는 기업경영의 중요한 전략적 도구로 인식하고 다양

한 경영활동에 적용하는 분야로 확대되고 있다.

- e-Business가 등장하고 현실화된 내용을 이해하기 위해서는 먼저 인터넷의 활용에 대한 인식의 공유와 비즈니스 관점에서 갖는 가치를 이해할 필요가 있다.

1.1 인터넷은 언제 등장했고 어떻게 활용되는가?

인터넷의 출발

- 1969년 ARPAnet(Advanced Research Projects Agency) 이라는 이름으로 미국에서 처음 태동하였다. 미국 국방부에는 그 당시 구소련의 핵폭격이나 그에 준하는 공격을 가상하여 어떤 경우에도 작동이 가능한 매우 신뢰성 있는 컴퓨터 네트워크가 필요하였다. 즉 중간에 있는 몇 개의 시스템이 폭격으로 부서지더라도, 다른 시스템을 통해서 연결이 되기를 바랐다. 이러한 요구조건을 만족시키기 위해서 미국의 대학 연구소에서 ARPAnet이라는 것을 고안한 것이 인터넷의 시초였다.
- 그 후 계속 연구, 발전하여 1972년 공개되었을 당시에는 국방과 관련된 기술 프로젝트를 수행하는 미국 내의 50개 대학과 연구소들이 이 네트워크에 연결되었다.

우리나라에서의 인터넷 시작

- 1982년 서울대학교와 당시 구미에 있던 전자통신연구소의 컴퓨터를 1200BPS 모뎀을 사용하여 연결한 SDN(System Development Network)을 그 효시로 보는 견해가 지배적이다. 시작은 일본보다 앞선 것으로 보이지만, 외국 네트워크에 접속한 것은 1990년부터 가능하였다.

인터넷은 정보와 자료의 바다가 아니라 진흙 속에서 진주를 캐는 일과 같다고 봐야 한다.

- 인터넷은 정보와 자료의 바다라 칭할 만큼 다양한 분야와 다양한 내용과 최신의 콘텐츠가 즐비하며, 초고속으로 정보를 얻을 수 있는 보고라 할 수 있다. 그러나 체계적으로 정리되어 있지는 않고 허위사실도 많기 때문에 정보의 선택과 활용

에는 신중해야 한다.

- 포탈 및 검색업체들은 정보의 바다에서 효율적인 정보 검색과 효과적인 디스플레이를 위해 계속 연구하고 있으나, 정보의 질과 사실 여부에 대한 판단은 여전히 개인 사용자에게 있다. 따라서 유용한 정보를 얻는 것은 진흙 속에서 진주를 캐는 일에 비유된다.

o 인터넷을 이용할 수 있는 도구의 다양화 서비스의 다양화

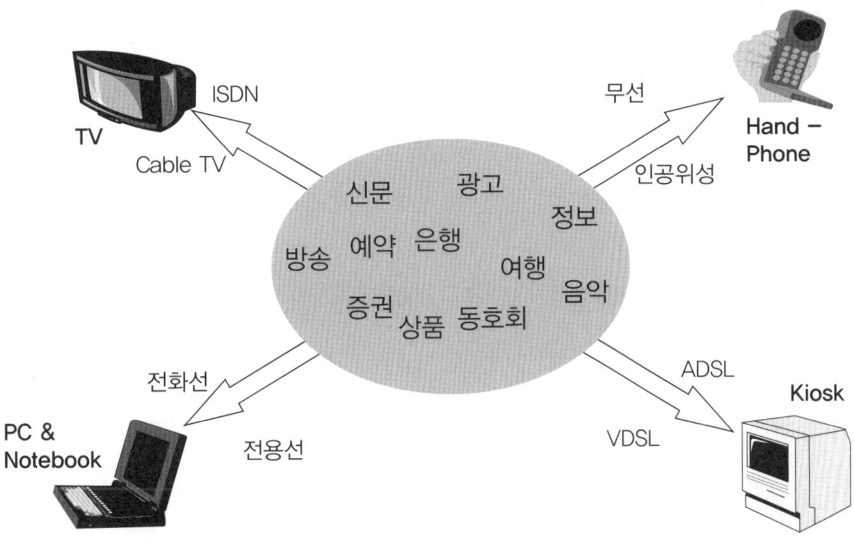

1.2 비즈니스 관점의 인터넷 가치를 찾아보자

o 인터넷의 가치를 비즈니스 관점에서 이해해야 할 필요가 있다.

인터넷은 국가, 사회, 문화, 경제, 경영 등 다양한 분야에 영향을 미치지만, 가장 큰 혜택과 효과를 얻은 분야는 기업의 경영분야라 할 수 있다. 따라서 인터넷이 갖는 가치를 경영의 관점에서 정확히 파악하고 이를 실질적 경영활동에 접합하는 것이 중요한 과제이다.

- 비즈니스 관점의 인터넷 가치는 다음의 그림처럼 8개 주제로 설명할 수 있다.

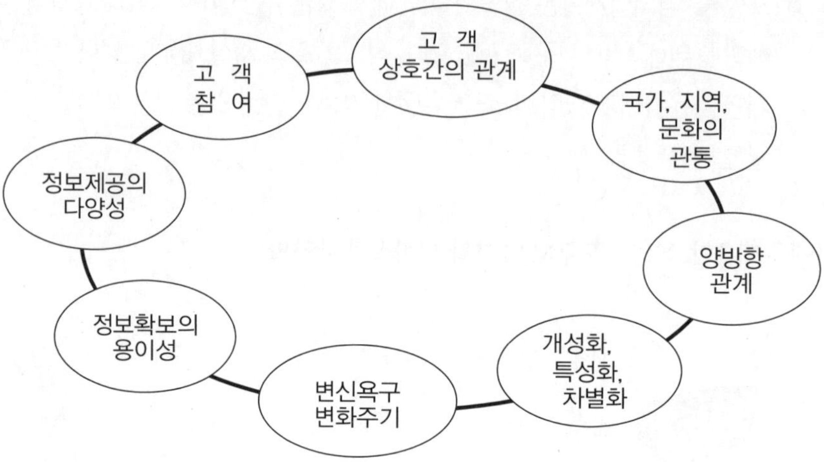

- 고객의 경영활동에의 참여가 확대될 수 있다.
    - 인터넷을 통해 고객은 자신의 요구사항 또는 불만을 보다 손쉬운 방법으로 전달할 수 있는 채널을 확대할 수 있다.
    - 고객의 참여는 기업의 입장에서도 유리한 점이 많다.
        - 고객의 적극적 요구사항이나 불만은 경영활동에서 활용할 수 있는 정보이다.
        - 고객에게 접근하기도 용이해서 고객과의 의사소통 빈도수가 증가하고 그로 인해 고객과 밀접한 관계 형성이 가능해진다.
    - 고객참여가 확대되었다는 것은 고객의 중요성이 더욱 부각되었음을 의미하므로 인터넷 환경은 고객 중심적 경영의 가치를 부각시킨다.

- 고객 상호간의 관계를 증진시킬 수 있다.
    - 고객 상호간의 관계를 형성하기가 인터넷에서는 보다 용이하다. 따라서 사이버 공간에 고객들은 특정의 목적을 위해 집합된 활동공간을 만들어 정보를 교환하고 요구사항을 조직적으로 전달할 수 있다.

- 고객들이 때로 안티 소비자연대와 사이트(anti site)를 구축하는 행위는 때로 기업에게 불리한 상황으로 몰아갈 수도 있지만 이를 잘 활용하면 기업에게 약이 될 수도 있다.
- 고객들끼리 상호간의 관계가 발전하다 보면 서로 상품 및 서비스를 교환할 수 있는 형태로 발전할 수 도 있다.
- 고객상호간의 관계형성이 용이하다는 것은 고객참여가 확대된 것에 따른 가치와 마찬가지로 인터넷 환경이 고객 중심적 경영의 가치를 더욱 부각시킨다.

o 고객을 위한 개성화, 특성화, 차별화가 쉬워진다.

- 개인 카페나 블로그를 보면 알 수 있듯이 사이버 공간에서 누구나 자신만의 독특한 공간을 창출할 수 있다. 흔히 사람들은 다른 사람, 다른 집단과 구분되는 차별적 기술과 이미지 등을 적용해 자신을 부각시킴으로써 자아를 실현하고자 하는 욕구가 있다. 블로그의 다양한 스킨, 아바타 창조, 휴대폰의 벨소리와 컬러링 등은 이러한 욕구 실현을 위해 제공하는 다양한 콘텐츠 서비스라 할 수 있다.
- 기업들은 고급 웹프로그래밍 기술을 이용하여 서비스를 제공할 때 이러한 사람들의 욕구를 쉽게 충족시킬 수 있는 시스템을 구축할 수 있다. 개성화, 특성화, 차별화가 용이한 웹 환경에서 기업은 고객 개개인에 대해 1:1 개인화(personalization) 서비스를 제공함으로써 고객의 마음을 사로잡을 수 있는 기회를 잡을 수 있다.

o 다양한 정보와 전달 채널

- 인터넷 기반 기술 구조에서는 다양한 내용과 다양한 형식의 정보를 다양한 경로를 통해 제공할 수 있다는 이점이 있다. 이제는 고객이 원하는 정보를 더 이상 2차원적 텍스트 정보에만 한정할 필요가 없다. 문서, 음성, 이미지, 동영상, 애니메이션 등 다양한 형식의 정보를 만들어 제공할 수 있으며, 이것들을 SNS, 이메일, 게시판, 블로그, 커뮤니티, 모바일기기를 통한 전달할 수 있다. 이렇게 고객에 대한 근접성과 밀착성이 강화됨으로써 양질의 고객서비스와 호의적 고객반

응을 기대할 수 있다.

- 인터넷을 통한 정보제공의 다양성이 확대되는 환경에서는 정보자원관리에 대한 기업의 준비된 대응방식이 중요하다. 따라서 기업은 정보자원관리에 더 많은 관심과 역량을 집중할 때, 경쟁사에 비해 차별화된 경쟁력을 확보할 수 있다.

o 정보 확보가 쉬워진다는 것은 경영에 있어 중요한 시사점이 있다.

- 인터넷 환경에는 다양한 분야에서 다양한 형식의 콘텐츠가 존재하지만 모두가 정보로 활용될 수 있는 조건을 갖추고 있지는 않다.
- 자료가 진정한 가치를 발휘하기 위해서는 광범위한 인터넷 상에서 자료를 찾아내고, 이를 토대로 의사결정과 경영에 유용한 정보로 가공되어야 한다. 오늘날 스마트 폰과 같은 모바일 기기의 출현은 이런 정보 확보를 더욱 편리하고 신속하게 만들어주었다.
- 인터넷이 갖는 가치는 경쟁력을 강화해줄 수 있는 차별적 정보 확보가 가능하다는 점에 있지만 이것을 부가가치 창출을 위해 활용하는 여지는 경영자에게 남겨져 있다.

o 사용자나 고객의 변신욕구를 신속하게 반영하고, 변화주기를 단축할 수 있다.

- 인터넷은 고객과의 밀착성이 뛰어나므로 변화에 대한 요구를 신속히 파악하고 이를 제품이나 서비스의 설계에 반영해서 고객에게 보다 양질의 서비스와 상품을 제공할 수 있다.
- 고객의 소리를 들을 수 있고 이에 대해 신속한 대응을 할 수 있는 인터넷 환경은 비즈니스 유연성을 향상시키는 가치를 보유하고 있다.

o 인터넷 문화는 국가, 지역 문화를 관통하는 성격을 띠고 있다.

- 인터넷이 보편화되면서 국가와 국경의 의미는 점점 쇠퇴하고 있다. 일부 폐쇄적인 몇몇 국가를 빼고는 전 세계인이 모두 동일한 조건으로 인터넷을 이용하고 상

호 관계를 형성 할 수 있다.

- 그로 인해 세계는 단일시장으로 확대 개편되고 기업은 이 단일 시장을 대상으로 더 많은 사업기회를 맞고 있다.

- 양방향 의사소통이 더욱 증진된다.

  - 정보기술의 발전으로 양방향으로 고객 및 방문자의 의견을 청취할 수 있게 되었다. 일방적으로 자료를 전달하기보다는 고객의 반응을 신속하게 감지할 수 있으므로 고객의 요구에 부합되는 서비스와 상품을 더 잘 제공할 수 있다. 최근 트위터는 양방향 의사소통을 보다 긴밀하게 만드는 특징이 있다.

  - 그리고 다양한 방문자(잠재고객) 및 고객으로부터 정보를 얻을 수 있기 때문에 고객의 민감한 변화까지도 쉽게 파악하여 이를 경영에 반영할 수 있으며, 이러한 일련의 변화는 고객중심적 경영을 정착시키는 계기가 되기도 한다.

- 이제 기업이 이러한 Business 관점의 인터넷 가치를 인식한다면 이러한 가치를 추구할 수 있도록 가치사슬(Value Chain)을 재설계하여야 한다. 즉 가치를 창출하는 경영활동과 그렇지 않는 경영활동을 파악하여 효율적인 비즈니스 프로세스를 재창출해야 한다. 이러한 가치사슬의 전면적인 재설계는 e-Business의 등장과 발전으로 귀결될 것이다.

제2절 e-Business 개념을 알아보자

- e-Business 개념의 이해가 쉽지 않은 것은 다음과 같은 이유 때문이다.

  - 여러 조직(특히 정보서비스 기업들)과 연구자들이 e-Business에 대한 개념을 제시하면서 유사용어가 많아진 것이 그 한 이유이다.

  - e-Business가 갖는 광범위성, 혁신성, 잠재성을 고려한다면 간단히 정의 내리기는 쉽지 않다. 그래서 더 혼란스러울 수 있고, 올바른 이해가 쉽지 않을 수도 있다.

o 올바른 e-Business이해를 위한 접근 방식을 알아보자.

- [그림 2-3]과 같이 먼저 e-Business의 개념을 파악하고 유사용어와의 혼란을 극복함으로써 e-Business 의미에 대한 진정한 이해가 가능하다.

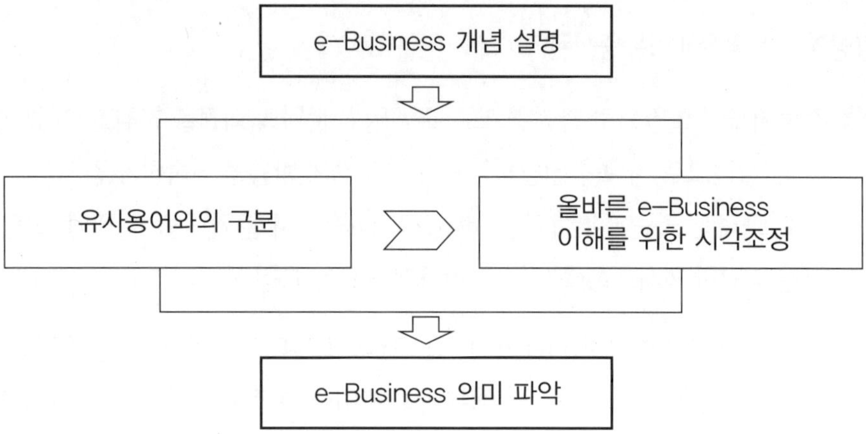

〈그림 2-3〉 e-비즈니스 이해를 위한 접근방식

2.1 e-Business 개념에 관해서는 너무 많은 연구와 정의가 있다.

o IBM이 e-비즈니스 개념을 정립하게 된 경위는 다음과 같다.

- 1997년 IBM이 e-Business 라는 용어를 처음 사용했을 당시에는 전자상거래라는 용어가 유행하던 시기였다. 그 당시까지만 하더라도 인터넷을 통해 수익을 창출할 수 있는 경영활동은 판매행위가 유일했지만, IBM은 판매 외의 다른 경영활동에 대한 적용가능성을 제시하면서 e-Business 개념을 제시하였던 것이다.

- IBM은 e-Business를 인터넷 기술을 기반으로 핵심적인 경영 업무 수행과 시스템을 결합함으로써 다양한 비즈니스 가치를 광범위하고 편리하게 추구할 수 있는 안전하고 유연하며 통합된 비즈니스 방식으로 정의하였다. 기존의 정보시스템과 인터넷의 광역성(개방성)을 통합함으로써, 고객, 직원, 공급업체 등의 핵심적인 비즈니스 활동에 직접 연결시키는 것을 의미하였다.

- 세계무역기구(WTO)는 e-Business를 통신 네트워크를 통해 제품을 생산, 광고, 유통, 판매하는 것이라고 정의하였는데, 제품의 생산, 판매 등 무역관점에서 e-Business를 조망한 점이 특징이었다.

- 컨설팅 회사 PriceWaterHouseCoopers는 공공표준 기반 네트워크상(주로 인터넷을 말함)에서 제품, 서비스 및 정보의 판매를 용이하게 하는 정보기술의 응용이라고 e-Business를 정의하였는데, 이는 세계무역기구와는 달리 제품 외에도 서비스 및 정보 영역을 포함한다는 특징을 띠었다.

- 국내에도 다양한 주장이 제기되었는데,

- 정보통신부의 정의

    - 정보통신부는 인터넷 및 이와 관련된 정보기술을 활용하여 이루어지는 전자적인 기업 활동이라고 e-Business를 정의하였으며, e-Business를 수행주체에 따라 BtoC, BtoB, GtoB, GtoC 등으로 분류하였다. 아울러 유형, 무형의 상품 및 서비스의 기획, 설계, 생산, 유통, 마케팅 등 대내외 비즈니스 활동을 대상으로 포함하였다.

- 한국전산원의 정의

    - 단순한 BtoC 활동의 경우는 전자상거래라고 할 수 있으나, 기업간 영업 및 마케팅 활동을 중심으로 기업간 정보(주문정보, 생산계획, 재고정보 등)공유와 의사결정 모형을 통합한 확장된 전자상거래를 e-Business라고 정의하였다.

- 전자거래기본법

    - 전자거래기본법은 e-Business 대신에 전자거래라는 용어를 사용하였다. 전자거래기본법상의 전자거래는 재화나 용역의 거래에 있어서 그 전부 또는 일부가 전자문서에 의하여 처리되는 거래라고 정의하였다. 아울러 이익을 도모하는 상거래 외에도 조직차원의 이익을 도모하지 않는 일반적 거래까지 포함하였다.

2.2 종합해서 e-비즈니스 개념을 정리하면 다음과 같다.

- 우리는 e-Business를 완성된 개념으로서가 아니라 계속적으로 진화하고 있는 새로운 경영 패러다임과 경영철학으로 이해해야 한다. 따라서 위의 개념들의 적절성을 논의하는 것은 적절하지 않다. e-비즈니스란 당대의 최첨단 정보기술들을 융합하여 경영 프로세스를 지속적으로 혁신하고 부가가치를 더하는 모든 경영활동들을 전자적으로 통합하는 일을 지향하므로 계속 변하는 동적인 시스템, 혁신기법, 경영패러다임으로 이해할 필요가 있다.

- 그러나 우선 체계적인 개념 정의를 위해서 포함되어야 할 요소는 다음과 같음

    - 대상 경영활동
    - 적용되는 기술
    - 기술 적용 방식
    - 기대 목표

- e-Business 개념은 다음과 같다.

    - e-Business는 기업의 모든 경영활동에 인터넷 기반기술과 디지털 정보기술을 전자적으로 통합 적용함으로써 경영의 효율성과 효과성을 극대화하고자 하는 새로운 경영 방식이다.

2.3 e-Business 의미를 음미해보자.

- 대상 경영활동 관점으로 보면 e-Business는 특정 분야로 한정하는 것이 아니라 기업의 모든 경영활동을 대상으로 한다.

    - 즉 성과가 있는 영역도 있고 미래에 실현될 기대가치를 제시하고 있는 분야도 모두 포함한다.
    - 경영활동의 주요 대상 분야는 계획, 조직화, 운영, 통제, 평가 등 전 분야에 걸쳐 적용된다.

- 포함하는 경영 기능은 인사관리, 재무 및 회계, 재고관리, 제조, 연구개발(R&D), 마케팅, 주문처리, 판매 및 영업, 물류 및 배송 등 모든 분야를 대상으로 한다.

o 적용되는 기술 관점에서 e-비즈니스는 다음과 같다.

- e-Business는 인터넷 기반기술과 디지털 정보기술 모두를 포함한다. 즉 새로운 기술과 전통적 기술을 모두 포함하며 미래에 등장할 기술까지를 포함할 수 있는 여지를 남겨두는 것이 바람직하다.
- e-Business에 대한 그릇된 이해 가운데 하나가 인터넷 기술만이 e-Business에 적용되는 기술로 생각하거나 인터넷 기술에만 정통하면 e-Business 구현이 가능한 것으로 생각하는 것이다. 그러나 e-Business는 기존의 시스템과 인터넷이 갖는 공공 네트워크를 상호 연결하는 것이기 때문에 인터넷 기술만으로는 부족하며, 하드웨어, 소프트웨어, 네트워크 관련 모든 전통적 정보기술은 물론 향후에 계속 등장할 새로운 기술까지 포함하여야 한다. 따라서 다양한 영역에 대한 학습이 필요하고 미래지향적 학습과 열린 사고가 필요하다.

o 기술 적용 방식의 관점에서 살펴보자.

- e-Business는 기술을 전자적(electronically) 으로 통합해서 적용한다. 인터넷 기반기술과 전통적 디지털 정보기술 각각이 전자적으로 통합될 때 다른 하드웨어 및 소프트웨어와의 이식성 및 상호운영성이 가능하게 된다. 만약 두 가지 기술이 각각 운영된다면 경제적인 관점에서 중복투자가 발생한다고 할 수 있다.
- 이러한 전자적 통합으로 기술적용의 상승효과를 기대할 수 있으며, 조직전체의 e-Business 구축비용을 절감할 수도 있어 기술적 가능성 및 경제적 효과를 동시 얻을 수 있다. 예를 들면, 홈페이지 게시판이나 A/S센터에 접수된 고객 요청사항, 불만사항을 체계적인 보고서 형태로 가공할 수 있는 프로세스나 시스템이 없다면 이를 상품개발, 마케팅, 영업부서 등이 활용할 수 없을 것이다.

- 기대 목표 관점에서 보자.

  - e-Business는 경영의 효율성과 효과성을 균형 있게 극대화하는 것을 추구한다. 그 이유는 왜 e-Business를 추구하는가에 관한 의문을 가져야 올바른 이해와 신뢰가 가능하기 때문이다.
  - 효율성(efficiency)은 다음과 같다.
    - 계량화가 가능한 수치로 나타내는 경영성과로서 매출액, 원가절감, 시장점유율 등을 말한다.
  - 효과성(effectiveness)은 다음과 같다.
    - 경영성과를 모두 수치로 나타낼 수 있는 것은 아니므로 수치로 나타낼 수 없는 성과를 표현할 수 있어야 하며, 이것들을 우리는 효과성이라 부른다. 예를 들면, 고객만족도, 기업 이미지, 브랜드 인지도 등이 될 것이다.
  - e-Business는 계량화 가능한 경영성과 향상뿐만 아니라 계량적으로 나타낼 수 없는 정성적 경영성과 향상을 균형적으로 추구한다. 수치로 나타낼 수 없는 성과를 고려하지 않는다면 올바른 e-Business를 실현할 수 없을 것이다

2.3 인트라넷과 익스트라넷은 e–Business에 포함되는 시스템이다.

- e-Business가 정착되고 활성화되기 전에 많이 사용되는 기술적 용어 중에 하나가 인트라넷과 익스트라넷이다.

  - 그러나 e-Business는 인트라넷과 익스트라넷의 대체개념이 아니다.
  - 오히려 인트라넷과 익스트라넷은 e-Business를 구성하는 하부구조(Infra-structure)가 되는 정보시스템으로 보아야 한다. 즉 e-Business는 전자적(Electronically)으로 인터넷 기술과 디지털 정보기술 모두를 통합해서 적용한다고 할 때, 통합의 대상이 되는 시스템의 유형이 인트라넷과 익스트라넷이라는 것이다.

● 인트라넷(Intranet)이란 무엇인가?

- 인트라넷이란 기업 내부의 정보 활용을 촉진시키기 위한 인터넷 기반의 정보시스템 환경을 말한다. 조직 내부의 모든 업무처리 지원과 자료처리 및 정보 산출과 제공을 인터넷에서 이용하고 있는 개방형 TCP/IP 프로토콜을 기준으로해서 처리하는 개념의 정보시스템 환경이다.

- 인트라넷이라는 용어는 인트라(Intra) 내부라는 의미의 단어와 인터넷(Internet)이라는 단어의 합성어이다.

- 인트라넷이 과거의 정보시스템과 구분되는 것은 다음과 같은 이유에서 이다.
  - 과거의 정보시스템은 개방형 네트워크인 인터넷을 고려하지 않은 상태, 즉 외부 조직과의 연결을 고려하지 않고 조직 내부의 업무를 지원하는데 중점을 둔 시스템이다. 그러나 인터넷 기술을 응용하면 사무실에서 내부적으로만 처리할 수 있었던 많은 일들을 익스트라넷 및 인터넷을 통해 어느 장소에서나 어느 시간에나 처리할 수 있게 된다. 즉 유무선 인터넷에만 연결되어 있다면 집에서도 회사 일을 할 수 있고, 출장 중에 공무를 처리할 수 있게 되는 것이다. 인트라넷은 이런 개방성을 강조하는 인터넷 기반 내부 정보시스템을 말한다.

- 그러나 인트라넷은 e-Business의 한 부분일 뿐 충분조건은 못된다.
  - 인터넷을 이용한 정보시스템이라는 측면에서 인트라넷을 e-Business라고 할 수 있지만 조직내부의 업무만 지원한다는 점에서 e-Business의 충분조건은 되지 못한다. 즉, 조직외부의 공급자와 협력하여 업무를 처리한는 일, 고객이 쇼핑몰에서 직접 상품을 주문하는 일, 웹사이트를 통해 정보를 수집하거나 인터넷 마케팅을 수행하는 일은 인트라넷의 범주를 넘어가는 일이다.
  - 따라서 인트라넷이라는 용어는 현재에도 사용되고 있기는 하지만, 보편적으로는 e-Business 라는 용어를 더 많이 사용한다.

● 익스트라넷(Extranet)이란 무엇인가?

- 익스트라넷(Extranet)은 개방형 구조의 인터넷을 통해 기업체들의 인트라넷을 상호 연결한 것으로 정의할 수 있다.

- 마크 안드레센(Mark Andreessen)은 익스트라넷을 공통적인 목표를 공유하는 비즈니스 공급업체와 고객 또는 다른 비즈니스 업체와 연결하기 위해 인터넷 기술을 사용하여 정보의 공유와 수행 시스템의 통합을 추진하는 협력 네트워크으로 정의하였으며, 이는 SCM(공급망) 시스템의 근간이 된다.
- 익스트라넷은 조직과 조직간의 정보시스템을 인터넷을 통해 연결한 형태이며, 이때 익스트라넷을 구성하는 조직의 정보시스템도 인터넷 기반에서 운영되는 인트라넷 구조가 되어야 함은 당연하다. 즉 개별 기업들이 자신의 인트라넷을 구축하지 않았다면 익스트라넷에 편입될 수 없을 것이다.

o 인트라넷과 익스트라넷의 구성을 그림으로 표현하면 다음과 같다.

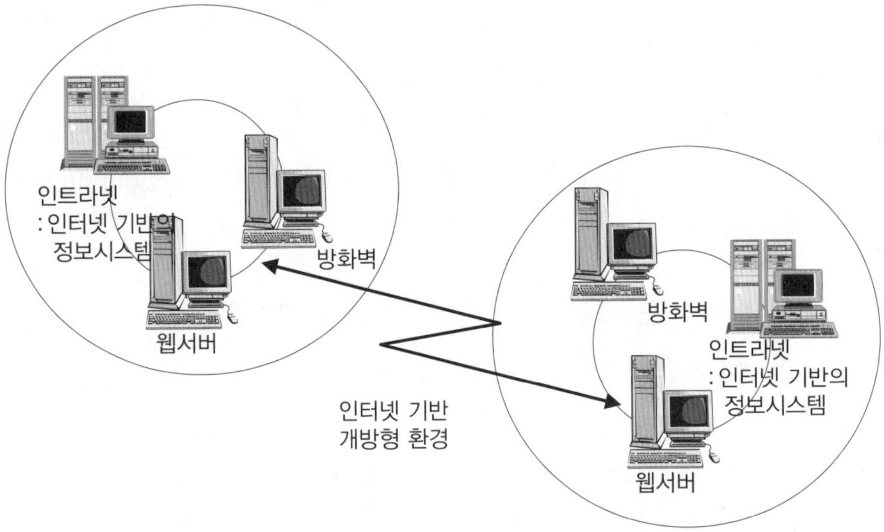

- 익스트라넷 역시 e-Business의 한 부분일 분 충분조건은 되지못한다.
  - ㅁ 그 이유는 인터넷을 이용해서 조직의 정보시스템들을 상호연결한다는 측면에서 익스트라넷을 e-Business라고 할 수 있지만 조직의 정보시스템들을 상호연동을 통해 협력적 업무연결만을 지원할 뿐이어서 e-Business의 충분조건은 못됨
  - ㅁ 예를 들어, 고객이 쇼핑몰에서 직접 상품을 구매할 때 연동되는 기업의 주문시스템이나 재고시스템 그리고 결제시스템 등은 익스트라넷 부분이 아니기 때문이어서 이러한 부분은 익스트라넷 만으로 충분히 설명하지 못한다.

- 익스트라넷이라는 용어는 현재에도 사용되고 있기는 하지만, 보편적으로는 e-Business라는 용어를 많이 사용한다.

o 결론적으로 인트라넷과 익스트라넷을 통합 적용하는 것이 e-Business이다.

- 즉 e-Business를 실행하고 성과를 거두기 위해서는 기업 내부의 정보화 추진도 인터넷을 기초로 추진되어야 하므로 인트라넷이 필요하다.
- 아울러 기업간 업무협조를 통한 e-Business 실행이 성공하기 위해서는 익스트라넷이 필요하다. 원자재 조달업무의 정보화를 추진하는 경우, 특정기업만의 노력으로 되는 것이 아니라 관련된 부품업체 모두 내부 정보화(예: 인트라넷)가 먼저 추진되어야 하고, 업무협조가 긴밀하게 이루어지기 위해서는 상호간에 정보시스템 연결이 필요하다.
- 인트라넷과 익스트라넷을 통합 적용하는 것이 e-Business이다.
  - 기업간 e-Business 실행(BtoB)이나 기업과 정부 및 공공기관과의 e-Business 실행(BtoG)을 위해서는 인트라넷과 익스트라넷의 전자적 통합이 선행될 필요가 있다. 따라서 어느 것 한 가지라도 불충분하다면 기대한 목표를 달성할 수 없다.

제3절 유사용어도 많아서 혼란스러운데 차이를 구분해보자

o 혼란이 발생하는 이유는 무엇일까?

- 다수의 유사용어가 등장함에 따라 e-Business를 이해하는데 혼란이 발생하였다. 초기에는 e-Business 와 전자상거래를 동일시하는 실수를 범하였다. 그렇지만 e-비즈니스의 개념, 범위, 구성요소를 바르게 이해하지 않으면 잘못된 사업전개로 연결될 수 있으며, 이에 따라 경영실패, 경쟁력 상실을 초래할 수 있다.

3.1 이해의 혼란을 불러일으킨 유사개념

○ 혼란을 불러일으킨 유사개념

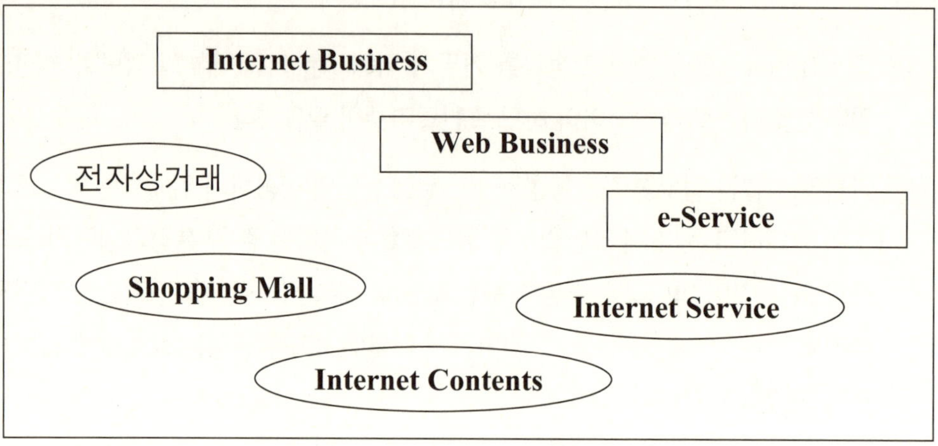

○ 인터넷 비즈니스

- e-Business를 대신해서 사용되기도 하고, 중복된 모호함으로 인해 가장 혼란스러운 용어이다.
- 인터넷 비즈니스는 주로 인터넷을 통해 비즈니스를 수행하는 경우를 말하므로 인터넷이라는 특징을 적절히 반영하고 있다. 그렇지만 다음과 같은 개념의 한계가 있음을 이해하고 사용할 필요가 있을 것이다.
  1) 인터넷 비즈니스는 적용되는 기술이나 기법을 인터넷에 한정하기 때문에 다른 디지털 정보기술을 포함할 수 없는 한계가 있다.
  2) 기존의 정보시스템과의 확장된 연계성에 대해서는 디지털 정보기술요소를 고려하지 않기 때문 유연성을 발휘할 수 없다는 개념적 한계가 있다.

○ 웹-비즈니스

- 전자상거래가 구현되는 기반이 World Wide Web인 관계로 인터넷 비즈니스와 비슷한 의미를 담은 용어이다. 특히 인터넷 서비스 가운데 사용자 편의성과 확산

범주가 넓기 때문에 특별히 웹을 지정해서 붙인 개념으로 볼 수 있지만 다음과 같은 한계가 있음을 이해하고 사용해야 한다.

- 웹-비즈니스는 인터넷 비즈니스보다도 편협한 내용이다. 전자상거래에 적용되는 인터넷 기술 또는 프로토콜이 World Wide Web에서 사용하는 HTTP 외에 전체적인 TCP/IP를 사용하기 때문이기도 하다. 따라서 급격히 확대되는 e-Business의 특성을 반영하기에는 근본적 한계를 내포하고 있다.

o e-Service

- IBM의 경쟁업체인 Hewlett-Packard는 e-Service란 용어를 사용하였다.
- 인터넷을 통해 새로운 매출 흐름을 주도하거나 새로운 효율성을 창조하는데 사용할 수 있는 모든 자산을 의미한다. 인터넷 기술을 강조하며 인적, 물적, 금전적 자산 모두를 대상으로 한다.
- 한 때 Hewlett-Packard는 e-Service가 e-Business보다 상위의 개념이라고 주장하였지만 그러나 이러한 접근법에는 몇 가지 무리가 있다. 서비스와 비즈니스라는 용어를 보자면 비즈니스 영역에는 서비스와 제품으로 구분된다. 따라서 따라서 서비스가 비즈니스의 상위개념 또는 대체개념으로 보는 것은 모순이 된다.
- e-Business는 인터넷만으로 구현되는 것이 아니기 때문에 HP가 말하는 e-Service 정의는 새로운 경영 패러다임을 대표하기에는 부족하다.

3.2 올바를 이해를 위해서 다음과 같은 점을 고려해야 한다

o e-Business와 유사한 용어로 인해 개념설정에 혼란이 있다면 이를 교정하기 위한 노력이 필요하다. e-Business에 대한 다음의 질문에 각자 대답해 보자.

- ○ 인터넷 기술을 활용하는 비즈니스이다. No
- ○ 인터넷과 연관한 모든 비즈니스이다. No
- ○ 인터넷 기술 외에도 다른 디지털 정보기술의 적용이 필요하다. Yes

○ 적용 기술, 조직의 성격, 사업내용에 따른 구분보다는 경영 패러다임의 변화라는 사실을 중시해야 한다. Yes

[사례연구] 롯데닷컴의 전자상거래 전략 및 전망

2013년 롯데닷컴에 접속하면 7개의 유통기업이 연합하여 한 사이트에 공존하고 있다. 롯데백화점, 영플라자, 롯데아이몰, 엘롯데, 롯데면세점, 롯데마트, 롯데슈퍼. 대한민국을 사는 대부분의 소비자들이 한 번은 들러봤을 유통기업들이 모두 집합해 있다. 롯데닷컴은 이 모든 유통기업들을 인터넷환경으로 묶어 e-비즈니스의 시너지를 추구하고 있다.

닷컴회사의 몰락

롯데닷컴은 2월 1일 롯데닷컴(http://www.lotte.com)이라는 별도의 회사를 설립해 인터넷 사업에 본격적으로 진출하였다. 롯데는 국내 인터넷 시장의 초창기인 지난 96년 국내 최초로 롯데인터넷 백화점을 오픈하였으며, 이와 동시에 대홍기획에서 HELLO SEOUL 사이트를 운영함으로써 우리나라 인터넷 전자상거래의 선도적 역할을 수행해 왔다. 따라서 이번 롯데닷컴의 설립은 롯데의 인터넷 상거래에 대한 새로운 전략의 수립으로 이해될 수 있다.

롯데닷컴의 인터넷 비즈니스에 대한 시각 - Click & Mortar

롯데닷컴은 기존의 인터넷 비즈니스가 소규모 업체들의 경쟁이었다면, 앞으로의 전자상거래는 대규모 자금 및 오프라인 자산을 무기로 한 대기업들의 경쟁 환경으로 변화할 것으로 전망하고 있다. 많은 전자상거래 업체들의 닷컴회사 위기론은 비록 회원확보, 주문접수 등에서는 성공하였더라도, 물류, 유통 등 실물공간에서의 경쟁우위를 확보하지 못하였기 때문에 발생하였다는 시각이다. 즉 기업의 인트라넷과 익스트라넷의 적절한 통합이 없으면 e-비즈니스는 실패할 수밖에 없다. 앞으로의 전자상거래 환경은 유통과 물류의 노하우를 갖고 있고, 이를 유기적으로 통합할 수 있는 조직적 역량을 갖춘 대형 기업들의 격전장이 될 것이라는 것이다. 롯데가 올해 초 기존 사업부들의 인터넷 조직망을 통합하여 롯데닷컴을 설립한 것도 이러한 맥락에서 이해할 수 있다.

롯데닷컴의 전략은 크게 클릭 앤 모르타르(Click and Mortar) 전략으로 정의될 수 있다. 클릭 앤 모르타르 패러다임은 브릭 앤 모르타르(Brick and Mortar)의 상대적 개념으로 나온 개념이다. 브릭 앤 모르타르가 기존의 오프라인에서의 영업을 의미한다면, 클릭 앤 모르타르 패러다임은 온라인과 오프라인의 통합을 의미한다. 거래는 온라인 상에서 이루어지지만 거래를 지원해주는 것은 오프라인의 역할이라는 점이다. 최근 국내외의 온라인, 오프라인의 제휴, 합병 열풍 역시 클릭 앤 모르타르 패러다임의 일환으로 롯데닷컴은 보고 있다.

이러한 롯데닷컴의 전자상거래 사업 전략은 고객관리 · 마케팅 강화, 오프라인상의 풍부한 유통 · 물류망, 브랜드파워 등의 온라인-오프라인 통합, 콘텐츠 · 커뮤니티 확장 및 관련업체와의 적극적인 제휴 등으로 정리될 수 있다.

고객만족 강화 정책 – 가능한 모든 수단으로 고객을 만족시켜라!

기존 인터넷 기업들의 비즈니스 모델의 가장 큰 취약점은, 회원확보에만 주력했을 뿐 이들 회원에 대한 고객만족 정책과 이를 활용한 안정적인 수익모델을 제대로 추진하지 못했다는 점을 들 수 있다. 롯데닷컴은 이러한 점을 극복하기 위해 보다 다양한 고객만족강화 정책을 추진하고 있다.

우선 롯데닷컴은 기존의 회원고객들의 통합을 추진하고 있다. 이러한 회원통합은 비단 온라인 회원뿐만 아니라 오프라인 회원에 대해서도 동일하게 적용된다. 즉, 롯데백화점이라는 업계 1위의 브랜드파워를 바탕으로 할인점인 롯데마트, 패스트푸드점인 롯데리아, 놀이기구 시설인 롯데월드, 숙박시설인 호텔, 편의점인 세븐일레븐이라는 계열사를 엮는 프로그램이다. 이러한 제 작업은 롯데닷컴을 중심으로 추진되고, 롯데닷컴이 운영 중인 사이트의 모든 파트너사의 회원들 역시 그 대상이 된다. 이러한 회원통합정책과 더불어, 멤버쉽카드를 이용하는 회원들의 파트너사 및 제휴업체 제품 구매시 통합적으로 적립금을 부여하고 이를 인터넷과 매장에서 자유롭게 사용할 수 있게 함으로써 고객구매효과를 극대화할 전략을 갖고 있다. 기존 인터넷 비즈니스 기업들이 온라인 구매고객을 확보하기 위해 노력하는 동안, 롯데닷컴은 온라인, 오프라인 회원 모두에 대한 서비스를 제공함으로써 궁극적으로 고객만족을 달성한다고 보고 있다.

이러한 회원관리 정책과 더불어 통합장바구니, 배송추적시스템, 집배송센터 확보 등 고객의 불만사항을 최소화하기 위한 정책들을 아울러 추진하고 있다.

온라인, 오프라인 통합 정책 – 기존의 Off Line을 적극적으로 통합하라!

롯데닷컴은 온라인 전자상거래 사업을 추진하기 위해서는 롯데가 오프라인 사업에서 가지고 있는 우월성을 적극적으로 활용해야 한다는 기본 정책을 가지고 있다. 이는 클릭 앤 모르타르전략의 핵심 부분이라고 할 수 있다. 롯데그룹 신동빈 부회장은 앞으로 롯데그룹은 세븐일레븐의 첨단물류 시스템과 백화점, 할인점, 롯데리아 등 전국 점포망을 활용해 국내 전자상거래 부문을 선도해 나가겠다고 포부를 밝힌 바 있다.

우선, 이를 위해 롯데 세븐일레븐은 이미 덩치가 배인 편의점업체 로손을 인수해 편의점 수를 500개 이상으로 늘렸으며, 향후 1, 2년 내로 1000개 이상으로 늘린다는 계획을 갖고 있다. 롯데의 이러한 전략은 일본 세븐일레븐이 올 2월 세븐드림닷컴이란 회사를 설립하여 전자상거래에 뛰어든 것과 궤를 같이한다. 기존의 인터넷 업체들은 주문 처리 및 지불 처리만을 담당하고, 상품 선정 및 물류배송을 아웃소싱하다시피 했지만, 롯데는 기존 유통 및 물류의 노하우를 바탕으로 이를 모두 통합적으로 관리하겠다는 점이 특징이다. 롯데닷컴은 롯데백화점, 롯데마트, 세븐일레븐 등 롯데의 유통부문 회사들의 노하우와 결합하여, 롯데닷컴이라는 공간상에서 종합적으로 이루어지게 되는 것을 의미한다.

한 가지 사례로서, 롯데닷컴은 4월 17일부터 송파 · 강동구를 중심으로 세븐일레븐과 롯데리아에서 직접 고객이 상품을 찾아갈 수 있는 시범 배송서비스를 시행하고 있다. 고객의 주문시 고객의 집과 근접한 세븐일레븐 또는 롯데리아의 매장으로의 배달신청을 하게 되면, 배송확인메일을 받은 후 고객이 편리한 시간에 상품을 인수해갈 수 있도록 하는 것이다. 고객의 입장에서는 시간절약 및 고객서비스를 받을 수 있고, 롯데닷컴의 입장에서는 비용 절감 및 대고객 서비스 및 매장 방문을 유도할 수 있는 장점이 있다. 향후에는 이를 더욱 발전시켜, 세븐일레븐 및 롯데리아에서 대금결제 및 반품까지 가능하도록 하고 서비스지역을 전국으로 확대할 계획이다. 또한 롯데닷컴은 온라인, 오프라인 통합을 통한 시너지 효과를 바탕으로, 향후 소매상점, 여행관련 사이트, 금융 사이트 등의 아이템을 지속적으로 확장함으로써 전체 매출을 확대해서 국내 최대의 사이버 쇼핑몰을 구현하겠다는 계획이다.

컨텐츠 · 커뮤니티 확장 및 제휴 정책 – 사이버 쇼핑몰을 바다에 둘러싸인 외딴 섬으로 만들지 말라!

전자상거래 업체들의 가치는 고객들이 사이버상에서 최고의 경험(optimal experience)을 가질 수 있도록 함과 더불어, 전자상거래의 신속성과 편리함을 오프라인의 유통망에서 얼마나 지원해 줄 수 있느냐에 의해 좌우된다고 볼 수 있다. 따라서 전자상거래를 지원해 주기 위한 최고의 유통망, 배달시간의 최소화, 상품의 신뢰성 등과 함께, 고객들의 롯데닷컴과의 상호작용을 극대화시킬 수 있는 콘텐츠 · 커뮤니티 확장 및 이를 위한 전략적 제휴 활동 등이 중요하다.

이미 지난해 12월에 주부들을 대상으로 한 마루 사이트를 롯데닷컴 내에 개설했으며, 올해 5월에는 어린이를 대상으로 하는 꼬마루를 개설하여, 롯데닷컴 고객의 개념을 개개인이 아닌 가족단위의 참여대상으로서 확대하는 효과를 거두고 있다. 롯데닷컴은 앞으로도 젊은이를 대상으로 하는 영플라자 등 생활 형태별로 다양한 콘텐츠를 제공하는 사이트를 계속 오픈해 나갈 계획이며, 이러한 전략에 따라 롯데닷컴은 일반 사이버고객들이 찾는 모든 상품과 서비스를 제공하는 풍요롭고 편리한 쇼핑공간으로 변화하고 있다.

롯데닷컴의 제휴 모델은, EC와 관련된 모든 분야, 예컨대 접속서비스(ISP)분야, 검색포탈(Portal)분야, 콘텐츠제공(CP)분야, 물류택배 분야 업체들과의 협력제휴관계를 통해서 보다 풍부하고 편리한 서비스를 고객에게 제공해주겠다는 것이다.

결론 – 남들이 가지고 있지 못한 Off Line상의 강점을 최대한 활용한 모델, Click & Mortar !

전술한 사례에서 살펴본 바와 같이, 롯데닷컴의 전자상거래 경영전략은 철저하게 클릭 앤 모르타르 패러다임에 따라 추진되고 있다. 이는 기존 전자상거래 업체들이 간과하고 있었던 오프라인 부분을 온라인 부분과 통합하여 상호 시너지효과를 극대화하고, 국내 유통업계에서 롯데가 가지고 있는 브랜드파워 및 풍부한 경험을 전자상거래 분야에서 적극 활용하여 타업체와의 경쟁에서 우위를 확보한다는 전략이다. 롯데닷컴은 향후 전자상거래 분야의 환경을, 향후 브릭 앤 모르타르 형태의 순수한 물리적 업체도 존재하지 않고, 순수한 인터넷 업체도 설 땅을 잃게 될 것으로 보고 있다. 롯데닷컴의 클릭 앤 모르타르 전략의 성공 여부는, 롯데그룹 내의 온라인, 오프라인 자원을 얼마나 잘 통합할 수 있느냐의 여부가 핵심이며, 이는 향후 전자상거래 부문에 있어서 가장 큰 이슈가 될 것으로 확신하고 있다. (출처: 월간 마케팅, 정은범/롯데닷컴IT전략팀 BPR담당자)

〔IBM의 e-비즈니스〕 조선일보 12.7.30 광고

IBM은 e-Business라는 용어를 처음으로 만든 IT서비스 및 솔루션기업이다. IBM의 최근 광고를 보면 e-비즈니스가 무엇을 추구하는지를 알 수 있다.

똑똑한 고객들은 더 똑똑한 상거래를 요구하고 있습니다

구매와 판매 방식은 끊임없이 진화하고 있습니다. 과거엔 기업들의 구매, 제조, 물류, 유통 업무 등이 서로 통합되지 않았었습니다. 하지만 이제 대부분의 기업들은 '통합 공급망 관리(SCM)'의 가치를 인정하고 이를 구축했습니다.

그럼에도 불구하고, 현재 기업들은 고객과 시장의 요구를 수용하지 못하고 있습니다. 영업 및 마케팅, 고객 서비스, 제품 개발, 재고 관리는 대부분 단절되어 있어 영업점들은 재고 현황을 실시간으로 볼 수 없으며, 신제품은 소비자의 감성에 소구하지 못하고 있습니다. 마케팅은 소비자 개인에게 맞춰지기보다 광범위한 타겟층을 대상으로 진행되고 있습니다.

오늘날 영업, 마케팅, 구매, 서비스가 전체 가치사슬(Value Chain) 내에서 어떻게 통합되어야 하는지를 결정하는 주체는 바로 '소비자'입니다. 그리고 이러한 변화는 단지 기존 프로세스의 개선이나 강화가 아닌 전혀 새로운 비즈니스 방식을 요구합니다.

똑똑한 상거래(Smarter Commerce)는 기업 활동의 핵심을 '소비자 개인'에게 두고 주목합니다. 소비자 개인의 데이터는 기업의 가치사슬을 고객과 연결시키며, 고객의 니즈를 이해하고 예측하거나, 고객의 구매 행동 변화에 최적의 대응을 할 수 있도록 파트너들과 공급업체를 조율하는 열쇠가 됩니다.

똑똑한 상거래는 거대한 기회를 발견했습니다. 최근 IBM의 IBV(Institute for Business Value) 조사에 따르면, 밀린 재고 처리와 제품 출시의 실패 등 글로벌 상거래 시스템의 비효율성으로 15조 달러 이상이 낭비되고 있습니다.

한 대규모 하드웨어 회사의 경우 전체 공급망의 구매 단계에 똑똑한 상거래 방식을 적용함으로써 리드타임을 57% 감소시켰고 이월 주문을 85%나 줄였습니다. 한 글로벌 화장품 기업은 고객들에게 개인화된 맞춤 오퍼링을 제공하기 위해 데이터 분석기법을 적용하고 있으며, 이를 통해 e-mail당 수익을 2,500%나 증가시켰습니다. 한 소매업체는 모바일 채널을 포함, 판매 채널을 다양하게 확장하여 사이트 방문자를 40% 늘렸으며, 전체 비즈니스 또한 20% 가량 성장시켰습니다.

디지털 환경에 익숙하며 능동적으로 소비하는 고객이 증가하고 있음을 고려할 때, 세계의 상거래 시스템들은 소비자만큼 똑똑해져야 합니다. 다행히 우리에겐 충분히 똑똑해질 수 있는 가능성이 있으며, 가능성을 실현하는 과정을 통해 똑똑한 세상에서의 영업, 마케팅, 구매, 서비스는 새롭게 정의될 것입니다.

함께 만드는 더 똑똑한 세상
Let's build a smarter planet.

IBM.

Chapter_03

e-Business의 등장과 차별성

Business

제 3 장
e-Business의 등장과 차별성

Key Point

e–Business의 등장과정과 차별성을 정확히 이해하면, 현실에서 e–Business를 실행할 때 새로운 기회를 발견할 수 있다.

주요 내용

- 비즈니스 관점의 e–Business 등장과정
- 기술발전에 따른 e–Business 현실화
- e–Business와 전통적 경영방식의 공통점과 차이점
- e–Business아 전통적 정보시스템의 공통점과 차이점

제1절 e-Business의 등장과정을 알아야 하는 이유

- e-Business를 개념만으로 설명했을 때 e-Business가 어느 순간 갑자기 등장한 개념으로 이해하는 경향이 발생한다. 즉 한순간의 유행으로 생각하고 무시하는 바람직하지 않은 경향이 발생하는 것이다. 특히 인터넷 기반기술과 디지털 정보기술을 활용한다고 해서 e-Business를 전자상거래와 동일시하는 문제가 발생한다.

- 일시적인 유행이 아닌 활용 중심의 e-Business를 이해하고, 전자상거래보다 넓은 개념인 e-Business를 제대로 알기 위해서 e-Business의 등장과정에 대한 이해가 필요하다.

1.1 유행이 아닌 활용 중심의 e-Business를 이해하기 위해서

○ e-Business 정착과 올바른 이해의 출발

- 인터넷이 폭발적으로 확산되었어도 e-Business라는 용어가 정착되기까지는 몇 단계의 변화 과정이 있었다. e-Business의 개념체계와 구성체계가 제대로 된 모습을 형성하기까지는 주변 경영환경의 변화와 정보기술의 변화가 동시에 수반되었기 때문에 가능하다.
- e-Business를 단순히 새로운 경영기법의 등장 또는 새로운 개념으로 이해하거나 일시적 유행으로 보는 것은 적절하지 못하다. 대신 혁신적 경영 패러다임의 변화와 경영방식의 변화로 이해하는 것이 보다 바람직하다.

○ 활용 중심의 e-Business를 이해하기 위한 시각조정

- 종합적 접근방법이 필요하다.
  - 단편적 사실의 변화만을 보기보다는 〈그림 3-1〉과 같이 접근하는 것이 필요하다. 먼저 비즈니스 관점에서 e-Business가 등장한 과정과 흐름을 이해한 후, 정보기술의 변화를 파악하고 기술발전이 e-Business 현실화에 기여한 내용을 파악할 필요가 있다.
  - 두 가지를 종합적으로 이해하고 개념이 아닌 활용 중심으로 접근하는 것이 매우 중요하다.
- 종합적 접근체계

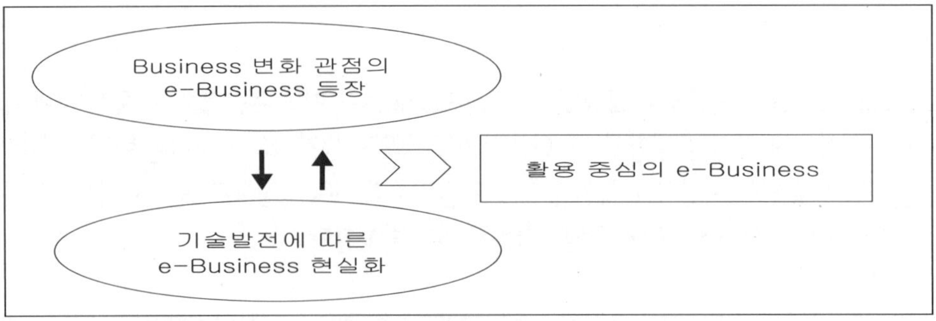

〈그림 3-1〉 활용 중심의 e-Business의 접근체계

e-Business를 단기간동안 유행하는 경영기법 정도로 볼 것이 아니라, 기업의 체질강화와 조직역량 강화를 통해 경영성과를 향상시키고 경쟁력을 강화하는 핵심능력으로 인식해야 한다. 기업은 새로운 기회를 발견하기 위해 조직적 기반을 갖추는 전략적 시각을 보유할 필요가 있으며, 개념 중심의 e-Business가 아니라 경영성과에 공헌할 수 있는 활용중심의 e-Business로 이해하는 것이 필요하다.

1.2 전자상거래보다 넓은 개념인 e-Business를 제대로 알기 위해서

o 아직도 e-Business를 전자상거래 정도로 생각하는 것은 문제이다.

e-Business란 용어가 처음 등장한 것은 1997년에 IBM이 마케팅을 위해 새로운 용어를 사용하기 시작하면서부터이다. 그 당시까지도 기업들이 관심을 갖던 분야는 전자상거래가 전부여서 체계화된 e-Business개념이 정립되지 않았다. 그 뒤로 많은 연구자와 기업 및 조직들이 노력한 결과 e-Business로의 발전이 가능하게 되었다.

o e-Business가 전자상거래 정도로 끝나는 것이 아니라, 경영활동 전반으로 확대된 이유는 다음과 같다.

비즈니스 관점의 e-Business 등장과정에서 설명되는 바와 같이 전자상거래 외에 새로운 사업기회를 발견하였기 때문이다. 즉 전자상거래로 한정할 때보다, e-Business 기반에서 경영활동이 수행될 때 보다 향상된 경영성과를 실현할 수 있다. 따라서 등장과정을 정확히 이해한다면, 현실에서 e-Business를 실행할 때 새로운 기회를 발견할 수 있다.

제2절 비즈니스 관점에서 바라본 e-Business 등장과정

○ Business 변화 관점의 e-Business 등장 과정은 다음 그림과 같다.

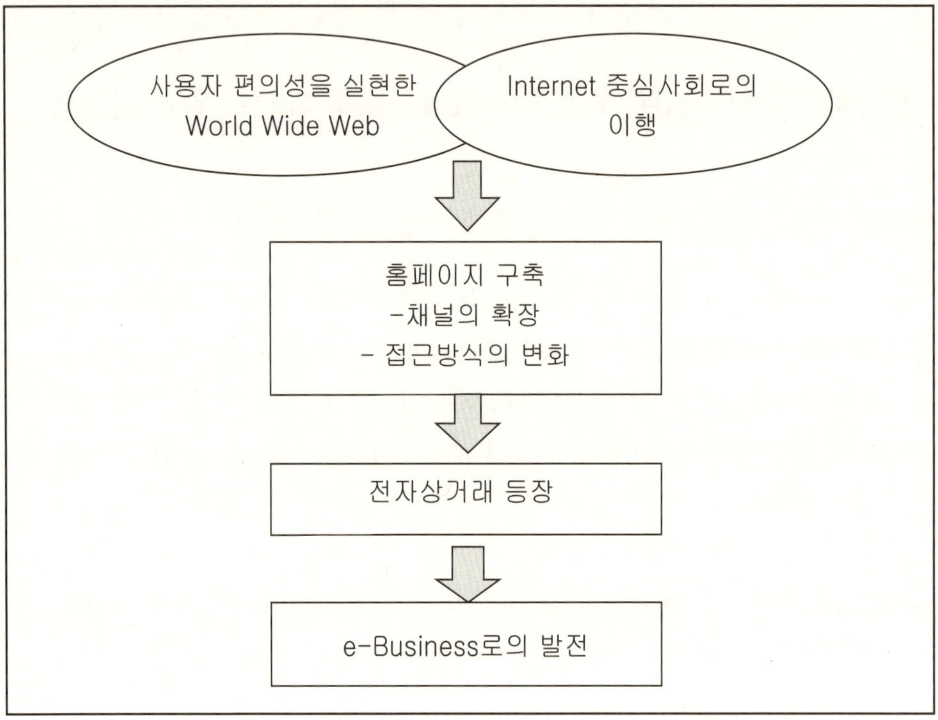

2.1 환경조성단계-1: 편리한 World Wide Web

○ 사용자 편의성이 보장되는 World Wide Web의 공헌은 지대하다.

World Wide Web 이전에도 인터넷은 이미 존재하였다. 사람들은 Telnet, Gopher, Archie와 같은 프로토콜을 사용하였으나, 명령어를 일일이 외워야 하는 등 사용하기 불편해서 많은 사용자를 확보하지는 못하였다. 그러다

HTTP(Hyper Text Transfer Protocol)[1)] 방식의 World Wide Web[2)] 의 등장에 따라 인터넷은 폭발적으로 확산되게 된다.

- **인터넷의 변화: 편리하고 쉬운 인터넷으로**

  HTTP방식의 WWW는 배우기 쉽고, 사용하기 편리하고, 다양한 멀티미디어 정보를 제공할 수 있기 때문에 순식간에 확산될 수 있었다. 즉, 인터넷이 본격적으로 기업활동에 적용되기 전에 환경조성단계로서 사용자 편의성이 보장되는 World Wide Web이 존재하였던 것이다.

- **이렇듯 다수의 사용자가 손쉽게 이용할 수 있고 접근할 수 있는 환경이야말로, 기업 입장에서는 수요가 보장된 기회라 할 수 있다.**

2.2 환경조성단계-2: 인터넷 중심사회로의 이행

- **인터넷 중심사회로의 이행**

  인터넷이 본격적으로 경영활동에 활용되기 전에 우리 사회에서 이미 인터넷이 매우 중요한 역할을 하는 인터넷 중심사회로 이행하였음을 주목할 필요가 있다. 기업들은 이렇게 조성된 환경을 최대한 활용하는 것은 당연한 일이다. 즉 e-Business가 정착되기 전에 이미 환경이 조성되었던 것이다.

- **기업이 경영활동을 잘하기 위해서는 핵심적으로 고려해야 할 몇 가지 시사점은 다음과 같다.**

---

1) HTTP는 웹(WWW) 상에서 파일(텍스트, 그래픽 이미지, 사운드, 비디오 그리고 기타 멀티미디어 파일)을 주고받는데 필요한 프로토콜(통신규약)로서 TCP/IP와 관련된 하나의 응용 프로토콜이다.

2) WWW는 인터넷의 많은 서비스들 중에서 가장 최근에 개발된 멀티미디어 서비스로서 유럽 입자물리학 연구소(CERN)에서 처음 고안되었다. 주로 문자를 기반으로 전송하던 다른 인터넷 서비스들과는 달리 윈도우의 그래픽 사용자 인터페이스(GUI)를 최대한 살려 사진과 그래픽, 음성과 동영상 등을 하이퍼텍스트라는 편리한 방법으로 검색할 수 있게 해준다. 하이퍼텍스트 자료들은 HTML이라는 언어를 통해 표현되며, 이러한 문서들은 HTTP라는 통신 프로토콜을 사용하여 전송된다.

📄 인터넷기술을 기업 활동에 적용해서 성과를 내기 전에, 인터넷이 확산되었다는 점은 사회 환경의 변화를 기업이 기회로 활용한 하나의 예로 볼 수 있다. 이때 기존 기업 및 벤처는 물론 창업자, 최고경영자, 일반 사원 모두에게 해당되는 기회라 할 수 있다.

2.3 Business 활용 1단계 : 홈페이지 구축–채널의 다양화

o 홈페이지 구축은 채널 다양화의 효과가 있다.

📄 World Wide Web 방식의 인터넷은 HTML(hyper text markup language)을 이용한 홈페이지 구축이 먼저 확산되었다. HTML은 과거의 어떤 프로그래밍 언어와 비교해도 배우기 쉽고 활용하기 쉽기 때문에 많은 조직과 단체 및 개인까지도 홈페이지를 구축하여 활용하였던 것이다. HTML로 개발된 홈페이지는 hyperlink에 의한 연결이 손쉽게 때문에 사용자가 원하는 정보를 얻기도 용이하고, 검색엔진에 의한 자료검색도 매우 쉽다는 장점이 있었다.

o 홈페이지의 활용가치가 점점 증대되었다.

📄 HTML을 이용해서 기업의 홈페이지를 구축하게 되면서 기업 입장에서는 인터넷상에 기업의 존재를 홍보하기가 쉬워졌다. 기존의 PR과 마케팅 분야에서 기업과 제품의 존재를 알리던 전통적 매체인 텔레비전, 라디오, 신문, 잡지 또는 이벤트에 또 하나의 전자채널이 추가된 것이다. 기존의 아날로그 채널들은 시간적으로 제한되어 있고 공간적으로 한계가 있었던 것에 비하면 인터넷을 이용하면 365일 24시간 연속적으로 기업과 제품의 존재를 알릴 수 있고, 네트워크만 연결되어 있다면 지역적, 공간적 제약으로부터 자유로울 수 있다는 점에서 많은 이점이 있었다. 단 이용자나 고객이 홈페이지를 찾아와야 한다는 전제가 있다.

기업 홈페이지 활용의 변화

기업의 홈페이지는 다음 그림과 같이 2단계로 발전해 갔다.

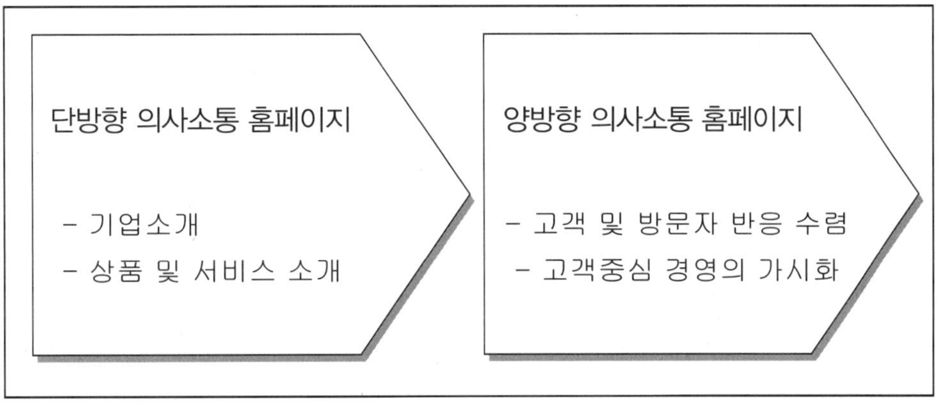

초기의 홈페이지의 특성

- 기업의 연혁, 비전 및 전략, 조직도, 경영진, 사업분야, 제품 및 서비스 등을 알리는 메뉴가 주를 이루었으며, 한 방향으로만 정보를 전달하는 단방향 의사소통 방식이었다.

진일보한 홈페이지의 특징

- 고객과 방문자의 의견을 듣고 응답하는 양방향 의사소통 홈페이지로 진화하였던 것이다. 홈페이지의 기능이 발전할 수 있었던 것은 CGI, JAVA, ASP와 같은 발전된 웹프로그래밍 기술이 발전했기 때문이었다. CGI(Common Gateway Interface)는 서버와 응용프로그램 사이에서 데이터를 주고받기 위한 방법 및 규약으로써 웹의 HTTP의 일부분이며, JAVA는 분산처리 환경의 인터넷에서 특별히 사용되는 프로그래밍 언어이며, ASP(Active Server Page)는 웹을 양방향 대화식으로 만드는데 필요한 핵심 HTML 페이지의 일종이다.
- 이 외에도 고객들은 게시판, 이메일, 방명록 등을 통해 요구사항, 불만, 건의 및 새로운 아이디어를 손쉽게 전달할 수 있고, 기업이 이를 체계적으로 이용하여 경영에 반영할 수도 있게 되었다.

2.4 Business 활용 2단계 : 전자상거래 등장

- 전자상거래 등장은 인터넷을 본격적 비즈니스 목적으로 활용하기 시작한 것을 의미한다.

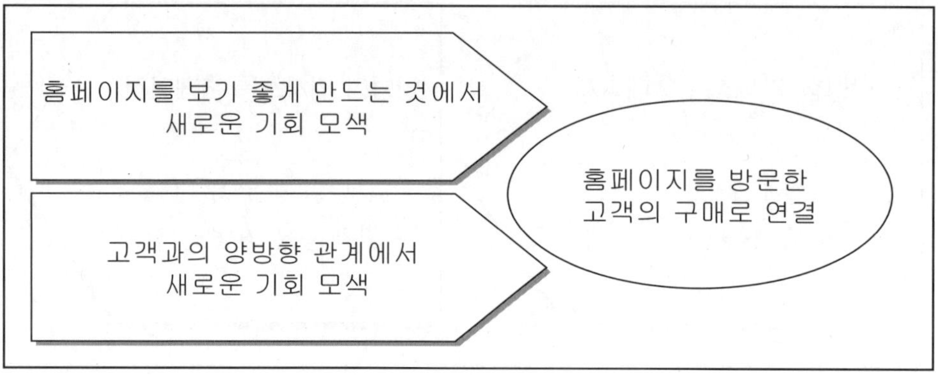

홈페이지를 통해 확보한 많은 방문자와 고객에게 상품 및 서비스 자료 전달에만 신경 쓸 것이 아니라 직접 구매할 수 있는 기회를 제공하는 방식으로 홈페이지가 발전되어 갔다. 즉 기업의 홈페이지가 정보를 전달하는 양방향 채널의 확대라는 관점에서 경영활동의 한 기능인 판매의 중요한 수단으로 발전한 것이다.

전자상거래는 다음과 같은 측면에서 기존의 상거래와는 차별화된다. 첫째, 거래방식이 달라지고 거래단계가 단축될 수 있다. 기존의 상거래방식은 중간상인이 개입되는 것이 당연시 되나, 전자상거래는 직거래로 인해 중간상인이 생략될 수 있다. 아울러 주문방식, 입찰참여 절차, 대금결제 방식이 전자적으로 실행되는 부분이 많아진다. 둘째, 자료관리가 편리해진다. 전통적인 상거래에서는 문서형태의 자료가 생성되고 이를 보관해야 한다. 따라서 이를 경영활동 목적으로 가공하기 위해서는 다시 작업을 해야 하는 번거러움이 있다. 그러나 전자상거래에서는 주문정보, 제품정보, 결제정보 등이 전자적으로 교환되고 보관되므로 거래 후 가공하여 경영활동을 지원하는데 쉽고 편리하게 활용될 수 있다. 셋째, 시간적, 공간적 제약을 극복할 수 있다. 전통적 상거래는 물리적 공간에서 업무가 가능한 시간 대에 가능하지만, 전자상거래는 가상공간에서 7일, 24시간 내내 가능한 것이 장점이다.

2.5 Business 활용 3단계 : e-Business로의 발전

○ 전자상거래에서 e-Business로 발전

단순한 전자상거래에서 e-Business로 발전한 과정은 다음 그림과 같다. 기업 경영에 있어서 판매와 영업이 전부는 아니다. 전자상거래 시스템에서는 고객이 전자카타로그의 정보를 참조하여 주문을 넣고 대금결제를 하는 과정이 전부이다. 이 거래가 발생한 다음에 생성되는 주문 및 고객정보는 기업의 내부 시스템(예: ERP)으로 전달되어 회계처리가 되고 재고관리에 이용되어야 하기 때문이다. 즉 인터넷 기술 및 디지털 정보기술을 단지 전자상거래 만이 아닌 경영활동 전반에 적용함으로써 기업은 효율성을 극대화화 하고 비용절감을 할 수 있다는 판단에서 e-Business로 확대해 간 것이다

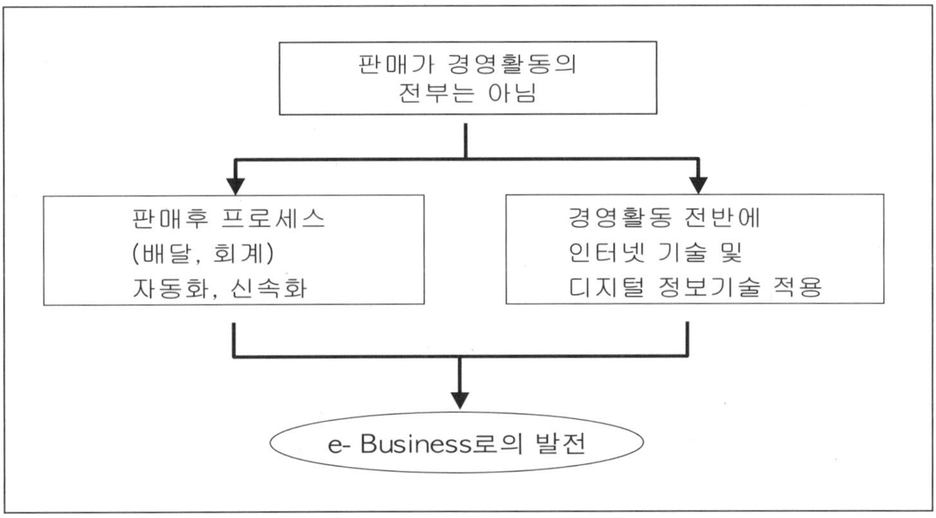

○ e-Business의 등장

전자상거래가 전통적 상거래 방식을 변화시키고, 판매자와 구매자 모두에게 득이 되는 효과를 제공했지만 전자상거래와 그에 필요한 쇼핑몰 구축, 전자결제 시스템 등이 인터넷을 활용한 경영의 전부가 아니라는 사실을 인식하면서 새로운 경영방식에 대한 확대된 접근이 시작되었다.

- 기업이 인터넷을 이용하여 경영의 성과향상을 기대할 수 있는 분야는 전자상거래 외에도 마케팅, 고객관리, 재고관리, 회계처리, 조달관리 및 원가관리 분야 등 기업의 경영활동 전반으로 확대시킬 수 있는 가능성을 고려하기 시작한 것이다. 이러한 새로운 접근이 바로 e-Business가 등장하게 된 배경이라 할 수 있다.

전자상거래에서 e-Business로 확장되는 예를 한 가지 들어보자.

- 판매를 증진하기 위해서 인터넷을 통해 고객을 대상으로 마케팅 활동을 수행하는 인터넷 마케팅이 필요하게 된다. 예를 들면, 호객을 위한 각종 이벤트 실시, e-쿠폰발행, 고객과의 양방향 소통을 위한 24사건 콜센터 및 게시판 개설, 고도의 마케팅 전략 수립을 위한 CRM의 구축과 실행들이 있다.
- 그런데 판매가 이루어진 후 POS가 생성하는 거래정보를 회계정보시스템이 별도의 수작업 없이 전자적으로 처리하여 각종 재무제표와 회계보고서를 생성하여 경영의사결정에 활용할 필요가 있다. 택배서비스를 제공할 경우, 자사가 가지고 있는 고객정보의 일부를 택배회사와 공유함으로써 신속하고 정확하게 배달서비스를 할 수 있다. 이러한 영역은 전통적인 전자상거래 시스템이 처리할 수 없는 것이다.

e-Business 실질적 구현

이제 기업들은 경영활동 전 분야에서 인터넷 기술을 응용하거나 디지털 정보기술을 적용한다면 보다 폭 넓은 업무생산성 향상효과를 기대할 수 있다. 즉, 기업은 전통적 경영 패러다임을 혁신적으로 변화시킨 e-Business의 필요성에 주목하고 이를 실질적으로 구현하기 시작한 것이다.

제3절 기술발전에 따른 e-Business 현실화 과정을 보자

기술 발전과 e-Business간에는 밀접한 관계가 있다.

e-Business가 현재와 같이 그 중요성을 인정받고 구현이 가능한 것은 관련기술

의 축적이 있었기 때문이다. 즉 e-Business가 구체화되기 전에 이미 전통적인 정보기술 분야는 지속적으로 발전해왔으며, 이를 기업 경영에서 실용화함으로써 기업목적을 달성하는 많은 공헌을 하였다.

o e-Business 현실화를 가능하게 한 4 분야의 기술

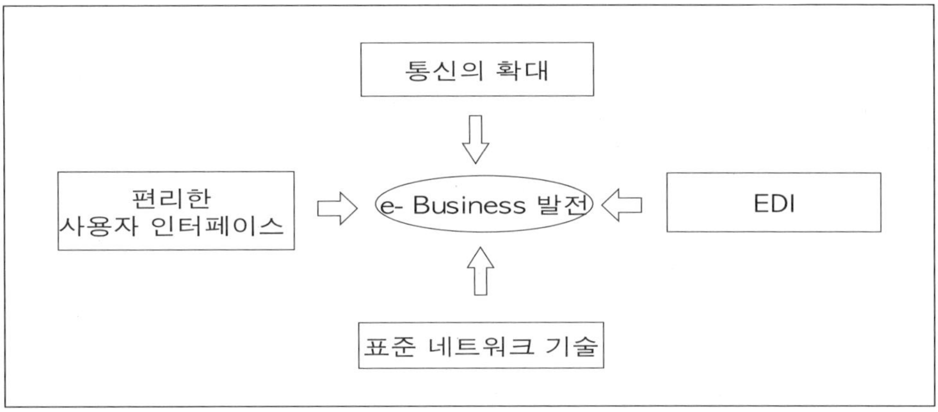

3.1 통신의 확대

o 기업경영에서 통신의 중요성이 강조되는 이유는 아래와 같다.

첫째, 경영의 필요에 의한 요구

- 급격한 경영환경 변화와 조직구조의 대규모화 및 복잡화 등으로 인해 신속, 정확한 의사소통 및 정보획득의 요구가 높아지는 현실 때문이다.

둘째, 자원공유를 통한 경영효율성 확보

- 기업이 보유하고 있는 정보기술 자원(하드웨어, 소프트웨어, 네트워크 장비, 전산요원 등)및 각종 데이터와 정보 자원은 계속적으로 증가하고 있으며, 이에 대한 공유 욕구도 증대하고 있다. 따라서 정보기술 운영의 효율성 증진 및 자원의 경제적 활용을 위해서는 공유되는 것이 바람직하기 때문이다.

셋째, 네트워크를 통한 분산 처리의 확산과 통제의 강화

- 기업의 경영활동은 세계화에 따른 경영대상 시장의 확대로 어느 한 지역만을 중점적으로 관리할 수 없는 분산경영이 현실화되고 있다. 이러한 분산된 경영환경을 지원하기 위해서는, 각 현장에서 발생한 일을 현장에서 처리하는 분산 정보처리 기능이 강화되어야 하므로 통신의 중요성은 더욱 부각되는 것이다.

○ 통신이 확대되는 환경의 특징

기업과 외부의 조직간 연결을 편리하고 신속하게 하며 경영활동에 대한 지원이 확대되고 있다. 통신의 고도화는 어느 한 기업의 노력만으로 되는 일이 아니며, 국가의 장기계획 추진과 관련 기업 상호 간 협조체제가 필요하다. 그러므로 통신이 확대됨에 따라 고객과 조직 간의 통신, 조달과 관련된 공급자와의 통신, 택배업체와 통신 등이 원활해지고 전자상거래에서 e-Business로 변화하는 계기가 제공된 것이다.

e-Business가 등장하고 현실화된 배경에는 통신의 고도화와 확대가 선행된 현실이 엄연히 존재한다.

3.2 표준 네트워크 기술로서 인터넷 아키텍처 등장

○ 인터넷 아키텍처

제조업체들이 각기 다른 기계적 장비와 서로 다른 처리방식으로 구성되어 있는 네트워크에서 원활한 자료처리와 공유가 가능하도록 하기 위해서는 표준화된 제도와 기준이 필요했다. 인터넷은 바로 표준 네트워크 기술로서 인정되었던 것이다.

○ 프로토콜(Protocol)이란?

통신을 가능케 하는 가장 핵심이 되는 기능으로서, 둘 이상의 컴퓨터가 자료를

주고 받기를 원할 때에, 통신에서 발생 가능한 모든 종류의 의사결정에 관한 합의된 규약/기준을 말한다. 예를 들어, 다수의 컴퓨터들 중에 어느 컴퓨터가 먼저 통신을 시작하도록 할 것이며, 통신요청에 따른 응답은 어떻게 처리할 것인가, 자료는 어떻게 표현할 것인가, 통신 중에 발생한 에러는 어떻게 처리할 것인가 등의 발생 가능한 경우에 대해 미리 약속되어 있는 프로토콜에 근거해서 기기들의 통신이 수행되는 것이다.

- **표준으로 인정된 인터넷 프로토콜**
  - 인터넷에서는 TCP/IP(transmission control protocol/internet protocol)라는 국제적 표준 프로토콜을 사용한다. TCP/IP 프로토콜을 사용하는 네트워크에 연결된 컴퓨터들은 TCP/IP를 지원하는 프로그램만 가지고 있다면 아무 문제없이 통신을 할 수 있다.
  - 인터넷은 TCP/IP로 대표되는 표준 프로토콜과 활용목적에 따른 하위 프로토콜을 준수하기 때문에 많은 컴퓨터가 통신에 참여할 수 있는 개방형 구조의 공공네트워크(public network)의 성격을 띠고 있다.

- **이렇듯 표준화, 개방화된 인터넷의 특성은 전자상거래는 물론 e-Business의 등장과 발전의 기술적 기반을 제공하였다.**

3.3 EDI(electronic data interchange) 활성화

- **EDI(electronic data interchange)의 용도**
  - 경영활동을 수행하는 과정에서 다른 기업, 공급자 및 대리점과의 거래를 위해 필요한 서류를 작성하고 전달하는데 상당한 시간과 노력이 소요되는 것이 사실이다. 이러한 비효율성을 극복하기 위한 일환으로 기업들은 컴퓨터를 통해 서로 주고받는 서류들의 양식과 절차들을 표준화하여 디지털적으로 처리한 것이 EDI가

등장하게 된 배경이다.

- EDI(electronic data interchange)란 일정한 형태로 정형화된 거래의 내용이나 정보를 관련 당사자가 전체가 합의한 구문규칙(syntax rules)에 맞추어 서로 전송하고 처리하는 전자문서교환시스템이다. 즉 거래를 하는 양측의 컴퓨터와 네트워크를 통해 컴퓨터가 이해할 수 있는 자료의 형태로 정보교환을 하는 것이라 할 수 있다. 대기업과 하청업체를 중심을 이러한 EDI시스템은 많이 구축되어 이용되고 있었지만, 인터넷이 보급되면서 웹기반 EDI로 확장되었다.

o EDI의 특징은 다음과 같다.

- 첫째, 조직과 외부 조직간 규격화된 자료를 쉽게 교환할 수 있다. 고객, 공급자, 협력업체, 정부 등의 외부 조직과의 자료교환을 쉽게 할 수 있다는 점에서, 전자상거래에서 e-Business로 발전하는 징검다리 기술이라 할 수 있다.
- 둘째, 기업이 운영하고 있는 기존의 정보시스템의 응용프로그램과 연계되어야 한다. 거래처로부터 주문서를 받으면 생산계획과 재고관리 시스템과 연결되어 주문을 집행하고 그 결과는 결재시스템이나 회계모듈로 연동되어 처리될 수 있어야 한다. 따라서 사람이 이 과정에 개입한다면 진정한 EDI라 할 수 없다. 따라서 이메일이나 FTP를 통해 단순히 자료를 교환하는 것은 EDI라 할 수 없다.
- 셋째, 실제 기업들이 교환하는 것은 단순한 데이터 구조를 가진다. 문서나 서류의 양식은 사전에 약속되어 있기 때문에 실제 교환이 이루어지는 것은 자료 그 자체이다. 따라서 문서의 레이아웃 정보(양식)는 정보의 입출력시 필요하지만 실제 컴퓨터가 처리하는 대상은 아니다.
- 넷째, 비구조적 메시지를 전달하는 e-mail과는 달리 정형적 구조의 정보를 전달한다.

o EDI와 E-Mail의 차이 비교

EDI	E-mail
사전에 정의된 양식	자유양식
컴퓨터가 자료를 판단하고 입력 처리 할 수 있는 전자서류	사람간의 통신
수신 : 실시간 컴퓨터 확인	수신 : 사용자 확인

o EDI도입에 따른 효과

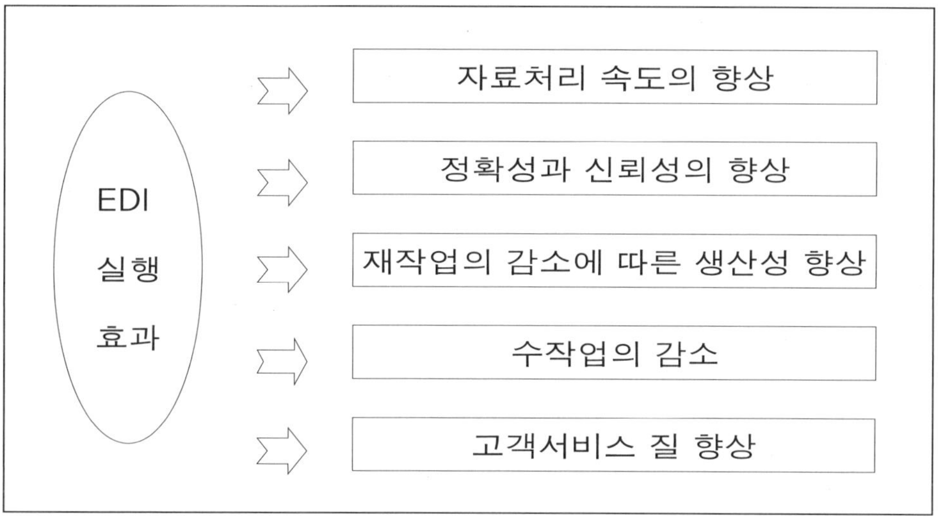

o 전통적 EDI가 가진 기술적 특징은 e-Business 발전의 디딤돌이 되었다. 즉 인터넷 쇼핑몰이 주문을 받을 때와 결재할 때 해당 응용프로그램들이 이를 처리하며, 재고를 확인한 후 공급업체에 주문서를 보내고, 고객이 제공한 주문정보를 택배업체에게 신속하게 제공하는 일을 하는 응용프로그램들이 구축되어 있다. EDI기술들은 이러한 조직간 신속한 통신을 가능하게 하였고, 이는 개방형의 인터넷 기술과 조합되면서 e-Business의 발전으로 가능하게 되었던 것이다. 오늘날 EDI는 인터넷망을 활용하는 개방형의 웹EDI로서 과거와는 달리 그 시스템을 개발하고 운영하는데 드는 비용이 매우 저렴하다.

3.4 편리한 사용자 인터페이스

- 사용자 인터페이스가 편리하다는 것은 다음과 같은 의미가 있다.
  - 특별히 WWW을 이용한 인터넷 사용편의성(hyperlink, GUI 등)의 향상은 인터넷의 확산에 크게 기여하였다. 스마트 폰 등 최신 기기들이 채택하고 있는 사용자 인터페이스 (예: 음성인식, 동작인식, 논리적·감성적 터치스크린 등)를 편리한 사용자 인터페이스의 개발을 끝이 없을 듯이 보인다.
  - 배우기 쉽고 사용하기 편하면 사용자가 확대된다는 것은 상식이다. 단순한 정보제공과 검색수준의 인터넷이 아니라 경영관점에서 효익을 가능하게 하는 인터페이스개발에 대한 관심은 지속될 것이다.

- 사용 편의성과 e-Business 확산간의 관계는 분명하다.
  - 전자상거래의 폭발적 성장은 다수의 사용자가 편리하게 인터넷 쇼핑몰에 접근할 수 있고, 상품과 서비스를 구매하고 결제하기가 편하고 안전해졌기 때문이다. 이렇듯 사용 편의성은 전자상거래 분야 외에도 다른 인터넷 기술 및 디지털 정보기술 발전의 주된 지향점이 되어 e-Business 확산을 촉진하게 되었다.

- 사용자 편의성 외에도 보안성은 전자상거래와 e-Business확산에 결정적인 요인이 되고 있다.

제4절 e-Business와 전통적 경영방식의 공통점

- 두 가지의 경영방식은 동질성과 차별성이 동시에 존재하므로 동시에 고찰할 필요가 있다.
  - e-Business는 전통적 경영방식과 비교해서 유사하거나 동일한 내용도 있고 달라

진 내용도 있다. 경영의 핵심과 본질은 그대로 유지하지만 적용되는 대상 및 활용기술 관점에서는 차이가 발생한다.

o 전통적 경영과 e-Business의 동질성(공통점)

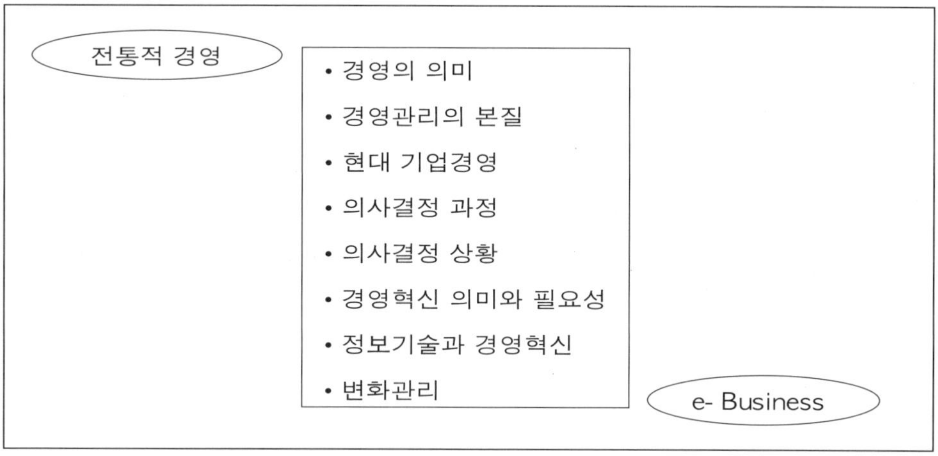

4.1 경영 및 경영관리 본질

o 경영 및 경영관리의 본질적 관점에서 e-Business와 같다.

- 경영의 의미
- 경영의 본질과 중요성
- 현대 기업경영의 본질
- 경영의 의미
    - ㅁ 전통적인 경영과 같이 e-Business 환경에서도 일정한 기업목표 내지는 경영목표를 보다 효과적이고 능률적으로 달성하기 위해 계획(planning), 조직화(organizing), 지휘(directing), 통제(controlling)의 순환과정으로 설명되는 H. Koontz 와 C. O'Donnel 의 경영에 대한 정의는 그대로 유지된다.

경영의 본질과 중요성

- 급변하는 경영환경의 속에서 전체 조직운영의 효율성을 추구하는 경영 활동의 중요성도 동일하다. 즉, 기업경영의 복잡성 증가에 대한 대응, 협업적 과업들의 조율, 기업의 적정 성장 등 전통적인 경영이 중요시하는 것은 e-Business 환경에서도 동일하다.

현대 기업경영의 본질

- 전통적 경영에서 현대 기업경영의 본질은 기업의 존속과 유지· 발전, 사회적 책임 수행, 합리성의 추구, 인간성 실현 및 혁신을 추구하는 것이다. e-Business 환경에서도 이러한 기업경영의 본질은 동일하다. 다만 기업 경영의 모든 활동에 인터넷 기반기술과 디지털 정보기술을 활용하는 것이 보다 중시된다는 점에서 약간의 차이가 있을 뿐이다.

4.2 의사결정의 관점

o 의사결정 과정 및 의사결정 상황관점에서 동질성은 그대로 유지된다.

- e-Business에서나 전통적 경영에서나 기업이 새로운 의사결정 상황에 계속적으로 직면한다는 점에서 동일하다. 따라서 고전적인 H. A. Simon의 탐색-설계-선택의 의사결정 과정 3단계 방법 역시 e-Business 에서도 동일하게 적용된다.

4.3 경영혁신과 변화관리

o 경영혁신관점에서 다음과 같은 3가지 측면에서 동일하다.

- 경영혁신 의미와 필요성
- 정보기술과 경영혁신
- 변화관리

경영혁신의 의미와 필요성

- e-Business는 기업 경영에서 새로운 경영혁신 패러다임으로 등장하였다.
- 현대 기업경영에서 새로운 사업 기회의 발견, 생존수단의 확보, 적극적 경쟁력 확보, 물리적 경영활동의 한계를 보완하기 위한 유력한 대안으로 e-Business 패러다임으로 변화하는 것이 혁신의 대세이다.

경영혁신과 정보기술

- 경영혁신은 의지만으로 되는 것이 아니라 적절한 대응과 준비가 필요하고, 그런 점에서 인터넷 기술과 디지털 정보기술의 적용은 매우 유효한 경영혁신 도구가 될 수 있다. 정보기술을 단순한 개선 차원이 아닌, 조직전체의 개혁을 통한 기업 생존 및 경영차원의 전략적인 무기로 활용한다는 것은 e-Business도 여전히 동일하다.

변화관리

- e-Business에서도 변화관리는 매우 중요하다. e-Business 자체가 경영혁신 방안이므로 당연히 변화관리는 필연적이다.
- e-Business에서도 변화의 수용 촉진, 예상되는 저항과 반발의 관리, 지속적 경영혁신, 혁신적 조직문화의 정착과 같은 변화관리의 필요하며, 리더십, 교육, 의사소통 지원, 참여와 몰입, 인센티브, 명시적·묵시적 압력과 같은 변화관리 전략이 유사하게 적용될 수 있다.

제5절 e-Business와 전통적 경영방식의 차이

- **e-Business는 전통적 경영에 비해 혁신적이고 미래지향적이며 조직 외부와의 관계를 중시하는 새로운 패러다임이다. 따라서 e-Business는 기존의 경영과 동일한 점도 있지만 다음과 같은 관점에서 분명한 차이가 있을 수 있다.**

지향하는 경영목표의 공유

- 경영 대상 및 범위의 확대
- 의사결정 주체의 확대
- 경영혁신 기술의 적용
- 산업전체의 노력과 기반의 선행

5.1 지향하는 경영목표의 공유

o 지향하는 경영목표를 공유해야 한다.

- 전통적 경영에서 기업경영의 목표설정은 자사만의 이윤추구 및 이윤의 극대화라는 보편적 목표를 설정하고, 이에 따른 세부 목표를 설정하지만 e-Business 환경에서는 자사만의 이윤극대화를 추구하면, 그 기업은 존재할 수 없다.
- 협력적 관계 및 신속한 정보공유가 중요한 e-Business 환경에서는 경영목표도 관련된 당사자들이 공유할 수 있어야 한다. 즉 가치사슬(Value Chain)로 묶여 있는 기업들 모두가 운명공동체로써 협력해야 한다.
- 따라서 특정 개인 또는 조직만을 위한 목표 설정은 협업관계의 구성을 방해하고 원활한 정보공유의 흐름의 장애요인이 된다. 그러므로 철저하게 관련된 당사자들이 경영목표를 공유하고 이를 추진할 수 있어야 진정한 e-Business라 할 수 있다.

5.2 경영대상 및 범위의 확대

o 경영대상 및 범위가 확대된다.

- 전통적 경영에서 주된 활동대상은 조직내부의 구성원과 경영자원이라 할 수 있지만 e-Business에서는 조직외부의 관련된 개체 및 경영자원도 중요한 경영활동의 대상이 된다.

- 고객, 공급자, 협력업체, 정부 등 조직 외부 개체와의 협력적 관계와 신속한 정보공유를 위해서는 조직 내부 중심에서 조직 내부와 외부를 균형 있게 관리하는 방향으로 변화가 필요하다. 대·중소기업 간 상호협력(정보교환, 원가상승요인 분담 등)이 더욱 긴요해 지고 있다.
- 예를 들면, 제조업의 경우, 공급자의 경영계획은 자사의 경영계획과 유기적으로 연계되어 있어야 원활한 원자재 및 부품공급이 가능하다. 이를 위해 공급자의 경영계획수립에 영향을 미칠 수 있는 정보를 제공해야 한다는 점에서 경영의 범위가 확대되는 것이다.

5.3 의사결정 주체의 확대

o 의사결정 주체가 확대 된다

- 전통적 경영에서 의사결정을 내릴 수 있는 주체는 조직내부 구성원으로 한정된다.
- e-Business는 조직외부의 조직과의 협력적 업무추진이 필요하므로, 당연하게 의사결정 주체가 확대된다. 예를 들면, 전자상거래에서 고객의 주문사항을 신속하게 처리해서 배달을 하기 위해서는 택배업체와의 공동으로 배달일정을 결정하는 식의 의사결정 주체가 확대되는 것이다.
- 의사결정 주체가 확대되면, 그에 필요한 정보의 신속한 공유와 이해가 중요한 문제로 대두된다. 즉, e-Business 관련 조직들 사이에 유연한 소통 네트워크가 가동되어야 하고, 이때 인터넷 기반 표준기술을 적용하면 보다 효율적으로 이런 일들을 수행할 수 있다.

5.4 경영혁신 기술의 적용

o 경영혁신 기술의 적용이 보다 강조된다.

경영혁신을 위해 적용되는 기술이 전통적 경영에서는 디지털 정보기술 중심이지만 e-Business에서는 인터넷 기반 기술이 추가된다. 디지털 정보기술과 인터넷 기반 표준기술을 균형 있게 활용한다는 점이 전통적 경영과의 차이점이라 할 수 있다.

5.5 산업 전체의 노력과 기반(인프라)의 선행

o 산업전체의 노력이 필요하고 기반(인프라)이 먼저 조성되어야 한다.

전통적 경영에서 경영능력 강화 및 생산성 향상을 위한 노력은 개별기업단위로 추진된다. 새로운 제품과 서비스의 개발, 고객만족 경영, 업무 프로세스의 개선, 원가절감, 품질 경영의 강화와 같이 개별기업단위의 경쟁력 강화 노력만으로도 선진 우량기업이 가능하였다.

e-Business 환경에서는 개별기업의 노력만으로 경영성과를 최대화하는 것에는 한계가 있다. 조직 내부만의 경영 의사결정이 아니라 조직외부와의 협력적 업무처리가 필요한 환경에서는 표준화된 네트워크 기반과 신속한 정보공유가 핵심이다. 따라서 산업전체 관점에서 기반이 구비되었을 때 e-Business 성과는 최대화될 수 있다.

기업단위의 노력도 필요하지만, 국가 전체 산업차원에서 e-Business 활성화를 위한 노력이 필요하다. 전통적 경영에서도 국가차원의 지원이 필요했지만, e-Business에서는 선행사항이라 할 수 있다.

제6절 e-Business와 전통적 정보시스템의 공통점

e-Business와 전통적 정보시스템과의 공통점을 분석하는 것은, 적용범위의 차

이와 본질적 역할의 차이를 고려하는 것이 필요하다. 양쪽 모두에게서 발견되는 공통점을 찾아야 하고, 그러기 위해서는 상대적으로 범위가 좁은 정보시스템 관점에서 공유되는 특징을 분석할 필요가 있다.

o 전통적 정보시스템과 e-Business의 공통성

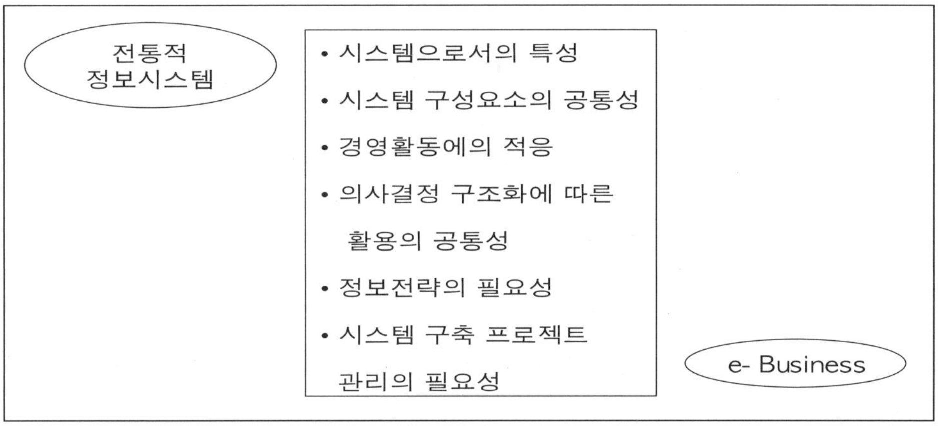

6.1 시스템으로서의 특성

o 시스템으로서의 특성을 공유한다.

- e-Business와 정보시스템 모두 시스템으로 운영된다는 공통점이 있다.
- 시스템의 특성은 어느 한 요소만으로는 본질적 기능을 수행할 수 없고, 관련된 구성요소가 유기적으로 상호작용 할 때, 본래의 목적을 달성할 수 있고 요구되는 역할 수행할 수 있다.
- 마찬가지로 e-Business와 정보시스템 모두 다수의 세부기능과 활동들이 존재하며, 이러한 요소는 고유의 역할을 하기도 하지만 본질적으로는 시스템으로서 유기적으로 연결되어 있다. 즉, e-Business와 정보시스템은 추상적 의미가 아니라, 시스템으로서 작동된다는 공통점이 있다.

6.2 시스템 구성요소의 공통성

- 시스템 구성요소에 다음과 같은 공통점이 있다.

  시스템 구성요소의 공통성은 전체 구성요소의 모든 내용이 동일하다는 것을 의미하는 것은 아니다. 즉 둘 사이에 존재하는 공유되는 요소가 많다는 것을 의미한다. 어느 시스템이든 데이터베이스 기술, 프로그래밍 기술은 공동으로 중요한 시스템 구성요소이다. 일반적으로 정보시스템 구성요소는 e-Business의 구성요소에 포함될 것이다.

6.3 경영활동에의 적용

- e-Business와 정보시스템 모두 기업 전체의 경영활동을 대상으로 한다는 점에서 같다.정보시스템은 경영활동 수준에 따라 필요한 정보제공 및 의사소통 촉진 역할을 하며, 기능 및 업무영역별 하위시스템으로 구성되어 있다. e-Business 또한 거래 특성 및 방향, e-Business 실행 주체, 경영기능에 따라 다양한 유형으로 경영활동에 적용된다.

6.4 의사결정 구조화에 따른 활용의 공통성

- 의사결정 구조화에 따른 활용 측면에서 공통성이 많다. e-Business와 정보시스템 모두 목적 달성 및 당면한 문제해결을 위해 또는 당면하게 될 문제해결을 위해 최적의 대안행동(alternative, course of action)을 선택하는 일을 돕는 특성이 있다. 문제를 단순화하고 의사결정과 선택을 돕는다는 점에서 같은 것이다.

6.5 정보화 전략의 필요성

- 정보화 전략이 필요하다는 점에서 같다. 정보시스템 구현은 공식화된 방법론 범주 안에서

정보화 전략을 수립하는 것에서부터 시작된다. e-Business 역시 기업의 모든 경영활동에 인터넷 기반기술 및 디지털 정보기술을 적용한다는 점에서 정보화 전략을 필요로 한다. 시스템으로 운영되는 e-Business와 정보시스템 모두 정보기술 구성요소를 잘 결합하여 소기의 목적을 실현하기 위해서는 정보화 전략이 필요하다는 점에서 같다.

6.6 시스템 구축 프로젝트 관리의 필요성

- 시스템 구축 프로젝트 관리가 필요하다.
  - 정해진 기간 내에 정해진 절차와 일정을 준수하고 예산 범위내의 비용으로 만족할만한 최적의 성과물(시스템)을 완성하기 위해서는 정보시스템 개발과정을 지휘 하고 통제해야 하는 바, 체계적인 프로젝트 관리가 필요하다.
  - e-Business 역시 계획에 나타난 모든 과업이 효과적으로 실천되도록 하는 통제 및 관리 활동, 즉 프로젝트 관리가 필요하다.
  - 이와 같이 e-Business와 정보시스템 모두 시스템으로서 존재하고, 시스템 구축을 위해서는 적절한 프로젝트 관리를 필요로 한다는 공통점이 있다.

제7절 e-Business와 전통적 정보시스템의 차이

- e-Business와 전통적 정보시스템의 차이를 확대와 강화 측면에서 볼 수 있다.

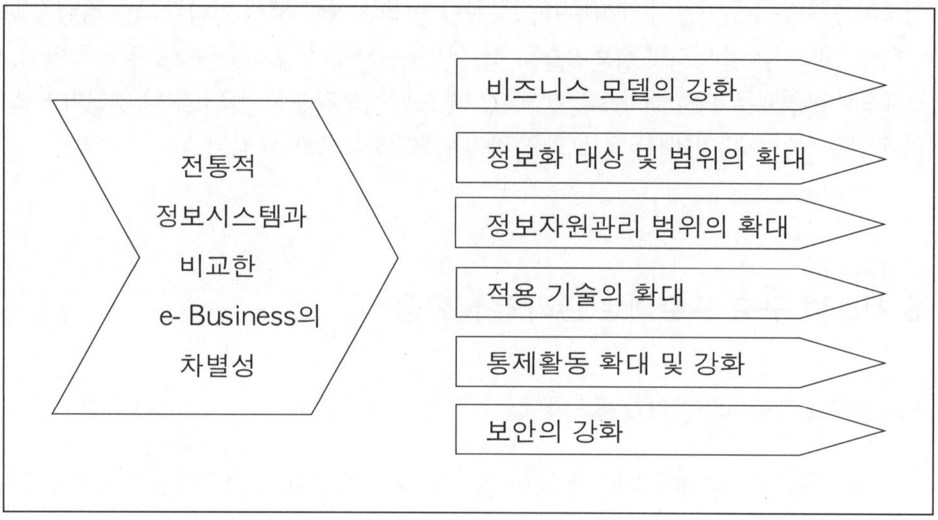

7.1 비즈니스 모델의 강화

- 비즈니스 모델의 강화가 더욱 필요하다.
  - 전통적 정보시스템은 비즈니스 모델이 필요 없는 경우가 많다.
  - 그러나 e-Business에서는 기업의 외부조직과 이들의 경영자원도 중요한 경영활동의 대상이 되고, 관련된 조직끼리 경영목표와 비즈니스 프로세스에 대한 공유가 필수적이므로 새로운 비즈니스 모델을 설정하거나 강화하지 않으면 이익을 추구하기가 힘들어진다. 즉 이익창출 방안에 대한 고민이 더욱이 필요하다.
  - 유무선 인터넷 전자상거래도 기존 방식과는 다른 비즈니스 모델이고, 고객관계관리(CRM), 공급망관리(SCM) 역시 새로운 비즈니스 모델임을 염두에 두자.

7.2 정보화 대상 및 범위의 확대

- 정보화 대상 및 범위가 확대된다.

- e-Business는 경영대상 및 범위 확대
    - ㅁ 경영대상 및 범위가 확대되면 이에 따라 정보화 대상 및 범위의 확대도 발생
- e-Business 환경에서 공급자와 고객 및 협력업체, 정부 등 조직 외부 개체와의 협력적 관계와 신속한 정보공유가 중요하므로 이를 지원하기 위해서는 정보화 추진범위가 확대된다.
- 즉, 조직 내부만이 아니라 조직 외부의 정보화도 고려해서 e-Business 전략수립 및 정보전략이 수립되어야 하는 것이다.

7.3 정보자원 관리대상의 확대

- 정보자원 관리대상이 확대된다.
    - e-Business는 외부 조직과의 협력적 업무추진이 필요하므로, 외부 의사결정자에게 제공될 정보자원의 범위도 결정해야 하고, 권한과 접근에 대한 통제도 실시해야 한다. 즉 외부 조직이 창출하는 정보를 확보하고 전달하는 체계의 정립과 운영도 추가된다.
    - 따라서 전통적 정보시스템에서는 내부 정보자원의 정의와 관리에만 신경 쓰면 되었지만, e-Business에서는 조직 외부로부터 발생하는 정보자원의 정의, 확보, 교환경로의 설정과 같은 추가적 관리사항이 발생한다.

7.4 적용 기술의 확대

- 적용 기술이 확대된다. 전통적 정보시스템은 일반적으로 디지털 정보기술을 활용해서 구축하면 되지만, e-Business는 전통적 정보기술 위에 인터넷 기반 기술이 추가된다. 즉 전통적 정보시스템에 비해 e-Business는 인터넷 기술로 대표되는 응용기술이 보다 확대된다는 특징이 있다.

7.5 통제활동의 강화

- 통제활동이 더욱 강화된다. 전통적 경영활동과 비교해서 e-Business는 조직 외부와의 관계를 확대하는 방향으로 전개된다. 경우에 따라서 산업 전체 차원의 발전을 도모하는 일에는 협력과 통제가 더욱 요구되기도 한다. 예를 들면, 산업 전체가 사용할 웹EDI시스템 표준을 제정하거나 공동으로 사용할 특정 시스템의 개발을 위해 컨소시엄을 구성할 필요도 있다. 따라서 기존의 정보시스템은 조직 내부 통제를 지원하면 충분했지만, e-Business 환경에서는 조직 외부 활동에 대한 통제까지 추가되어야 한다.

7.6 보안의 강화

- 보안이 강화된다. 전통적 정보시스템에서는 내부적 관점에서 적법한 사용과 무결성의 유지, 기밀 유지 활동만을 수행하면 그만이지만 e-Business 환경에서는 보안에 더 많은 관심을 가져야 한다. 보안을 강화해야 하는 이유는 다음과 같다.
  - 첫째, e-Business의 기반인 인터넷이 보안에 취약한 단점을 가지고 있다. 높은 개방성과 표준화된 TCP/IP 프로토콜의 호환성이 역설적으로 보안이 취약해지는 단점이 되는 것이다. 스마트(모바일)폰의 확산으로 모바일 환경에서의 보안이 더욱 중요해 지고 있다.
  - 둘째, e-Business에서는 다수의 관련 조직들이 있고 이들 간의 상호작용 및 정보교환이 발생하기 때문에 불법적 시스템 자원에의 접근 및 자료의 불법 사용과 유출 위험 가능성이 높아진다.

Chapter_04

구성요소와 비즈니스 모델

Business

제 4 장
구성요소와 비즈니스 모델

Key Point

기업이 e-Business를 실행하는 다양한 모델을 이해함으로써 현장감 있는 지식을 쌓는다.

주요 내용

- e-Business 구성요소
- e-Business 모델 유형
- e-Business에서 제공하는 상품 및 서비스
- 사례연구 1 : 식자재 B2B 푸드머스
  사례연구 2 : 빗나간 e-비즈니스 모델들
  사례연구 3 : 고객참여연구소
  쉬어가기 : IT잡지 Wired 편집장 인터뷰

제1절 e-Business의 구성요소

○ 다양한 구성요소 존재

e-Business가 현실화되기 위해서는 산업 전체 관점에서 관련된 기업 및 유관기관들의 유기적 협력관계 형성이 필요하다. e-Business는 어느 특정 선도적인 기업만이 노력한다고 완성되는 것이 아니라 산업전체의 참여가 보장될 때 기존 산

업 체제의 생산성과 경쟁력의 한계를 극복할 수 있다. 그리고 e-Business는 조직의 어느 특정 활동이나 일부 구성원의 참여만으로 불가능하다. 완성도를 높이기 위해서는 조직 전체 구성원의 참여가 꼭 필요하다. 조직내부 관점에서도 다양한 구성요소가 포함될 필요가 있다.

- 여기에서는 e-Business 담당 주체, 경영활동, 경영기능, 정보시스템 및 정보기술로 나누어 설명하고자 한다.

1.1 e–Business 실행을 담당하는 주체

e-Business를 실행을 담당하는 주체는 일반적으로 고객, 자사(내부직원), 공급자, 협력사, 정부이다.

o 고객

- 앞서 얘기한대로 경영환경이 고객 중심적 환경으로 변화하고 있고, 정보기술의 발전에 따라 고객의 시장 참여 편의성이 지속적으로 향상되고 있다.
- e-Business 환경에서 만나는 고객은 다음가 같은 특성이 있다.
  - ㅁ 중간단계가 필요 없이 기업과 직접적 거래가 가능한 주체이다.
  - ㅁ 과거 생산중심 시대 혹은 판매중심 시대와는 다르게 고객이 주도권을 가지는 상황이다.
  - ㅁ 고객의 요구사항과 선호도는 빠르게 변하며 이를 표현하는데 적극적이다.
  - ㅁ 개인중심의 행동과 집단화한 행동을 동시에 병행할 수 있는 존재이다.

o 자사(내부직원)

- 기업내부의 직원은 e-Business 구현의 실질적 책임을 다하는 개체이므로 당연하게 e-Business 의 구성요소이다. 즉 e-Business 전략계획을 수립하는 주체도 내부직원이고 실행을 담당하는 주체도 내부직원이다. 여느 시스템과 같이 e-Business 구현 시스템의 승패 여부 역시 내부직원의 수용에 달려있다.

○ 공급자

- 제조업의 경우, 공급자와의 관계를 단순한 유통구조상한 한 당사자 또는 원자재 제공업자로서의 역할로 한정해서는 품질향상, 원가절감, 생산성 향상을 기대할 수 없다. 경쟁력 있는 제품을 생산해내기 위해서는 관련 정보를 공급자와 공유하는 것이 필요하다.
- e-Business 환경에서 공급자는 부품 및 원자재의 물리적 흐름의 당사자가 아니라 정보흐름의 한 구성원으로서 역할을 수행해야 시장수요의 변동에 탄력적으로 대응할 수 있으며, 고객과의 관계에서도 긍정적 기여를 할 수 있다. 예를 들어, 시장의 수요조사 단계에서부터 정보를 공유하거나 제품개발 정보를 전자적으로 공유할 수 있다면 공급자는 필요 부품과 원자재를 지체 없이 공급할 수 있을 것이다.

○ 협력사

- e-Business에서는 업무흐름상의 선후관계가 아닌 대등한 상호 협력적 관계를 형성하는 관계를 의미한다. 협력사로는 생산과 판매의 역할 분담에 따른 협력적 관계, 은행과의 관계, 물류/ 유통회사와의 관계 등이 포함

○ 정부

- e-Business 환경에서 정부는 기업들이 일하는 방식의 변화를 주도하고 이에 필요한 표준의 제정과 정보인프라의 구축에 앞장서야 한다.
- 정부는 행정서비스 분야, 정부물자의 구매 및 조달분야, 정부부처간 정보교환 및 업무협조 분야에서 인터넷 기술과 디지털 정보기술이 융합된 방향으로 전환하면서 e-Business의 한 구성요소를 형성해 왔다.
- 정부가 e-Business의 당당한 구성요소가 되는 일은 행정서비스 생산성 향상을 위한 마인드와 실천력 및 기술력을 갖추고 있을 때 가능해진다. 이는 대국민 행정서비스 향상을 위한 미래지향적 정부모형을 개발하고, 이에 따른 제도개혁, 업

무 재설계, 정보공동 이용 및 투명성과 정보통신 기술 인프라를 구축하는 것을 의미한다. 즉 e-Government를 지향하는 것을 말한다.

1.2 경영활동

○ 경영활동별 구분

- 대부분의 기업 경영 활동은 계획(planning), 조직화(organizing), 지휘(directing), 통제(control), 평가(evaluation) 중 한 범주에 포함된다. e-Business는 이러한 모든 활동에 인터넷 기반기술과 디지털 정보기술을 적용하는 새로운 혁신 패러다임이라고 할 수 있다. 그러므로 경영활동별 구분에 따른 e-Business 구성요소에는 전통적 경영활동을 설명할 때 포함되는 요소들이 동시에 포함되며, 다만 적용되는 기술에 따라 약간의 차이가 있다.

1.3 경영기능

○ 기능별 구분

- 전통적으로 기업이 제대로 운영되는데 필요한 기능을 말하는데, 기획, 인사, 회계, 영업, 주문, 고객관리, 생산, 마케팅, 연구개발 부문 등이다. 이 각각의 기능에 인터넷 기반기술과 디지털 정보기술을 적용할 때 e-Business 역시 가능해진다. 그러므로 전통적 경영활동을 구성하는 모든 기능이 동시에 e-Business의 기능별 구분에 따른 구성요소에도 포함된다.
- 앞서 말한 5개의 경영활동은 각각의 경영기능에서 발생할 수 있는 활동으로 보면 된다. 고객관리를 위해 계획, 조직화, 지휘, 통제 그리고 평가활동이 필요할 것이다.

1.4 통합된 정보시스템 및 정보기술

o 하부구조로서 통합된 정보시스템 및 정보기술

- 정보시스템은 e-Business 구현을 위한 하부구조(infrastructure)이다. 정보시스템이 제대로 구성되어 있지 않다면 e-Business 는 새로운 이론이나 제안으로 끝나는 한계를 가진다. 예를 들어, 인터넷 쇼핑몰에서 고객이 상품을 주문하고 난 뒤 수행해야 되는 여러 프로세스들(결재, 주문확인, 배송현황통보, 반품처리 등)을 전자적이 아닌 수작업으로 한다면 조직 전체의 효율성은 현저하게 떨어질 것이다. 또 정보시스템이 구축되어 있다고 하더라도 일련의 정보처리 과정이 유기적으로 통합되어 있지 않다면 진정한 e-Business에 도달하였다고 볼 수 없다.
- e-Business 수행을 위해서는 관련된 정보기술 요소가 표준화 기술과 기준에 따라 정보처리 및 업무처리가 통합 수행되는 정보시스템의 준비가 필요하다. 특히 통합수행이란 조직내부만의 문제가 아니라 조직외부의 구성요소와도 원활하게 상호 연동되어 운영되는 수준을 말한다.

제2절 e-Business 모델 유형

e-Business는 기업의 특성 또는 제공하는 상품 및 서비스 성격에 따라 여러 가지 유형으로 구현된다. 그런데 e-Business 유형을 제대로 이해하기 위해서는 하나의 분류 기준에 의해 도식화된 이해보다는 다양한 기준과 관점에 의거하여 e-Business의 구현(실행) 그 자체를 이해하는 것이 필요하다. 그리고 각 기준은 상호 연관된다는 점도 고려하여야 한다.

향후 e-Business모델의 발전과 진화는 무궁무진하다. 그렇게 볼 때 지금의 분류 기준이 부적합하여 새롭게 출현하는 모델들을 제대로 분류할 수 없을 수도 있을 것이다.

ㅇ 실행주체에 따른 분류

구분기준	구현유형
e-Business실행 주체에 따른 구분	전통적 제조업체의 e-Business변신
	전통적 서비스 기업의 e-Business변신
	신규창업기업의 e-Business수행
	정부 및 공공기관의 e-Business 수행

ㅇ 거래특성 및 방향에 따른 분류

구분기준	구현유형
거래특성 및 방향에 따른 구분	기업과 기업간 거래관계 BtoB(Business to Business)
	기업과 고객간 거래관계 BtoC(Business to Customer)
	고객과 기업간 거래관계 CtoB(Customer to Business)
	개인과 개인간 거래관계 CtoC(Customer to Customer)
	기업과 정부간 거래관계 BtoG(Business to Government)

ㅇ 대상경영기능에 따른 분류

구분기준	구현유형
대상경영기능에 따른 구분	전사적자원관리 ERP(Enterprise Resource Management)
	고객관계관리 CRM(Customer Relationship Management)
	공급망관리 SCM(Supply Chain Management)
	전략적 기업관리 SEM(Strategic Enterprise Management)
	제조물문서관리 PDM(Product Document Management)
	인터넷 마케팅 Internet Marketing
	전자상거래 Electronic Commerce
	전자무역 또는 인터넷 무역 (Electronic Trade, Internet Trade)

ㅇ 서비스 특성에 따른 분류

구분기준	구현유형
제공 서비스 특성에 따른 유형	커뮤니티(Community)
	정보제공(Contents)
	인터넷 서비스 제공(Internet Service Provider)
	인터넷 금융(Internet Financing)
	e-business 자문(e-Business Consulting/Management)
	인터넷 교육(Education with Internet)
	인터넷 방송(Internet Broadcasting)

제3절 e-Business 실행 주체에 따른 비즈니스 모델

o 구현유형

- 전통적 제조업체의 e-Business변신
- 전통적 서비스 기업의 e-Business 변신
- 신규 창업기업의 e-Business 수행
- 정부 및 공공기관의 e-Business 수행

3.1 전통적 제조업체의 e-Business변신

o 전통적 제조업체가 e-Business로의 변신을 꾀할 수 있다.

- 과거의 전통적 기업 운영방식으로는 급변하는 경영환경에서 생존을 보장받기가 곤란해 졌다. 이미 국내 기업들은 IMF 외환위기, 미국의 서브프라임 사태로 인한 금융위기, EU발 금융위기를 거치면서 심각한 위기의식을 느끼고 혁신과 구조조정에 대한 압박을 받고 있는 것이 현실이다.
- e-Business 시대에는 e-Business 에 맞는 전략과 사업구조 및 조직운영 필요하며, 경영에 있어 인터넷이 갖는 가치를 인식하고 이에 맞는 전략을 수립해야 한다.
- 전통적 제조업의 경우, 경쟁력을 확보할 수 없는 부분은 과감하게 아웃소싱을 하고, 기업의 핵심역량에 모든 경영을 집중하여, 관련된 기업끼리 인터넷을 근간으로 한 비즈니스를 수행해야 한다. 영업과 판매부분에는 전자상거래 사이트를 구축하여 온라인 판매채널을 확보하고, 인터넷 마케팅과 e-learning 등을 전문 e-Business업체에 아웃소싱할 수 있을 것이다.
- 예를 들면, 델컴퓨터는 컴퓨터를 제조하는 기업이지만 모든 주문을 인터넷으로 받고 접수된 주문을 생산하는데 소요되는 부품의 주문도 SCM을 통해 공급업체

에 전달하는 주문 및 생산시스템을 구축하고 있다.

3.2 전통적 서비스 기업의 e-Business 변신

o 전통적 서비스 기업도 e-Business로의 변신을 꾀할 수 있다.

- 전통적 서비스 기업이 고객 정보를 관리하고 고객과의 관계를 형성, 유지하는 일련의 활동에서 과거의 방식이 아니라 새로운 디지털 정보기술과 인터넷 기술을 유기적으로 활용해서 변신하는 것이 e-Business로의 변신을 말한다.

- 서비스 기업의 e-Business로의 변신은 철저하게 고객을 중심에 놓고 진행되어야 한다. 이를 위해서 다음과 같은 일들을 수행해야 할 것이다.
  - 고객관련 모든 자료를 체계적, 과학적으로 관리해야 한다. 이를 위해서 데이터웨어하우스, 데이터마이닝 등 첨단 DB기술의 도입이 필요할 것이다.
  - 시장과 고객의 변화를 기획과 의사결정에 신속하게 반영하여야 한다.
  - 고객에게 친밀감 있게 다가서는 방식으로 고객과의 양방향 의사소통을 추진한다. 이를 위해 고급 홈페이지 구축하여 고객들에게 게시판과 커뮤니티를 제공해 주고 종합적인 CRM시스템을 도입해야 할 것이다. 앞서 사례에서 본 롯데닷컴이 대표적인 예가 될 수 있을 것이다.

3.3 신규 창업기업의 e-Business 수행

o 신규 창업기업은 e-Business 수행이 비교적 수월하다.

- 신규로 창업하는 기업이 선택할 수 있는 사업분야와 기술은 무한하다. 인터넷 자체가 사업대상이 될 수도 있으며, 업무 프로세스에 인터넷 기술과 디지털 정보기술을 적용할 수도 있다.

- 전통적 기업에 비해 신규 창업기업은 과거의 관행과 구성원의 저항 및 반발에 따

른 제약 없이 자유롭게 새로운 패러다임을 적용 가능하고, 처음부터 완벽한 비즈니스 모델을 구상할 수 있으므로 경쟁력 확보가 쉽다. 반면에 전통적 기업이 축적된 자금으로 투자가 용이하지만, 신규기업은 충분한 예산이 확보되지 않을 경우, 계획은 좋은데 실행이 미흡할 수 있다.

3.4 정부 및 공공기관의 e-Business 수행

- 정부 및 공공기관도 e-Business를 수행한다.
  - 21세기 행정부의 역할은 인터넷 기술과 디지털 정보기술을 활용한 전자정부(e-Government)의 구현에 있다. 이는 정부가 제공하는 모든 공공성 업무에 인터넷 기술 및 디지털 정보기술을 적용하는 것이다.
  - 민간기업과 비교할 때 e-Business 사명과 비전에서 지향하는 바가 다를 것이다. 즉 공공의 이익과 최고선을 위해 인터넷 기술과 디지털 정보기술을 적용하는 방향으로 e-Business 사명과 비전을 설정해야 할 것이다.

제4절 e-Business 실행 주체들의 관계형성에 따른 비즈니스 모델

4.1 기업과 기업간 e-Business 실행 : BtoB(Business to Business)

- 기업과 기업간 거래관계 : BtoB(Business to Business)
  - e-Business 실행을 담당하는 주도적 관점은 기업이다. 기업을 중심으로 경영활

동 및 거래가 발생하는데, 이때 거래 상대가 또 다른 기업일 경우에 해당하는 유형이다. BtoB는 오래 전부터 기업들끼리 해온 거래이다. 전통적인 EDI를 통해 이런 거래를 전자적으로 처리해 왔지만, 인터넷환경의 EDI가 출현하면서 이러한 BtoB거래는 더욱 활성화되었다. B2B를 구체화시킨 비즈니스 모델 중에 하나는 SCM(공급망관리)이다.

- 예를 들면 다음과 같은 거래유형들이 있다.
  - 원자재 및 부품의 조달 : 식자재, 건축자재 e-Market place(인터넷 장터)
  - 유통 및 물류망의 공유 : 택배 회사의 배송의뢰접수 시스템의 활용
  - 생산과 판매의 협력 분야에서 활용 : 주문프로세스 및 생산 및 재고정보 공유 시스템
- B2B 비즈니스가 가능하기 위한 조건들은 다음과 같다.
  - 관련된 기업에 정보시스템 인프라(인트라넷)가 잘 구축되어 있어야 한다. 해당 기업들이 인터넷 환경의 정보시스템이 잘 구축되어있지 않으면 불가능하다.
  - 기업들 간에 표준화된 네트워크(인터넷)가 구축되어야 있어야 한다. 개방형 인터넷은 표준화된 네트워크 환경이므로 B2B 비즈니스의 실행을 용이하게 한다.
  - 그렇지 않을 경우 기업 간 거래를 위해 전용망을 설치하여야 하나 비용이 비싸기 때문에 대기업이 아니면 실행하기 힘들다. 기존의 대기업중심의 폐쇄형 EDI가 그런 종류이다.

4.2 기업과 고객간 e-Business 실행 : BtoC(Business to Customer)

기업과 고객간 거래관계 : BtoC(Business to Customer)

- 기업과 고객간에 거래관계가 형성되는 형태의 e-Business 유형이다. 공급의 주체는 기업이며 고객은 수요의 주체이다.
- 예를 들면 다음과 같은 유형들이 있다.
  - 인터넷 쇼핑몰, 오픈마켓 등
  - 인터넷 뱅킹을 통한 고객의 직접 통장조회, 계좌이체, 통장개설, 대출신청 등

- Federal Express 와 같은 화물운송 회사에서 고객이 발송한 화물의 현재 위치와 전달확인 여부를 인터넷을 통해 직접 파악

o 고객 컴퓨팅(customer computing)은 BtoC가 확산되는 대표적인 트렌드이다.

- 고객 컴퓨팅은 고객이 직접 거래 및 주문과정에 적극적으로 참여하는 것을 말하며, 그 비중 계속 증가하고 있다. 예를 들어, 온라인 인화점(Skopi)에서는 고객이 직접 프린트를 원하는 사진파일을 올려야 하며, 사이즈, 처리방식, 매수 등을 정한 후 주문을 실행하며 대금결제까지 마쳐야 한다.
- 고객의 참여도가 높아질수록 기업은 별도의 업무 담당자 부담을 최소화 할 수 있기 때문에, 이러한 고객컴퓨팅 비중이 높은 고객에게는 그 가치(절감되는 비용 등)를 인정해서 추가적 혜택을 부여할 수 있다.
- 고객과의 관계에 있어 질적 친밀도가 향상되고 궁극적으로 고객만족과 기업 이미지 향상 및 매출증대로 연결된다.

4.3 고객과 기업간 e-Business 실행 : CtoB(Customer to Business)

o 고객과 기업간 거래관계 : CtoB(Customer to Business)

- 인터넷의 등장으로 전통적 관계(공급: 기업, 수요: 고객)에도 변화를 초래하였다. 고객이 인터넷을 통해 개인 또는 단체를 구성하여, 필요한 상품 및 서비스의 가격과 부대조건을 결정해서, 이를 생산자 또는 공급자에게 제시하고 합의가 이루어지면 구매하는 형태이다. 즉 주도권이 기업에게 있는 것이 아니라 고객 또는 고객 집단에 있는 것이다. 인터넷 공동구매가 한 가지 예가 될 수 있다.
- 오늘날 이런 CtoB를 전문적으로 대행해 주는 사회적 상거래(Social Commerce) 업체가 많이 생겨났다. 이들은 소비자집단을 대신하여 특정 기업들과 협정하여 제품이나 서비스를 저렴한 가격으로 제공하고 있다.

4.4 개인과 개인간 e-Business 실행 : CtoC(Customer to Customer), PtoP(Peer to Peer)

- 개인과 개인간 거래관계는 원래 그 역사가 매우 오래된 유형이다.
- 그 중에 특히 PtoP(Peer to Peer) 모델은 다음과 같은 특징이 있다.
  - 고객과 고객간의 1:1 관계에 따른 거래관계가 형성되는 유형이다.
  - 고객이 공급의 주체이고 동시에 수요의 주체이며, 인터넷은 매개역할만 수행한다.
  - 개인과 개인간 거래는 벼룩시장과 같은 정보전달지 등을 통해 부분적, 국지적으로 진행되었던 것이, 인터넷이라는 광역화된 사이버 공간상의 매체가 현실화됨에 따라 광범위하게 확산된 유형이다.
  - 예를 들면 다음과 같은 사례들이 있다.
    - 옥션(auction.co.kr)이나 G-Market 등 쇼핑몰들은 전문판매점이 아닌 개인과 개인끼리 거래를 할 수 있는 서비스를 제공하고 있다. 즉 과거에 정보지를 통해 개인과 개인끼리 이뤄지던 거래가 인터넷 상에서 이뤄지는 것이다.
    - 지적재산권의 침해라는 불법복제가 많이 성행하는 사이트이지만 다수의 파일공유사이트 역시 P2P e-Business로 볼 수 있다.
    - 다수의 화일공유 사이트와 엡스토어(모바일폰 애플리케이션 판매 사이트) 등은 사이트가 개인 또는 기업이 창작한 컨텐츠나 애플리케이션을 받아 합리적인 가격을 책정하여 판매를 위탁해 주기 때문에 B2C e-Business로 봐야 하는 측면도 있으면서, 개인과 개인끼리 디지털 컨텐츠를 파는 부분도 있어 B2C와 C2C가 혼합되어 있다고 볼 수 있다.

4.5 정부와 기업간 e-Business 실행 : GtoB
기업과 정부간 e-Business 실행 : BtoG

○ 정부와 기업간 거래관계 : GtoB(Government to Business)

- 기업이 정부와 거래하는 형태는 공공 물자 또는 행정 물품의 조달 및 조세관계에서 발생한다. 정부는 거대한 소비자라 할 수 있다. 예를 들어, 조달청 (나라장터: sarok.go.kr)은 조달물자의 입찰 및 계약정보를 인터넷을 통해 공시하고 있으며, 시설공사의 전산입찰시스템을 운영하고 있다. 국세청은 사이버 세무서를 운영함으로써 개인과 기업의 세무행정의 편의를 제공하고 있다. 이 외에도 정부기관은 관련 업무에 대한 정보를 홈페이지에 게시할 뿐만 아니라 각종 대민서비스(민원접수, 증명서 발급 등)를 인터넷을 통해 제공하고 있다.

제5절 경영기능별 비즈니스 모델

○ 구현유형

- 전사적자원관리 ERP(Enterprise Resource Management)
- 고객관계관리 CRM(Customer Relationship Management)
- 공급망관리 SCM(Supply Chain Management)
- SEM(Strategic Enterprise Management)
- PDM(Product Document Management)
- 인터넷 마케팅
- 전자상거래(Electronic Commerce)
- 전자무역(Electronic Trade)

5.1 전사적자원관리 ERP(Enterprise Resource Planning)

- ERP는 경영목표 달성을 위해 경영자원을 효율적으로 관리하고, 경영기능이 제대로 기능을 발휘하도록 지원하는 통합정보시스템이다. 전통적으로 정보시스템은 분석-설계-구축-검사라는 과정을 거쳐 개발이 되지만 ERP는 전문업체가 이미 만들어 놓은 소프트웨어(패키지)를 구입한 후 이를 어느 정도 환경에 맞게 수정하여 쓰는 새로운 개발방식이다.

  ERP는 산업별, 기능별 특성에 적합한 최적의 업무 프로세스 (Best Process), 최적의 Data (Best Data), 최적의 조직 (Best Organization)에 최적의 기술 (Best Technology)을 적용하여 구현한 통합정보시스템이다.

- ERP는 7장에서 다시 자세히 설명될 것이다.

5.2 고객관계관리 CRM(Customer Relationship Management)

- CRM은 고객 데이터로부터 추출한 고객에 대한 정확한 이해를 바탕으로, 고객이 원하는 제품과 서비스를 지속적으로 제공함으로써, 한번 고객이면 영원한 고객이 되도록 하여, 결과적으로 고객의 평생가치를 극대화하여, 기업의 수익성을 높이는 통합된 고객관리 프로세스를 말한다.

- CRM은 8장에서 다시 자세히 설명될 것이다.

5.3 SCM(Supply Chain Management)

- SCM은 원재료나 부품의 공급자로부터 시작해서 최종 소비자에까지 이르는 상호관련된 가치활동들의 흐름에서, 정보의 공유화와 업무 프로세스의 근본적인 변혁을 꾀하여 공급망 전체의 효율성을 극대화하는 경영활동이다.

  SCM은 기업 내 또는 기업 간에 수행되는 다양한 사업 활동의 프로세스와 부문 간 부서간에 존재하는 물리적 벽을 넘어서, 영업, 주문, 공급, 배송, 서비스, 결재 등에 필요한 정보흐름을 통합·관리함으로써 공급망 전체의 효율성을 제고하는 시스템이다.

- SCM은 8장에서 다시 자세히 설명될 것이다.

5.4 SEM(Strategic Enterprise Management)

o SEM(전략적 기업경영)의 개념

- 기업의 각종 경영정보를 정확히 분석하고 문제점을 도출하여 임원 및 최고경영진으로 하여금 가치중심 경영을 전사적으로 구현할 수 있게 해 주는 일련의 통합된 분석용 애플리케이션 도구와 프로세스이다. 이를 중역정보시스템(EIS)라고 부르기도 한다.
- SEM은 ERP 및 외부 시스템에서 가져온 정량 및 정성 정보를 종합적으로 묶어 핵심실적지표(KPI : Key Performance Indicators)를 설정함으로써 시작된다. 실적지표는 한데 어울려 물류가치사슬, 재무가치사슬과 연계하고 기업 속성 값에 대한 Balanced Score Card (BSC)를 생성한다. 이 정보를 근거로 대체 전략 시나리오를 시뮬레이션해 봄으로써 경영진은 주요 의사결정이 KPI에 미치는 영향을 예측해 볼 수 있다.

o SEM의 구성요소는 다음과 같다.

- VBM(Value Based Management)
  - 기업의 가장 기본이 되는 목적을 주주와 투자자들에게 최고의 경제적 가치를 창조하는데 둔다. VBM은 기업의 모든 의사결정을 부가가치 기준에 따라 결정하고 공정한 성과평가와 성과보상을 강력하게 연계함으로써 경영효율성을 제고하여 기업 가치를 극대화하려는 경영시스템이라 할 수 있다.
- ABC(Activity Based Costing) / ABM(Activity Based Management)
  - 자원을 사용하는 활동에 자원비용을 배분하고, 이 활동을 사용하는 제품 및 고객

과 같은 활동 동인을 중심으로 비용을 배분하는 원가계산 방법이다. 여기서 활동이란 프로세스의 하위계념이다. 예를 들어 간접비에 속하는 활동들은 보관(부품수), 품질검사(검사회수), 기계작업(기계시간), 임대료(부피), 교육훈련비(인원)들이며, 괄호 안은 원가 동인이다. ABM은 ABC 원가정보를 이용하여 전략적 의사결정을 지원하는 경영기법이다.

- BSC(Balanced Score Card) 균형성과표
  - 기업의 성과관리체계를 단순한 재무적 관점에서 벗어나 네 가지 핵심적인 관점들(재무, 고객, 내부 프로세스, 조직학습)을 균형 있게 측정하고 관리함으로써 서로의 인과관계까지를 관리하고자 하는 기법이다. 이 균형성과표를 이용하면 기업의 전략적 목표를 일련의 성과측정 지표로 쉽게 전환할 수 있다.

5.5 PDM(Product Document Management)

- **PDM은 제조업체들이 생산에서부터 유통, 폐기에 이르기까지 제품과 제품에 소요되는 부품과 원자재에 대한 모든 정보를 통합 관리해주는 시스템이다.**

- **CAD/CAM 과는 다음과 같은 차이점이 있다.**
  - 기존 CAD/CAM 소프트웨어가 제품의 설계에서부터 생산까지 도면과 그래픽작업을 처리하는 데 중점두지만, PDM은 CAD 작업에서 생산된 도면정보 및 생산량, 생산일자, 주문량, 재고물량 등 제품과 관련된 모든 정보를 일괄적으로 관리해 기업체들의 생산성 향상에 기여하는 시스템이다.

5.6 인터넷 마케팅

- **인터넷 마케팅은 전 세계를 연결하는 네트워크인 인터넷, 특히 World Wide Web을 이용한 새로운 마케팅기법들로 다음과 같은 특징이 있다.**
  - 인터넷이라는 가상공간에서 인터넷 기술 및 디지털 정보기술을 이용해서 고객

과의 관계 형성 및 실시간 상호작용이 가능한 양방향 커뮤니케이션을 통해 마케팅 활동을 수행할 수 있다.

- 인터넷을 통한 제품과 서비스에 대한 정보를 일방적으로 전달할 뿐만 아니라, 낮은 비용으로 고객과의 1:1맞춤 서비스 및 양방향 커뮤니케이션이 가능하다.
- 인터넷 마케팅은 10장에서 보다 자세히 설명될 것이다.

5.7 전자상거래(Electronic Commerce)

- 전자상거래는 e-Business를 구성하는 하나의 하위 비즈니스 모델이다. 과거에도 대기업과 금융기관 등에서 전자 거래(Electronic Commerce) 형태의 상거래가 있었으나 인터넷이 보편화되면서 보다 확산된 거래 방식이다.

- 전자상거래는 11장에서 다시 자세히 설명될 것이다.

5.8 모바일 비즈니스(Mobile Business)

- Any time Any place로 특징되는 무선 인터넷 기술이 경영전반에 반영되면서, e-Business 혁신의 폭을 확대되었고, 모바일환경에서의 비즈니스의 유형과 규모는 날로 확대되고 있다. 모바일 비즈니스는 흔히 m-Commerce라고 부르기도 하지만 모바일 비즈니스는 단순히 상거래만을 대상으로 하는 m-Commerce보다는 더 포괄적인 의미를 가지고 있다.

- 모바일 비즈니스는 12장에서 보다 자세히 설명될 것이다.

5.9 전자무역(Electronic Trade) 또는 인터넷 무역(Internet Trade)

- 전자무역은 인터넷을 통해 형성된 가상공간에서 바이어와의 상담에서 상품의 주문, 지불,

출고, 선적에 이르기까지 모든 무역 업무를 디지털 정보기술을 이용해서 처리하는 방식이다. 전자 무역은 국경을 넘어 수출 및 수입 프로세스를 e-Business화한 것이라 할 수 있다.

- 전자무역은 13장에서 다시 자세히 설명될 것이다.

제6절 제공 서비스 특성에 따른 비즈니스 모델

- 인터넷 정보 검색 서비스 Internet Search Service
- 커뮤니티 Community
- 인터넷 서비스 제공 Internet Service Provider
- 정보제공 Contents Providers
- 인터넷 금융 Internet Financing
- e-Business 자문 e-Business Consulting
- 인터넷 교육 Cyber Education
- 인터넷 방송 Internet Broadcasting
- 인터넷 정보 검색 서비스 Internet Search Service

  웹사이트, 인명, 지도, 뉴스, 지식, 멀티미디어(이미지, 동영상, 음악) 등의 검색 서비스를 말한다. 오늘날 포털 사이트, 전자상거래사이트, 전자도서관 등 검색서비스는 매우 중요한 인터넷 서비스이다.

- 커뮤니티 Community

  무료 홈페이지, 이메일, 블로그, 카페, 게시판 등을 말한다. 주요 포털 사이트들은 물론, 기업들은 고객들이 자사의 홈페이지를 많이 찾도록 이러한 무료서비스를 제공하고 있다.

인터넷 서비스 제공자들은 다음과 같다.

- Internet Service Provider
- 인터넷 전화, Fax 서비스
- 홈페이지 관리 및 위탁 서비스
- 전자상거래 위탁서비스
- 서버 임대 서비스

정보제공 Contents

- 고급기술정보 서비스, 번역 서비스, 전문정보 서비스, 뉴스 클리핑 서비스, 신문 및 잡지, 유통형태별 및 쇼핑몰간 가격 비교정보 등을 말하는데, 오늘날 포털사이트들은 이런 서비스를 많이 제공하고 있다.

인터넷 금융(Internet Financing)

- 인증기관, 전자지불 대행시스템, 인터넷 은행, 인터넷 보험, 인터넷 신용카드, 인터넷 주식거래(e-trading) 등
- 대부분의 금융기관들은 자신들의 인터넷기반 거래시스템을 구축하여 고객들에게 무료로 제공하고 있다.

e-Business 자문 e-Business Consulting

- e-Business 실행 컨설팅, 인터넷 마케팅 대행, 인터넷 투자 자문, 인터넷 보안, e-Business 기업 평가 등이다.

인터넷 교육 Cyber Education

- 사이버대학, 직장인 대상 사내 교육, 맞춤형 교육, Cyber 학원, 유아 교육

- 교육은 인터넷에서 가장 활성화된 비즈니스의 유형들 중에 하나이다.

- 인터넷 방송 Internet Broadcasting

  - 인터넷 방송, 뉴스 전문 방송, 스포츠 전문 방송, 오락 전문 방송, 드라마, 영화 전문 방송, 여행 전문 방송 등이 있다.
  - 오늘날 1인 방송에서부터 다양한 주제를 다루는 수없이 많은 전문 인터넷 방송들이 있다. 이 중에는 때로 정치적인 이유로 갑작스런 주목을 받거나 사회적인 물의를 일으키는 사이트들이 다수 있다.

제7절 e-Business(전자상거래 및 모바일상거래)가 제공하는 상품 및 서비스

- e-Business를 통해 제공되는 상품 및 서비스는 매우 다양하다. 현재까지 등장한 것 외에도 창조적 아이디어와 혁신적 기술이 결합되어 새로운 상품과 서비스가 출현할 가능성은 매우 높다. 크게 우리가 소비하는 상품은 물리적 상품과 디지털 상품 및 서비스로 나눌 수 있다. 디지털 경제가 활성화되면서 유무선 인터넷으로 거래되는 상거래의 규모는 날로 증대하고 있으며, 특히 디지털 상품과 서비스는 인터넷 환경에서 소비하기에 가장 적합한 상품이라 할 수 있다.

7.1 물리적 상품

- e-Business 환경에서 거래될 수 있는 물리적 상품은 거의 무한대이다. 과거의 전통적 시장에서 거래되는 모든 상품이 이에 포함되기 때문이다. 전통적 시장에서 거래되는 방식과 달리 다음과 같은 차이점이 있을 뿐이다.

- 거래가 발생하는 환경이 전통적 시장이 아니라 온라인 환경의 사이버 시장이다.
- 거래의 매개체가 인터넷 기반기술과 디지털 정보기술이라는 혁신적 수단을 적용한다.
- 거래의 속도가 전통적 방식에 비해 매우 신속하다.

7.2 디지털 상품 및 서비스

o e-Business 환경에서는 디지털 상품과 서비스가 핵심이며 적합하다.

- e-Business 환경에서는 물리적 상품보다는 디지털 상품과 서비스가 부각되는 측면이 강하다. 다양한 디지털 콘텐츠 (고급정보 및 기사, 사진, 음반, 영화, 책 등), 소프트웨어(애플리케이션), 금융서비스(뱅킹, 보험, 투자, 대금결제 등) 등이 주 대상이다.
- 과거의 전통적 경영활동에서부터 물리적 상품 거래는 활성화되었지만, 디지털 상품 및 서비스 거래는 e-Business 환경에서 보다 편리하게 구체화 되고 있다.

[사례 연구 1] 식자재 B2B 푸드머스

"e-비즈니스에 대한 오해부터 풀어야 합니다. 1백% 순수 온라인으로 사업을 하는 게 e-비즈니스가 아니죠. 어디든 정보기술이 도입되면 그것이 바로 e-비즈니스입니다."

·

전통 유통산업의 한 분야인 식자재 유통 분야에 e-비즈니스 개념을 도입한 이창근 푸드머스 대표(51)의 비즈니스 철학이 이 말 한마디에 고스란히 담겨있다. 그는 식자재 유통에 온라인 비즈니스 개념을 도입한 이유를 묻자 이렇게 답한다.

어떤 산업이든 IT라는 기술을 도입하지 않으면 살아남기 힘들다는 것이 그의 철학이다. 전통기업도 IT를 이용해 사업을 혁신하지 않으면 안된다는 것, 그리고 이는 선택이 아닌 필수며 성공을 위한 명제와도 같다는 것이 그의 생각이다. 그는 이를 설명하기 위해 하나의 예를 들었다.

·

"아마존과 반스앤드노블, 둘 다 서점이라는 점은 똑같지만 사업하는 방식은 다릅니다. 반스앤드노블은 전형적인 오프라인 서점이고, 놀이터를 만들고, 쉴 수 있는 카페를 만드는 등 나름의 영업전략을 구사합니다. 반대로 아마존은 오프라인 서점 없이, 온라인 판매로 일관하고 있죠. 지금은 어느 쪽이 성공했다, 또 어느 쪽이 실패했다 말하기 힘듭니다. 하지만 하나는 장담할 수 있습니다. 반스앤드노블 역시 아마존의 방식을 일부 수용할 겁니다. 안 그러면 망할걸요."

이 대표의 이같은 e-비즈니스에 대한 굳건한 생각은 (주)대우 재직 시절부터 해온 것이다. 80년대 중반, 그는 실리콘밸리에 근무한 적이 있었다. 대우는 당시 국내에서는 반도체 사업에 손을 대지도 못했지만 해외에서는 시도했다. 당시 실리콘밸리의 반도체 공장 하나를 인수해 경영하려고 했던 것. 결실을 보지는 못했지만 이창근 사장은 이때 e-비즈니스에 대해 눈을 뜨기 시작했다.

"당시 저에게 실리콘밸리에서 반도체 사업을 시작해 보라는 주문이 떨어졌습니다. 그전까지는 대우에서 무역 쪽을 담당했죠. 뭐 아는 게 있었겠습니까. 그냥 무작정 공부했죠. 반도체부터 PC, 그리고 IT 전반에 대한 공부를 시작했습니다.

아마 그때 공부한 게 지금 힘이 되는 듯하네요. 반도체 시장의 근원적인 원류인 전산화가 왜 필요한지, 그리고 업무 자동화가 왜 중요한지 그때부터 조금씩 알기 시작했으니까요."

풀무원을 거쳐 지난 2001년 푸드머스로 옮긴 후, 그가 처음 파악하기 시작한 것은 식자재 유통산업 고유의 특성이었다. 식자재는 음식에 들어가는 각종 재료, 예를 들면 고추나 파, 감자 등과 같은 식품이 주를 이룬다. 이러한 재료는 소규모 식당부터 대형 급식업체까지 고루 들어간다. 이 시장에 적합한 e-비즈니스에 대한 고민이 그가 가장 먼저 해결해야 할 과제였다.

식자재 유통은 '규모의 경제'

"식자재 유통이라고 하면 음식 재료를 공급하는 일을 말하죠. 아주 작은 식당의 경우 사장이나 주방장이 직접 구매합니다. 또는 전화만 걸면 물건을 식당까지 배달해 주는 소매상을 통하기도 하죠. 이들 소매상과 식자재 유통업체의 프로세스상 차이는 없습니다.

그날 팔릴 만한 재료의 양을 예측해 미리 농수산물시장에서 경매로 사는 거니까요. 하지만 식자재라는 시장은 물량이 곧 가격을 결정하는 시장입니다. 여기서 마켓플레이스(e-marketplace)의 역할이 필요한 거죠."

이창근 사장은 이 시장에서 두 가지 성공비결을 발견했다. 하나는 구매 과정의 번거로움. 식자재의 대부분이 육류나 채소 같은 식품류다 보니 매일 새벽 제품을 구할 수밖에 없다. 하루하루 메뉴를 개발하고 그에 맞는 재료를 구하러 다니는 일이 전부. 이러한 번거로움을 피하기 위해 주문하면 배달해 주는 소매상을 통해 거래한다고 해도 과연 이 제품이 적절한 가격인지, 그리고 가격 대비 최상의 질을 보장하는지 신뢰할 길이 없다. 이에 대한 고객의 요구사항은 '누군가 최적의 가격으로 최상의 상품을 소싱해 주면 좋겠다'는 것.

또 하나는 식자재의 특성상 구매 물량이 가격을 결정할 수 있는 '규모의 경제' 원칙이 통하는 시장이라는 점이다. 식당 운영에서 가장 중요한 업무는 값싸고 질 좋은 재료를 구매하는 일. 이는 급식시장의 경쟁이 치열해지면서 원가에 대한 부담이 가중되는 요즘 들어 더욱 그렇다. 그러나 식자재 시장의 특성은 재료의 종류에 따라 다양하게 쪼개진 분산구조 형태를 갖추고 있다. 개별 식당마다 그날 필요한 재료가 제각각이고, 각자의 식당에서 해당 재료를 구매할 경우 가격 인하 요인은 찾기 힘들다.

이창근 사장은 이 부분에 착안했다. 해당 식당에서 필요한 재료의 양을 개별 식당의 구매 물량으로 본다면 그리 큰 규모가 아니지만 이를 모두 모아 종류별로 구매에 들어간다면 가격은 달라질 것이라는 점에 주목한 것이다. 이 대목에서 식자재 유통과 온라인 B2B 마켓플레이스는 접점을 이룬다. "이 시장에 가장 먼저 뛰어든 곳은 단체급식 사업을 하는 회사들입니다. 신세계푸드시스템, 삼성에버랜드나 아워홈처럼 단체 위탁급식 사업을 하는 회사들이죠. 이들도 처음부터 이 시장에 뛰어든 것은 아니고 어차피 자기네가 필요한 재료를 구매할 때 조금 더 구매해서 팔면 되겠다 싶어 뛰어든 것이죠. 하지만 한 가지 맹점이 있죠. 재료를 팔아야 할 고객이 바로 같은 급식사업을 하는 경쟁사입니다. 우호적일 리가 없죠."

식자재 유통에 자동화 개념 도입

매출이나 거래량 규모 면에서 본다면 푸드머스는 여전히 이들 기업에 못 미친다. 이들

기업은 대개 1천억원을 웃도는 매출을 올리고 있지만 푸드머스의 경우 지난해 6백40억원의 매출을 거뒀을 뿐이다. 하지만 단체급식 사업의 매출을 제외한 식자재 유통만을 놓고 비교한다면 상황은 달라진다. 선두는 아니어도 메이저 업체의 중간급 수준까지는 순위가 오른다.

이러한 성공 비결은 시스템화된 식자재 유통 방식이다. 경쟁사의 경우 여전히 식자재 주문, 발주 등의 과정은 오프라인 틀을 벗어나지 못하고 있다. 단체급식 사업을 직접 운영하는 회사도 마찬가지. 본사 또는 개별 식당의 구매담당 직원이 하루의 소요량을 계산하고, 이를 기반으로 주문을 한다. 하지만 푸드머스는 모든 것이 자동화되어 있다. 클릭 몇 번이면 끝.

"저희가 가장 공을 들인 부분이 바로 IT와의 접목입니다. 전산 개념을 도입한거죠. 급식운영 시스템은 일종의 ASP(솔루션을 구매하지 않고 임대해 쓰는 방식) 형태입니다. 인터넷에 접속해 회원 사이트로 들어온 다음, 내일의 메뉴와 인원만 정하면 필요한 재료는 저희가 알아서 보내줍니다." 인터넷으로 주문하더라도 일일이 그 다음날의 소요량을 예측해야 한다면 번거롭기는 마찬가지. 차라리 인터넷에 접속하느니 전화 한 통 하는 편이 나을 수도 있다. 하지만 푸드머스는 이와 다른 방식을 택했다.

푸드머스의 급식운영시스템에 접속하면 수천 가지 메뉴가 이미 DB 형태로 등록돼 있다. 그리고 각각의 메뉴에 따라 필요한 재료의 양까지 DB화돼 있으니 고객 식당의 영양사가 내일의 식단을 무엇으로 할지만 고르면 된다. 그리고 대략적인 인원만 정하면 끝. 갈비탕을 메뉴로 선택하면 그날 필요한 파와 소고기의 양을 자로 잰 듯 정확하게 배달해 주는 시스템이다.

초기 사업 아이템은 구매 대행. 하지만 이 과정에서 다른 사업 영역까지 부가적으로 생겼다. 이처럼 대규모 물량을 소비하다 보니 식자재를 판매하는 회사 입장에서 볼 때 푸드머스는 또 하나의 '시장'이다. 애초 푸드머스의 사업 영역은 단체급식 등을 하는 대형 식당에 식자재를 공급해 주는 일. 따라서 제품을 골라 오는 일은 푸드머스 스스로 해결해야 할 업무였다. 하지만 지금은 판매상 스스로 푸드머스를 이용하기 위해 찾아올 정도다. 푸드머스의 또 다른 비즈니스 영역인 '판매대행 서비스'는 이렇게 생겨났다.

이러한 차별화는 시장에서의 성공으로 이어졌다. 현재 푸드머스의 위상은 상당하다. 식자재 유통 분야 업계 순위는 3위. CJ푸드시스템, 신세계푸드시스템, 삼성에버랜드 등 단체 급식까지 직접 운영하는 회사까지 포함했을 때의 순위가 이러하다. 푸드머스의 한 달 매출액은 약 80억원, 그리고 이미 9백여 급식사업장이 푸드머스의 고객으로 등록돼 있다. 지난해 전국 물류망을 갖춘 이후 하루 거래량만 해도 냉동 · 냉장 탑차로 1백20여 대 분에 이른다. 이는 하루 30만명이 식사할 수 있는 양이다. 이를 통해 푸드머스가 이뤄낸 지난해 매출은 6백40억원. 올해는 상반기에만 5백억원을 넘어섰으니 연 1천억원의 매출 달성은 무난해 보인다.

현재 국내 식자재 유통시장 규모는 2001년 말 기준 11조원에서 2005년 14조원에 이를 것으로 예측되고 있는데, 이 중 대기업이 차지하는 점유율은 2002년 기준 6.2%에 불과하다. 지난해 기준 신세계푸드시스템, 삼성에버랜드 등 대기업 계열 식자재 유통사가 이뤄낸 실적은 7천3백98억원. 이 중 푸드머스가 6백40억원의 매출을 거둔 셈이다.

시장을 여는 것은 '도전 정신'

이처럼 폭발적인 성장을 이끌어온 이창근 시장은 그 비결을 '도전'이라고 말한다.

e-비즈니스라는 개념을 도입한 것도 한 가지 예에 속한다. 온라인으로 무대를 옮긴 다음 이창근 사장은 물류를 아웃소싱하는 쪽으로 가닥을 잡았다. 이 과정에서 발생한 문제는 식자재 유통시장의 고질적인 문제점을 해결하는 것. 이 역시 그는 '도전'으로 맞섰다. '100% 고객 만족 제도'가 바로 그것.

"저희는 모든 식자재 유통을 엑소후레시라는 식품 전문 물류업체에 맡겼습니다. 9백여 사업장에 제품을 공급하다 보니 저희 직원이 배달 과정에 직접 찾아가 상태를 확인할 수 없죠. 대신 고객이 제품의 품질에 만족하지 않는다면 저희는 무조건 고객의 판단을 수용합니다. 받은 제품 중 30%는 쓸 수 없겠다고 하면 70%의 값만 받습니다. 무조건 고객의 말을 믿는거죠. 덕분에 고객 입장에서는 안심하고 주문할 수 있습니다. 저희 성장 비결 중 하나죠."

뿐만 아니다. 최근 이창근 사장은 온통 제품의 차별화에 골몰하고 있다. 그가 주목하는 부분은 식자재를 규격화하는 것. 그리고 농산물을 공산품처럼 만들어 유통하는 것이다. "수박을 예로 들어보죠. 어제의 1등품과 오늘의 1등품이 어디 같나요. 그리고 감자 큰 것 하나라고 말하면 그게 대체 어느 정도 크기를 말하는 겁니까. 이처럼 농산품의 경우 규격화가 안돼 있죠. 공산품화한다는 것은 전처리가 된다는 걸 의미합니다. 미리 손질이 되어 있고, 요리의 종류에 따라 쓰기 편한 크기로 잘라져 있다면 더 좋겠죠. 이를 준비하고 있습니다."

푸드머스는 여기에 또 하나, 유통기한에 대한 도전도 준비 중이다. 생물 상태 그대로 유통한다면 불가능하겠지만 앞서 말한 것처럼 미리 손질이 되어 있다면 이를 살짝 얼려 유통하는 것도 가능하다. 푸드머스는 이미 이를 위한 자체 연구까지 진행해 왔다. 연구 결과에 따르면 살짝 냉동한 경우에는 보관을 오래해도 쉽게 변질되지 않았다고 한다. 이러한 제품의 상품화를 위해 미리 영양사들을 상대로 얼리지 않은 제품과 살짝 얼린 제품의 맛 차이 등을 테스트하고 있는 중이다.

이러한 공산품화, 표준화를 위해서도 이창근 사장은 대형화가 필요하다고 말한다. 그리고 이미 식자재 유통 및 급식업계의 대형화는 두드러진 추세로 나타나고 있다. 이 사장은 이러한 변화가 푸드머스의 또 다른 기회가 될 것임을 예견하고 있다.

"어떠한 제품이든 제대로 된 유통시장을 갖추려면 규격화와 표준화가 필요합니다. 식자재가 B2B 소재로 부적합하다는 말이 나온 이유는 직접 눈으로 보고 만져보고 사야 하는 제품이라는 특징 때문이었죠. 하지만 품질 규격화가 이뤄지고, 크기나 용도에 따른 표준화가 이뤄진다면 B2B가 안될 이유가 없습니다. 이를 위해서는 시장 자체가 커야 합니다. 그리고 제품별로 구매하는 물량도 커져야 하죠. 최근 급식시장의 급성장, 그리고 대형화 추세는 이를 가능케 하고 있습니다. 저희에겐 기회죠."(출처: 중앙일보, 2003.8.25 천영호 기자)

[사례 연구 2] 빗나간 e-비즈니스 모델들

음란물 유통방식의 변천을 통해 빗나간 e-비즈니스, 특히 음란물 전자상거래 모델과 이를 색출하기 위한 경찰의 첨단 IT 기술의 대결이 흥미진진하다.

쫓고 쫓기는 당국 · 음란물업자_1대1 방식 P2P 단속하자 여러 명이 나눠서 제공하는…
한때는 웹하드가 유행_초기엔 CD복제해 택배 초고속인터넷망 보급…
유해 콘텐츠 색출 신기술_동영상 동작 · 소리 등 분석 음란물여부 자동으로 판별…

최근 국무총리실과 검찰 · 경찰 등은 "아동 · 청소년 음란물 단순 소지자도 처벌하겠다" 면서 음란물 근절 종합대책을 발표하는 등 '야동과의 전쟁'에 나섰다. 잇따른 성폭력 범죄의 원인 중 하나로 음란물이 꼽혔기 때문이다. 이를 두고 일부 네티즌은 "어차피 소용없다" "얼마 못 가 흐지부지될 것"이라는 반응이 나왔다. 과연 어떻게 될까.

야한 동영상을 일컫는 '야동'이 사회 문제가 된 것은 2000년대 초반부터다. 물론 이전에도 서울 청계천 주변이나 영등포역 인근 등에서 음란물이 거래됐지만 책이나 비디오테이프 형태여서 유포에는 한계가 있었다. 일부 비디오테이프엔 음란물 대신 '동물의 왕국' '한지붕세가족' 같은 TV프로그램이 담겨 있어 구매자로부터 원성을 사던 때였다. 이때만 해도 경찰이 마음만 먹으면 언제든지 음란물을 차단할 수 있었다.

경찰은 잇따른 성폭력 사건의 원인 중 하나로 음란물이 꼽히자 대대적인 단속을 펼쳤다. 그러다 벌어진 게 2001년 'CD사랑' 사건이었다. 당시 최대 불법 CD 유통업자로 꼽혔던 'CD사랑' 조직은 인터넷 홈페이지를 통해 1년 반 동안 음란물과 불법 복제 프로그램이 담긴 CD를 4억 원어치나 팔아치웠다. 손바닥만한 CD를 택배로 구입자에게 보내주는 유통 시스템이었다. 야동이 걷잡을 수 없이 퍼지게 된 것은 초고속 인터넷망 보급 때문이다. 외부에서 거래되던 음란물이 가정과 회사 내에 있는 컴퓨터를 통해 거래되기 시작한 것이다.

방송통신심의위원회 유해정보심의팀 정희영 팀장은 "광대역 인터넷망으로 '야동'의 이동 루트가 인터넷으로 통일됐다"고 했다. 이른바 '김본좌' 사건은 이때 불거졌다. 김씨는 2006년 경찰에게 붙잡히기까지 인터넷을 통해 국내에 1만4000편의 음란물을 유포했다. 당시 시중에 유통되는 야동의 70% 이상을 혼자 퍼뜨렸다는 말까지 나왔을 정도였다. 인터넷 방송을 통해 실시간으로 포르노를 생중계해주는 '성인방송'도 우후죽순 생겨났다.

경찰 · 방송통신위원회와 음란물 유통업자 사이에 지루한 전쟁이 시작됐다. 경찰청 사이버테러대응센터 정석화 계장은 "음란물 차단은 해킹처럼 공격과 방어가 끊임없이 반복되는 구조"라고 했다.

2000년대 초중반만 해도 싸움은 비교적 단순했다고 한다. 방송통신심의위원회에서 음란 사이트의 주소인 URL이나 IP를 차단하면, 차단당한 사이트는 주소 이름을 살짝 바꿔 이를 피해갔다. 차단을 하기 위해선 시간이 걸리고 바뀌는 주소를 실시간으로 모니터링하기 어렵다는 점을 노린 것이다. 일종의 우회 접근법인 '프록시 서버'를 이용한 방법도 사용됐다. 프록시 서버를 이용하면 차단된 사이트라 하더라도 접속이 가능했다. 성인방송의 경우 국내 단속이 심해지자 미국이나 캐나다로 근거지를 옮겼다.

인터넷 사이트를 직접 찾는 방식의 음란물 유통이 여의치 않자 새로 등장한 게 '웹하드'였다. 웹하드는 인터넷에 마련된 대용량 저장 창고로 누구든지 자료를 올릴 수도 있고 빼올 수도 있는 곳이다. 많은 웹하드들이 순식간에 음란물 창고로 변질됐고, 여기에 야동을 올려 거액을 챙기는 '헤비업로더'가 다수 등장했다. 헤비업로더들은 전 세계 인터넷 사이트를 돌아다니며 야동을 긁어모아 웹하드에 올려놓았다. 지난 8월 인천지방경찰청에 적발된 헤비업로더 중에는 70대 노인에 대학교수까지 다양했다.

그러자 정부 측에선 웹하드를 통한 음란물 유포를 막기 위해 특정 단어가 있으면 검색이나 전송이 불가능하게 하는 '금칙어' 설정 방법을 사용했다. 하지만 큰 효과는 없었다고 한다. 수사기관들은 웹하드 설치업자를 집중 수사했고, 신고만 하면 누구나 할 수 있던 웹하드 업종을 등록제로 바꿔버렸다. 웹하드업체가 일제히 두들겨 맞자 헤비업로더들은 'P2P(Peer to Peer)' 서비스를 대안으로 사용했다. P2P는 웹하드와 달리 이용자 대 이용자의 개인 통신이라 적발이 쉽지 않았다. 경찰은 올해 5월부터 6개월간 특별 단속을 실시했고 웹하드 · P2P 사이트 253개 업체 중 92개를 입건하고 37개를 폐쇄했다. 적발된 인원만 6000여명이 넘었다.

최근엔 토렌트 서비스라는 것이 등장했다. P2P가 '일대일' 방식이라면 토렌트는 다수의 공급자로부터 파일 조각을 조금씩 내려받는 '일대다' 방식이다. 한 개의 야동을 여러 명이 나눠 공급하다 보니 적발은 더욱 어려워졌다. 음란물 유통의 최신 통로로 부상한 토렌트는 현재 단속의 사각지대로 알려져 있다. 경찰은 최근 토렌트를 통한 음란물 유통을 차단하기 위해 개인 간 통신이 일어날 때 관련 정보를 제한적으로 차단하는 것이 가능한지 검토하고 있다. 정부 측에선 또 동영상이 음란물인지를 판단하는 '인공지능 프로그램' 개발을 서두르고 있다. 한국전자통신연구원에서 최근 연구가 끝나고 민간 기업에서 상용화를 추진 중인 '유해 콘텐츠 필터링 기술'이다. 이 기술은 동영상의 색상, 동작, 소리 등을 기반으로 음란물 여부를 가린다.

하지만 아무리 획기적인 기술이 나와도 하루 1600여개씩 생겨나는 전 세계 포르노 사이트를 커버하기엔 역부족일 것이라는 지적이 많다. 우리나라 법규상 음란물 제작과 유포는 대부분 불법이지만 아동 음란물을 제외한 다른 포르노물을 보는 데는 별다른 제한이 없다. 한국전자통신연구원 한승완 책임 연구원은 "유해 음란물을 100% 막는 것은 현실적으로 불가능하다"며 "성교육을 강화하고 아동 음란물의 경우 소지만 해도 곧바로 처벌하는 등의 제도 개선이 선행돼야 한다"고 했다.

☞ 토렌트(torrent)

인터넷 곳곳에 있는 파일을 찾아내 내려받을 수 있게 한 프로그램. 한명의 상대방으로부터 자료를 전송받는 P2P와는 달리 다수의 사용자로부터 조금씩 정보를 나눠받아 하나로 합치는 '일대다' 방식이 특징이다. (자료원: 조선일보 2012.11.18)

[사례연구 3] 고객 참여 연구소

많은 기업들이 인터넷 매체를 활용해 다수의 창조적 고객(소비자)들을 자신의 연구 및 마케팅 프로세스에 끌어들이고 있다. 창조형 고객이 기업 내부의 관료화를 없애고 혁신성을 높이는 자극제가 될 수 있기 때문이다. 세계적 대기업들이 저성장 시대의 대응 전략으로 '창조형 고객(creative consumer)' 활용에 적극 나서고 있다. IT(정보기술) 발달과 SNS(사회적 관계 서비스) 확산에 따라 고객의 정보력과 지식이 전문가 수준으로 높아지면서, 고객의 아이디어를 단순히 참고하는 수준에서 나아가 개발 · 생산 · 마케팅 등 경영 전반에 걸쳐 창조형 고객을 직접 참여시키는 기업이 늘고 있다.

◇ 소수 정예 형태의 창조형 고객 급부상

기업이 고객의 의견을 경영 활동에 반영하려는 노력 자체는 예전부터 있었다. 하지만 과거에는 기업이 불특정 다수를 상대로 신제품 개발 아이디어를 발굴하거나(개발 단계), 출시 직전의 제품에 대한 테스트를 맡기거나(생산 단계), 인터넷 소문을 확산(마케팅 단계)시키는 역할을 맡기는 등의 1회성 단순 활동이 대부분이었다.

이에 반해 불특정 다수가 아닌 소수 정예로 구성된 창조형 고객은 보조자가 아닌 주도자로서, 일회성이 아니라 지속적으로 기업과 관계를 맺는 것이 특징이다. 이들 창조형 고객은 시장과 상품에 대한 이해도가 높아 기업 내부에선 생각해 내기 어려운 참신한 아이디어를 꾸준히 내놓는다. 또 능동성과 전문성 외에 기업이나 타인과 교류에 관심이 많은 관계 지향적 특성을 지녔다는 장점을 갖고 있다. 전문가적 지식을 갖춘 소비자 중에 특정 분야에 지나치게 몰입해 사교성 부족으로 기업과 지속적 관계를 맺기 어려운 '오타쿠'와는 확실히 다르다. 에릭 본 히펠 미국 MIT 대학교수는 "기업이 혁신을 위한 내부 역량 강화가 한계에 직면할 때일수록 창조형 고객과의 협력이 필수적"이라고 강조한다.

◇ 공동 창작 연구소를 설립한 BMW

독일 자동차 회사인 BMW는 2010년부터 인터넷에 '공동 창작 연구소'(Co-creation Lab)라는 새로운 온라인 연구소를 운영하고 있다. 이 온라인 연구소는 BMW가 자동차 산업에 관심이 많은 '공동 창작자'의 아이디어를 새로운 제품이나 서비스 개발에 적극적으로 반영하기 위해 만들었다. 현재 1000여명이 넘는 인원이 이 연구소의 '공동 창작자'로 이름을 올려놓고 있다. 이들은 BMW가 개발하는 미래 자동차의 디자인 개념을 평가하는 것은 물론, BMW가 실시하는 각종 경연 대회에 디자인 개선 등의 아이디어를 적극적으로 올린다. 세계적 자동차 회사가 전문가에 버금가는 실력을 갖춘 외부 집단으로부터 지속적으로 아이디어를 수혈(輸血)받고 있는 것이다.

BMW는 '공동 창작 연구소'에 이름을 올린 공동 창작자의 BMW에 대한 책임감을 높이기 위한 다양한 장치를 운영한다. 공동 창작 연구소가 실시한 프로젝트의 수상자에게 BMW 본사 기획회의에 직접 참여할 수 있는 기회를 제공한다. 또 수상자 인터뷰를 BMW 홈페이지 등에 올려 일반인에게 '젊고 개방적인 BMW'라는 인식을 심어주는 데 공을 들인다.

기존 협력 고객과 창조형 고객의 차이

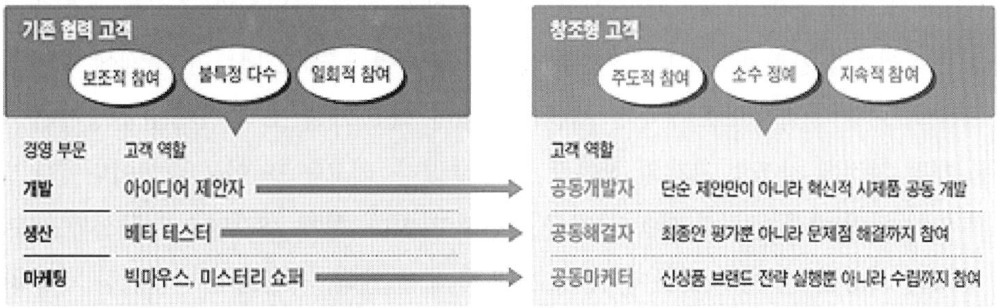

◇ 창조형 고객 협력 강화로 성공한 유니레버

이들 창조형 고객과의 협력은 기업이 소비자 심리 탐색, 상품 개발, 생산, 커뮤니케이션 등 전반적인 경영 활동의 성공 가능성을 높이고 비용 절감에 기여하고 있다. 대표적인 성공 사례가 1980년대부터 20년 이상 고객 협력 프로그램을 지속적으로 업그레이드한 유럽계 다국적 기업 유니레버다.

유니레버는 1980년대 단순히 상품 기획 아이디어를 고객으로부터 청취하기 위해 고객 협력 프로그램을 도입했다. 하지만 이후 협력 범위를 꾸준히 확장, 지금은 상품 기획 이전부터 출시 이후까지 경영 전 분야에 걸쳐 창조형 고객과 협력하고 있다.

실제로 유니레버가 2000년대에 출시한 제품 중에는 기존에 잘 알려져 있지 않던 소비자 심리를 세심하게 잡아내 고객의 마음을 사로잡는 데 성공한 제품이 많다. 특히 2008년 출시된 남성용 데오도란트(땀 냄새 제거제) '링스/액스'는 창조적 고객과 협력을 통해 '대박 상품'으로 거듭났다. 유니레버는 당시 불특정 다수 고객의 아이디어 수렴을 위한 의사소통 채널은 열어놓는 한편, 실질적 협력을 위해 16~24세 남성 18명이 참여한 소수 정예 창조 집단인 '헤드박스'를 구성했다. 유니레버는 이들 창조적 고객과 적극적인 협력을 통해 "땀 냄새 방지 기능을 강조하는 기존 커뮤니케이션 방식을 고수한다면, 소비자가 땀 냄새 제거제 구매를 쑥스럽게 여기는 현상이 없어지지 않을 것"이라는 사실을 알아냈다. 유니레버는 결국 제품의 향을 고급화하고 제품의 포장을 세련되게 바꿔, 땀 냄새 제거제를 '신체 결함 보완용'이 아닌 '패션용' 제품으로 재정의하는 데 성공했다.

◇ 레고의 동호회 육성

완구용 블록 회사인 레고는 2000년대 중반 외부 동호회 회원의 아이디어가 조직에 자극제가 된 이후 제품 개발 과정에 창조형 고객의 참여를 크게 늘리고 있다. 지난 7월 캐나다 토론토에서 이틀 동안 열린 '2012 레고 팬 축제'에서 레고 마니아가 조립해 출품한 항공기를 관람객들이 살펴보고 있다. 실제로 레고는 2000년대 '레고 팩토리' 설계에 참여한 외부 동호회 회원이 질적으로 우수한 제안을 내놓아 레고 개발 조직 전체를 긴장시킨 이후 제품 개발 과정에 창조형 고객의 참여를 크게 늘렸다. 레고는 또 이들의 아이디어를 발굴하기 위해 성인 대상 동호회 활동을 적극 지원하고 있다. 현재 25만명으로 구성된 레고 성인 동호회 회원은 전 세계 곳곳에서 '레고 팬 축제'를 개최, 자신들이 디자인한 제품을 자발적으로 전시회에 출품하고 있다. (자료원: 조선일보 12.10.21)

[쉬어가기] IT잡지 Wired 편집장 인터뷰

디지털化하는 모든 것의 운명은 결국… 공짜
95%에겐 공짜로 주되, 5%에게 알짜를 팔아라… 비싸게
'공짜 버전'이 넘보지 못할 가치를 창출하라, 그걸 팔아라

우리는 정신없이 돌아가는 인터넷 세상을 보면서 '카오스(Chaos)'라는 단어를 떠올리곤 한다. 인터넷 세상의 가장 권위 있는 사상가 중 한 사람인 크리스 앤더슨(Chris Anderson)의 사무실 역시 정리된 세상에 보다 익숙한 기자의 눈엔 카오스로 비쳤다.

그가 편집장으로 있는 IT 잡지 '와이어드(Wired)'의 사무실은 자동차 정비공장들과 주유소 그리고 용도를 알 수 없는 많은 낡은 빌딩들 사이에 있었다. 그런 빌딩 중 하나의 3층 한 귀퉁이를 빌려 쓰는 와이어드의 사무실은 천장에 전기배선들이 그대로 노출돼 마치 창고 같았다. 복도엔 와이어드 과월호의 톡톡 튀는 표지 디자인들이 곳곳에 붙어 있었고, 안쪽에선 40명의 직원들이 웃고 떠들며 부산하게 일하고 있었다.

약속시간 10분이 넘어서 나타난 그는 함박웃음을 지으며 "미안하다"고 외쳤다. 벗어진 머리에 청바지 그리고 하늘색 셔츠 차림. 우리는 먼저 직원용 카페테리아에 들러 커피를 한잔씩 뽑아 든 뒤 미로(迷路) 같은 편집국 안을 이리저리 헤치고 그의 방으로 걸어갔다. 그의 방은 두 면의 유리창으로 밖이 훤히 내려다보였지만 방음이 거의 안됐다. 거리와 실내의 소음이 뒤섞여 시끄러웠다. 다행히 그의 목소리는 또렷하고 컸지만, 소음 속에서 그의 빠른 영어를 캐치하는 일은 상당한 집중력을 요했다. 그의 책상 뒤 칠판은 갈겨쓴 글씨들과 그래프들로 가득 차 있었다.

베스트셀러 〈롱 테일 경제학〉으로 세계적으로 유명세를 얻은 이 사람의 후속타는 '공짜경제'이다. 그는 최근 국내 출간된 책 〈프리(Free)〉를 통해 모든 것이 공짜로 되어가는 '공짜경제(Freeconomics=Free+Economics)'시대에 대해 이야기한다. 그는 "디지털화할 수 있는 모든 것은 마치 중력(重力)처럼 값이 공짜에 가까워지는 현상에서 벗어날 수 없다"고 말한다. 인터넷 공간에 널려 있는 그 많은 공짜 콘텐츠들을 생각하면 쉽게 이해가 갈 것이다.

그렇다면 살아남는 방법은? 그는 "공짜 경제를 피할 수 없는 현실로 간주하고 이 시대에 살아남을 수 있는 창의적인 대안들을 마련하라"고 강조한다. 그가 21세기의 비즈니스 모델로 치켜세우는 것 중 하나가 이른바 '프리미엄(Freemium=Free+Premium)' 모델이다. 95%의 범용 서비스는 공짜로 제공하되 나머지 5%의 차별화되고 개인화된 서비스를 소수에게 비싸게 팔아서 수지를 맞추라는 것이다.

그런데 그가 성공 사례로 한국 업체를 거론한 것은 뜻밖이었다. 프리미엄 모델을 가장 똑똑하게 구사하는 기업이 어디냐고 묻자 그는 서슴없이 "넥슨(Nexon)"이라고 말했다. '메이플스토리'와 '카트라이더'로 어린이들 사이엔 신화적인 게임회사 말이다. 그는 "넥슨은 구글과 함께 내가 가장 좋아하는 회사"라고도 했다. 왜 넥슨일까? 그는 이렇게 설명했다. "한국의 온라인게임은 기본적으로 누구나 공짜로 즐길 수 있다. 하지만 게임 곳곳에 유저들로 하여금 돈을 지불하게 하는 온갖 장치들이 있다. 심리학을 응용해서 말이다. 예를 들어 메이플스토리를 하다가 죽으면 처음부터 다시 시작하지 않고(이른바 '경험치'가 깎이지 않고) 예전 상태로 부활하는 '호신부적'이란 것을 구입할 수도 있다."

한국 기자 앞이라서 립 서비스를 한 것일까? 그것은 아닐 것이다. 그의 책에도 한국이 언급되고, 와이어드 잡지도 요즘 한국에 관심이 높다. LA에서 샌프란시스코로 가는 비행기 안에서 와이어드 최근호를 펼쳐 들었더니 한국의 '미네르바 사건'이 5쪽에 걸쳐 심층 보도돼 있었다. 또 이 잡지가 자체 선정하는 올해의 IT 제품 중 '올해의 컴퓨터(모델명 NC20)'와 '올해의 TV(UN46B7000)' 부문을 나란히 삼성전자가 수상했다.

그는 "게임을 최초로 온라인화한 것도 한국이고, 프리미엄 모델을 생각해낸 것도 한국"이라며 "요즘 많은 사람들이 '유료화(conversion)의 심리학'을 배우려고들 하는데, 한국의 게임산업에서 배울 게 많을 것"이라고 말했다.

- 귀하의 새 책 〈프리〉의 내용을 요약한다면?

"마케팅 수단으로서 공짜의 역사 그리고 공짜의 미래를 다뤘다. 20세기의 공짜와 21세기의 공짜의 의미와 비즈니스 모델이 어떻게 바뀌었나도 다뤘다."

- 20세기와 21세기의 공짜는 어떻게 다른가?

"'교차보조금(예컨대 수퍼마켓에서 어떤 물건을 사면 다른 물건을 공짜로 끼워주는 것)'이나 '3자간 시장(시청자는 TV 방송을 공짜로 보지만 기업이 광고를 사서 비용을 대는 것)' 같은 것이 20세기 모델이다. 하지만 이것은 제한적인데다 기본적으로 광고에 의존하는 것이어서 이것만으로 인터넷 경제를 뒷받침하기는 어렵다. 21세기의 공짜 비즈니스 모델은 '프리미엄(Freemium)'이다. 보다 지속 가능한 모델이다."

- 프리미엄 모델로 어떻게 돈을 버는지 좀 더 구체적으로 설명해 달라.

"디지털화 할 수 있는 제품의 한계 생산 비용은 제로(0)에 가까워진다. 따라서 값은 마음대로 매길 수 있다. 제로에서부터 무한대까지 말이다. 이런 시대에 가장 현명한 방법은, 공짜로 해서 효과적인 일 -예를 들어 제품을 많은 사람에게 알리는 일-에는 공짜 버전(version)을 제공하되, 그 중 일부를 유료화해서 소수의 사용자로 하여금 돈을 지불하게 하는 것이다. 일종의 '시장 세분화(market segmentation) 전략이다."

▲ '프리미엄(Freemium)' 비즈니스 모델을 설명하기 위해 크리스 앤더슨이 직접 종이에 그린 그림. 흔한 일용재와 대중상품, 일반적인 것, 범용품 같은 것은 치열한 경쟁으로 값이 공짜에 가까워진다. 하지만, 흔하지 않은 것, 예를 들어 고급 양품점의 옷이나 틈새 상품, 특별한 것, 맞춤형 제품은 이용자는 적지만, 매우 비싸게 팔린다. 공짜경제 시대에 살아남는 해법이다. 오른쪽 위의 그림은 공짜경제의 중력 때문에 하나의 산업이 망하고 새로운 산업이 생성되는 '창조적 파괴'에 대해 설명하며 그린 그림이다. -예를 든다면?

"와이어드 잡지의 경우 인터넷으로는 콘텐츠를 공짜로 제공한다. 이렇게 공짜로 보는 사람이 1400만명이다. 정기 구독을 하면 연 12달러이니 월 1달러인데, 구독자가 80만명이다. 가판대에서는 한 권에 5달러에 파는데 9만명이 이렇게 사본다. 그런데 나아가서 20달러 버전, 99달러 버전, 1000달러 버전도 나올 수 있다. 예를 들어 '와이어드 클럽'이란 것을 만들어서 누가 편집장인 나랑 식사하면서 대화를 나누는데 비싼 돈을 내게 만들 수도 있다."

■ **공짜의 심리학**

- 공짜경제 시대에 돈을 버는 법, 뭔가 공통의 공식 같은 게(rule of thumb) 없을까?

"불행히도 없다. 제품에 따라 모두 다르다."

- 요즘 한쪽에서는 당신이 말한 대로 공짜 상품과 서비스가 널려 있지만, 다른 한쪽에서는 수백만원짜리 핸드백과 자전거가 불티나게 팔린다. 어떻게 설명할 수 있나?

"그는 종이에 그래프 하나를 그렸다. 그리다 보니 롱테일과 비슷해졌는데, 우연은 아니다. 왼쪽, 즉 공짜 부분에 있는 것은 일용재(commodity)와 대중(mass), 일반적인 것(general), 범용품(one size fits all)이다. 반면 오른쪽은 희귀한 것(scarcity)과 부티크(bouti○ue), 틈새(niche), 특별한 것(specific), 맞춤형(tailored) 같은 것들이다. 자신에게 특별한 의미가 있는 것들이다. 예를 들어…." 그는 어떤 예를 들까 한참을 고민하다가 말을 이었다. "CNN 같은 것은 내게 특별하지 않다. 그게 없으면 BBC, NBC로 가면 된다. 하지만 나는 '메이크(MAKE · 과학잡지)'라는 잡지는 돈을 주고 사본다."

그는 책에서 프리미엄 모델의 사례 중 하나로 강연을 들었다. 예를 들어 저명인사 초청 콘퍼런스로 유명한 학술 기관 '테드(TED)'의 강연은 인터넷 동영상으로 공짜로 볼 수 있다. 그럼에도 불구하고 사람들은 실제 강연에 참석하기 위해 장당 6000달러를 지불한다. 물론 온라인 콘텐츠를 보는 것과 직접 강연에 참석하는 것이 같을 순 없겠지만, 프리미엄(premium)의 대가가 너무 크다는 느낌도 든다.

이에 대해 묻자 앤더슨 편집장은 "강연에 참석하는 것은 단순히 강연장에 앉아 있는 것 이상의 경험이기 때문"이라고 말했다. "연단 밖에서 일어나는 일도 중요하다. 유명인과 복도에서 대화를 나눌 수 있고, 때로는 식사를 같이할 수도 있다. 그리고 어쨌든 시장이 그

만큼 가치를 지불하려고 한다는 사실이 중요하다. 시장이 기꺼이 값을 치른다면, 정의상 그것은 성공적인 가격인 것이다."

개인적으로 그의 책에서 가장 재미있는 부분 중 하나는 '공짜의 심리학' 부분이었다. Weekly BIZ 독자를 위해 그에게 요약정리를 부탁했다.

"행동경제학자 댄 애리얼리(1월 3일자 위클리비즈 인터뷰)가 이런 실험을 했다. 15센트짜리 초콜릿과 1센트짜리 초콜릿을 각각 피실험자들에게 팔았다. 그러다가 값을 각각 1센트씩 낮췄다. 그래서 하나는 14센트가 되고, 하나는 공짜가 됐다. 값의 차이는 여전히 14센트로 같았는데도, 하나가 공짜가 되자 판매가 폭발적으로 늘어났다. 이게 공짜의 힘이다. 우리는 물건 하나를 살 때도 여러 가지를 고민한다. 뭔가 손해를 보지 않을까 두려워한다. 그러나 공짜가 되면 손해를 걱정할 필요가 없다. 다시 말해 공짜의 진정한 힘은 '심리적 거래 비용(mental transaction cost)'을 제로로 만드는 것이다."

– 현재 공짜가 아니지만, 앞으로 공짜가 될 가능성이 높은 제품이나 서비스는 무엇으로 보나?

"의료 관련 산업일 것이다. 보다 많은 정보와 보다 나은 소프트웨어가 일을 쉽게 만들 것이고, 이로 인해 공짜로 될 가능성이 높아진다. 대신 값비싼 의사들의 시간은 보다 특화된 일에 초점을 맞추게 될 것이다. 세무 회계가 비슷한 과정을 거쳤다."

■ **미디어 산업의 미래**

– 공짜경제 시대에 가장 타격을 받은 분야 중에 미디어산업이 있다. 나 같은 기자들의 생존을 위협하고 있다.

"나도 미디어산업에 종사한다. 하지만 나는 우리가 위협받는다고는 생각하지 않는다. 오히려 자유로워졌다고 생각한다. 프리미엄(Freemium)이 올바른 해답이다. 월스트리트저널과 파이낸셜타임스를 보라. 매우 대중적인 콘텐츠는 공짜로 주고 광고로 돈을 번다. 반면 보다 특화되고 특수한 콘텐츠는 직접 요금을 부과한다. 조선일보처럼 1등 신문이라면 이런 프리미엄 모델이 매우 잘 먹힐 수 있다. 어떤 것을 공짜로 주고, 어떤 것을 그렇게 하지 않을지가 결정하기 어려운 문제이긴 하지만, 그것이 나아갈 길이라는 점은 확실하다."

그는 “당신 같은 기자의 입장에서는 공짜경제가 더더욱 위협이 아니다”라고 말을 이어갔다.

“당신은 글로벌 청중(global audience)을 모을 수 있는 능력이 있다. 영어를 쓰지 않는 것이 문제가 될 수 있겠지만, 만일 영어를 쓴다고 가정하자. 그리고 당신만의 독특한 관점을 갖고 있다고 하자. 그렇다면 당신은 인터넷을 통해 글로벌 청중을 모을 수 있다. 그리고 엄청난 명성이라는 자본(reputational capital)과 엄청난 관심의 자본(attention capital)을 얻을 수 있다. 저널리스트로서 당신의 도전은 어떻게 그것을 돈으로 바꾸느냐는 것이다. 당신은 이제 유명인사다. 공짜가 당신을 유명인사로 만들어준 것이다. 당신들이야말로 한국의 비즈니스모델에 관한 한, 세계 최고의 전문가가 아닌가? 많은 사람들이 한국의 기적에 대해 알고 싶어한다. 글로벌 청중에게 다가가라.”

이역만리에서 뜻하지 않게도 기자가 몸담고 있는 회사, 그리고 기자 자신에 대해 구체적인 조언을 받으니 좀 묘한 느낌도 들었다.

– 루퍼트 머독(Murdoch) 뉴스코프 회장이 구글과 같은 사이트를 ‘신문사 뉴스를 도둑질해 돈을 버는 기생충’이라고 하면서 모든 온라인 뉴스를 유료화하겠다고 했다. 그가 성공할까?

“그가 말한 의미는 모든 콘텐츠에 요금을 매기겠다는 것이 아니라 모든 콘텐츠가 저마다 요금 모델이 있다는 점이었을 것이다(콘텐츠의 성격에 따라 어떤 것은 무료로, 어떤 것은 유료로 제공한다는 것을 의미 · 편집자 주). 결국 그들이 말하려는 것은 프리미엄(Freemium)이다. 월스트리트저널이 80%는 공짜로 제공하고, 20%는 유료화하는 것처럼 말이다. 공짜 버전을 모두 없애자는 취지는 아닐 것이다.”

– 머독은 구글에 콘텐츠를 제공하지 않겠다고 했는데.

“사실 머독이 마음만 먹는다면 지금 당장에라도 끊을 수 있다. 모든 웹사이트엔 ‘로봇 배제 표준 파일(robots.txt)’이란 게 있다. 구글에 뉴스 제공을 차단하려면 신문사 사이트의 ‘robots.txt’ 파일에 ‘google.com’이라고 치면 된다. 그걸로 끝이다. 머독이 컴퓨터 앞에 앉아서 단 10글자만 쳐넣으면 된다. 머독이 왜 그렇게 하지 않을까? 생각해 보라.”

- 글쎄, 왜 그럴까?

"그가 (사실은) 구글을 사랑하기 때문이다. 구글은 엄청난 트래픽을 가져다준다. 그러나 'robots.txt'에 'google.com'을 넣는 순간 트래픽의 절반이 하루아침에 날아갈 것이다."

(앤더슨의 예상과 달리 이 인터뷰 며칠 후 머독은 로봇 배제 표준 파일을 작동시킴으로써 구글의 검색을 차단하겠다고 밝혔다. 단, 시행 시점은 내년 6월로 미루었다.)

■ **공짜 버전이 제공하지 못하는 가치를 제공하라**

- 많은 기업인들이 공짜경제 시대에 당혹감을 느끼고 있다. 이 시대에 살아남기 위한 팁을 준다면?

"어제 버라이존(Verizon · 미국의 통신회사)과 모토로라가 새 휴대폰 '드로이드(Droid)'를 발표했다. 이 전화기엔 GPS 칩이 들어 있어 이용자가 길을 걸어가면 방향 안내 정보를 음성으로 알려준다. 구글이 위치 정보를 공짜로 제공한다. 지금껏 가민(Garmin) 같은 회사들이 자동차 같은 데다 GPS 장치를 달아주고 돈을 벌었는데, 하루아침에 이게 공짜가 되어버린 것이다. 1000억달러 산업이 어느 날 갑자기 사라질 수 있는 것, 이것이 바로 오늘의 현실이다.

무언가 디지털화할 수 있는 것은, 결국 공짜 버전이 나오곤 만다. 결국 당신의 숙제는 어떻게 공짜와 경쟁할 수 있느냐는 것이다. 공짜 버전이 제공하지 못하는 것을 제공하라. 아이튠즈(iTunes · 애플의 온라인 음악 판매 사이트)가 제공한 것은 편리함이었다(여전히 인터넷에서 공짜로 음악을 다운로드 받을 수 있지만, 아이튠스를 이용하면 편리하기 때문에 한 곡에 99센트를 주고 이용한다는 의미 · 편집자 주). 제품을 파는 시대에서 서비스를 파는 시대로 바뀌고 있다."

- 공짜 버전이 기존 산업을 그토록 쉽게 파괴할 수 있다니 무섭다. 불법적인 측면은 없는가?

"불법? 당신은 경쟁에 반대하는가? 이제 정보는 일용재가 됐다. 받아들이고 싶지 않아도 이것은 이제 게임의 룰이 됐다. 기술은 독점을 존중하지 않는다. 스카이프가 나와서 장거리 전화가 이제 공짜가 됐다. 이게 좋은가, 나쁜가? 미국에선 기업보다 소비자를 보호하는 데 초점을 맞춘다."

- 공짜경제의 부작용은 없는가?

"공짜는 어떤 산업에서 이익을 빼앗아가지만, 새로운 산업을 창조하기도 한다. 신문산업을 보라. 크레이그리스트(미국의 인터넷 안내광고 사이트)가 나오면서 신문의 안내광고 시장을 거의 제로로 만들었다."

- 창조적 파괴인가?

"그렇다. 고통스럽지만, 그것이 세상의 법칙이다."

- 당신은 '불법 복제와 같은 해적 행위(piracy)는 지적재산권 소유자가 손실을 입는 것이 아니라 수입이 줄어든다는 점에서 절도와 다르다'고 했다. 해적 행위에 대해 관대한 듯하다.

"나는 해적 행위가 옳은 일이라고 하지 않았다. 내 말은 그것을 멈추는 것이 사실상 불가능하다는 것이다."

- 당신의 이론을 비판하는 사람들은 유튜브나 트위터 같은 회사가 돈을 벌지 못한다는 점을 지적한다.

"유튜브는 구글이 인수했기 때문에 다른 이야기다. 구글은 '유튜브가 금년 내에 이익을 낼 것'이라고 전망했다. 그리고 트위터의 경우는 종업원이 40명밖에 안 된다. 조금 큰 식당 정도이다. 돈을 벌기로 작정하면 쉽게 돈을 벌 수도 있다. 다만 지금의 비즈니스모델을 왜곡시키지 않기 위해 그러지 않고 있을 뿐이다."

- 금융위기는 인터넷 세상에 어떤 영향을 주었나?

"거의 제로이다. 인터넷 보급률, 트래픽, 시간당 유저 수 등을 보면 경기 침체의 영향을 볼 수 없다. 휴대전화와 디지털TV도 그렇다. 인터넷은 이제 겨우 시작이고, 어린아이다. 아직 할 일이 많이 남아 있다. 산업의 성숙을 이야기하기엔 너무 이르다."

■ 다음에 낼 책은 '제조업의 민주화'에 대한 것

- 다음 번에 낼 책은 어떤 내용인가?

"새로운 산업 혁명을 다루려고 한다. 지난 10년은 새로운 사회적 모델의 실험장이었다. 온라인 세상에서 말이다. 앞으로의 10년은 거기서 배운 것을 실제 세계에 적용하는 시대가 될 것이다. 예를 들어 앞으로 인터넷은 물론, 제조업에서도 롱테일 이론에서 말한 것들이 일어난다. 지금 누구나 인터넷을 통해 출판하고 방송하고 커뮤니케이션 하는 것처럼, 앞으로 제조업에서도 누구나 물건을 만들고 팔 수 있게 된다. 지난 3~4년간 중국 사업가들은 웹 기반의 비즈니스 모델을 정교하게 발전시켰다. 그래서 이제 소량 주문 생산을 소화해 낸다." 그는 "예를 들어…" 하더니 자리에서 일어나 옆에서 조그만 박스 하나를 들고 왔다. 뭔가 제품이 들어 있는 포장이었다.

"내가 만드는 로봇 풍선이다. 원격 자동 조종되는 무인 비행 물체인데, 매우 정교한 전자기술로 만든다. 하지만 나는 공장도, 직원도 없다. 컴퓨터로 디자인해서 중국 공장에 주문하면 4~5일 이내에 받을 수 있다. 200개라면 소량 주문인데도 그들은 기꺼이 만들어준다. '제조업의 민주화'라고 할 수 있다."

- 아웃소싱의 개념 같다.

"부분적으로 그렇다. 하지만 요점은 그것이 개인 차원에서 일어난다는 것이다. 아주 작은 분야에까지 아웃소싱이 확산되는 것이다."

마지막으로 그에게 와이어드의 편집 방향에 대해 물었다. "와이어드는 기술 그 자체보다, 기술이 세상을 어떻게 바꾸느냐에 관한 잡지다. 기술은 막강한 무기이고, 사람들은 그것을 이용해 세상을 바꾼다. 그것이 우리가 말하려고 하는 스토리이다. 나는 산호세보다 서울에 관심이 많다."

그는 연간 40만km 이상을 여행한다고 했다. 서울과 부산을 500번 가까이 왕복하는 거리다. 지난 열흘 동안에도 코펜하겐과 헬싱키를 포함해 세계 10개 도시 이상을 여행했다. 왜? 그는 "과학 소설가인 윌리엄 깁슨(Gibson)이 '미래는 이미 여기에 있다'고 한 것처럼, 지금도 어딘가에서 누군가가 앞으로 엄청나게 커질 무엇인가를 발명하고 있을지 모르기 때문"이라고 말했다. "앞으로 중요해질 것들의 씨앗을 보고, 듣고, 인식하는 것 이것이 내 아이디어의 원천이다. 사무실에서 벗어나서 말이다." 약속한 1시간이 지나자 그는 다음 목적지를 향해 떠났다. 기자가 짐도 싸기 전에.

프리미엄(Freemium) 모델의 실제 사례들

- 30일 무료, 그 이후 유료 전환: 세일즈포스
- 컴퓨터 간의 통화는 무료, 컴퓨터와 전화 간의 통화는 유료: 스카이프
- 데모용 소프트웨어는 무료, 완전판은 유료: 대부분의 비디오 게임
- 웹 콘텐츠는 무료, 인쇄 콘텐츠는 유료: 잡지와 서적 등 많은 상품
- 서적의 일부 콘텐츠는 무료, 서적은 유료 판매: 구글의 북서치를 이용하는 출판업체
- 사진 공유 서비스는 무료, 저장 공간이 더 필요시 유료 판매: 플리커
- 일반적인 경영 정보는 무료, 맞춤 경영 정보는 유료: 맥킨지와 맥킨지저널
- 가상 관광을 무료 제공하고, 가상 토지를 유료 판매: 세컨드 라이프

자료원: 프리(Free) (조선일보 09.11.28)

Chapter_05

e-Business 기술구성

Business

제 5 장
e-Business 기술구성

Key Point

e-Business를 구현하기 위해 필요한 정보기술 구성요소를 배운다.

주요 내용

- 하드웨어, 소프트웨어, 개발도구
- 보안
- 전자지불시스템
- 자료관리
- 응용프로그램
- 쉬어가는 코너 : 미래 인터넷 기술
  사례 : 결제를 위한 스마트폰

e-Business 기술 구성요소-1

구분	세부요소
하드웨어	서버컴퓨터
	네트워크 장비
	운영장비
기본운영 소프트웨어	운영체제(OS)
	웹 어플리케이션 서버
	유틸리티 프로그램
개발도구	개발언어
	개발패키지
	프로젝트 관리시스템

e-Business 기술 구성요소-2

구분	세부요소
보안시스템	방화벽(firewall)
	암호화
	전자인증
전자지불 시스템	전자지불 시스템
자료 관리	DBMS 등
	데이터웨어하우스
응용프로그램	사무용 프로그램
	그룹웨어
	업무별 응용프로그램

제1절 하드웨어

○ 하드웨어 선정 및 확보

- e-Business가 실행되기 위해서는 우선적으로 하드웨어를 선정하고 확보할 필요가 있다. 하드웨어를 선정하고 확보하는 것은 e-Business 실행에 필요한 여러 기술대안 가운데 최적의 것을 선택하는 의사결정으로서 e-Business 전략수립의 한 과정이다.

○ 하드웨어를 확보하는 방법은 다음과 같다.

- 직접 구매하여 보유한다.
- 전문업체의 장비를 임대하거나 공유한다.
- 리스를 통해 장비를 보유한다.

1.1 서버 및 클라이언트 컴퓨터(PC, 노트북, 휴대폰 등)

서버는 24시간 대기해야 하는 컴퓨터이다. 전자상거래시스템에 필요한 웹서버는 hypertext 문서의 송수신을 위한 HTTP 프로토콜을 이해하고, 이에 따라 요청받은 동작을 수행하는 하나의 프로그램이다. 예를 들어 머천트 서버(Merchant Server)는 고객이 쇼핑몰에서 직접 물건을 선택할 수 있도록 쇼핑몰을 구축하는 서버이다.

- **확보하는 방법은 다음과 같이 다양하다. 기업의 상황과 조건에 맞는 옵션을 찾아야 할 것이다.**
  - 자체시설 : 구매하여 확보하는 방법이다.
  - 위탁관리 : 서버호텔, 인터넷 데이터 센터(internet data center)
  - 렌탈(임대)
  - 리스 : 구매와 렌탈의 혼합형태이다.
  - 벤처 및 창업 지원센터의 설비를 저렴하게 공동 이용하는 방법이다.
  - 무료서비스(소상공인지원센터, 중소기업지원센터 등)를 활용하는 방법이다.

- **위의 옵션 중에 하나를 선택하 때 다음 사항을 고려해야 할 것이다.**
  - 비즈니스(데이터 및 거래량 등)의 규모
  - 비즈니스의 성장가능성
  - 가격
  - 자체 보유 기술(운영 및 관리인력)
  - 기술축적의 필요성
  - 신기술발전의 속도와 그것에 따른 위험

1.2 네트워크 장비

- **e-Business 실행을 위해 필요한 네트워크 장비는 다음과 같다.**
  - 허브는 데이터를 분배하고 중계하는 하드웨어이다.무선네트워크의 경우에는

무선공유기(중계기)를 말한다. 통신을 위해서는 클라이언트 기계(PC, 노트북 등)에 무선랜카드가 장착되어 있어야 한다.

- 라우터는 네트워크 연결부분에 위치하여 데이터를 보낼 때 그 경로를 결정한다. 허브의 일부로 포함될 수도 있다.
- DSU(digital service unit), CSU(channel service unit)는 데이터를 광역통신망으로 내보낼 때 적절한 프레임으로 변환시켜주는 장치이다.
- 네트워크 케이블(광케이블 등)이 필요하다. 무선인 경우에는 필요가 없고 대신 무선수신기(안테나)가 구비되어야 할 것이다.

o 네트워크 장비를 확보할 경우에도 서버 컴퓨터 확보에서 고려하는 요소를 동일하게 적용함으로써 최적의 선택을 할 수 있다.

1.3 시스템 운영 지원장비

o 원활한 e-Business 실행을 위해서는 서버 컴퓨터와 네트워크 장비 외에도 다른 하드웨어가 원활히 작동하도록 다음과 같은 운영을 지원하는 장비들이 필요하다.

- UPS(Uninterruptible Power Supply) 무정전전원공급장치
- AVR(Automatic Voltage Regulator) 전압규제장치
- 항온 항습 장치
- 전기 시설
- 흡진 시설
- 보안 장비
- 일반 사무 집기

제2절 시스템 운영 기본 소프트웨어

- e-Business의 실행을 관리하는 소프트웨어가 설정되어 있어야 비로소 시스템이 가동될 것이다. 하드웨어가 하부토대가 되는 설비라면 기본 운영 소프트웨어는 이를 운영하는 방법과 절차를 말한다. 운영체제, 웹 애플리케이션 서버, 유틸리티 프로그램 등이 이에 해당된다. e-Business 시스템의 운영에 사용되는 소프트웨어는 자체개발도 가능하지만 ASP(Application Service Provider)업체의 것을 임대할 수도 있다.

[쉬어가기]

클라우드 컴퓨팅(cloud computing)은 인터넷 기반(cloud)의 컴퓨팅(computing) 기술을 의미한다. 인터넷 상의 유틸리티 데이터 서버에 프로그램을 두고 필요할 때마다 클라이언트 기계(컴퓨터나 휴대폰)로 불러와서 사용하는 웹 기반 소프트웨어 서비스이다. 오늘날 클라우드 서비스는 소프트웨어나 애플리케이션을 넘어 데이터 저장에 이르기까지 좀 더 광범위한 서비스 개념으로 사용된다.

2.1 운영체제(Operation Systems)

- 운영체제란?
    - 컴퓨터 하드웨어 자원을 비롯하여 다른 소프트웨어 자원의 효율적인 관리와 입출력 및 파일관리 등 운영과 통제를 담당하는 소프트웨어이다. 즉 컴퓨터 시스템을 구성하고 있는 모든 자원을 효율적으로 사용하며, 컴퓨터 실행에 따른 인간의 간섭을 최소화하는 것이 운영체제이 목표이다.
    - Windows, Unix, 각종 모바일 운영체제(애플 iOS, MS 윈도우모바일, 구글 안드로이드, 리눅스 리모, 노키아 심비안 등)가 그 예이다.

2.2 웹 애플리케이션 서버

- **웹 애플리케이션 서버란?**
  - 인터넷과 기업의 기간 정보시스템(내부 정보시스템으로 인트라넷 부분을 지칭) 사이에 위치하면서 인터넷 기반의 정보시스템 개발을 쉽게 도와주고 안정적인 트랜잭션(거래) 처리를 보장해주는 미들웨어 소프트웨어이다.
  - 기업의 정보시스템이 인터넷을 기반으로 확대되는 e-Business 환경에서는 인터넷 기반 업무용 응용프로그램을 구현하기 위해서는 필수적인 개발 플랫폼이다.

- **기존 클라이언트 서버 기반의 정보시스템을 인터넷 기반으로 전환하기 위해서도 웹 애플리케이션 서버는 반드시 필요하다.**
  - 과거 기업들은 보안의 취약성, 대용량 트랜잭션 처리의 어려움 때문에 기존 정보시스템을 인터넷 기반으로 전화하는 일을 망설였다. 그래서 홈페이지 운영이나 제한된 업무만 인터넷기반으로 운영하였다. 그렇지만 인터넷의 보안이 많이 강화되었고 최근 전자상거래, SCM, 인터넷 뱅킹, 사이버 증권거래 등 e-Business 서비스가 일반화되면서 웹 애플리케이션 서버가 반드시 필요한 기술이 되었다.

2.3 유틸리티 프로그램

- **유틸리티 프로그램은 사용자들이 컴퓨터를 좀 더 편리하게 사용할 수 있도록 도와주는 프로그램이다.**

- **유틸리티 프로그램의 종류는 다음과 같다.**
  - 매체변환 유틸리티(비디오파일->동영상파일)
  - 바이러스 치료 유틸리티
  - 저장 매체 상태 체크 유틸리티

- 파일관리 유틸리티
- 파일압축관리 유틸리티

제3절 e-Business 시스템 개발도구

- e-Business를 실행하기 위해서는 비즈니스 유형에 맞는 적합한 시스템 개발해야 하며 개발도구가 있어야 이를 구현할 수 있다.

- 개발을 쉽게 할 수 있도록 돕는 개발기술 환경의 변화로 다수의 개발자와 참여자를 확보할 수 있었고 이것이 바로 인터넷의 확산에 큰 공헌을 하였다. 그리고 인터넷의 확산은 많은 사용자를 확보했고 사용자 참여가 용이한 환경은 또다시 인터넷의 확산에 기여하는 순기능적 순환구조를 형성하였다. 이 시스템 개발도구는 개발언어, 개발패키지, 프로젝트 관리시스템으로 나누어 설명하고자 한다.

3.1 개발언어

- 인터넷 환경에 적합한 개발언어로는 다음과 같은 것들이 있다.
  - HTML(HyperText Markup Language), SGML(Standard Generalized Markup Language), XML(eXtended Markup Language), ASP(Active Server Page)

- 한편 다음과 같은 전통적 정보시스템을 개발할 때 사용한 언어도 여전히 필요하다.
  - C/C++, JAVA 등

- 이러한 개발언어는 한 가지만 선택하는 것이 아니라 개발용도에 적합한 언어를 선택하여 개발하고 이를 전체적으로 통합해야 한다.

3.2 개발 패키지

- 개발 패키지란 e-Business 시스템 개발을 도와주는 개발도구의 집합(환경)이다. 개발 패키지는 운영체제와의 연결, 데이터베이스와 연동, 사용자 인터페이스 생성 등을 쉽게 개발할 수 있도록 지원해준다. 예를 들면 다음과 같은 것들이 있다.
  - 인터넷 전용 개발 패키지
    - 자바 개발 키트(java development kit : JDK), 드림위버, 나모 웹 에디터, 프론트 페이지, 인터데브 등
  - 업무용 프로그램 개발 패키지
    - 델파이, 파워빌더, 비주얼 스튜디오, 닷넷, Abab(SAP ERP 개발도구) 등

3.3 프로젝트 관리시스템

- 효율적 프로젝트 관리가 필요한 이유는 무엇일까? 만일 e-Business 실행에 필요한 기술 구현 과정에서 적절한 통제와 관리를 하지 않는다면, 구축 목표의 달성과 일정 준수 및 예산범위내의 비용집행 등을 보장할 수 없으며, 그로 인해 e-Business의 목표도 달성될 수 없을 것이다. 따라서 효율적인 프로젝트 관리가 반드시 뒷받침되어야 한다.
- 특히 e-Business 프로젝트 관리는 업무, 기술 등 모든 분야에서 복잡하고 대규모로 진행되기 때문에 한 두 사람의 활동만으로는 프로젝트 관리가 잘 될 수 없다. 따라서 프로젝트 관리를 전문적으로 지원하는 프로그램이 필요하고, 이것이 e-Business 추진의 성공을 더욱 보장할 수 있다.

제4절 e-Business는 보안이 중요하다

- 인터넷이 보안에 취약한 것은 인터넷의 장점에서 비롯된 것이다. 인터넷의 특징 가운데 하나인 높은 개방성과 표준화된 네트워크 아키텍쳐인 TCP/IP 프로토콜의 호환성이 역설적으

로 네트워크와 장비 보안을 취약하게 만드는 것이다. 따라서 적절한 보안 조치가 취해지지 않는다면 지켜져야 할 자료와 정보 등이 해킹과 불법적 접근으로 인해 지켜지지 못하는 상황이 발생할 것이다.

4.1 e-Business 보안의 목표

- e-Business 보안의 5가지 목표

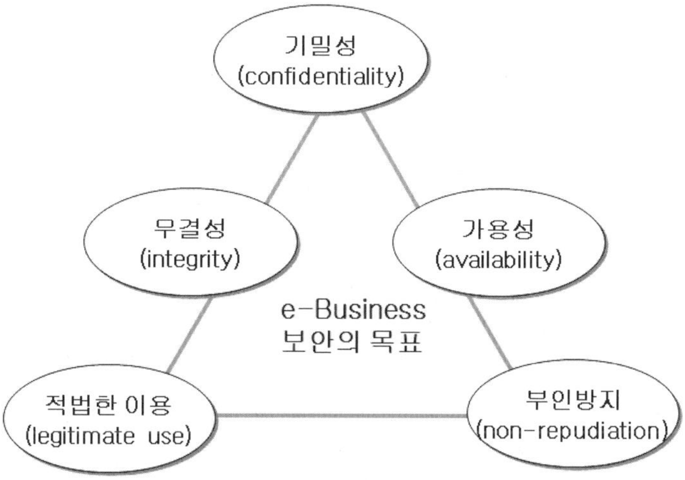

- 기밀성(confidentiality)

전송되는 데이터가 승인된 합법적 사용자에게만 노출될 수 있도록 하고, 다른 사람에게는 감추어져야 하는 것이다. 보안기술이 추구하는 가장 기본적인 개념으로 승인된 사용자 외에는 해당 데이터에 접근할 수 없도록 하는 것이다.

- 무결성(integrity)

전송되는 데이터나 프로그램이 불법적 변경이나 삭제가 발생하지 않고 원래상태를 유지하도록 하는 것이다. 이는 사전에 당사자간에 약속된 방식이나 공인된 방식으로만 프로그램이나 데이터가 변경되어야 함을 의미한다. 이 기밀성과 무결성 목표는 데이터의 암호화를 통해 상당부분 해결된다.

○ 가용성(availability)

- 시스템 자원을 안정적으로 운영해서 늘 사용할 수 있도록 하는 일이다. 즉 승인된 사람들이 해당 데이터나 시스템 자원에 장애 없이 지속적으로 접근해서 유용하게 사용할 수 있음을 의미한다. 해커의 디도스(DDOS) 공격으로 서버가 다운이 되면 시스템의 가용성이 심각한 해를 입은 것이다.

○ 적법한 이용(legitimate use)

- 자료나 시스템 자원을 인가되지 않은 사람이나 인가되지 않은 방식으로 이용할 수 없도록 하는 것이다. 인증(authentication) 이나 사용자 신분확인(패스워드, 지문인식 등)을 통해 불법 사용자가 시스템 자원과 데이터에 접근하지 못하도록 하는 것이다.
- 이 적법한 이용은 앞서 말한 기밀성과 무결성 목표를 추구하는데 기초가 되는 목표이기도 한다.

○ 부인방지(non-repudiation)

- e-Business에 참여했던 사실(거래, 계약 등)을 부인하지 못하도록 하는 것이다. 이는 거래당사자간의 신뢰와 관련된 것이어서 전자상거래를 활성화하기 위해서 매우 중요한 보안 목표이기도 하다. 이를 위해서는 통신 경로 및 행위에 대한 기록과 추적이 가능하도록 해야 하며 또 신뢰할 수 있는 제3의 기관(third party)이 관여해서 거래사실을 기록하기도 해야 한다.

4.2 e-Business 보안 기술

보안기술은 방화벽, 암호화, 전자인증 순으로 설명하고자 한다.

- **방화벽(firewall)**

  - 시스템 자원에 대한 불법적 접근 및 데이터 불법 유출을 방지하는 도구로써 시스템의 보안사고 예방 및 사고 발생 시 피해 확대 방지 역할을 수행한다.
  - 기업이나 조직 내부의 네트워크(인트라넷)와 인터넷을 비롯한 외부 네트워크(엑스트라넷)간의 정보교환을 할 때 필수적으로 갖추어야 하는 보안시스템이다. 즉 기업내부의 정보시스템과 기업 외부의 네트워크간의 정보를 교환할 때 불법적 시스템 자원 접근 및 데이터 불법 유출을 방지해 준다.
  - 방화벽의 처리 방식을 그림으로 설명하면 다음과 같다.

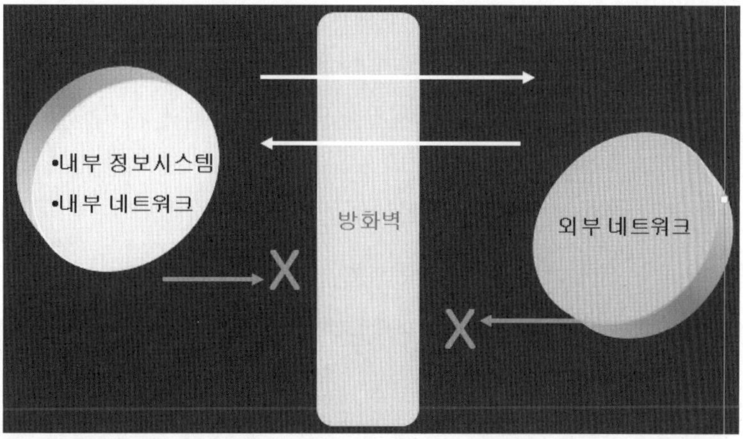

  - 방화벽의 구현 원리는 다음과 같다.
    - 내부 네트워크를 외부 네트워크와 분리하여 외부에서 내부로 연결하려는 시도를 강력히 방어하기 위해 특정 지점에서 검열(Screening), 차단(Filtering)하는 것이다.
    - 조직 내·외부 연결과 트래픽을 검열하고 차단한다. 즉 접속을 원하는 외부 이용자의 신분을 확인하고 암호화 여부, 허용 프로토콜을 제한하는 방식이다.
  - 방화벽의 종류는 다음과 같은 것들이 있다.
    - 패킷 필터링 방화벽(Packet Filtering Firewall)
    - 이중 홈 게이트웨이 방화벽(Dual-Homed Gateway Firewall)
    - 차폐 호스트 방화벽(Screened Host Firewall)

○ 암호화(encryption)

📄 암호화 과정을 살펴보면 다음과 같다.

- ▫ 먼저 암호화되지 않은 상태의 평문을 암호문으로 만드는 암호화 과정(encryption, encoding)이 있다. 이제 역으로 암호문을 평문으로 변화시키는 복호화 과정 (decryption, decoding)이 있다.
- ▫ 암호화와 복호화 과정에서 사용되는 암호화 키(cryptographic key)의 운영 및 관리 방식에 따라 대칭형, 비대칭형 암호화 알고리즘으로 나눌 수 있다.

📄 대칭형 암호화 알고리즘(Symmetric Algorithm)=비밀키 알고리즘(Secret Key Algorithm)

- ▫ 고전적인 암호화 방법의 하나로써 송수신자가 동일한 비밀키를 알고 공유한다.
- ▫ 송신자는 비밀키를 가지고 메시지를 암호화하고 수신자 역시 동일한 비밀키를 가지고 메시지를 복호화 한다.
- ▫ 장점: 암호화와 복호화가 빠르며 처리속도가 빠르다.
- ▫ 단점: 비밀키을 안전하게 공유하기 쉽지 않아 키관리가 어렵다.

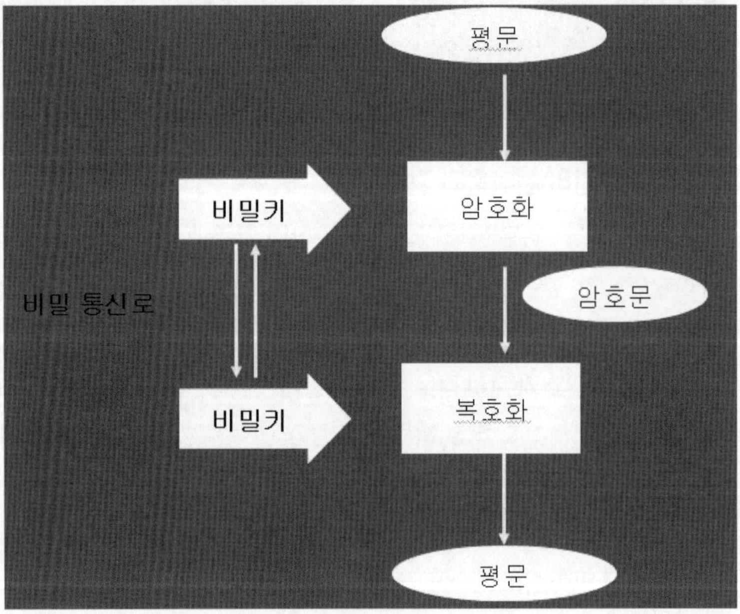

- 비대칭형 암호화 알고리즘(Asymmetric Algorithm)=공개키 알고리즘(Public-Key Algorithm)
  - 공개키(신뢰하는 기관이 부여함)와 비밀키라는 한 쌍의 키가 사용된다.
  - 공개키는 모두가 알 수 있도록 공개되지만 비밀키는 개인만이 알고 보관한다.
  - 암호화와 복호화를 할 때 공개키와 비밀키가 함께 사용된다.
  - 장점: 비밀키를 전송하거나 공유하지 않으므로 키의 관리가 보다 안전하다.
  - 단점: 암호화와 복호화 속도가 대칭형에 비해 느리므로 많은 양의 데이터를 암호화하기는 어렵다. 그러나 오늘날 컴퓨터의 성능이 우수하기 때문에 크게 문제되지는 않는다.

ㅇ 전자 인증(Certification)

- 전자문서를 작성한 자의 신원과 전자 문서의 변경 여부를 확인할 수 있도록 비대칭 암호화방식을 이용하여 전자서명 생성키로 생성한 전자문서의 일종이다. 해당 전자문서가 고유한 것이고 무결(Integrity)함을 인정하고 증명하는 것이다.
- 전자인증은 공신력 있는 인증기관의 역할이 매우 중요하다.

〔비대칭형 암호화알고리즘〕

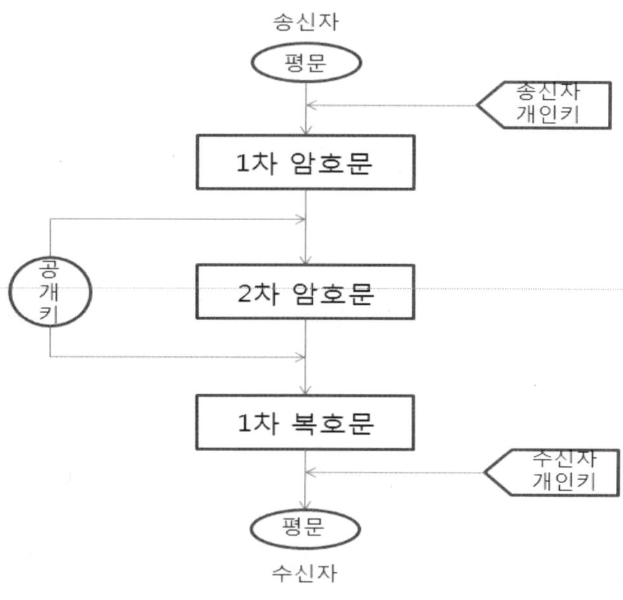

📄 인증기관(Certificate Authority : CA)의 특징은 다음과 같다.

- 전자문서의 인증을 받기 위해서는 공인된 인증기관(Certificate Authority: CA)이 반드시 필요하다. 일반 은행 금융거래를 위해서는 금융결제원이, 증권거래를 위해서는 한국증권전산이 CA가 된다.
- 인증기관은 전자서명을 원하는 사용자(개인, 기업)가 전자 서명키를 생성한 뒤 이 가운데 공개키를 인증기관에 제출, 등록하면 인증기관은 비밀키로 전자서명을 수행, 개인이나 단체에 인증서 발급한다. 우리가 자주하는 인터넷뱅킹을 위해 인증서를 발급받는 과정을 생각하면 쉽게 이해할 수 있다.

📄 인증기관(Certificate Authority : CA)의 보안 기능

- 가상공간에서 발생하는 거래행위에서 인증기관은 당사자간의 신분확인, 거래성사, 결과에 대한 부인방지, 안전한 지불 등을 보장한다. 이러한 역할을 수행하기 위하여 인증기관은 등록된 개인의 공개키와 인증서를 관리하고 전자서명(비밀번호 입력으로 대체 가능)을 통해 거래 당사자를 확인하며, 개인의 자격이 미달할 경우에는 인증서를 취소하거나 사용될 수 없도록 필요한 조치 실행한다.

제5절 전자지불시스템

- **전통적인 시장경제에서는 화폐가 있듯이 디지털 시장경제에서 전자 지불수단이 필요하다.**

5.1 전자화폐의 이해

- **일반적으로 화폐는 지불, 저장, 가치척도로서 기능을 동시에 충족시키는 자산이다.**
- **전자화폐 역시 일반적인 화폐의 기능 충족해야 함은 기본이며, 여기에다 정보기술을 응용하여 기존의 화폐가 수행하는 기능과 역할을 보다 효율적이고 편리하게 개선한 화폐라 할**

수 있다.

- 전자화폐는 디지털 기술 환경 및 네트워크 환경에서 사용에 적합한 물리적 화폐의 변형이므로 다음과 물리적 화폐의 특성을 계승할 필요가 있다. 그러나 현실적으로 모든 전자화폐는 하드웨어(PC, 스마트폰 등)를 거쳐 결제되고 송금되므로 추적도 가능하고 익명성이 완전히 보장되는 것은 아니다. 이는 모든 하드웨어는 정보통신법에 의해 ID가 붙여지고 관리되기 때문이다.

  - 범용성 : 사용의 제약이 없다
  - 안전성 : 위조될 수 없어야 한다.
  - 익명성 : 사용자의 신원이 밝혀져서는 안된다. 즉 꼬리표가 있어서는 안된다.
  - 추적 불가능성 : 사용자의 추적을 할 수 없어야 한다.
  - 양도성 : 타인에게 가치를 쉽게 양도할 수 있어야 한다.
  - 이중사용 방지 : 두 번 이상 사용할 수 없어야 한다.

5.2 전자지불 시스템의 종류

- 전자지불 시스템의 5 종류

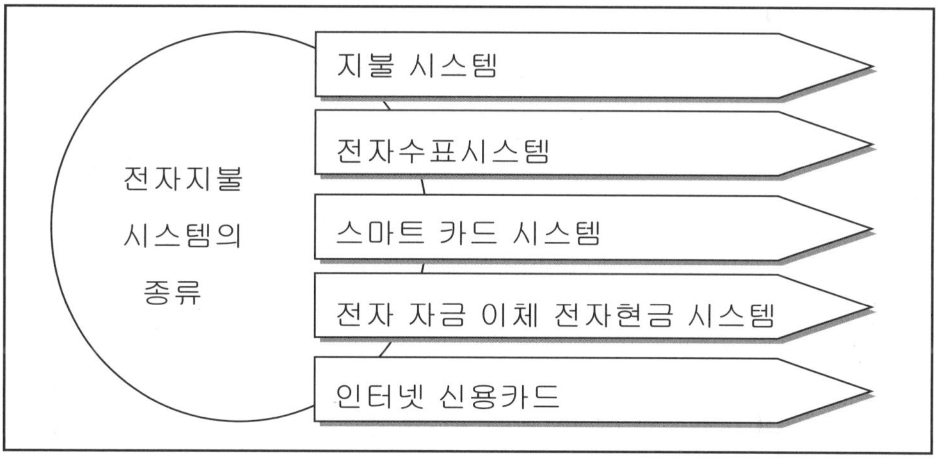

- 전자지불 시스템은 12장 전자상거래에서 더욱 자세히 설명할 것이다.

제6절 자료 관리

- 오늘날 데이터와 정보는 경쟁력의 원천이므로 체계적이며 과학적으로 관리하여야 한다. 기업이 축척하는 데이터의 양은 이미 사람이 수작업으로 처리할 수 있는 한계를 넘었기 때문에 정보기술의 도움이 절대적으로 필요하여 다음과 같은 최첨단 DB기술 및 데이터분석 기술들이 발전하게 되었다. 이러한 모든 DB기술은 전통적인 기존 시스템을 인터넷에 연동하여 사용할 수 있도록 설계되고 개발되어야 한다.
  - DBMS
  - 데이터웨어하우스
  - 데이터마이닝

6.1 DBMS(Database Management System)

- DBMS란 데이터 관리를 위한 전통적인 기술이며, e-Business환경에서는 조직외부와의 연결성이 더욱 강조되고 있다. Database(DB)란 조직 또는 개인이 특정 목적을 위해 다양한 형태의 데이터를 일정한 관리체계에 준하여 저장해 놓은 집합체를 말한다.
- DBMS의 효과(이점)는 다음과 같다.
  - 데이터의 중복 저장이 감소함으로 데이터를 보다 효율적으로 관리할 수 있다.
  - 데이터의 중복 저장이 없으므로 정확성과 일관성이 증가한다.
  - 자료접근이 보다 빠르고 쉬워진다.
  - 데이터를 중앙집중적으로 관리하면 안정성이 증가한다.
  - 프로그램으로부터 데이터구조(양식)가 독립됨으로써 프로그래밍 생산성이 증가한다. 즉 데이터구조가 바뀌었다고 프로그램을 수정해야 하는 이유가 줄어든다.

6.2 데이터웨어하우스(Data Warehouse)

- 엄청나게 증가하는 데이터의 양을 효과적으로 관리하고 이용하기에는 전통적인 DBMS가 한계가 있기에 대두된 신 개념의 데이터관리기법이다.

- 기업을 운영하면서 생성되는 내부데이터와 외부데이터를 주제별로 통합해 저장해 두었다가 별도의 복잡한 프로그램밍 없이 최종사용자가 다차원 분석(Multi-dimensional analysis)을 할 수 있는 통합데이터관리시스템이다.

- 기존 데이터 구조 하에서는 생산시스템은 제품모델별 생산관련 자료를, 영업시스템은 제품모델별 판매자료를, A/S지원시스템은 제품모델별 서비스이력자료를 각기 제공할 수 있지만 제품모델별로 통합된 생산, 영업, 서비스이력자료를 다차원적으로 제공할 수 없었다. 데이터웨어하우스에서는 의사결정에 필요한 주제(고객, 매출, 제품 등)별로 구성되어 있어 쉽게 다차원 분석결과를 얻을 수 있다.

- 구축효과는 다음과 같다.
    - 정형화된 보고서를 신속하게 만들 수 있다. 의사결정자가 지정한 요약 보고서 양식에 의거하여 처리된 보고서가 항시 저장되어 있기 때문이다.
    - 비정형적 보고서도 어려운 프로그래밍이 없이 의사결정자가 간단히 원하는 항목을 지정함으로써 산출할 수 있다.
    - 의사결정자의 자료분석 및 예측능력이 향상된다.

6.3 데이터마이닝(Data Mining)

- 데이터웨어하우스와 연계하여 고차원적 데이터분석을 가능하게 하는 도구 내지 기법을 말한다. 즉 이전에 발견되지 않았던 데이터 간의 상관관계를 분석하는 것이다. 마케팅전략수립 및 고객관계 향상에 필요한 의사결정하는데 도움을 줄 수 있다.

- 데이터 마이닝의 결과는 다음과 같은 것들을 포함한다
    - 연합 : 한 사건과 다른 사건이 동시에 발생하는 것(맥주 구입자가 땅콩을 함께 사는 확률)
    - 연속: 한 사건이 다음 다른 사건을 유발하는 것 (휴대폰을 산 후 액세서리 구매하는 행위)
    - 분류 : 패턴을 인식하고 새롭게 분류된 데이터를 창출하기 (예를 들어, 최근 3년간 세일기간 동안 3회 이상 구매한 사람들, 분만 후 1년 이내의 여성그룹)

□ 집단화 : 이전에는 알려지지 않았던 사실, 집단을 발견하고 가시화하기

□ 예측 : 데이터 내에서 단순히 발견되는 패턴을 통해 미래에 관한 예측을 할 수 있다

o OLAP(Online Analysis Processing)도 유사한 개념의 데이터 분석도구로써 비전문가도 쉽게 사용할 수 있는 도구이다.

제7절 e-Business를 위한 업무용 프로그램

7.1 범용 프로그램

일반적인 사무자동화용 소프트웨어를 지칭하며, 다음과 같은 종류들이 있다.

o 워드 프로세스 : 한글, MS-Word

o 스프레드 시트 : Excel

o 프리젠테이션 프로그램 : 파워포인트

o 그룹웨어 : 로터스 노츠(Lotus Notes), 핸디오피스

□ 직원들이 효과적으로 의사소통을 하고 정보를 공유할 수 있도록 해주며, 사내 전자우편, 전자결제, 게시판, 문서관리 등을 수행할 수 있다.

7.2 전용 프로그램

- 특정 업무의 처리를 돕기 위한 프로그램으로 응용프로그램(application)을 말한다. 예를 들어 주문처리/수주관리 프로그램, 생산계획 프로그램, 재고관리 프로그램들이 있다.

- e-Business환경에서 전용 프로그램들은 인터넷 기술을 적용하여 조직외부와 쉽게 연결될 수 있도록(Web-friendly) 개방형으로 설계되어야 한다는 것이 특징이다. 예를 들면, 일반 구매자가 웹브라우저를 이용하여 자사의 구매시스템에서 구매를 할 수 있어야 한다.

- 따라서 프로그램 개발을 위해서 업무분석을 할 때도 조직 내부의 직원들에 한정할 것이 아니라 고객, 공급자, 협력업체 및 정부와의 정보흐름과 정보요구사항을 함께 고려하여야 하는 것이 특징이다.

[쉬어가는 코너] 미래 인터넷 기술

수천억개 이상 접속장비가 인터넷에 연결되고 엄청난 정보를 자동 처리하는 지능형 두뇌 갖춰지면 어떤 정보로, 무슨 가치를 만드느냐 하는 문제 해결이 관건

기고 : 이상훈 KT 사장(기업고객 부문장)

2020년 식품회사에 근무하는 나미래 팀장은 밤 11시에 "10대 청소년을 위한 새로운 건강식품 콘셉트는 뭘까?"라는 말을 하고 잠자리에 들었다. 나 팀장의 음성을 집안에 있는 센서가 인식하여 홈 서버로 전송한다. 홈 서버는 음성의 의미를 이해하고 10대에 필요한 영양 요소, 10대들의 식료품 구매 이력 정보 등을 인터넷에서 수집한다. 수집한 정보 분석을 위해 필요한 프로그램을 다운로드 받아 수집한 정보와 조합(mashup)하여 새로운 상품 아이디어를 정리한다. 또한 홈 서버는 전 세계 10대들의 관심사항과 영양식품에 관련된 다큐멘터리 영상, 10대들이 운영하는 블로그와 SNS(Social Networking Service)에 있는 UCC(User Created Contents)들을 검색하여 동영상을 편집한다.

다음날 아침, 나 팀장은 홈 서버로부터 핵심 내용을 보고받은 뒤 출근길 교통 상황과 날씨를 확인하면서 휴대 단말기로 작업한 내용을 저장할 것을 지시하자, 수백 Mbps급의 HD급 동영상 등의 자료가 순식간에 홈 서버에서 휴대 단말기로 다운로드된다. 나 팀장이 출

근하는 동안 차량 내의 디스플레이를 통해 보고서 및 동영상 자료를 검토한 후 추가로 식품 첨가물 성분 분석과 제품에 대한 홀로그램 영상 제작을 지시하자, 휴대 단말기는 사무실 PC와의 협업을 통해 작업을 수행한다. 사무실에 도착한 나 팀장은 휴대 단말기에 내장된 프로젝터를 이용하여 상품 콘셉트 정보, 가상 제품 영상(홀로그램)과 첨가물 분석 정보를 보면서 팀원들과 회의를 시작한다.

■ **새로운 인터넷의 모습을 그린다**

위의 가상 시나리오처럼 미래 인터넷의 기반은 지금과는 비교할 수 없는 초광대역 네트워크로 구성될 것이다. 특히, 무선의 대역폭이 급격하게 늘어나 무선 데이터의 폭발 시대가 될 것이다. 또한 현재의 휴대전화를 대신할 개인용 휴대 단말기는 지금의 PC 성능을 능가하는 수준이 되어 지능화된 개인 비서 역할을 수행할 수 있게 될 것이다.

그렇다면 현재의 인터넷과 미래의 인터넷을 구분 짓는 미래 인터넷만의 특징은 무엇일까? 한 마디로 미래 인터넷은 가상세계로 엄청난 정보를 수집할 수 있는 유비쿼터스 인프라와 그런 엄청난 정보를 자동적으로 처리할 수 있는 지능형 두뇌를 갖춘 공간이라고 할 수 있다.

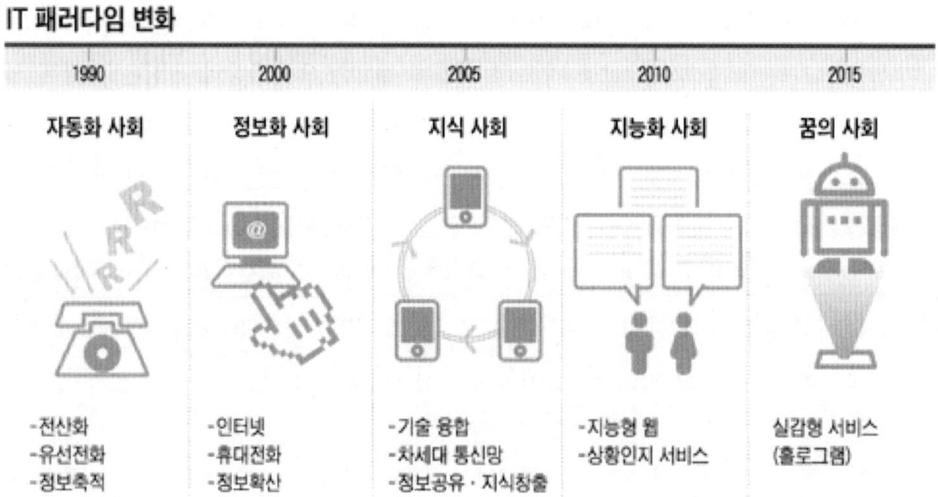

① 만물이 접속하는 인터넷으로

미래에는 PC, 모바일, 전자제품 등의 정보기기뿐만 아니라 차량, 가로등, 건물 심지어는 동 · 식물까지도 인터넷에 접속하게 될 것이다. 다양한 사물에 초소형 센서와 통신 모듈이 부착되면 인터넷에 연결된 접속 장비의 수는 수천억개 이상이 될 것이며, 현실 속에 촘촘히 존재하는 유 · 무선 광대역 통신망을 통해 만물이 인터넷에 항상 접속되어 있는 만물통신망이 되는 것이다. 무수히 많은 접속기기들을 통해 엄청난 정보가 가상 세계로 넘어가고, 가상 세계에서 다시 이러한 장비들을 통해 현실 세계로 자연스럽게 전달될 것이다. 이는 물론 PC와 유선 초고속 인터넷 기반의 고정형 인터넷 사용 환경이 모바일 기기와 초고속 무선 인터넷 사용 환경으로 이동되었음을 의미한다.

② 모든 사물이 참여 · 공유 · 개방하는 문화로

웹2.0 시대에 우리는 직접 만든 콘텐츠를 인터넷에 올릴 수 있고, 인터넷 사업자들은 이러한 콘텐츠를 공유하고 개방할 수 있는 기술을 제공함으로써 인터넷의 가치가 더욱 커질 수 있다는 사실을 경험하고 있다. 이러한 인터넷의 가치 변화는 미래 인터넷에도 그대로 이전되고 확대될 것이다. 미래 인터넷에서는 헤아릴 수 없을 정도로 많은 접속 장비들이 항상 인터넷에 접속되어 있으므로 정보 생산자와 소비자 간의 경계가 모호해지며 결국 누구나(사람뿐 아니라 모든 사물이) 정보를 생성하고 정보를 이용하는 개방적인 환경이 될 것이다.

③ 검색하는 인터넷에서 생활 속에 스며드는 인터넷으로

우리가 필요한 정보를 검색한 후 다시 정리하는 수준에서 우리를 위해 인터넷이 정보를 습득한 후 정리해 주는 개인 맞춤형 자동 서비스 시대로 발전할 것이다. 나미래 팀장의 사례처럼 미래 인터넷은 나 팀장의 개인 기본 정보와 인터넷 이용 패턴 및 나 팀장과 유사한 프로필을 가진 다른 사용자의 사용 패턴까지도 DB화한다. 나 팀장은 단순히 홈 서버에 질문만 했지만 홈 서버는 나 팀장의 요구에 필요한 정보를 스스로 수집하고 정보 간의 상관관계를 분석, 결과를 전달해 주는 시맨틱 기술을 이용한 지능형 처리를 한 것이다. 미래 인터넷은 우리의 요구에 좀 더 적합한 정보를 제공하는 개인 맞춤 지능형 웹(Intelligent Web)이 될 것이다.

■ 미래 인터넷의 성공 조건

기술적인 발전이 모두 대중화되는 것은 아니다. 하지만 미래 인터넷은 지금과는 다른 수준에서 현실 공간과 가상공간을 밀접하게 연결시킬 것이 분명하다. 유비쿼터스 인프라에서는 우리의 삶(Life) 자체가 인터넷에 항상 로그인(Log-In)된 '라이프 로그(Life Log)' 시대가 될 것이다. 유비쿼터스라는 손발과 지능화된 머리를 갖게 된 인터넷은 우리가 알지 못하는 사이 우리의 정보를 항상 수집하고 지능적으로 분석하고 있다는 말이 된다. 인터넷이 우리의 일거수일투족을 가상 세계로 빨아들여 지능적으로 분석한다는 뜻이다.

그렇다면 우리도 모르는 사이 인터넷으로 넘어가서 자동 처리되는 정보에 대해 우리가 얼마나 잘 알 수 있으며 안심할 수 있을까? 미래의 인터넷이 우리 삶을 긍정적으로 변화시키기 위해서는 우리가 인터넷이라는 가상 세계를 얼마나 신뢰할 수 있는가의 문제가 매우 중요해진다. 인터넷에 빨려 들어가서 처리되는 우리 자신의 정보에 대한 주체는 누가 될 것이고, 어디까지 소유권을 주장할 수 있는가의 문제도 발생할 수 있다.

유비쿼터스 통신 인프라와 시맨틱 지능형 기술, 개방의 문화만으로 새로운 인터넷에 새로운 가치가 저절로 생겨나지는 않는다. 어떤 정보를 모으고, 어떤 방식으로 지능적인 처리를 하여, 무슨 가치를 만들어 서로 공유할 것인가 하는 문제는 여전히 숙제로 남겨질 것이다. 이러한 문제에 적절한 해결책을 제시할 수 있는 국가와 기업이 미래 인터넷의 주도권을 쥘 것이다. 더 많은 사람과 기업들이 다양한 아이디어를 가지고 참여하면서 서로의 아이디어와 기술을 개방하고 공유하는 시장 환경이 조성된 곳에서 미래 인터넷의 리더가 등장할 가능성이 높다.

2000년대 초반까지 한국의 인터넷은 미국 실리콘밸리에 뒤지지 않을 정도로 많은 사업모델을 시험하며, 때론 성공하고 때론 실패하는 역동적 분위기가 조성된 시장이었다. 하지만 지금의 한국 인터넷은 그 당시의 역동성과 혁신 능력을 많이 상실했다. 그런 역동적인 시장 분위기를 다시 열 수 있어야 한다. 그러기 위해서는 유비쿼터스 인프라를 만드는 기업들의 과감하고 효율적인 투자, 인터넷 기술과 서비스를 만드는 기업들의 역동적인 실험과 공유, 그리고 사용자들의 성숙한 인터넷 이용문화 등이 더욱 필요하다.

[사례] 결제를 위한 스마트폰

독자적 결제 시스템 갖춘 스마트폰
사용 때마다 소비자 쇼핑 · 금융 정보 확보
구글과 애플은 마스터카드사 · 씨티은행과 제휴… 광고주들에게 정보 넘겨 큰 수익 올리려는 전략

구글은 최근 미국 거대 금융회사 마스터카드 · 씨티그룹과 '스마트폰을 신용카드처럼 사용하고 쌍방향으로 활용하는 기술'(NFC · 키워드) 분야의 신규사업 제휴를 맺었다. 구글은 연내 독자적인 '모바일 신용카드 결제시스템'을 만들어, 자사의 안드로이드용 스마트폰에 넣어 전 세계에 팔겠다는 전략이다. '지갑 없이 돈을 쓰는 시대'를 장악하겠다는 것이다.

애플은 올 하반기 선보일 '아이폰5'에 NFC 기능을 넣을 것으로 알려졌다. 애플은 자사의 독자 NFC 결제 시스템을 개발, 이를 아이폰 이용자들의 '금융 허브'로 키운다는 전략이다.

구글 · 애플 등 글로벌 거대 IT기업들이 '모바일 결제' 시장의 주도권을 잡기 위해 경쟁에 본격적으로 뛰어들었다. 시장조사기관 IE마켓리서치는 2014년 NFC를 이용한 전 세계 금융결제 금액이 무려 3700억달러(약 400조원)에 달할 것으로 전망했다. 애플 · 구글이 전 세계 금융 정보 확보를 노릴 수 있는 힘은 세계 스마트폰의 운영체제를 과점(애플 iOS 20%, 구글 안드로이드 33%)했기 때문. 구글 · 애플의 '거래 정보 요구'를 신용카드 회사들이 외면하기 어려운 것이다.

◆ 스마트폰의 진화… 휴대폰으로 상품 구매하고 현관문도 여는 시대

단순히 전화통화 기능만 있던 휴대폰이 지난 2~3년 동안 스마트폰으로 진화하면서 이메일 · 음악 · 영화 · 내비게이션 · 게임 등 숱한 기능을 흡수했다. 신용카드 등 금융기능까지 더해지고 이들 기능을 애플과 구글이 컨트롤하게 되면 전 세계 스마트폰 가입자들은 구글과 애플의 장악하에 들어가게 되는 셈이다.

NFC는 10cm 정도 떨어진 전자기기들이 서로 정보를 주고받는 무선 통신 기술이다. 커피전문점이나 대형 마트 등의 결제기에 스마트폰으로 결제하거나, 반대로 이들 결제기에서 할인쿠폰이나 멤버십카드 정보를 제공받았다가 나중에 사용하는 '쌍방향 정보 교환'도 가능하다. 그런 점에서 모바일 결제 기술로 한때 주목받았던 '비접촉(RF) 기술'보다 진일보한 것이다. 과거의 모바일결제는 휴대폰에 금융 결제 칩을 탑재해 '휴대폰→카드결제기'로 정보가 일방향으로 전달되는 구조였다.

◆SK텔레콤 · KT, 국내 시장 지키기에 고심

"애플은 2억명이 넘는 소비자의 금융결제 정보를 보유한 세계 최대의 개인 금융 정보 보유 업체다." 스티브 잡스 애플 CEO가 지난 2월 '아이패드2'를 발표하는 자리에서 한 말이다. 애플은 아이튠스에서 1달러 이하의 음악을 팔면서, 2억 명이 넘는 소비자 결제 정보를 확보했다. 애플은 소비자의 이름 · 이메일 · 전화번호 등 개인 정보는 물론이고, 구매 기록을 분석해 음악취향 · 생활습관 등의 정보를 갖고 있다. 애플은 NFC 도입을 통해 일상생활의 거래정보를 취득해 소비자의 구매력 · 소비성향 정보까지 확보하겠다는 것이다.

구글은 전 세계 스마트폰 이용자들의 결제 정보를 활용해 보다 효과가 좋은 광고를 팔겠다는 전략이다. 예컨대 커피전문점에 과거 커피를 구매한 스마트폰 이용자가 근처에 왔을 때 '모바일 할인 쿠폰'을 전송할 권한을 판매하는 식이다.

애플 · 구글의 공세에 국내 업체들도 대응에 부심하고 있다. KT와 SK텔레콤이 각각 작년 말과 올해 2월 NFC 기능을 탑재한 휴대폰을 1종씩 선보였다. 하지만 SK텔레콤 · KT 등 국내 업체들은 금융거래 정보를 모두 카드회사에 넘겨주고 있다. 이런 상황에서 애플 · 구글이 국내 소비자 거래 정보까지 장악할 우려가 제기되고 있다.

애플과 구글이 전 세계에서 무차별적으로 개인 정보를 긁어모으는 데 대한 거부감도 적지 않다. 유럽 · 중동 등 애플 · 구글에 비(非)우호적인 정부들이 이 같은 개인정보 수집과 신용카드 거래 정보 저장에 대해 제동을 걸 개연성도 적지 않다. 그런 개인정보가 해커들에게 유출이 되는 경우 그 피해는 더욱 커지게 된다. 기업들은 개인이 식별가능하지 않은 데이터로 저장되므로 문제가 없다고 주장하지만 인터넷에 흩어져 있는 개인정보를 모두 모아 엮는다면 개인의 신상이 드러날 수 있는 세상이 현실이다. 기업이 개인정보를 이용하여 제공하는 편리성의 가치와 개인 사생활의 침해로 야기되는 손실의 가치 중 어디에 더 큰 비중을 두느냐 하는 문제이기도 하다.

☞ NFC(Near Field Communication)란?

10cm 정도 떨어진 두 대의 전자기기들이 서로 정보를 주고받는 근거리 무선 통신 기술이다. NFC 기능을 스마트폰과 카드결제기에 탑재하면 스마트폰을 카드결제기에 갖다대는 것만으로 결제를 할 수 있고, 자물쇠에 탑재하면 스마트폰을 열쇠로 사용할 수도 있다.

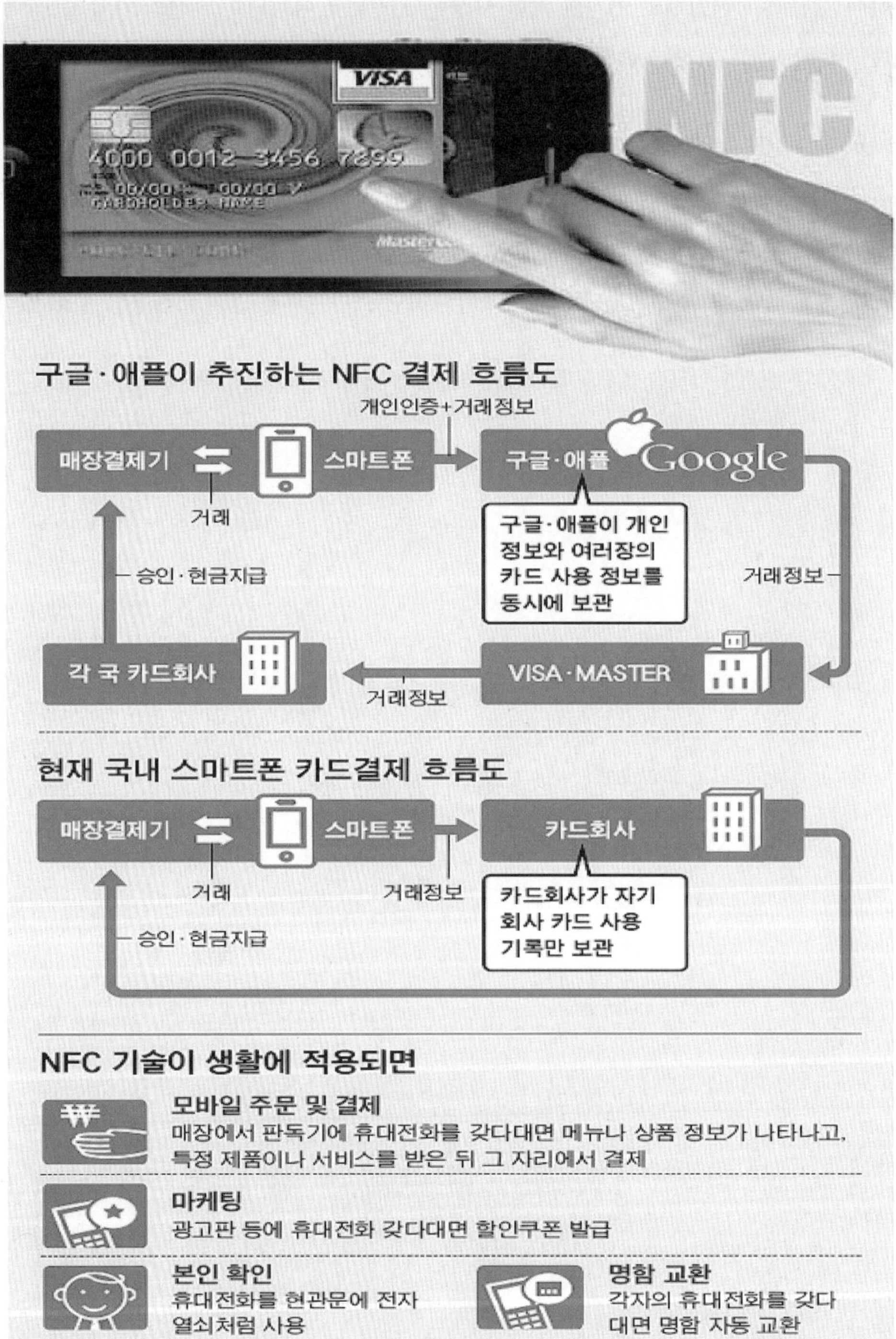

자료원 : 조선일보 2011.4.11

Chapter_06

e-Business 전략을 배우자

Business

제 6 장
e-Business 전략을 배우자

Key Point

e–Business 전략수립의 의미와 절차를 이해한다.

주요 내용

- e–Business 전략의 필요성
- e–Business 전략의 의미
- e–Business 전략 수립 절차

제1절 e-Business 전략의 필요성

- e-Business가 기업 경영성과에 공헌하기 위해서는 적절한 전략 수립 필요하다. 전략적 관점에서 의사결정을 수행하지 않는 경우, 그 기업은 시장에서 도태되거나 경쟁에서 처지게 됨으로써 나중에는 조직의 존재마저 위협받게 되기 때문이다.

1.1 경영전략의 필요성

- 필요성

시장 환경적 측면에서 경영전략은 불확실한 미래 환경에 대한 준비과정으로서 필요하다. 의사결정의 성격 관점에서 조직전체에 영향을 미치는 일관성 있고 통일된 비전, 목표, 기준의 설정이 있어야 하며 이를 위해서 경영전략이 필요하다.

- 경영활동의 수행 관점에서 볼 때 경영전략은 경영계획-조직화-지휘-통제로 이어지는 경영활동의 출발점이기 때문에 더욱 필요하다 필요하다. 목표, 방향성, 성과측정기준 등이 먼저 설정되어 있어야 이어지는 일련의 의사결정도 일관성을 유지하여 조직이 정한 방향으로 나아갈 수 있다. 예를 들어, 원가절감을 통한 경쟁력의 확보라는 전략을 세웠다면 공급자에게도 원가절감의 노력을 요청해야 하며, 사내에서도 원가절감에 필요한 세부실천방안들을 도출하여 실행해야 할 것이며, 노조와의 임금협상에도 반영해야 할 것이다.

1.2 e-Business 전략의 필요성

- e-Business 전략은 인터넷 기반 기술 및 디지털 정보기술을 경영에 적극적으로 도입해야 하는 환경에서 불확실한 미래에 대비한다는 측면에서 필요하다. 기존의 경영전략에 덧붙어 인터넷 및 디지털 중심 사회라는 특성이 강조되기 때문에 e-Business전략이 특히 필요하다.

- 미래 환경의 불확실성과 예측의 어려움이 과거와는 비교할 수 없을 정도로 크고 기술발전 주기와 경쟁의 강도가 더욱 심해가기 때문에 기존의 경영전략 수립만으로는 불충분하다. 이를 도식화하면 다음과 같다.

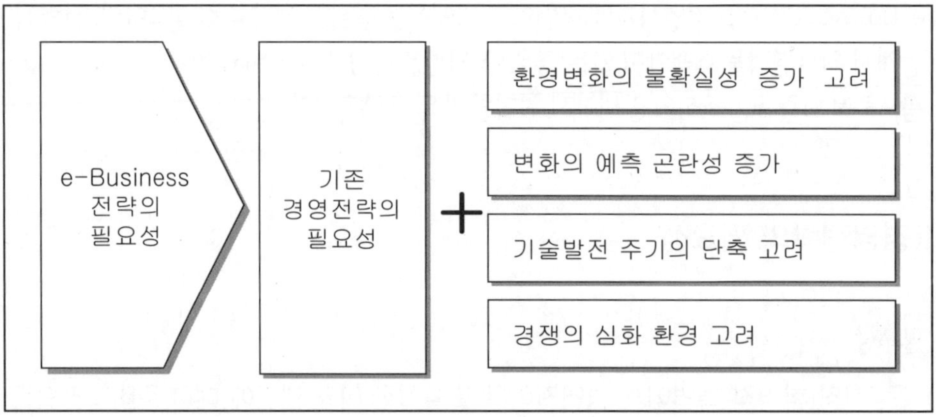

제2절 e-Business 전략의 의미

- 전략은 1회성으로 끝나는 것이 아니라 경영성과를 향상시키기 위한 지속적인 과정으로서 이해해야 한다. 아울러 e-Business 전략 또한 기업의 경영활동에 인터넷 및 디지털 정보기술을 적용함으로써 경영성과를 향상시키기 위한 지속적 노력과 연속된 일련의 활동으로 이해해야 한다. 따라서 경영전략에 e-비즈니스 전략은 매우 중요한 부분이 되어야 한다. 경영전략의 추진에 주도적인 역할을 하기도 하며 측면지원을 하는 역할도 수행한다.

2.1 경영전략의 의미

- 첫째, 분명한 비전, 목표 그리고 방향을 설정한다. 비전은 기업이 도달하고자 하는 어떤 상태와 모습을 말하며 이는 글로써 그림으로써 명료하게 표현될 필요가 있다. 비전은 경영환경이 불확실하면 할수록 더욱 필요한 것이다. 목표는 기업이 달성해야 하는 장기적 방향과 시간별로 각 단계마다 도달해야 하는 성과를 말한다. 목표와 방향이 분명해야 이를 달성하기 위한 최선의 대안이 선택될 수 있으며, 세부적 의사결정을 내리는데 필요한 지침이 될 수 있다.

- 둘째, 기업의 경영활동에 영향을 미칠 수 있는 주요한 변화를 예측할 수 있다. 경영전략을 수립하기 위해서는 먼저 환경 분석을 수행한다. 즉 자사 및 해당 사업 및 부서에 영향을 미치는 환경요인을 체계적으로 살펴보고, 환경변화의 방향 및 영향분석, 새로운 기회 및 위협 요인의 파악, 기회와 위협에 대응할 수 있는 자사의 역량들에 대한 분석을 수행하는 것이다.

- 셋째, 목표를 달성하기 위한 최선의 방법을 선택한다. 목표를 달성하기 위한 구체적인 수단, 즉 행동계획(action plan)을 제시해야 할 것이다.

- 넷째, 수립된 목표 달성 및 목표를 지원하기 위해 적용되는 방법에 대한 경영자원의 효율적 활용이 가능해진다. 기업은 항상 제한된 자원을 최대의 효과를 거둘 수 있는 것에 투자해야 하므로 높은 성과가 기대되는 부분에 자원을 집중으로 배정하거나 장기적으로 높은 부가가치를 창출할 수 있는 사업들에 균형 있게 배분해야 한다. 따라서 효과적인 자원 배분을 위해서도 경영전략은 중요하다.

2.2 e-Business 전략의 의미

- e-Business 전략의 의미를 다음 그림과 같이 4가지로 나누어 설명하고자 한다.

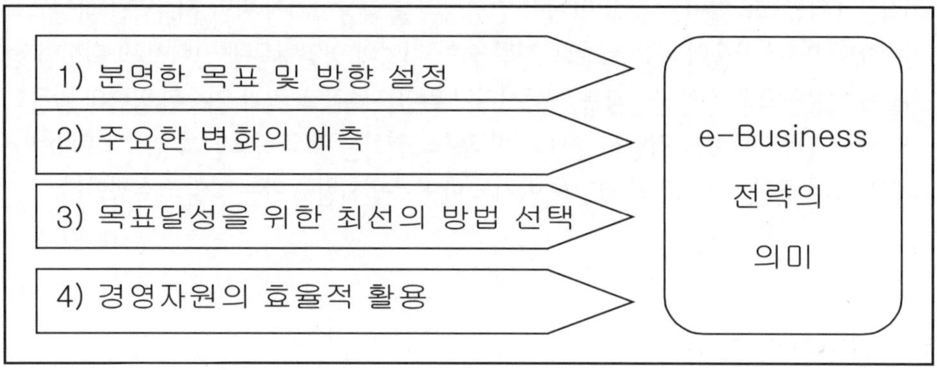

- **분명한 비전, 목표 및 방향 설정**

일반적 경영전략에서는 인터넷 또는 디지털 기술을 중요하게 고려하지 않았으므로, 달성 가능한 구체적 목표에서 e-Business 환경과 차이가 존재할 수밖에 없다. 그러나 e-Business 전략이 함께 접목되면 비전이 달라질 수 있으며, 달성 가능한 목표수준이 향상될 수 있으며, 설정되어야 할 목표의 범위 또한 확대될 수 있다. 이는 시간관점에서 경영활동의 진행 이정표에 따른 목표수치가 훨씬 앞당겨져서 설정될 수 있음을 의미한다. 일반적 경영전략과 e-Business 전략은 비전과 목표설정이라는 의미에서는 동일하지만, 비전의 내용과 목표의 양적 측면에서는 차이가 존재한다.

- **주요한 변화의 예측**

예측의 대상이 되는 변화의 내용이 e-Business 전략에서는 일반 경영전략과 달라진다. 일반적 경영전략에서는 전체를 대상으로 환경분석을 하지만, e-Business 전략에서는 일반적 환경분석 외에 정보기술의 발달과 이것이 환경변화에 미치는 영향을 예의 주시하면서 분석해야 한다. 즉, 신규기술의 개발, 새로운 기술표준의 등장, 경쟁업체의 기술 확보 동향 등을 분석하면서 자기 조직에 미치는 영향을 예측해야 한다. 그러므로 일반적 경영전략과 e-Business 전략은 변화에 대한 예측관점에서 갖는 의미는 동일하지만, 예측 대상에서는 많은 차이가 있다.

o 목표달성을 위한 최선의 방법 선택

e-Business 전략에서는 목표를 달성하기 위해 선택할 수 있는 방법의 범위가 일반적 경영전략보다 훨씬 넓다. 즉 문제해결 대안이 많아지는데, 이는 인터넷 기술을 비롯한 다양한 정보기술을 활용할 수 있기 때문이다. 따라서 일반적 경영전략보다 e-Business 전략이 목표달성 가능성이 높다고 할 수 있으며, 보다 목표 지향적이라 할 수 있다.

o 경영자원의 효율적 활용

e-Business 전략에서도 일반적 경영전략과 같이 경영자원의 효율적 적용에 대한 가이드를 제공한다는 점에서 동일하다. 그러나 대상이 되는 경영자원이 인적자원, 자본, 설비 등을 인터넷 및 전통적 정보기술에까지 확대된다는 차이가 있다.

2.3 e-Business 전략의 독특한 특성

다음과 같은 점에서 e-Business 전략만이 갖는 독특한 의미를 찾을 수 있다.

- **변화를 수용하는 미래지향적 역량 구축**
- **변화에 대한 두려움과 저항 극복**
- **e-Business 리더십 확보 및 조직전념도 향상**
- **경영활동 통제의 용이성**

o 변화를 수용하는 미래지향적 역량 구축

e-Business는 경영 패러다임을 바꾸는 혁신활동이다. e-Business 중심적 환경변화를 예측하고 이를 준비하는 과정을 통해 조직은 변화에 대해 수용하는 틀을 갖

추게 된다는 점에서 e-Business 전략의 의미가 더욱 부각된다.

- 조직의 미래지향적 역량은 개인별 역량의 강화와 이를 전체화하는 과정을 통해 체계화되며 e-Business 전략을 실천하는 과정에서 그 역량이 향상되며, 전략의 가치가 현실화될 수 있다.

○ 변화에 대한 두려움과 저항 극복

- 혁신활동은 조직내부의 저항과 무관심, 냉소에 직면할 가능성이 있으며, 또 변화를 두려워하고 회피하려는 경향도 존재한다. 정도의 차이는 있을 지라도 이러한 조직내부의 장애를 극복하지 못하면, 혁신활동은 실패할 것이다.

- 그러나 e-Business 전략이 미래에 대한 분명한 비전, 목표 그리고 기대 성과를 제시하고 준비된 변화관리를 실천할 때 혁신을 조직 내부에 성공적으로 정착시킬 수 있다. 즉, e-Business 전략이 존재함으로써 두려움과 저항 없이 변화를 수용할 수 있다는 점에서 의미가 있다.

○ e-Business 리더십 확보 및 조직전념도 향상

- 기업의 주요한 경영활동과 혁신활동이 성공하기 위해서는 경영진의 리더십과 지원이 중요한 것처럼 e-Business 환경에서도 역시 경영자의 e-Business 리더십이 중요함은 분명하다.

- 전략은 조직이 나가야할 방향과 목표 및 그 목표를 달성하기 위한 실천 가능한 수단을 제시한다는 점에서 조직 구성원 모두의 의식 전환을 요구한다. 이에 e-Business 전략은 최고경영진에게 적합한 리더십의 근거를 제공하며 각 경영계층 및 기능별 전문인력에게 필요한 역할에 관한 지침을 제공하는 의미를 갖는다.

- 조직 전 구성원이 자발적으로 e-Business 실행에 참여하는 전념도가 향상되어 역량의 집중화가 실현됨으로써 전략의 실천력이 향상될 수 있다.

o 경영활동 통제의 용이성

- 계획에 따라 조직의 목표가 달성되었는지를 확인하기 위해서는 계획 대비 경영 성과를 측정한다. 통제란 이 둘 사이에 차이가 있을 경우 이 차이를 수정하는 활동을 의미한다.
- e-Business에서는 다양한 정보기술을 활용해서 모든 경영활동 진행상황과 성과를 실시간으로 파악하고 계획과 비교해서 차이를 쉽게 파악할 수 있다.
- 특히, 고객관계와 관련된 CRM, 공급자와 관련된 SCM등은 조직 외부와의 통제까지를 지원하며 이 차이를 수정하기 위한 대안이 되는 수단을 선택할 수 있는 범위가 넓다는 점도 의미가 있다.

2.4 e-Business 전략에 대한 잘못된 생각

o 정확한 예측과 분석에 너무 집착하는 오류

- 분석을 위해 지나치게 많은 시간을 쓰거나 결과를 해석하는데 과열된 논쟁은 지양하는 것이 좋다. 예측은 항상 틀릴 수 있다는 전제를 깔고 수행해야 한다.

o 희망사항이라고 생각하는 오류

- e-Business전략은 실행에 큰 의미가 있기 때문에 단순히 희망사항으로 보는 것은 잘못된 것이다.

o 외부에 보여주는 전시적 효과만을 생각하는 오류

- e-Business전략을 전시 효과만을 구하는 구호나 슬로건으로 오해하지 말고 조직의 역량을 결집하여 그것을 발휘할 수 있도록 하는 것으로 생각해야 한다.

o 기술전략만을 강조하는 오류

e-Business전략은 전체적 경영전략을 지원하기 때문에 조직 내에서 실천가능한 수단과 목표달성에 투입되는 다양한 자원을 모두 포괄한다. 따라서 정보기술만 강조하는 것은 잘못된 것이다.

o 행동계획(action plan)의 단순한 집합이라고 생각하는 오류

e-Business전략을 부문별, 팀별 조직이 수행해야 하는 일들의 집합으로 보기 보다는 조직 전체 관점에서 효과를 극대화할 수 있는 방향으로 설정되어야 한다. 단순히 각 부서의 행동방안을 모아 놓은 것을 e-Business전략으로 보기는 어렵다.

o 수립자체로서 의미를 부여하는 오류

진정한 e-Business 전략은 실천과 연결되어 실제적으로 성과를 도출해 낼 때 의미가 있는 것이다.

o 전략과 평가는 별개의 것으로 생각하는 오류

제대로 된 평가와 통제는 선행된 계획이 있기 때문에 가능한 것이다. 과학적 경영을 달성하기 위해서 전략(계획)과 평가는 상호 연관되어야 한다.

제3절 e-Business 전략수립 절차

o 전략을 수립하는 것은 통일된 체계화 절차에 근거해서 과학적 기법과 분석을 통해 최선의 실행대안을 도출하는 데 의미가 있다. 전략수립이 현재 및 미래의 경영환경 변화를 반영

하고 있지 못하거나, 조직이 처한 환경에 부합하지 못한다면 이는 적절한 전략수립 체계가 없이 진행되었기 때문이다.

3.1 방법론과 방법의 적용

○ 방법론 적용

- e-Business 전략을 수립하는 것은 과학적, 체계적, 종합적, 미래지향적 사고를 필요로 한다. 따라서 e-Business 전략수립에 참여하는 전문 인력은 공통적 관심과 적용되는 기법에 대한 통일된 사고를 가져야 하지만 아이디어 도출에서는 유연한 접근이 필요하다.
- 전략수립을 위해서 올바른 방법론(Methodology)이 필요하며, 그 방법론 안에서 일관성이 유지되는 적용 가능한 방법(Method)을 선택해서 e-Business전략의 수립에 적용해야 한다.
  - 방법론이란 전체 과제 및 사업을 수행하는 방법과 그에 관련된 지식들의 총체적 집합체이다. 방법론은 각 방법 및 지식들의 상호일관성, 조화, 상호작용을 중시한다. 예를 들면, SWOT분석, CSF분석 등이다.
  - 방법이란 목적을 달성하기 위해 적용하는 양식(form), 수단(means), 기법(skill), 기술(technology), 절차(step) 등을 말한다. 예를 들면, 설문조사는 수단이 될 수 있으며, 브레인스토밍, 델파이 기법도 이런 방법이 될 수 있을 것이다.
- 만일 방법론에 대한 사전 합의가 되어있지 않았다면 전략의 전체적 통일성과 일관성이 확보될 수 없으며, 도출 결과 역시 체계성과 상호작용에 대한 완벽성이 보장되지 못한다. 따라서 내실 있는 e-Business 전략 수립을 위해서는 적절한 방법론을 선택하고 이에 따라 전략도출 과정을 실행해야 할 것이다.

3.2 e-Business 전략 수립 절차

e-Business 전략은 다음 그림처럼 진행될 수 있다. 예를 들어, 신용카드사는 고객의 편의를 극대화하기 위해 'one-stop 고객서비스'라는 비전 또는 사명을 설정할 수 있다. e-Business 대상 유형은 전화고객, 홈페이지 방문객 등이 될 수 있다. 최근 증가하는 스마트폰 보유자, 경쟁카드사의 공격적 마케팅, 해외여행객의 증가 등을 분석하여 자사의 위협이나 기회를 파악할 필요가 있다. 자사의 내부 시스템의 역량과 한계점을 분석하면서 e-Business 전략을 도출할 수 있다. 고객이 전화로 방문하든 홈페이지에 접속하든 한 번의 방문으로 모든 문제를 해결하고 떠날 수 있도록 기존의 홈페이지와 콜센터의 기능들을 통합하는 전략을 세울 수 있을 것이다.

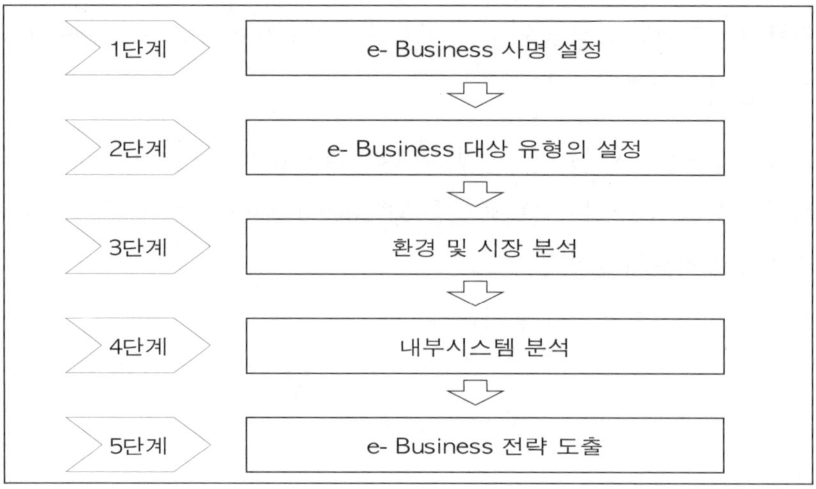

3.3 e-Business 전략 수립시 고려사항

○ 방법론 중심

- 방법론을 준수하지 않는 e-Business 전략 수립은 혼란과 비용 및 시간낭비를 낳는다. 기획자가 방법론에 무지하면 개인의 관점만 강조하여 다수 및 다른 부서와의 상호작용을 소홀히 한다. 거시적 관점에서 효율적인 전략수립을 위해서 방법

론을 중심으로 e-Business전략이 수립되어야 한다.

○ 조직 마인드를 e-Business 중심에 놓고 시작

- 전략을 수립할 때 조직 구성원들은 모두 e-Business를 마음에 두어야 한다. 한 분야에 사고를 집중하면 새로운 방법과 아이디어를 얻을 수 있다.

○ 디지털 기술 중심의 경제 환경을 중시

- 디지털 경제 및 경영환경을 중심에 놓고 사고해야 한다. 지식정보화 시대에 인터넷 기반 기술과 디지털 기술이 제시하는 가능성을 늘 염두에 두어야 한다.

○ 신속하게 e-Business 전략 수립

- 분석과 자료수집에 지나치게 많은 시간을 할애하지 말고 실천 가능한 참신한 아이디어를 중심으로 전략을 신속하게 수립하여 시장 기회를 빨리 선점하고 고객에게 강력한 이미지를 줄 수 있어야 한다.

○ 관리가능한 주제를 부각

- 집중해서 관리해야 하는 몇 가지 분야를 선정하여 집중 부각한다. 신시장개척, 신상품개발, 신기술개발, 기술표준화 주도, 고객과의 소통채널 혁신 등

○ 변화관리에 관심

- 경영 패러다임이 변화할 때 항상 저항과 두려움 그리고 갈등이 야기된다. 이러한 부정적 정서를 방치할 경우 e-Business로의 변화가 좌절될 수 있다. 따라서 전략을 수립할 초기단계에서부터 변화관리를 꼭 포함시켜야 한다.

제4절 e-Business 전략 도출

- 웹사이트 구축은 e-Business의 출발점이므로 이를 중심으로 e-Business 전략의 구성내용을 설명하고자 한다.

4.1 컨텐츠 기획

- 컨텐츠 기획에서 일반적으로 실행해야할 내용은 아래 그림과 같다.

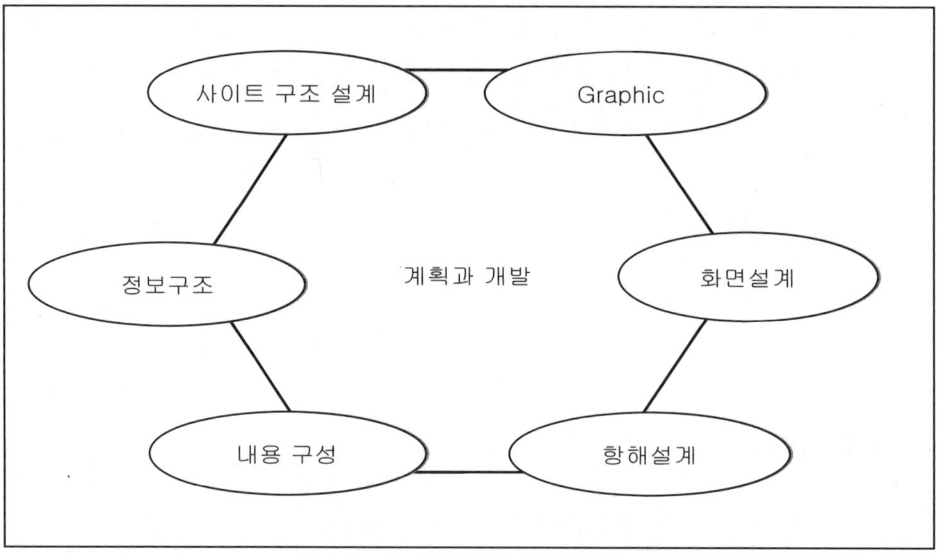

- 컨텐츠 기획 세부항목

웹사이트의 목표를 세우는 것이 일차적으로 중요하다. 기업의 단순 홍보용 웹사이트를 만드는 것인지, 고객과의 상호작용을 위해 게시판과 커뮤니티 기능이 포함되는 웹사이트인지, 전자상거래를 위한 웹사이트인지 등을 분명하게 결정해야 한다. 웹사이트 기획을 위해서는 관련된 정보수집과 분석과정을 거치게 된다. 정보수집은 문헌자료 조사나 온라인을 통한 조사 등의 간접조사와 현장방문, 인터뷰와 같은 직접 조사 방법이 있다. 이러한 과정을 거쳐 '어떤 콘텐츠를 누구에게 제공할 것인가'에 대한 정의와 '어떻게 콘텐츠'를 제공할 것인가를 명확히 하게 된다. 결과적으로 다음과 같은 사이트 구조설계가 나올 것이다.

- 사이트 구조 설계는 다음과 같은 항목들이 고려되어야 할 것이다.
  - 시작 설계, Main Page, 전체 구조의 설계 (site map), 전체 페이지 디자인, 구성 항목 설계, 핵심 항목 선택
  - 오늘날 이런 항목들은 많이 표준화되어 있어 매우 효율적으로 설계할 수 있다.

ㅇ 화면설계 (인터페이스 디자인)

페이지의 레이아웃, 인터페이스, 전체적인 그래픽 스타일에 대한 디자인 표준을 만드는 단계이며, 이를 통해 전체 사이트의 일관된 분위기와 모습을 가지게 된다. 훌륭한 화면설계를 위해서는 다양한 분야의 개발 인력의 협력이 필요하다. 특히 창의적인 웹디자이너의 활약이 필요한 부분이다. 화면 설계 시 고려해야 하는 사항들은 다음과 같다.

- Client의 기술적 사양 고려
- 메뉴바 설계
- Style Sheet의 확정
- 접근 화면의 일관성 유지와 적절한 변화의 정도

ㅇ 정보구조 설계

기획단계에서 구현하기로 한 콘텐츠는 어러 가지 다양한 형태의 데이터로 혼재되어 있다. 많은 양의 데이터를 효과적으로 사용자에게 전달하기 위해서는 일련의 체계와 의미를 가지고 활용될 수 있도록 정보구조가 설계될 필요가 있다. 보다 나은 정보구조 설계를 위해서는 정보의 특성, 정보의 동질성, 정보의 양, 정보의 상하 관계와 연결 등의 요소들을 파악하여 그에 합당한 틀과 구조를 구성해야 한다. 다음은 이러한 작업을 할 때 적용될 수 있는 구조의 유형들이다.

- 계층형: 정보설계가 잘 된 웹사이트의 기본구조
- 네트워크형: 계층형의 대안
- Grid 구조: 바둑판식으로 정보 공간을 분할하는 방식이다. 이 구조로 정보를 분류하려면 대분류, 중분류, 소분류 기준으로 일관된 기준을 지녀야 한다. 이러한 구조는 사용자가 분류기준을 명확하게 알고 있을 때 적합한 구조이다.
- 비선형 구조(하이퍼텍스트 구조): 고객요구를 반영한 관련성 있는 정보들을 Hyperlink하는 방식
- 넓고 얕은 구조가 추천된다. 너무 많은 단계의 정보구조는 자칫 사용자가 혼란스러워하며 사이트를 항해하는데 어려움을 느낄 수 있기 때문이다.

○ 내용 구성 설계

- 정보구조별 하위 내용과 사업 및 서비스 항목에 따라 내용을 구성한다.
- 고객의 정보요구에 따라 내용을 구성한다. 잠재 고객의 현실적 선호도 고려해야 한다.
- 내용구성에 따라 정보구조 설계를 수정할 수도 있다.
- 사이트 맵과 색인을 작성할 필요가 있다.

○ 항해(Navigation) 설계

- 고객이 사이트 안에서 공간을 이동하는 경로와 이의 구조에 대한 설계를 말한다. 이는 사이트의 구조와 정보구조 설계와 밀접하게 관련된다.
- 목적은 고객이 신속, 정확하게 필요한 서비스나 정보에 도달할 수 있도록 해야 하는 것이다. 이를 위해 고객이 현재위치를 쉽게 확인할 수 있어 이전과 다음 위치로 편리하게 이동할 수 있도록 해 주어야 한다.

○ 그래픽 콘텐츠 구성

- 사이트를 상징하는 것들(로고, 상호 등)에 대한 설계이다. 디자인, 크기, 색상 등이 고려되어야 할 것이다. 한편 용량을 많이 차지하는 그래픽, 멀티미디어 콘텐츠를 효과적으로 처리방법도 고민할 필요가 있다. 불필요한 그래픽으로 사이트의

속도가 느려지면 문제가 될 수 있다.

- 모바일 상거래 고객이 점점 늘어가는 추세이다. 모바일 기기 사용자들은 위한 콘텐츠 및 어플리케이션의 기획과 개발도 필요하다. 특히 사회적 상거래(Social Commerce) 업체나 위치기반서비스를 제공하는 업체는 더욱 그러하다.

4.2 콘텐츠 개발

- 컨텐츠 기획에서 수립된 내용을 개발도구를 활용해서 개발에 착수해야 한다.
- 개발을 할 때 다음과 같은 요소들이 고려되어야 할 것이다.
    - 개발자별 역할 분담. 대형 프로젝트인 경우 개발 모듈들을 나누고 역할분담이 반드시 필요할 것이다.
    - 개발 일정계획. 경영진이나 고객이 요구하는 만기일에 시스템을 완성하기 위해서는 반드시 개발 일정계획을 세워 진행해야 한다.
    - 개발도구 및 기술적 사항들도 고려되어야 한다. 특히 개발하고자 하는 시스템이 기존의 내부시스템과의 연동을 고려한다면 그 시스템과의 인터페이스도 생각해서 그것에 맞는 개발도구를 선정하여야 할 것이다.
    - 아웃소싱 방안. 개발 기술을 보유한 사람이 없거나 과도한 비용이 요구되면 아웃소싱 방안도 고려할 수 있다.
    - 개발 품질 보증. 만들어진 시스템과 콘텐츠의 품질을 검사하는 책임자와 절차가 구비되어야 한다.

4.3 인적자원 관리

o 인적자원 계획의 흐름은 다음 그림과 같다.

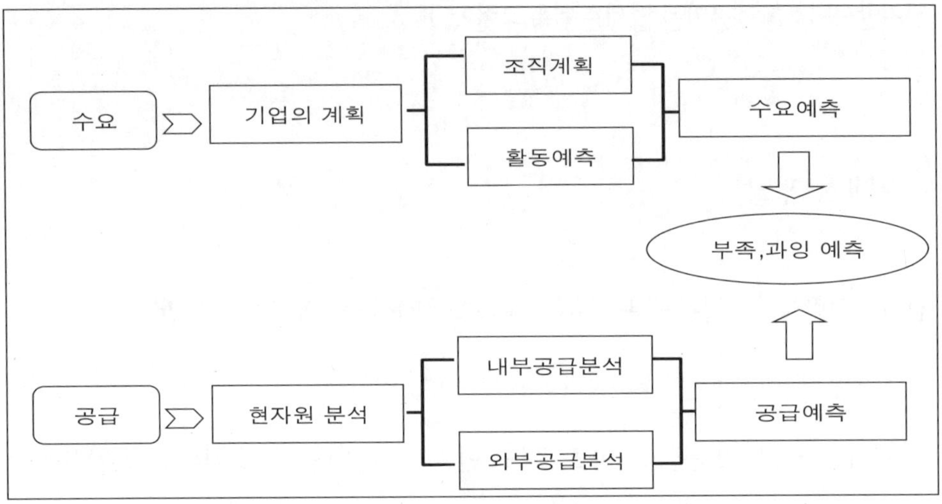

o e-Business 실행 활동 예측

e-Business 전략수립에서 인적자원 관리를 위해서는 필요한 활동에 대한 수요예측을 먼저 실시하여야 한다. 활동에 따라 조직 내에 인적자원이 어느 정도 공급될 수 있는 지를 파악해야 하며, 조직 내부에 없거나 부족하다면 외부에서 추가 확보할 것인지를 결정해야 한다.

o 인적자원 관리를 위해 필요한 활동들의 세부항목은 다음과 같다.

먼저 콘텐츠 개발에 필요한 기술목록은 다음과 같다.

- HTML 문서작성 경험
- Web Architecture 설계 능력
- CGI/ASP[1] 프로그래밍 능력
- 프로그래밍언어

1) CGI Common Gateway Interface, ASP Active Server Page

- Database 조작 능력
- 그래픽 처리기술 능력

전문적 기술 지원 내역으로는 네트워크 전문지식, 하드웨어 전문지식, 보안 솔루션, 대금결제 솔루션 등이 있다.

관리지원 업무는 경영, 국내외 법규 및 제도, 교육과 프로젝트 관리, 홍보 및 커뮤니케이션, 서비스 품질통제 등을 들 수 있다.

4.4 투자/수익 계획

o 투자/수익 계획 진행 프로세스는 다음 그림과 같다.

먼저 사업의 가능성을 탐색하면서 초기 투자자원을 확보해야 한다. 사업계획을 점진적으로 수립한 후 이를 근거로 추가적인 자원을 계속 확보하면서 한편으로는 사업의 전진기지가 될 웹사이트를 개발해야 할 것이다. 웹사이트는 계속적으로 업그레이드해야 할 것이며 성공적으로 운영될 수 있도록 잘 관리하여야 한다. 이러한 과정은 1회성으로 그치는 아니라 다시 투자자원확보-Site개발로 재순환하는 과정을 거치면서 완성도 높은 e-Business 시스템이 되어갈 것이다.

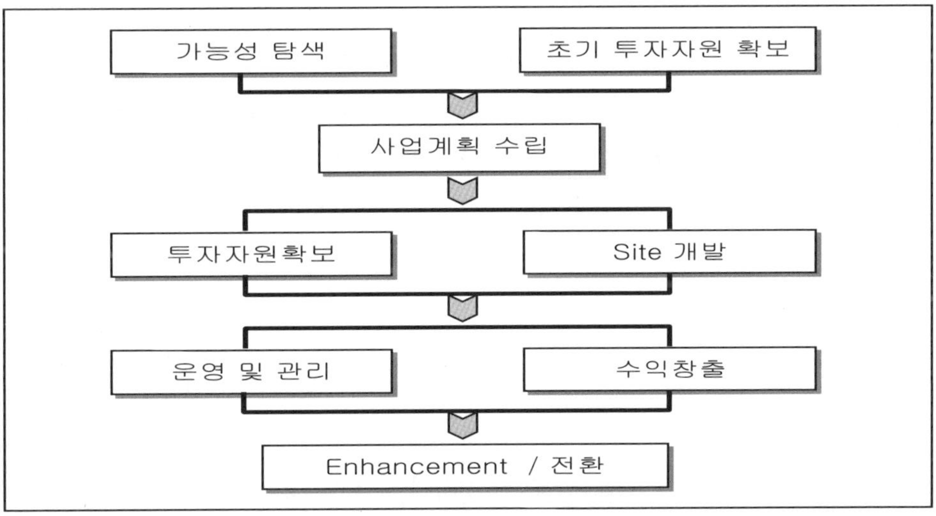

o 투자자원 확보 방안들은 다음과 같다.

- 자기자본 : 개인, 조직으로부터 자금을 만드는 방법이다.
- 공동출자를 통하여 타인이나 조직으로부터 자금을 만들 수도 있다.
- 벤처 및 창업 지원 공공 자금: 중소기업청(venture.smba.go.kr), 한국산업공단과 같은 정부기관의 지원을 모색할 수도 있다.
- 엔젤 펀드 : 개인 투자가로서 자금과 경영노하우를 제공받을 수도 있다.
- 일반 금융대출, 사이트 분양, 주식공모(코스닥 상장), 이익 창출 등의 방법이 있을 수 있다.

o 투자자원 확보를 위한 준비사항

- 사업계획서는 다음과 같이 용도에 따라 내용과 양식이 달라져야 한다.
  - 자체 사업진행 목적
  - 일반투자자 대상 투자유치 목적
  - Venture Capital 유치 목적
  - 정부지원금 신청용
  - 영문 Version은 해외로부터 투자를 유치해야 할 경우에 반드시 필요할 것이다. 사업계획서는 부록에 있는 사업계획서 작성방법에서 좀 더 자세하게 다루고 있다.
- 투자자원이 어느 분야에 많이 있는 지에 대한 흐름을 파악하는 일이 중요하다. 예를 들어 정부가 추진하는 정책에 따라 지원 예산이 많이 배정되는 분야와 관련된 사업계획서를 만들면 자금 확보가 보다 용이할 것이다. 매년 한국산업단지공단, 중소기업청, 지식경제부 등 정부기관들은 중소기업들을 위한 지원예산을 많이 배정하고 있다. 한편 민간부문에 있어 자금의 흐름도 놓치지 않는 것이 중요하다.
- 그리고 투자유치를 하고자 하는 기관들의 투자의사결정 기준의 변화도 잘 파악하여야 한다. 지원기관과 지원기금의 성격에 따라 성장성, 안정성, 기술능력, 재무능력 등 평가하는 기준이 상이할 것이다.

- 예산 지출 요소는 다음과 같다.

  - 기술 확보 및 운영에 소요되는 경비
  - 하드웨어, 소프트웨어, 네트워크, 기술사용료
  - 인건비
  - 시설투자비
  - 무형자산, 정보 확보비
  - 개발비
  - Marketing 비용
  - 일반관리비
  - 유지비

- 수익창출 방안은 매우 중요한 부분이다. 유효한 비즈니스 모델로 인정받기 위해서는 확실한 수익창출 방안이 확보되어야 하기 때문이다. 아래 방안들은 가장 일반적인 수익창출 방안일뿐, e-비즈니스에서 수익창출 방안은 창의력에 따라 무궁무진하다.

  - 서비스/정보 판매 - 종량제에 근거한 수익창출
  - 회원제 서비스 - 정액제에 근거한 수익창출
  - 광고 수입
  - 오프라인 비즈니스의 병행을 통한 매출 및 수익창출
  - 지적재산 로얄티
  - 서비스 대행 수수료
  - 협력적 제휴 수입
  - 솔루션 및 프로그램 판매
  - 사이트 임대 수입
  - 2차 정보 가공 판매 수입

4.5 기술전략

- E-Business 기술전략에서 고려되어야 할 항목은 제5장 e-Business 기술구성에서 설명

한 내용과 동일하다. 다만 기술을 확보할 시 고려해야 할 사항들은 다음 그림과 같다. 기술을 습득하는데 소요되는 시간, 기술표준의 유무 등을 고려해서 자신의 e-Business 계획에 가장 적합한 것을 선택하여야 할 것이다.

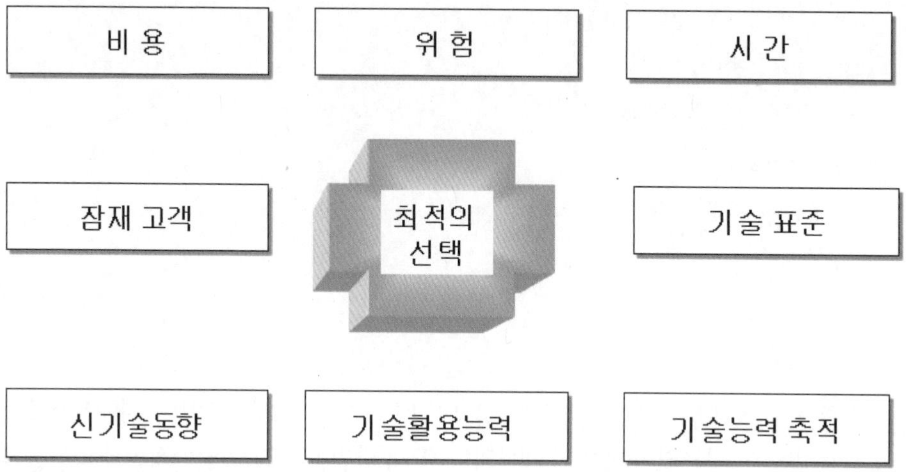

4.6 마케팅 계획

- E-Business 환경에서의 마케팅 계획은 전통적 측면의 마케팅과 인터넷 마케팅을 중심으로 수행한다. 인터넷 마케팅은 인터넷을 이용한 홍보, 광고, 판매를 포함한 제반 마케팅 활동을 의미한다. 인터넷 환경에서 고객과 양방향 소통을 극대화할 수 있는 전자매체이다. e-Business라고 하여 전통적인 마케팅 방법을 완전히 무시할 수는 없다. 때로 웹사이트를 홍보하기 위해 신문이나 잡지같은 전통적인 매체를 활용할 수도 있기 때문이다.

4.7 고객서비스 계획

- 고객서비스 계획은 CRM의 범주에서 생각할 수 있다. 고객관리를 위한 지향점은 다음과 같다.
  - 기존 고객과의 접촉빈도를 확대한다.
  - 기존고객의 충성도를 향상시키도록 노력한다.

- 기존 고객의 이탈을 최소화한다.
- 충성도가 낮은 고객과의 관계는 정리한다.
- 신규고객을 지속적으로 확보한다.

4.8 운영계획

- 일반적인 운영계획에 포함되는 것들은 사업자등록, 도메인 이름 등록, PR 및 홍보, 비용집행 지침, 인력관리, 시설관리 등이 있다. 이 외에도 기업에 영향을 미칠 수 있는 정부의 정책과 규제에 지속적인 관심을 가져야 하며, 협력할 수 있는 파트너 기업들을 꾸준히 모색해야 하며, 정보기술의 표준화 동향을 꾸준히 관찰해야 하며, 경쟁업체의 동향을 꾸준히 모니터링 해야 한다. 아래 그림은 사실 비단 e-Business만이 아닌 모든 기업을 운영할 때 관심을 가지고 관리해야 되는 영역들이다.

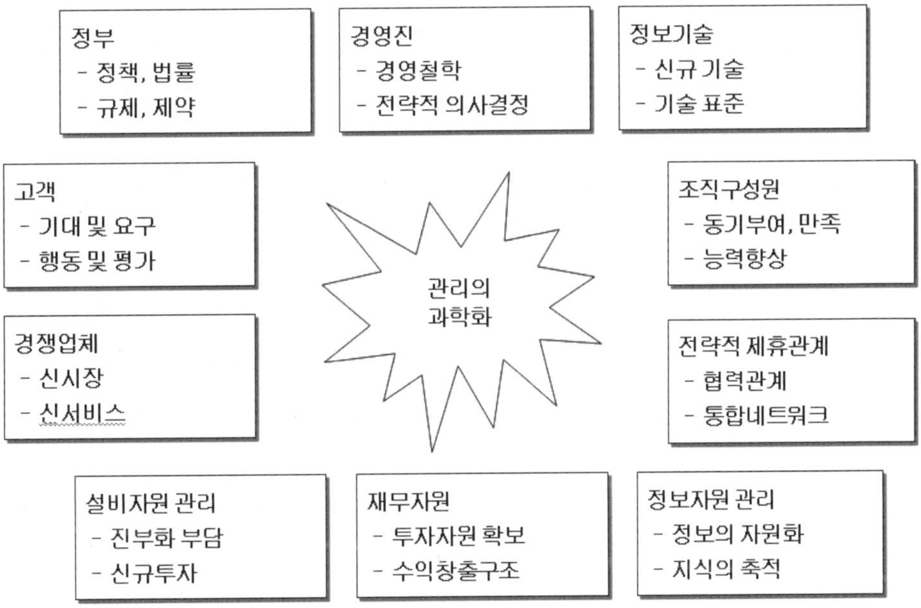

4.9 e-Business 아웃소싱

다양한 e-Business 시스템을 구축하고 운영할 때 모든 것을 자체적으로 또는 스스로 해야 할 필요는 없다. 오늘날에는 위에서 언급한 많은 분야에 전문적인 서비스를 제공하는 벤더들이 많이 있어 이들을 적절하게 이용하는 것인 전체 비용 면에서 더 효과적일 수 있다. 아웃소싱은 선택과 집중을 통하여 보다 높은 가치를 창출하는 부분에 집중하고 비전략적인 부분은 외부 전문업체에 맡기는 것이다. 따라서 매우 전략적인 사고로 아웃소싱 문제에 접근해야 한다.

비즈니스 목적으로 인터넷이 핵심적인 매체인 경우, 특히 웹사이트를 구축할 때 이 일을 아웃소싱하는 경우가 많아졌다. 대기업의 경우, 마케팅 부서가 외부업체에 웹사이트의 개발을 위탁하기 시작하였으며, 구축이 끝난 다음에는 정보부서가 운영을 하는 경우가 많았다. 그렇지만 닷컴 기업이나 인터넷을 기반으로 운영되는 사업들은 몇 가지 이유 때문에 정보시스템 기능의 모두 또는 대부분을 아웃소싱하기도 한다.

그 이유로는 첫째, 아웃소싱을 함으로써 기업이 기민하게 움직일 수 있기 때문이다. 시스템을 구축하기 위해 일 년 이라는 시간조차 쓸 수 없을 때 e-Business 인프라 구축을 아웃소싱하면 몇 달 또는 몇 주안에 시스템을 구축할 수 있다. 둘째로 핵심적인 기능에만 초점을 맞추고 민첩하게 움직일 수 있는 작은 규모로 남아 있을 수 있기 때문이다. 셋째, 아웃소싱을 하게 되면 금방 낡아져 쓸모가 없게 되는 컴퓨터 및 네트워크 장비에 자금이 묶일 필요가 없기 때문이다. 쉽게 선택적 아웃소싱을 할 수 있을 뿐만 아니라 벤더를 필요에 따라 쉽게 바꿀 수도 있기 때문이다.

그리고 인터넷을 이용하여 이벤트형 판매촉진행사를 할 때 자사의 서버가 감당할 수 없는 트래픽이 발생할 수 있다. 이 때 자사의 서버용량을 증대하기 보다는 전문서버업체의 서비스를 잠시 빌려 쓰는 것이 보다 비용효과적일 수 있다.

e-Business 아웃소싱과 전통적인 IT 아웃소싱 간의 핵심적인 차이는 고객기업으로부터 사야하는 장비나 이동 배치해야 하는 IT요원, 이전해야 하는 소프트웨어 라이선스 등이 없다는 점이다.

Chapter_07

ERP(Enterprise Resource Planning)

Business

제 7 장
ERP(Enterprise Resource Planning)

Key Point

ERP가 등장한 배경과 의미, 주요기능과 구현과정을 이해한다.

주요 내용

- ERP의 기초
- ERP의 주요기능과 기존 정보시스템과의 차이
- ERP의 모듈
- ERP의 구현
- ERP와 e-Business의 공통점, 차이점 그리고 상호작용
- 심층사례연구 : 전사적자원관리(ERP)와 경영혁신,
  삼성전자의 글로벌 전사적 자원관리(G-ERP) 시스템

제1절 ERP의 기초

- 정보화 추진에 관한 혁신적인 방법으로 전사적 자원관리(enterprise resource planning : ERP) 방법이 있다. 지금까지 기업은 새로운 정보기술을 도입하고, 조직 구성원의 정보화 추진능력 향상을 위한 많은 노력을 기울였지만, 의사결정에 유용한 통합정보의 산출은 만족스럽지 못했는데, ERP가 그 대안으로 등장한 것이다.

1.1 ERP의 개념

- 가트너 그룹의 정의는 다음과 같다.

  ERP는 제조(manufacturing), 재무(financial), 물류(distribution) 그리고 다른 경영기능(business function)이 균형을 이루도록(제대로 기능을 발휘할 수 있도록) 지원하는 응용프로그램의 집합이다.

- ERP와 전통적 정보시스템 개발과는 분명한 차이가 있다. 전통적 정보시스템 개발에서는 필요로 하는 기능별 애플리케이션들을 자체적으로 개발하지만 ERP에서는 ERP 전문회사가 개발해 둔 패키지에서 제공한 기능의 메뉴 가운데 자사가 필요한 것을 선택하여, 선택된 기능을 자사에서 실행하는 형태의 솔루션이다.

- 그 결과 현실적 정의는 다음과 같다.

산업별, 기능별 특성에 적합한 최적의 업무 프로세스(best practice · process), 최적의 자료(best data), 최적의 조직(best organization)을 설계하고 이에 최적의 정보(best information), 최적의 기술(best technology)을 적용해서 통합정보시스템으로 구현한 것이다. 즉 사전에 최고의 정보시스템을 만들어 놓은 것을 도입하는 것이다.

1.2 ERP의 등장 배경

- 당연히 ERP는 기존시스템(legacy system)이 가진 다음과 같은 문제점으로 인해 등장하였다. 물론 과거의 시스템은 그 당시의 제한된 정보기술을 기반으로 구축된 것이기 때문에 오늘날 기준으로 보면 당연히 부족한 부분이 많을 것이다. 특히 기업의 자체 정보시스템부서가 변화하는 환경과 사용자들의 폭주하는 새로운 요구사항에 적절하게 대응할 수 없다는 문제가 컸다.

  - 의사결정에 유용한 통합정보산출 미비
  - 증가하는 데이터 및 정보를 수용할 수 있는 정보자원관리 미흡

- 잦은 환경변화에 따른 시스템 개발요구의 누적
- 유지보수 비용의 과다 및 불가능
- 급속히 변화는 신규 정보기술 수용의 유연성부족
- 시스템의 표준화가 가속화하고 있음

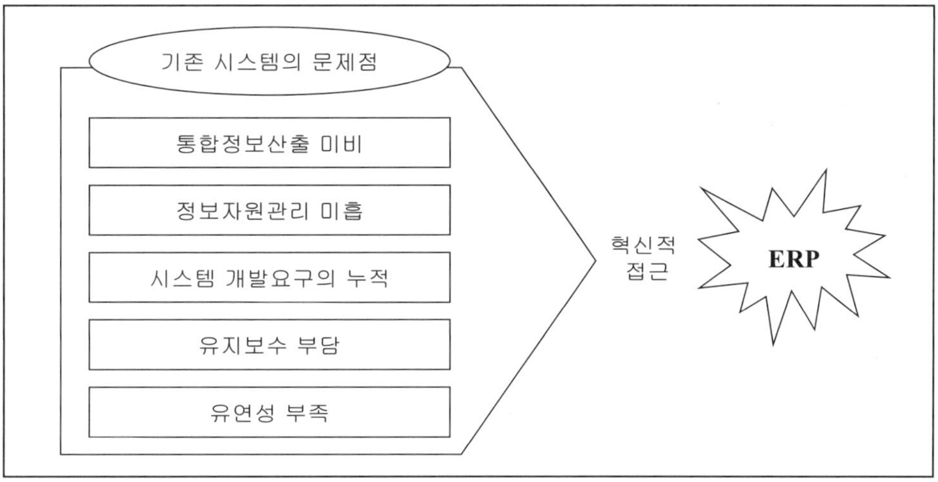

o 따라서 기업들은 새로운 방식의 정보화를 시도한 것이다.

- 기업들은 급변하는 경영환경에 대응하여 생존과 성장을 위해 정보기술을 종합적으로 활용하는 혁신적 접근법에 관심을 기울이기 시작하였다.
- 즉 필요로 하는 기능을 신규 시스템으로 개발하는 것이 아니라 ERP가 제공하는 여러 기능(애플리케이션 또는 모듈이라고 함) 가운데 자사가 필요로 하는 것을 선택하여 자사의 업무를 ERP가 제공하는 기능(프로세스, 절차 등)에 맞도록 조정하는 형태의 시스템에 관심을 가지기 시작하였다. 이에는 물론 ERP가 가장 효율적인 업무처리방식을 기준으로 가장 최근의 정보기술로 구현되었다는 것이 전제되어 있기 때문이었다.

1.3 ERP의 발전과정

아래 그림은 처음부터 ERP가 하늘에서 떨어지지 않았음을 설명해준다. ERP의 발전은 기업이 내부 정보화(전산화)를 추진해 온 과정과 거의 맥을 같이 한다. 처음에는 주로 운영이 가장 복잡하였던 생산부문, 특히 자재조달 및 재고관리를 중심으로 MRP-1을 구축하였다. 정보화가 주는 이익이 이렇게 복잡한 생산부분에 적용했을 때 전산화의 효과가 가장 컸기 때문이었다. 그 후 정보화의 범위는 제조, 영업, 원가회계, 제품설계, 물류관리 등으로 계속 확대되어 갔던 것이다.

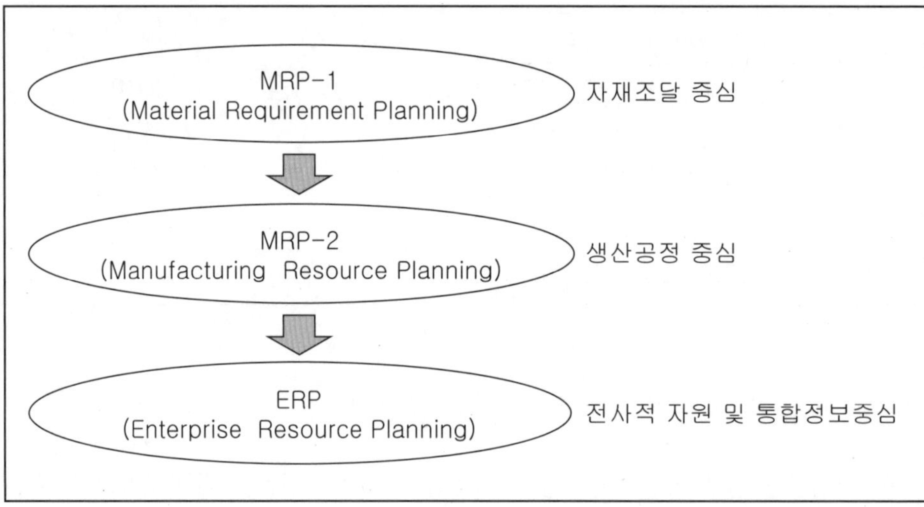

o 자재소요량 계획(Material Requirement Planning : MRP-1)

- 일반적으로 MRP하면 MRP-1 을 말하며, 제품의 자재 소요량을 합리적으로 관리하기 위한 자재 및 구매 관리 중심의 경영기법이었다. 그러다 MRP는 자재의 생산, 구매, 재고의 문제를 처리하는 통합적인 생산계획 및 재고관리를 전산화한 시스템으로 발전하였다.

- MRP는 어떤 품목의 수요가 다른 품목의 수요로부터 파생하는 경우에 적용된다. 즉 과거의 자료에 의해 미래의 수요를 예측하는 것이 아니라 주별 생산일정계획에 의해 자재소요량을 예측하는 기법이다. 아무튼 MRP-1은 주요 관리의 대상이 자재관리-구매 부문에 한정되어 있었다.

○ 제조자원관리(Manufacturing Resource Planning : MRP-2)

MRP-1에서 더욱 확장되고 발전된 개념이 MRP-2이다. MRP-2는 제조, 영업, 회계, 설계, 인사와 관련된 계획, 우선 순위와 활동을 관리하기 위한 생산 및 재고 통제 시스템으로 그 대상이 회사 전체로 확대되었다는 특징이 있다. 그러나 기술적 한계로 인해 통합의 효과는 미비하였고 전사적 시스템이 되기에는 한계가 있었다.

○ ERP 도입의 효과는 조직전체의 효과, 경영자 관점의 효과, 사용자 관점의 효과로 나누어 볼 수 있다.

조직 전체의 일반적 효과

- 회사의 경쟁력을 강화하고 체질을 개선할 수 있다. 프로세스의 개선으로 업무효율성(주문처리시간 단축, 고객대응력 향상)을 향상시킨다.
- 고객서비스 및 고객만족도 향상
- 의사결정의 효율성과 효과성 향상
- 비용절감
- 시스템표준화로 인한 효율성 증대

경영자 관점의 효과

- 신속한 의사결정
- 회사의 역량의 결집
- 새로운 사업기회의 발견
- 위기에 탄력적 대응

사용자 관점의 효과

- 신속한 업무처리로 업무생산성이 향상된다.
- 정보 접근의 더욱 용이해진다.
- 요구사항에 적합한 정보의 가공처리가 더욱 용이해진다.
- 내외부 고객의 만족도가 증대된다.

제2절 ERP의 주요기능과 기존 정보시스템과의 차이

2.1 ERP의 주요 기능

ERP의 주요기능을 다음 그림과 같이 요약된다. 일부 기능들은 상호 연결되어 있다. 예를 들면, ERP가 인터넷 연동 기능을 가진다는 의미는 개방형 환경을 지원하는 것과 연관이 있으며, 경영혁신 기능은 BPR지원과 일맥상통한다.

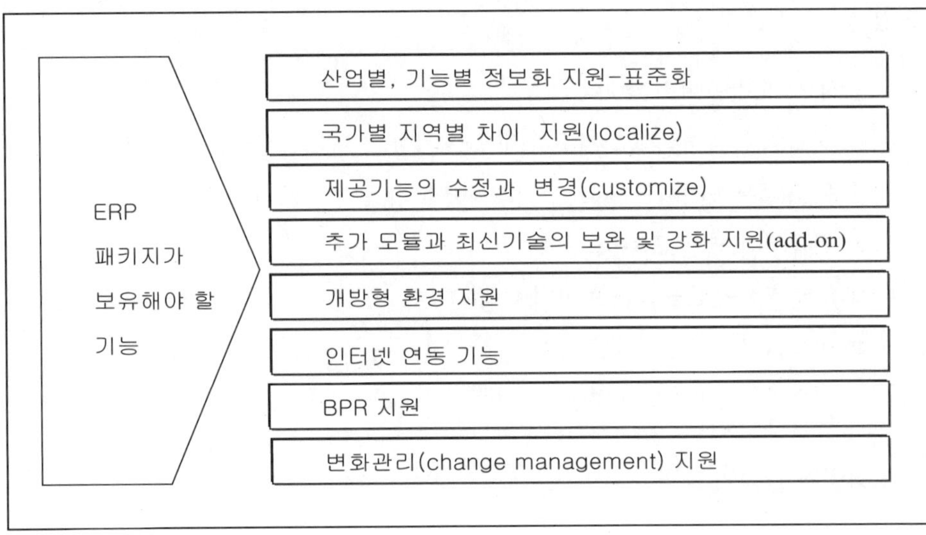

o 경영혁신 방안

ERP 패키지는 최적의 업무 프로세스를 근간으로 개발된 시스템이어서 현업의 업무 프로세스를 변경할 수 있도록 하는 BPR(Business Process Reengineering) 기능이 포함되어 있다. BPR은 업무 프로세스를 기본적으로 다시 생각하고 근본적으로 다시 설계함으로써 비용, 품질, 서비스, 속도와 같은 핵심적인 성과를 극적으로 향상시킬 수 있는 기법이다. 즉 최신 정보기술을 활용한 프로세스의 혁신, 조직문화의 변화, 제도의 변화를 통해 경쟁력을 높여줄 수 있는 경영혁신 방안이다.

○ 산업별, 기능별 정보화 지원-표준화

- 최근의 ERP는 제조업을 위한 패키지에 한정되던 초창기 ERP를 넘어 금융, 식음료, 제약, 유통, 교육 등 산업별 그리고 기능별로 전문화된 ERP 패키지가 많이 출시되어 있다. 이는 산업별로 업무 프로세스가 표준화된다는 의미를 가진다.

○ 국가별 지역별 차이 지원-Localize

- 초국적 기업, 다국적 기업이 많은 오늘날 그 나라와 지역에 따라 독특한 기업 문화와 제도에도 맞을 수 있도록 현지화 할 수 있어야 한다. 특히 인사관리와 회계 분야에 특정 지역의 제도와 관행에 맞추어 줄 필요가 있다.

○ 제공기능의 수정과 변경-Customize

- 모든 기업들이 ERP를 획일적으로 받아들일 수 없는 많은 부분이 있기 개별 기업의 독특한 상황과 필요에 맞도록 ERP를 수정하고 변경(customizing)할 수 있다.
- 원칙적으로 커스터마이징은 추천하지 않지만 기존 패키지의 메뉴, 화면구성, 보고서 양식 등 기업이 요구하는 부분에 대해서는 수정할 수도 있다.
- 지나친 수정과 변경은 환경변화에 따라 시스템을 업그레이드할 때 문제를 야기할 수 있다.

○ 추가 모듈과 최신기술의 보완 및 강화지원

- 기술적인 제약이나 경영환경의 제약으로 인해 초기 ERP 버전이 구현하지 못했던 분야나 기능을 추가 개발 할 수 있다.
- ERP패키지의 변경은 3가지 수준에서 발생한다.
  1) ERP 패키지 수정 변경은 기업의 실정에 맞게 고객이 원하는 내용으로 변경하는 것을 말한다. 그러나 핵심 기능은 수정할 수 없다.
  2) ERP 패키지 기능 보완(Modification)은 처음에 미흡했거나 불완전했던 기능을 추가적으로 보완하는 것을 말한다.

3) 추가지원(Add-on)은 초기 ERP 버전에 포함되지 않았던 기능과 기술을 추가로 개발해서 포함시키는 것을 말한다. 정보기술은 계속적으로 발전하기 때문에 이러한 변화를 유연하게 수용할 수 있는 ERP패키지가 기업의 입장에서 좋은 ERP일 것이다.

○ 개방형환경지원

- 초기의 ERP 패키지는 클라이언트/서버 환경으로 개발되어 다양한 이기종 하드웨어 환경과 다양한 소프트웨어 환경에서도 서로 잘 연동될 수 없도록 설계되었다. 오늘날 개방적 시스템 환경은 인터넷 기반기술을 고려하지 않았던 클라이언트/서버 기술과도 연동되어야 하므로 ERP 패키지에 더욱 강화될 필요가 있다. 즉 이제 기업의 ERP를 인터넷 웹브라우저를 이용해서 사용할 수 있어야 한다.
- 예를 들어, 제조업체가 전자상거래를 위한 웹사이트(B2C)를 개설하였다면 웹환경에서 돌아가는 주문을 처리하고 결제를 하는 기능(엑스트라넷 부분)들이 기업의 ERP(인트라넷 부분)와 잘 연결된다면 시스템의 통합이 더욱 높은 수준에 이를 것이다. 이를 위해서는 기존의 ERP가 웹환경으로 쉽게 전환될 수 있으면 좋을 것이다.

○ 변화관리(Change Management)지원

- ERP를 도입하다보면 전통적 정보시스템 개발방식과 달리 ERP패키지에 내장된 새로운 업무 프로세스를 도입해야 하므로 때로 조직 구조의 변경까지 요구된다. 기존의 업무방식에 익숙해져 있는 조직구성원은 이러한 변화에 저항을 하는 경우가 잦다. 따라서 성공적인 ERP 도입을 위해서는 도입 초기단계부처 계획된 변화관리를 추진할 필요가 있다.

2.2 기존 정보시스템과의 차이

○ 첫째, 성과의 차이가 있을 수 있다. 기존의 정보시스템에 비해 ERP는 혁신적이고 조직 전체

의 효율성을 중시하는 관점을 갖고 있기 때문에 다음과 같은 보다 나은 성과를 얻을 수 있다.

- 경영자의 신속한 의사결정
- 업무효율성 향상 : 신속한 처리, 오류 감소
- 불필요한 업무 개선 : 부가가치 조직으로 프로세스 변화
- 신속한 정보 전달 및 정확한 통합정보의 산출
- 고객 서비스 향상 : 내부 고객, 외부 고객
- 표준시스템화 : 업무혁신을 신속하게 복제하여 확산할 수 있음.
- 회사의 역량을 결집해서 부가가치 극대화
- 새로운 사업기회의 발견
- 위기상황에 탄력적 대응

o 둘째, 구축 과정의 상세성의 차이와 이에 따른 구축기간의 차이가 있을 수 있다.

- 기존 정보시스템은 상세한 분석 및 기술에 근거하여 프로그래밍을 하면 시스템이 완성되지만 ERP는 분석, 설계를 하지 않는 것은 아니지만, 이미 패키지로 완성된 상태이므로 상세작업은 하지 않는다. 따라서 구축시간의 단축효과가 발생한다. 대신 프로세스 혁신에 필요한 컨설팅시간이 더 소요될 수 있다.

o 셋째, 투자의 차이와 투자대비 효익의 차이가 존재할 것이다.

- 일반적으로 전통적 정보시스템 구축보다 ERP 구축에서 더 많은 투자예산이 필요하다. 그러나 구축시간이 단축됨에 따라 현업에서 활용할 수 있는 기간이 늘어난다는 이점이 있다.
- 또 최고의 전문인력이 참가함에 따라 최상의 구축 기법 적용이 가능하고 효과적 프로젝트 관리가 가능해지기 때문에 얻을 수 있는 성과가 증대될 수 있어 투자대비 효익의 차이가 전통적 정보시스템보다 나을 수 있다.

제3절 ERP는 여러 개의 모듈로 구성된다.

ERP는 단일시스템이라기 보다 여러 개의 독자적 모듈로 구성된다는 특징이 있다

- 전통적으로 ERP는 다음과 같은 모듈들로 구성될 수 있다. 그리고 이 모든 모듈들은 통합 DB를 중심으로 모두 연결되어 데이터를 공유할 때 제대로 된 전사적 시스템의 진가를 발휘할 수 있다.

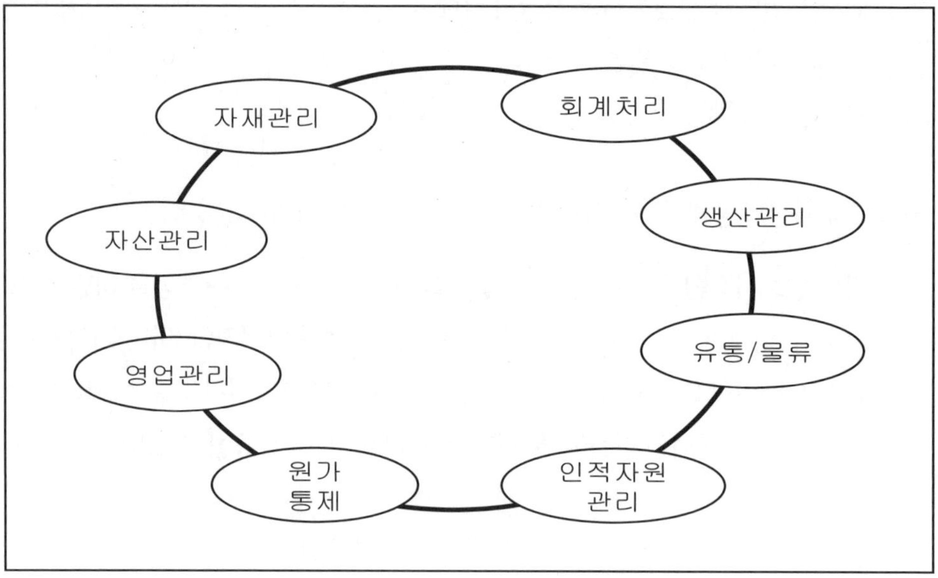

3.1 구매 및 자재 조달관리

- 기능

📄 자재소요계획, 구매, 재고관리, 송장검증, 재고자산 평가 등의 기능을 제공한다.

- 특징

📄 ERP 패키지에서는 구매를 하거나 자재조달이 발생하면 자동으로 재무회계모듈

계정으로 전기된다. 구매한 자재는 재고자산이 되면서 동시에 외상구매를 하였다면 외상구매액으로 기록될 것이다.

- ERP가 MRP-1, MRP-2에서 발전되었기 때문에 특별한 강점 존재한다.

o 주요 기능들은 다음과 같다.

- 재고를 감시하고 구매부서에 구매오더 제안을 자동으로 생성한다.
- 다양한 소요(필요)량 계획방법 등을 제공하는 자재소요계획 기능이 있다.
- 구매요청에서 구매오더 생성에 이르는 모든 일상적인 구매 기능을 수행한다.
- 재고 상황을 변화시키는 모든 트랜잭션이 실시간으로 처리되므로 언제라도 재고 현황을 파악할 수 있도록 하는 재고관리 기능이 있다.
- 거래처에서 구매오더로부터 입고 후에 송장을 통해 대금청구가 되었을 때 구매오더 금액과 송장 청구금액이 같은지를 비교하거나 입고금액과 송장청구금액이 같은지를 검증하는 송장검증 기능도 있다.

[용어 해석]

재무회계란 기업의 출자자(투자자)를 비롯한 이해관계자에게 재무보고를 하기 위하여 수행되는 회계 기록과 계산을 통틀어 이르는 말이다. 기업의 분배가능 이익을 산정하여 표시하는데 이를 위해서 각종 기업의 성과를 산정하고 기록한다.

3.2 재무회계

o 기존 재무회계시스템은 재무회계와 관리회계가 결합되어 보통 회계정보시스템으로 구축되지만 그 목적이나 산출내용은 엄격히 다르기 때문에 최근 ERP 패키지에서는 각각 재무회계와 관리회계로 구분하여 분리된 모듈로 구성되고 있다.

o 재무회계 모듈은 회사가 독립된 법인으로서 정부, 은행, 혹은 주주에게 제공할 재무제표(손익계산서, 대차대조표, 이익잉여금 처분계산서, 현금흐름표 등)를 생성하기 위한 모듈을 의미한다. 기업의 현금 및 자산에 대한 관리 및 통제기능을 수행하며, 내부 관리조직과는 무

관하게 정확하고 투명한 회계처리를 원칙으로 한다.

- 주요 기능으로는 일반회계, 외상매입금 및 매출금 관리, 미수금 관리, 미지급금 관리, 자금관리 등이 있다.

3.3 생산관리

- 제조업의 생산현장을 관리, 통제하는 것을 주요 내용으로 하는 프로그램 집합으로써 구매 및 자재조달기능과 매우 밀접하다.
- 일반적으로 MRP-2를 지원하지만 최근 기능강화로 단순한 반복생산을 벗어나 간반(Kanban) 및 JIT개념의 린생산방식을 지원하기도 한다.[1)]
- 중장기 판매 계획을 여러 단계의 세부계획으로 생성하여 실제 생산량을 결정하고 이러한 생산계획이 차질 없이 생산되도록 자재수급계획을 생성한다.
- 주요 기능은 판매계획(수요예측), 기준생산계획, MRP-1(자재소요량계획), 품질관리, 설비관리 등이 있다.

3.4 유통/물류

- 물류란 자재의 원활한 흐름을 지칭하는 용어이며, 물류시스템은 수주에서 출하까지, 최근에는 수주에서 고객에게 도착할 때까지 통합 계획 관리하는 것을 목표로 한다. 즉 제조활동에 필요한 물적 흐름을 효율적으로 관리, 통제하기 위한 조직 내부 및 외부의 물류활동을 대상으로 하는 프로그램의 집합이다.

---

1) JIT(Just In Time) 간판방식. 배달된 원자재를 재고로 남겨두지 않고 그대로 모두 사용하는 재고관리 방식이다. 즉 작업현장에 재고를 제로에 가깝도록 만들어 재고비용을 최대한 줄이기 위한 방식으로 원자재가 제조라인에 투입될 때에 꼭 필요한 양만 납품업자로부터 제공받는 생산방식이다. 이는 일본 도요타(豊田)자동차가 제조공정의 시간을 단축하고 재고 비용을 절감하기 위해 처음으로 개발하였다.

- 영업, 구매, 생산은 물 흐르듯이 연계되어 원활하게 운영될 때, 전체적인 생산성 향상에 기여할 수 있다. 즉, 영업의 판매계획은 생산계획으로, 생산을 하기 위한 자재수급은 구매계획으로 즉각 연계되어 처리되어야 하는 것이다. 따라서 유통과 물류를 위해서는 영업관리, 구매/조달 관리, 생산관리 모듈이 함께 연동되어야 한다. √

3.5 인적자원관리

- 조직 및 조직구성원을 대상으로 하는 시스템으로 인적자원의 교육훈련, 동기부여, 평가, 채용, 급여 등을 관리하는 시스템이다.
- 주요기능으로는 채용, 교육, 직무배치, 승진/ 승급, 급여, 보상, 복리후생 등이 있다.
- 인적자원관리는 지역적 문화의 차이가 많이 드러나는 모듈이어서 현지화 또는 지역화(localization)가 많이 요구되는 모듈이다.
- 인적자원관리 모듈에서 사용되는 자료는 회계시스템, 원가관리, 영업관리 모듈 등과 상호작용 한다. 예를 들어 급여와 같은 비용은 회계처리, 원가통제 모듈과 바로 연결된다.

3.6 원가통제 및 관리회계

- 의미
  - 회사 내의 경영실적을 평가하기 위한 수단으로 손익분석과 원가분석의 기능을 제공한다. 필요에 따라 부서별, 조직 계층별, 제품별, 거래처 등의 기준으로 손익분석 및 원가분석 수행함으로써 경영실적을 평가하고 이윤을 극대화하는데 필요한 정보를 제공하는 내부통제용 모듈이다.
- 주요기능
  - 표준원가 분석, 제조원가 분석, 활동기준원가(activity based cost : ABC) 분석,

손익 분석 등의 기능을 수행한다.

- 원가통제 및 관리회계에 적용되는 정보는 ERP 의 다른 모듈에서 보유하고 있는 최신의 정보를 실시간으로 제공받아야 한다. 예를 들면, 인사관리모듈로부터 급여정보를, 재무회계 모듈로부터는 원자재의 원가정보, 기계의 감가상각비를 제공받는다. 이를 통해 각종 비용 및 원가통제, 성과평가에 필요한 정보를 산출해 준다.

3.7 영업관리

o 원활하고 효율적인 영업활동을 지원한다.

- 영업활동과 판매활동을 지원하므로 CRM과 연계되는 모듈이다. 예를 들어 영업자동화시스템(Sales Automation System)도 그런 시스템의 일종이다.

o 주요기능

- 경쟁사관리, 고객관리, 홍보물 및 우편물 발송 등의 판매지원기능
- 문의, 견적, 판매주문서작성, 인도일정계획, 다양한 가격정책 운영 등 보편적인 영업의사결정지원
- 대금청구서작성 및 독촉장처리, 리베이트 등 대금청구 기능
- 각종 영업정보를 여러 가지 형태로 분석 가공하는 기능
- 향후 영업전망 시뮬레이션 기능

3.8 자산관리

o 토지, 건물, 기계, 설비 등 고정자산을 관리하는 모듈로써 대부분 기업 자산으로 분류되므로 일부 패키지에서는 재무회계모듈에 포함되기도 한다.

○ 주요 기능

고정자산을 등록 관리하고 감가상각, 이연상각[2] 등의 기능을 수행하며, 재무회계모듈의 자산계정에 반영되고 처리할 수 있도록 한다.

제4절 ERP의 구현

4.1 ERP 구현 전체 절차

ERP 구현의 출발점은 아래 그림에서 보듯이 정보전략계획과 정보시스템계획이다. ERP는 기존 시스템의 대부분을 폐기하고 새롭게 시작하는 시스템으로 많은 비용이 소요되는 프로젝트이다. 따라서 기업들은 ERP의 도입을 전사적 전략계획과 정보시스템계획에 따라서 신중하게 결정해야 한다.

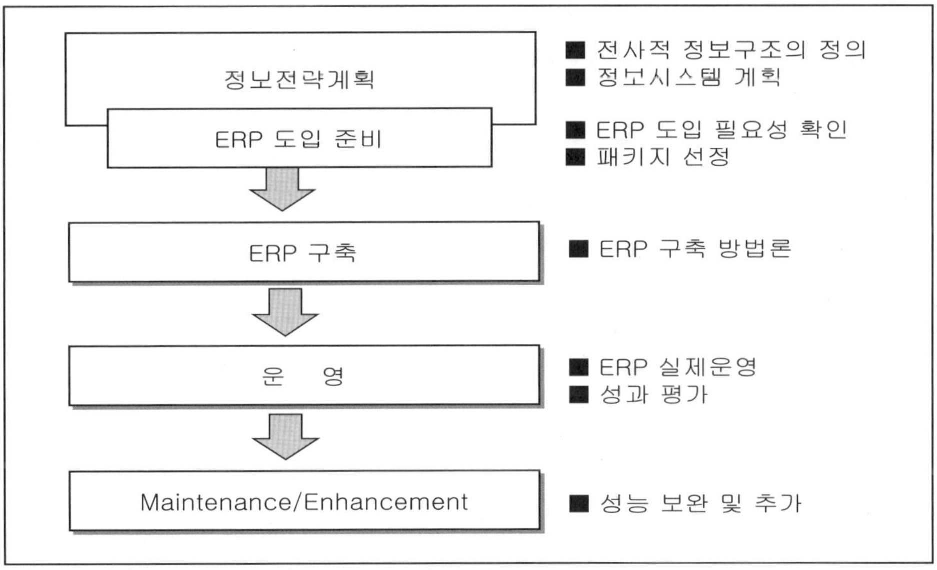

2) 비용을 평준화하기 위하여 지출되지도 않은 비용을 미리 나누는 방법

4.2 ERP 도입준비

- ERP 도입준비 진행과정은 다음 그림과 같다. 먼저 ERP도입의 타당성을 검토하여야 한다. ERP의 도입으로 기업이 겪고 있는 경영 및 정보화 문제들을 해결할 수 있는지, 그 문제들을 해결하는데 드는 투자비용이 적절한지, ERP를 도입할 수 있는 조직 여건이 갖추어져 있는지를 따져보아야 한다. 그런 다음 ERP 도입이 최종적으로 결정이 되면 ERP공급자에게 요구해야 하는 사항들을 분석하여 열거하여야 한다. 이러한 과정의 최종 목적은 자기 회사에 가장 적절한 ERP솔루션을 제공할 수 있는 전문업체를 선정하는 일이다.

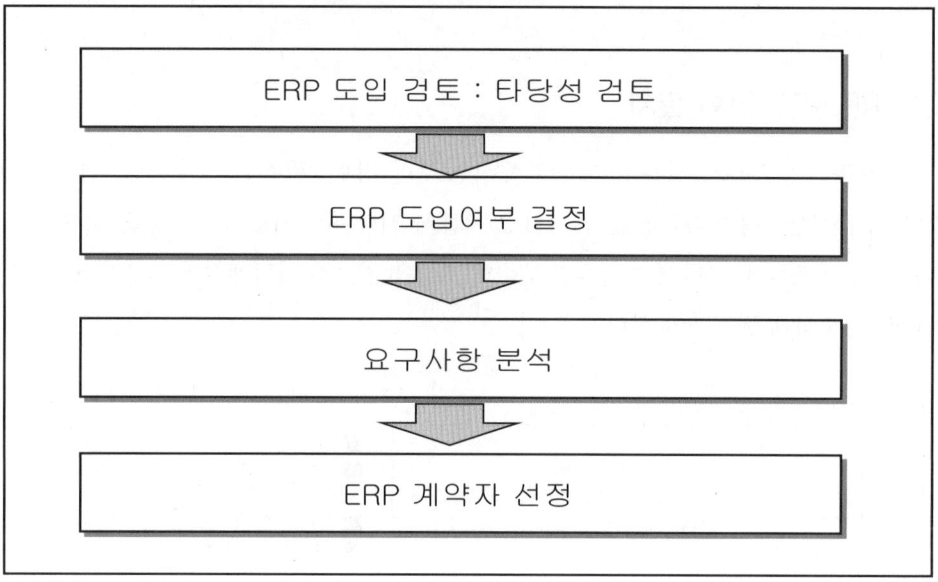

- ERP 도입 검토 : 타당성 검토

  - 정보 전략계획 과정에서 시스템 체계 및 기술 체계를 결정 하기 앞서, ERP 도입 여부를 결정하기 위해 ERP 도입의 타당성 검토하는 작업이다.

  - 주요 검토 항목들은 다음과 같다.
    - 도입이유 및 목적은 분명한가?
    - 최고경영자의 의지가 확고한가?
    - 충분한 예산을 확보할 수 있는가?

- 도입 후 기대효과는 무엇인가?
- 기존 혁신운동, 정보화 프로젝트와 잘 조화되어 호환성과 연결성에 문제는 없는가? 예를 들며, 인사관리모듈을 그대로 쓸 경우 도입되는 시스템과 인사관리모듈이 호환되는데 문제는 없는지 등을 확인해야 할 것이다.
- 역량있는 프로젝트 리더가 있는가?
- 조직 전체가 변화를 수용할 준비가 되어 있는가?

도입 결정

ERP 도입이 타당하다고 판단되면 최고경영자의 승인에 따라 도입을 결정한다. 도입이 결정되고 나면 조직 내부의 프로젝트 추진팀을 결성하여 본격적인 추진 작업에 돌입한다. 즉, ERP 방법론 및 패키지 선정을 위한 본격적 준비작업을 시작하는 것이다.

요구사항 분석

자사에 적합한 ERP 방법론 및 패키지 선정을 위한 본격적 준비작업을 위해서 관련자료 수집한다. 일반적으로 다음 3가지 분야의 작업을 수행하게 된다.

- 첫째, 기업현황 진단을 실시한다. 이는 경영전반을 진단하는 것으로 현재의 정보화 현황에 대한 문제점을 알아보는 것이다. 현재의 문제를 정확히 알고 있어야 이의 해결을 위해 적합한 ERP 패키지를 선정할 수 있다.
- 둘째, 요구사항 정의를 실시한다. 요구사항 정의는 업무요구분석과 정보화요구분석으로 나눌 수 있다. 업무요구분석은 부서별 또는 단위 기능별 업무추진상의 문제점을 업무프로세스 관점에서 필요사항을 파악하는 것이며, 정보화요구분석은 현재 사용 중인 정보시스템의 문제점과 요구사항을 조직단위별 그리고 사용자별 요구를 분석한다. 요구사항의 정확한 이해가 적합한 ERP 패키지의 선정에 매우 중요하다는 것은 당연하다.
- 셋째, 제안요청서(request for proposal : RFP) 작성하여 ERP 전문업체에 송부한다.

o ERP계약자 선정

- ERP 프로젝트 실행을 위한 제안서를 업체로부터 받은 후 이를 평가하여 자사에 가장 적합한 ERP 패키지를 선정하고 계약을 한다.
- 공정한 평가를 위해서는 객관적인 평가절차를 수립하고 타당한 평가항목을 설정한 후, 조직 내부 인력과 조직 외부 전문가들이 골고루 참여하는 평가팀이 평가를 실시해야 한다.
- 공정한 평가를 실시하기 위해 다음과 같은 평가항목들을 구조화해서 활용할 필요가 있다. 각 평가항목마다 또 작은 평가항목들이 분화될 수 있으며, 평가항목별로 중요도에 따라 가중치를 다르게 부여할 수도 있다.
  - 제품공급자 평가요소에는 재무건전성, 기술인력 보유현황, 개발경험. 레퍼런스 사이트 등이 포함될 수 있다.
  - 기술적 평가요소
  - 기능적 평가요소
  - 가격 및 기간 평가요소
  - 교육 및 서비스 및 사후관리 평가요소

4.3 ERP 구축

o ERP 구축 방법론은 ERP업체에 따라 다양한 방법론들이 있다. 주요 ERP업체들인 SAP과 Oracle의 구축단계는 다음과 같다. 각 단계의 내용이 거의 비슷하며 Oracle의 2, 3단계가 SAP의 2단계 비즈니스 상세 계획으로 축약되어 있으며, 최종준비와 전환 단계가 유사하다.

- SAP의 ASAP(Accelerated SAP)

  1단계: 프로젝트 준비(Project Preparation)

  2단계: 비wm니스 상세 계획(Business Blueprint)

  3단계: 시스템구현(Realization)

  4단계: 최종준비(Final Preparation)

  5단계: 시스템 개통 및 지원(Go Live and Support)

- Oracle의 AIM(Applications Implementation Methodology)
  1단계: 프로젝트 정의(Definition)
  2단계: 업무분석(Operation Analysis)
  3단계: 솔루션 설계(Solution Design)
  4단계: 구현(Build)
  5단계: 전환(Tansition)
  6단계: 완성(Production)

o ERP 추진조직은 다음과 같이 구성할 필요가 있다.

- ERP 프로젝트는 대규모 투자, 경영혁신, 조직전체에 미치는 영향 등을 고려할 때 독립된 추진조직체가 필요하다.
- 조직 역할, 권한, 책임 및 구성원 확보에 대해 공식적 문서로서 분명하게 명시할 필요가 있다. 하부 조직 및 구성원의 역할, 권한 및 책임에 대해서도 명시하는 것이 필요하다.

4.4 ERP 구축의 성공요인

o 프로젝트 전체차원의 성공요인은 다음과 같다.

- 최고경영자의 ERP 프로젝트에 대한 관심과 참여적 리더십
- 조직구성원의 ERP에 대한 올바른 이해
- 프로젝트 관리자의 존재와 역할 수행
- 적정 투자자원의 확보
- 우수한 파트너(ERP 패키지 공급자, 컨설팅 기업, 기타 공급자)의 확보
- 철저한 프로제트 실행관리
- 변화관리 방안과 실천

o 프로젝트 실행단계별 성공요인: ERP 도입준비 및 ERP 구축단계

단 계	성 공 요 인
ERP 도입준비	➢현황 분석 및 요구사항 분석의 철저성 ➢제안서 평가 팀 평가항목 구성의 타당성 ➢제안서 평가의 공정성 ➢ERP 도입 전담팀 구성
ERP 구축	➢일정 및 범위 준수 ➢프로젝트 실행 품질관리 ➢우수한 프로젝트 참여인력 ➢프로젝트 참여인력의 역할 분담 및 의사소통 ➢적용 기술의 표준화 및 개방형 환경 ➢문서화

o 프로젝트 실행단계별 성공요인: 운영 및 유지보수 및 강화 단계

이 단계의 성공요인은 크게 운영과 유지보수로 나눌 수 있다. ERP를 운영할 때 새로운 시스템에 사용자가 잘 적응할 수 있도록 충분한 교육과 훈련이 시행되어야 하고 그 효과를 평가할 필요가 있다. 그리고 ERP를 통해 조직 및 업무방식의 변화가 있었는지를 객관적인 기준으로 측정할 필요가 있다. 예를 들어, 고객의 요청에 응대하는데 걸리는 시간, 재고비용의 증감 등을 측정할 수 있을 것이다. ERP를 운영함에 따라 발생하는 문제는 즉시 문서화되어 공식적인 절차를 거쳐 시스템을 개선하는 목적으로 적극 활용되어야 한다.

단 계	성 공 요 인
운 영	➢ERP 사용자 교육 훈련 및 사용 능력 평가 ➢조직 및 업무방식의 변화 ➢ERP 성과 평가
유지보수 및 강 화	➢문제점 및 변화사항 ➢ 지속적 해결 노력 ➢ 시스템 향상계획 수립

4.5 실패의 원인

실패의 원인으로는 최고경영진의 지원의 미흡, 조직차원의 준비 부족, ERP 패키지의 문제, 프로젝트 관리의 문제가 있다. 국내의 경우, 정부의 기업전산화 지원프로그램을 통해 많은 중소기업들이 ERP를 도입하였지만 사용이 생산관리, 재고관리, 회계에 한정되는 경우가 많다. 가장 큰 이유는 기업의 기존 프로세스를 제대로 분석한 후 ERP의 베스트 프렉티스(practice)에 맞도록 비즈니스 리엔지니어링하는 부분이 취약하기 때문이다. 이를 위해서는 더 많은 컨설팅이 필요하지만 고비용 때문에 포기하는 경우가 많다.

제5절 ERP와 e-Business에 대한 오해와 해결방안

ERP가 기업의 경영자원 관리 및 통합정보 산출의 유용한 도구로 인식되고, e-Business가 새로운 경영 패러다임으로 등장하면서 두 방식간의 차이와 상호간의 관계에 관해 많은 관심을 유발하였다. ERP는 1990년대부터 기업들의 관심을 불러 일으켰지만, 2000년대 e-Business 환경이 확산되면서 고객관계관리(CRM)나 공급망관리(SCM) 등 새로운 솔루션에 밀려 마치 유행이 지난 것처럼 오해하는 경우도 발생하고 있다.

5.1 ERP와 e-Business의 차이에 대한 궁금함과 오해 유형들?

- 주요 관심사항과 오해의 내용은 다음 그림과 같다. 이를 극복하기 위해서는 개념의 차이가 있는지, ERP, CRM, SCM은 서로 어떻게 다른지, 이 시스템들이 어떻게 상호작용하는지, 이 시스템들의 선후 관계와 구축절차에는 차이가 있는지, 그 효과에는 차이가 있는지, 어떤 시스템이 더 우선시 되는지를 이해할 필요가 있다. 기업들 마다 긴급한 필요와 문제점들이 다르다. 마케팅 및 영업부문에서 해결해야 하는 큰 문제가 있는 기업은 DB의 구축과 CRM을 더 강조할 수 있으며, 유통과 물류부문에 비효율성이 큰 기업은 SCM에 더 많은 주목을 할 수 있다. 그렇지만 가장 기초가 되는 ERP(내부 시스템)가 제대로 구축되지 않는다면 다른 모든

시스템들이 모래 위에 지은 집이 될 수 있다.

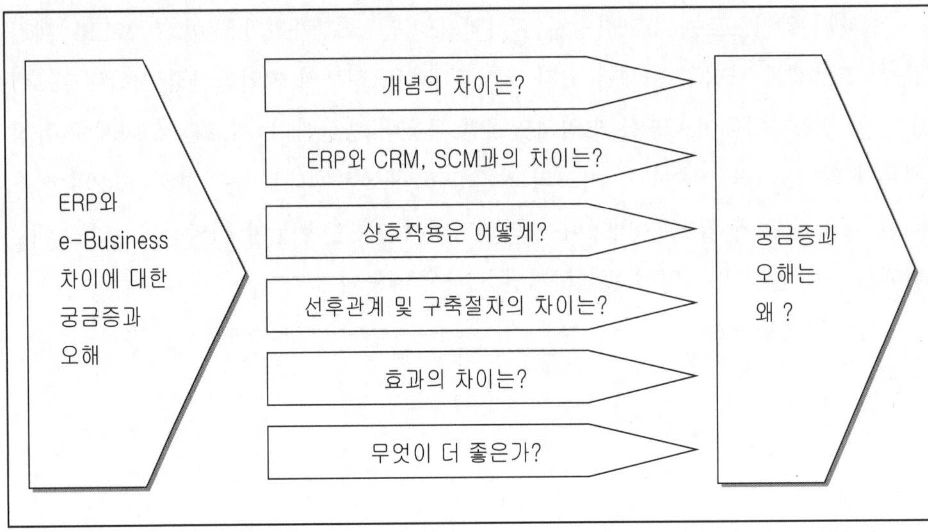

5.2 올바른 이해를 위한 출발점

- ERP와 e-Business 관계의 올바른 이해를 위해 고민해볼 질문들을 열거해 보자.

첫째, 기존의 내부 정보시스템이 없는데 전자상거래를 할 수 있을까?

- 주문접수의 처리는 누가 하는가?
- 원가관리는 어떻게 하는가?
- 반품이 발생한다면 그 처리는 어떻게?
- 이러한 부분들을 처리하기 위해서는 내부 정보시스템이 전자상거래와 연결되어야 함을 알 수 있다.

의사결정에 필요한 정보는 어떻게 산출되는가?

- 고객이 가장 많이 구매한 제품은?
- 고객불만이 가장 많이 발생하는 상품은? 부서는?
- 금리변동이 자사에 미치는 영향은?
- 전년대비 매출신장률은?

□ 전자상거래를 통해 발생한 매출과 고객에 관련된 정보는 모두 적절하게 처리되어 향후 영업 및 마케팅 의사결정을 하는데 활용되어야 한다. 이 역시 e-Business의 한 유형인 전자상거래와 CRM, ERP와 같은 내부 시스템과 잘 연동되어야 함을 뜻한다.

o 올바른 이해를 위해서 e-Business는 전통적인 디지털정보기술의 뒷받침이 여전히 필요하다는 것, 최적화된 내부 정보시스템(예: ERP시스템)이 구축되어야 한다는 점, ERP, CRM, SCM 등이 각기 고유의 목적을 위해 독자적으로 발전해 왔지만 오늘날 모두 상호연결될 수밖에 없다는 데서 찾을 수 있다. 제대로 된 내부 정보시스템은 외부에서 생성되는 정보를 받아 의사결정에 필요한 정보를 가공해낼 수 있으며, 외부의 경영활동에서 필요로 하는 영업 및 마케팅 정보, 기업공시 정보를 제공할 수 있기 때문이다.

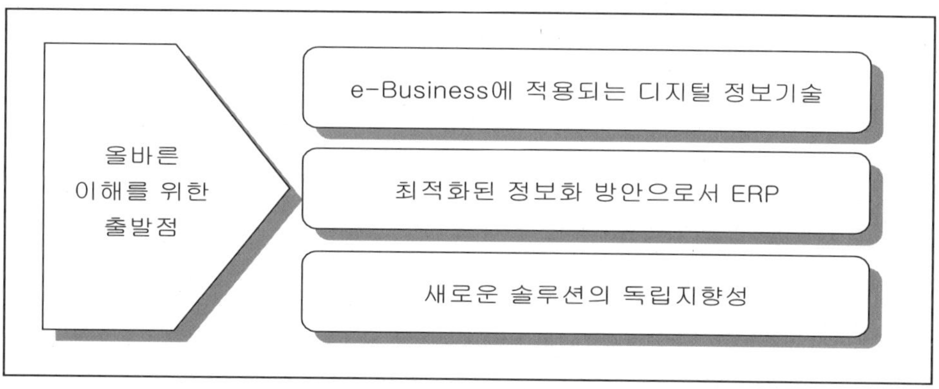

o e-Business에 적용되는 디지털 정보기술은 다음 4가지로 이해할 수 있다.

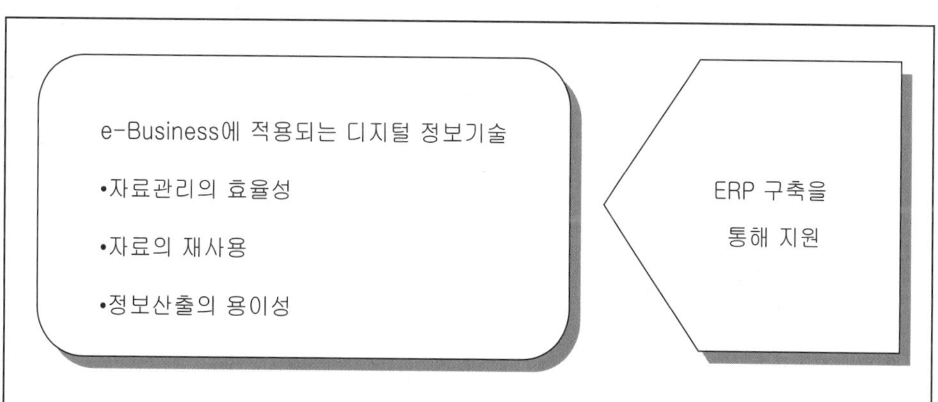

○ e-Business에 적용되는 디지털 정보기술

- e-Business에는 인터넷 기반 기술 외에도 전통적 디지털 정보기술이 적용된다. 즉 e-Business가 구현되기 위해서는 디지털 정보기술을 이용한 정보시스템의 지원이 필수적이다. 예를 들어 전통적인 경영정보시스템이 없다면 전자상거래가 완벽하게 전자적으로 운영될 수 없다. 개인이 운영하는 소규모 인터넷 쇼핑몰에서 고객이 주문을 한 후 이에 대한 처리를 수작업으로 한다면 이는 e-Business로 볼 수 없을 것이다. 완벽에 가까운 e-Business화를 위해서는 주문 자료를 정보시스템이 처리하고 물류센터에 주문서를 자동발주하며 반품이 발생하면 매출을 취소할 수도 있어야 하며, 재고관리모듈도 연동되어 재고정보 수정이 자동으로 이루어져야 하는 것이다. 경영자가 의사결정을 할 때 필요한 정보는 인터넷만으로 제공될 수 없다. 상품별 매출자료, 고객이 불만에 대한 정보 등은 전통적인 정보시스템에 DB화 되어 있기 때문에 이를 쉽게 검색하여 분석할 수 있다.
- 따라서 e-Business는 인터넷 기반 기술과 디지털 정보기술을 기반으로 하고 있는 모든 정보시스템을 다 필요로 한다. 다만 e-Business 실행을 위한 시스템을 구축할 때 전통적 개발방법론의 의한 신규개발과 ERP 패키지를 구입하는 두 가지 방법이 모두 가능하다. e-Business 모형의 환경과 업무프로세스가 완전히 새로운 것이라면 신규개발이 적합하지만, 이미 가동되고 있는 시스템에 최적의 프로세스와 최신의 정보시스템을 도입하여 경영시스템의 획기적 개선을 원한다면 ERP 패키지를 도입하는 것도 한 가지 방법일 것이다.

○ 최적화된 정보화 방안으로서 ERP

- 일반적으로 경영활동 전반에 최적의 ERP 시스템을 구축하는 것이 필요하고, 경영자원의 관리에서도 ERP가 적합하다. 특히, 인터넷 기술까지를 포함해서 모든 최적의 정보기술을 구현하는 것이 바람직하다. 즉 e-Business 도 인터넷 기술을 반영한 최적의 정보화 방안의 도입이 바람직하다.
- 초기의 ERP는 인터넷을 고려하지 않았으나, 현재는 인터넷 기반의 ERP가 SAP와 Oracle의 주도 하에 등장하였다.
- 최적의 경영성과를 기대한다면 인터넷 기반에 근거한 ERP 도입이 기업성과 향상 및 국가적 차원의 산업기반 강화에 획기적으로 공헌할 것이다.

o 새로운 솔루션들의 독립지향성이 야기한 부작용

ERP가 1990년대에 처음 나왔을 때 생산관리부문에 집중되었기 때문에 공급망 관리(SCM), 고객관계관리(CRM), 전략적 기업경영(SEM) 등에 있어서는 최적의 프로세스를 기반으로 한 최적으로 솔루션을 제공하지 못하였다. 그리고 초기의 ERP는 클라이언트/서버 환경을 기반으로 프로그래밍 되었기에 개방적인 인터넷 환경이 고려되지 않았다는 한계도 있었다.

한편 일련의 소프트웨어 전문개발업체들이 각자의 CRM, SCM을 지원하는 솔루션들을 출시하면서 기존이 ERP와 차별화하려는 독립지향성을 보였다. 한편 전문 ERP솔루션 업체들은 자신들의 ERP 패키지에 SCM, CRM 등의 모듈들을 추가한 확장형 ERP를 내세우며 자신들의 제품에 SCM, CRM 기능들이 모두 포함되어 있는 것으로 판촉을 하였다. 이러한 과정에서 ERP, SCM, CRM 등은 완전히 별개로 돌아가는 시스템들이라는 오해가 발생하였다.

엄밀히 말해 CRM과 SCM 그리고 SEM 등이 ERP와 독자적으로 가동될 수 없다. 서로는 독립적으로 존재하기 보다는 조직 내 다양한 부서 및 다양한 계층의 경영활동을 통해 산출된 정보들을 공유함으로써 조직에 필요한 통합된 시너지를 얻는데 협력하여야 한다. 모든 기업들은 기본적인 내부 정보시스템 또는 ERP가 구축되어야 CRM, SCM, SEM을 가동할 수 있는 기본 데이터를 확보할 수 있다. 따라서 CRM. SCM과 같은 e-Business 모델들은 최적의 프로세스와 최적의 기술 그리고 최적의 조직을 근거로 설계된 후 ERP에 통합되어야 하는 것이 올바른 e-Business의 발전 방향이다. 그래야 조직이 온전히 통합된 e-Business를 구현할 수 있다. 아래 그림은 그러한 지난 과정을 잘 설명하고 있다.

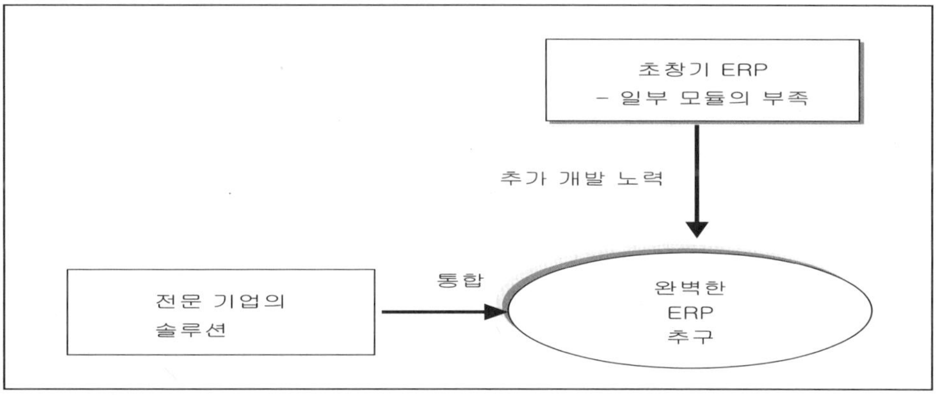

제6절 ERP와 e-Business의 공통점과 차이점

6.1 ERP와 e-Business의 공통점

ERP와 e-Business는 공히 경영혁신을 추구하고, 변화관리를 필요로 하며, 경영합리화 도구로 활용되며, 업무생산성을 향상시켜준다. 둘 다 모두 디지털정보기술을 기반으로 개방형 표준 기술구조를 가져야 하며, 성공적인 도입을 위해서는 최고경영자의 지원과 전사적 참여가 필연적이다.

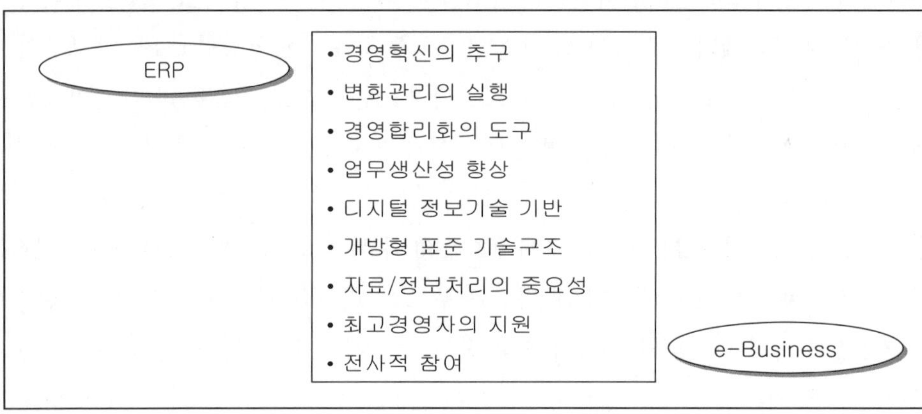

○ ERP와 e-Business의 공통적 특성과 상호작용

아래 그림을 보면 ERP는 e-Business의 중요한 구성요소의 하나이므로 공동의 목표를 추구해야 한다. e-Business는 기존의 전통적 정보기술을 기반으로 구성된 폐쇄적 시스템을 탈피하여 인터넷 및 웹기반 정보시스템의 구현을 통해 고객, 협력업체, 공급업체와의 상호작용을 극대화하는 방향으로 나아간다. 따라서 ERP를 포함한 기존의 정보시스템도 e-Business를 지향하면서 상호협력함으로써 궁극적으로는 동일한 경영목표를 달성하고자 한다는 측면에서 공통적인 특성이 있다.

지금까지 개발된 많은 ERP는 외부와의 연계를 고려하지 않은 내부의 운영효율성을 주로 추구한 폐쇄형 시스템이 많았다. 이제 ERP도 인터넷 환경에서 고객과 공급업체 등 외부

기관과의 연계를 고려하여 개방형으로 재개발되어야 한다. 때로 기존 시스템을 완전히 폐기하고 새로운 ERP를 도입할 필요도 있으며, 기존 시스템의 인터페이스부분을 부분적으로 수술하여 외부의 시스템과 데이터를 주고받을 수 있게 만들 수도 있다. 어느 방향이든 ERP는 궁극적으로 e-Business가 지향하는 목적을 향해 같이 움직여야 한다.

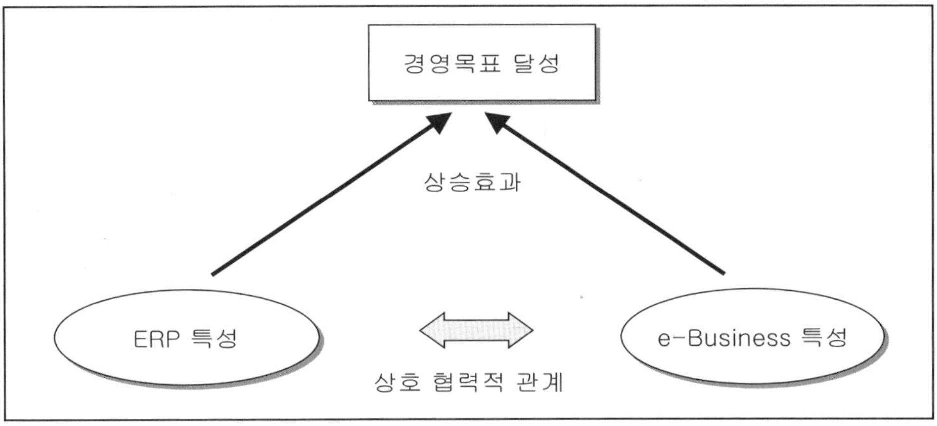

6.2 ERP와 e-Business의 차이점

ERP와 e-Business의 차이점-1

e-Business는 기업의 전반적인 경영방식의 변화를 추구하지만 ERP는 기업의 내부 정보화와 밀접하다. ERP시스템은 초기에 인터넷이 배제되었으나 점진적으로 e-Business의 개방형 인터넷 기술을 중심으로 재구축되고 있다.

항목	ERP	e- Business
변화의 주요 내용	➢정보화 접근 원칙의 변화	➢경영방식의 변화
인터넷기술 적용	➢초기 : 인터넷 기술 구현 배제 ➢ 현재 : 인터넷 기반 기술 전환 중 ➢ 미래 : 완전한 인터넷 기반	➢인터넷 기술 전제로 출발

ERP와 e-Business의 차이점-2

e-Business는 조직의 내부와 외부를 모두 대상으로 하지만 ERP는 주로 내부업무를 대상으로 한다. 그렇지만 ERP의 외부 시스템과의 상호작용 부분은 계속 증가하고 있다. ERP는 기본적으로 패키지의 도입으로 가능하지만 e-Business는 패키지와 자체개발이 혼합된다. ERP를 도입하다 보면 자체 업무프로세스의 변화가 불가피하게 발생한다. ERP에 내장된 업무프로세스에 현업의 프로세스를 맞추려 하다 보면 자연스럽게 BPR(Business Process Reengineering)이 생겨나는 것이다. 더구나 외부업체와의 업무 프로세스에도 변화를 주어야 하는 상황도 발생할 수 있다. ERP를 추진하는 기업이 규모가 크거나 원청업체여서 협상력이 크지 않다면 외부업체로 하여금 새로운 프로세스에 맞추어 변화를 해달라가는 부탁을 하기가 쉽지 않다는 문제점이 발생한다. 이 부분은 SCM과 관련된 부분도 있다.

항 목	ERP	e- Business
대상업무	➢초기 : 조직내부 업무에 초점 ➢ 현재 : 조직외부와의 상호작용	➢조직 내부 및 외부 포괄
구축형태	➢패키지 도입	➢패키지 도입 또는 자체개발을 조직 상황에 적합하도록 수용
업무 프로세스 변화	➢ERP와 BPR 병행	➢외부와의 관계는 최적의 프로세스 도출과정 중

제7절 ERP와 e-Business의 상호작용

7.1 ERP는 e-Business의 백본(Backbone) 역할

ERP는 기본적으로 기업의 내부 정보시스템(인트라넷)의 근간(백본)이라 할 수 있다. 전자상거래를 통해 생성되는 주문정보와 고객정보, CRM을 통해 취합되는 고객정보들은 결국 ERP의 적절한 모듈에서 가공되고 통합되어 기업의 중요한 의사결정과 문제해결에 필요한 귀중한 고급 정보가 된다. e-Business로의 확대를 위해서는 외부와의 통합과 연동이 계속 확장되어야 하며 이를 위해서 ERP는 표준화된 개방형 기술구조를 채택하여야 한다.

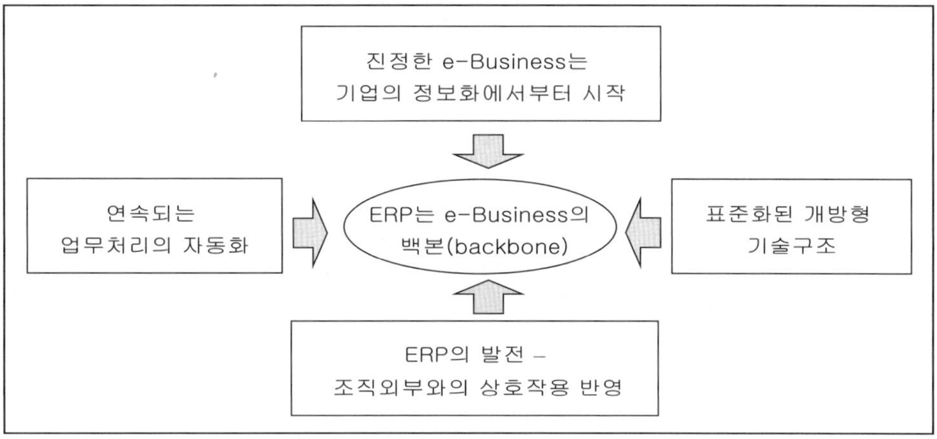

7.2 e-Business를 발전시키기 위한 ERP의 과제

o ERP의 과제

향후 ERP가 기업의 e-Business화에 더욱 기여하기 위해서는 경영혁신 및 프로세스의 혁신을 계속 주도하여야 하며, 특히 기업들이 감수해야 하는 변화관리에 필요한 모듈을 더욱 강화할 필요가 있으며, 계속적으로 출현하는 최신 정보기술을 모듈 개발에 반영하여야 할 것이다. 아울러 적용할 수 있는 산업과 업종을 계속 확장함으로써 표준화된 혁신의 드라이버 역할을 수행해야 할 것이다.

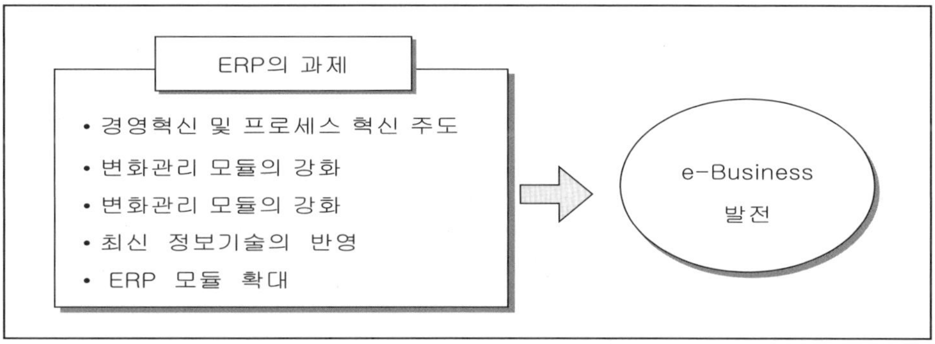

[심층 사례 연구]

여기에서는 2개의 글이 묶여 있다. 앞의 글은 미국의 상황인데, 전사적자원관리시스템(ERP)과 같은 IT부문에 엄청난 투자를 통해 기업이 혁신모델과 새로운 비즈니스 프로세스를 짧은 시간 안에 다른 계열사, 지점 및 프랜차이즈에 확산시킴으로써 업종 내 경쟁적 우위를 더욱 공고히 해 나가는 사례들을 서술하고 있으며, 뒤의 짧은 글은 기사를 편집한 것으로 삼성전자가 자신의 혁신 모델을 담은 G-ERP를 다른 그룹 계열사에 확산하고 있는 모습을 설명하고 있다. 단지 후자의 경우, 재벌 2세의 경영권 장악을 돕기 위해 G-ERP의 확산한다는 부정적인 논지를 펴고 있다는 차이점이 있다.

□ 전사적자원관리(ERP)와 경영혁신

미국의 경제만을 볼 때 1990년대 ERP와 같은 전사적자원관리 시스템의 출현은 기업들의 경쟁을 더욱 치열하게 만들어 왔다. 경쟁이 치열한 업종일수록 IT에 대한 투자를 늘리는 방식으로 기업들은 경쟁우위를 확보해 왔다. 디지털 콘텐츠가 신속하고 정확하게 무한 복제가 가능하듯이 기업이 창안한 독특한 비즈니스 프로세스를 전사적 통합 시스템에 임베딩(embedding)하여 부서와 조직을 넘어 신속하게 확산 · 고착할 수 있게 되었다. 경쟁회사는 시장점유율을 빼앗기지 않기 위해 제품이나 시장 전반에 지속적인 프로세스 혁신을 단행하며 IT에 투자하고 운영모델을 혁신하다 보니 승자는 더욱 대형화되고 민첩해지고 있다.

이 에세이 논문은 어떻게 ERP의 확산과 경쟁력의 상관관계가 1990년 중반 이후 점차 강화되어 왔으며, 이러한 새로운 환경에서 기업 리더와 전사적 통합 IT는 어떠한 역할을 해 왔는지를 통계자료의 2차적 분석과 문헌연구 및 사례를 통하여 검토하였다. 결론적으로 경영혁신의 확산과 고착을 위해 ERP와 같은 전사적 통합 IT는 매우 중요한 역할을 할 것이며 혁신에 성공한 기업들은 승승장구하는 '승자독식' 구조가 계속 강화되고 있다.

I. 서론

경쟁이 치열해 지면서 라이벌을 제치거나 따라 잡는 일이 예전보다 더욱 쉽지 않게 되었다(변지석, 2003). 최근 연구에 따르면 인터넷과 ERP와 같은 전사적 통합 시스템 (애플리케이션)의 도입이 본격화된 1990년대 중반부터 경쟁은 더욱 심해진 것 같다. 이러한 현상의 원인으로는 활발한 M&A, 시장의 글로벌화, 기업의 지속적인 R&D투자 등이 있을 수 있지만, 가장 중요한 요인은 IT투자의 성과가 산업 전반에 광범위하게 나타났기 때문이다.

최근 IT가 기업 경쟁력의 향상에 기여한 시기나 업종 등을 이해하기 위해서 미국 상장 기업들의 성과(매출, 수익, 이익률, 시장 자본화)와 뚜렷한 변화 패턴을 1960년대부터 2005년까지 분석하였다. 1990년 중반부터 리더 기업과 추종 기업간의 격차가 점점 벌어지고 있을 뿐만 아니라 승자가 모두 독식하는 경제적 집중화가 심화되고 있는 것으로 보인다(McAfee and Brynjolfsson, 2008). 이런 패턴은 60년 전에 경제학자 슘페터가 예언한 자본주의의 '창조적 파괴'와 매우 닮아 있다. 이렇게 가파르게 상승해온 경쟁은 인터넷과 전사적 통합 시스템 을 도입하여 경영 모델을 바꾸는 등 양적, 질적으로 기업들이 IT투자를 늘려온 사실과 맞물려 있다. 경쟁이 치열한 업종일수록 IT에 더 많은 투자가 이루어진 분야라는 사실에서도 엿볼 수 있다.

이러한 패턴은 컴퓨터 소프트웨어나 음반시장과 같은 디지털 제품 시장에서 두르러진다. 이 시장은 승자가 혼자 독식하고, 경쟁업체의 부침이 매우 심하며, 혁신을 주도하던 기업이 또 다른 혁신 기업에 의해서 빈번하게 위협당하는 특징을 보인다. 검색시장의 초창기에 알타비스타를 야후가 제쳤고 이 야후를 구글이 다시 추월한 인터넷 검색업계도 그랬고, 소수의 팝 가수들이 빠른 시간 안에 특정 음반 시장을 독점하는 모습에서도 엿볼 수 있다(Frank and Cook, 1996).

대부분 산업들은 이런 슘페터 방식의 혁신경쟁에서 벗어나 있었지만, 오늘날 인터넷과 IT는 전통적인 산업분야에서 조차 전반적으로 경쟁을 촉진하고 있다. 그 이유는 제품이 디지털화되었기 때문이라기보다 프로세스 혁신의 신속한 확산 가능성 때문이다. 디지털 사진이나 웹 검색 알고리즘이 끝도 없이 신속하고 정확하게 복제가 가능하듯이 기업의 독특한 비즈니스 프로세스도 전사적 정보시스템(IT)에 임베딩(embedding)되어 부서와 조직을 넘나들며 신속하게 확산할 수 있게 되었다. 결과적으로 혁신적 업무처리 방식을 전례 없이 빠른 속도로 기업 전체에 적용할 수 있게 된 것이다. 경쟁회사는 시장점유율을 빼앗기지 않기 위해 제품이나 시장 전반에 더 많은 프로세스 혁신을 단행하는데 그러다 보니 승자는 늘 대형화되고 민첩하지만 때로 그 혁신의 수명이 길지 않을 때가 많다.

CVS[3)], Cisco[4)], Otis 엘리베이트의 공통점은 첨단 기술을 이용한 프로세스 혁신을 통해

---

3) 약국이 포함된 미국의 잡화점 체인

4) 미국의 네트워크장비 제조회사

시장에서 늘 경쟁적 우위를 확보해 왔다는 것이다. 이들은 항상 일을 제대로 하고 있는 지를 재고한 후 프로세스를 재설계를 하고, 이런 혁신적 프로세스를 탄탄한 기업 애플리케이션과 네트워킹 기술을 이용하여 다른 지점이나 영업장으로 확산시켜갔다.

따라서 본 논문은 왜 기술과 경쟁력의 상관관계가 1990년 중반 이후 점점 강화되어 왔으며, 이러한 새로운 환경에서 기업 리더와 전사적 IT는 어떠한 역할을 해야 하는 지를 통계자료의 분석과 문헌연구 및 사례를 통하여 검토하고자 한다.

II. 경쟁하는 방법을 바꾸는 IT

1990년 중반을 기점으로 경쟁방식에 분명히 큰 전환점이 있었다. 전사적 IT가 혁신적 역할을 시작하게 된 것은 기업들이 ERP(전사적자원관리), CRM(고객관계관리), ECM(전사적컨텐츠관리) 등의 IT를 적극 도입하면서 이를 경영에 실질적으로 활용하기 시작한 시점과 거의 일치한다. 이때를 기점으로 기업들의 IT투자는 급증하게 되는데 1994년 직원 일인당 투자금액이 $3,500 하던 것이 2005년에는 $8,000에 이른다. 동시에 지난 20년간 1.4%에 머물었던 미국 기업들의 연간 생산성도 두 배까지 뛰게 된다. 그 동안 IT투자와 생산성 향상과의 관계에 많은 관심을 두었지만 IT투자와 경쟁력과의 관계에 대한 규명을 소홀해 왔다. 따라서 남가주대(USC)의 소렐(Sorell) 교수와 츄우(Zhu)교수는 기업의 IT 소비 증가와 경쟁력을 평가하기 위한 3가지 정량적 지표, 즉 집중도(concentration), 혼란도(turbulence), 성과양극화(performance spread)을 비교하는 연구를 2년 전에 하였다.

집중도, 혼란도, 성과양극화의 측정

집중도가 심한 승자독식 시장에서는 몇몇 소수의 기업들이 시장의 대부분을 독식하고 있다. 오늘날 시장에서 이런 과점 시장을 발견하는 것은 어렵지 않다. 집중도를 측정하기 위해서는 상대적으로 긴 기간에 걸쳐 특정 산업분야가 어느 정도 특정 기업들로 집중화되는지를 관찰할 필요가 있다. 특정 업종내 기업의 서열이 얼마나 부침이 심한지는 판매 1위 기업이 후발업체에 추월당하는 빈도로 측정될 수 있을 것이다. 끝으로 성과 양극화는 자산수익율, 이익률, 수입 1달러 당 주가총액(market capitalization per dollar of revenue)과 같이 투자자나 상급경영자가 관심을 갖는 성과지표에 있어 1위 기업과 후발 기업들의 차이로 측정할 수 있다(McAfee and Brynjolfsson, 2008).

〈그림 1〉은 1990년 중반까지 지속적으로 하강해왔던 산업집중도(concentration)가 다

시 증가되고 있음을 보여주고 있다. 비록 절대 수치는 낮지만 High-IT산업이 Low-IT산업에 비해서 증가속도는 더 빠르다는 것을 알 수 있다. 즉 전사적 통합 시스템과 같은 IT에 투자를 많이 산업의 집중도가 가파르게 상승하고 있음을 알 수 있다. 〈그림 2〉는 지난 40년간 혼란도(turbulence)의 추이를 보여주고 있다. 올해 시장점유률 1위를 하였던 기업이 내년에 다시 1위를 한다는 보장은 없다. 혼란도가 낮은 업종일수록 상위권에 있던 기업들이 여러 해에 걸쳐 계속 상위권에 남아 있는다고 할 때, 전년 대비 순위가 바뀐 평균회수가 1990년대 중반에 들어 더욱 심해진다는 것을 알 수 있다. 〈그림 3〉은 성과양극화를 보여주고 있다. 상위 25%에 속하는 기업의 총이윤이 하위 75%에 속하는 기업의 그것과 격차가 1995년 무렵부터 점점 커지고 있다는 것을 알 수 있다.

그렇다면 IT투자가 급증했던 1990년 중반부터 이 세 가지 지표가 경제 전반에 걸쳐 증가해 왔는지 알아보고, 그게 사실이라면 그런 변화가 IT투자가 집중된 산업, 즉 고정자산에 IT투자비율이 높은 산업에서만 일어났는지 알아볼 필요가 있다. 미국의 BEA(Bureau of Economic Analysis)의 데이터를 분석한 결과, 미국 산업들의 평균 혼란도는 1990년 중반부터 급격하게 상승하였다. 더구나 10년간 계속 하강하였던 산업 집중도는 반전되었을 뿐만 아니라 증가하기 시작하였으며, 1위 기업과 후순위 기업들의 양극화는 더욱 커지고 있다. 이러한 변화는 IT투자의 급증과 생산성의 향상과 거의 동시에 일어났으며, 경쟁의 방식이 근본적으로 바뀌고 있음을 시사한다. 이런 변화가 IT 비중이 높은 업종, 예컨대 전자와 자동차부품제조 부문에서 두드러진다. 한 걸음 더 나아가 이런 변화의 원인을 M&A 활동, 글로벌화, R&D투자 등에서 찾을 수도 있겠지만 IT 비중만큼이나 이 변화를 설명하지는 못한다. 다시 말하면 IT로 인해 업계간 경쟁의 강도는 격화되었지만 이런 경쟁적 소용돌이는 일시적인 현상일 수 있다. 1990년대 중반에 IT 관련 생산 및 서비스업체들이 기업혁신 제품들을 쏟아 낸 직 후 기업들이 이것들을 대거 수용하면서 생겨난 현상일 수 있는 것이다. 기업들은 막대한 자금을 들여 투자한 IT 자원들을 내적 혁신을 위해 소화하면서 종국에는 모든 산업들이 과거의 경쟁 패턴으로 돌아갈 것이다.

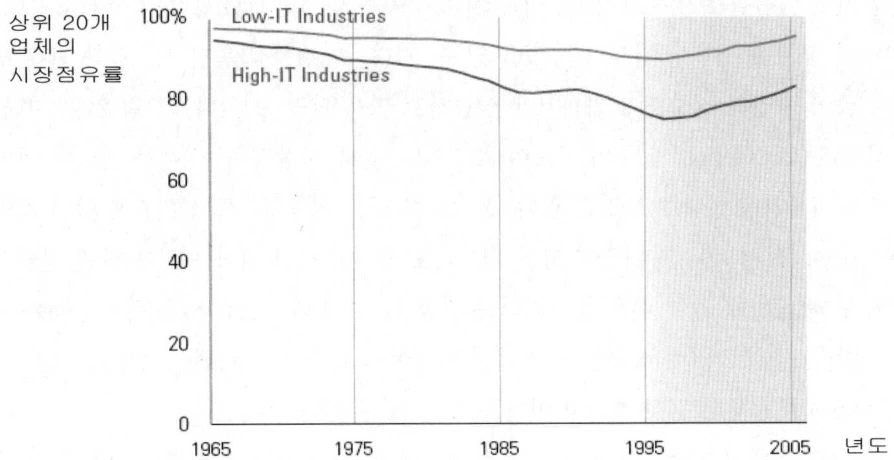

〈그림 1〉 산업집중도

자료원 : McAfee and Brynjolfsson, 2008, pp. 102

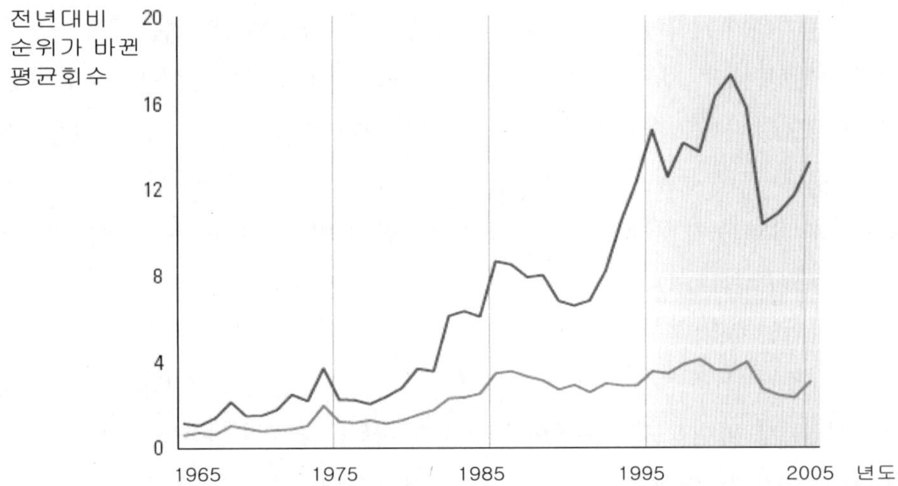

〈그림 2〉 혼란도

자료원 : McAfee and Brynjolfsson, 2008, pp. 102

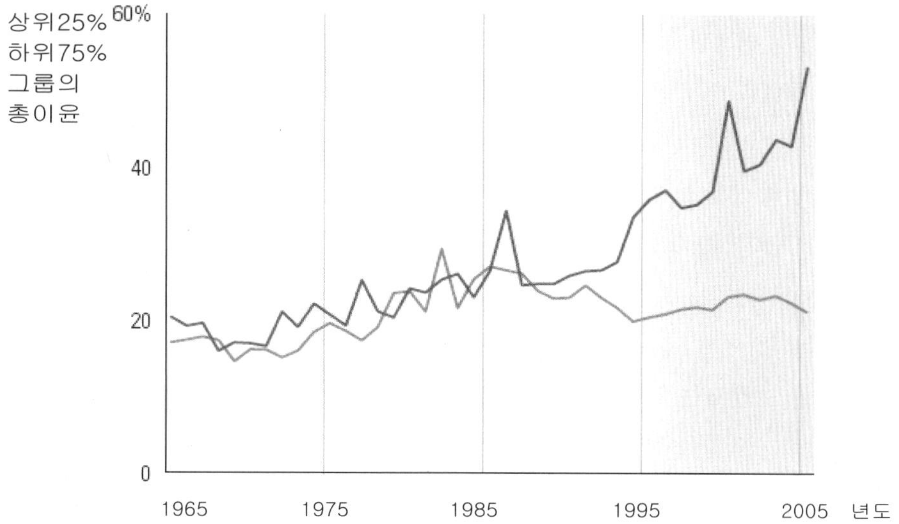

〈그림 3〉 성과 양극화

자료원: McAfee and Brynjolfsson, 2008, pp. 102

혁신의 신속한 전사적 확산

기업들이 최근에 IT 도구들을 많이 도입한 것이 사실이지만 넘쳐나는 IT 도구만으로 최근 발생하고 있는 경쟁적 패러다임의 변화를 모두 설명할 수 없다. 기업들은 1990년 중반부터 새로운 차원의 격렬한 경쟁적 환경에 돌입하였는데 이는 기업들이 모종의 IT 혁신도구들을 단순히 도입하였기 때문이 아니라 이 도구들을 이용하여 자신의 운영 모델(operating model)을 혁신하고 이러한 혁신 사례를 전사적으로 복제 · 확산시켜 나갔기 때문이다.

미국의 CVS가 이러한 사례를 잘 보여준다. 자신의 처방전이 제때 신속하게 처리되지 않는 것을 원하는 사람은 어느 누구도 없다. 그래서 CVS는 높은 수준의 고객서비스를 유지하기 위해 무진 노력해 왔는데, 2002년도 소비자 조사에서 고객만족도가 떨어지고 있다는 사실을 알게 되어 경영진은 바짝 긴장하였다. 원인을 정밀 조사한 결과 고객이 처방전을 약사에게 건넨 다음 매장을 떠난 후에야 보험 확인을 하기 때문에 처방전의 17%가 늑장 처리된다는 사실을 알게 되었다. 그래서 팀은 보험확인 절차를 처방전 처리 과정 중 의약품안전 확인절차(drug safety review) 앞 단계로 옮겨 고객이 매장을 떠나기 전에 이직 여부(직장 이동)를 확인함으로써 문제를 해결하였다(McAfee and Brynjolfsson, 2008).

CVS는 이렇게 변경된 절차를 처방전 처리 정보시스템에 적용시켜 CVS의 약국들은 모두 준수하도록 하였다. 지금은 약사가 보는 처방전 처리 정보시스템의 화면을 보면 보험확인이 이루진 다음에야 의약품안전 확인을 하는 화면을 볼 수 있게 되어있다. 새롭게 설계된 시스템으로 인해 CVS 전 매장은 고객의 안전을 희생하지 않고 고객만족 점수를 다시 올릴 수 있었다. CVS가 4000개의 매장에 이 새로운 프로세스를 구현한 정보시스템을 보급함으로써 혁신을 전사적으로 복제하는 데는 체 일년도 걸리지 않았다. 그 결과 치열한 의약품처방(약국)시장에서 고객만족도를 86%에서 91% 상승시키는 경이적인 효과를 보았다.

이런 사례를 보면 IT는 2가지 핵심적인 역할을 수행하는 것 같다. 첫째, IT는 프로세스 변화를 고착시키는 역할을 한다. 일단 새로운 프로세스가 정보시스템에 구현되고 난 다음에는 약사든 점원이든 과거의 업무방식으로 돌아가지 못하도록 한다. 둘째, IT는 이런 변화를 4000여개의 매장에 쉽고 신속하게 전염시키면서 초기 투자의 경제성을 극대화시킨다. IT가 없었더라면 CVS가 이런 변화를 전사적으로 확산하는 데는 훨씬 많은 낭비와 노력이 필요했을 것이다. 절차 매뉴얼을 업데이트하여 각 CVS 매장으로 보내고 점장은 그 매뉴얼을 직원들에게 돌려보게 하고, 필요하면 교육을 시키고, 그런 다음 업무를 매뉴얼에 따라 진행하는 지를 확인하는 지루한 과정을 거쳐야 할지 모른다. 그러나 디지털 방식으로 새로운 프로세스를 적용하기 때문에 변화 속도가 빠를 뿐만 아니라, 전사적으로 동시에 똑같이 집행하므로 새 방식이 경쟁력 향상에 미치는 효과도 극대화되는 이점이 있다.

SAP사의 ERP 같은 현대판 전사적 자원관리 시스템이 소개된 것이 비교적 최근(1992년)의 일이지만 한 추정치에 의하면 미국 기업들은 IT투자금액의 75%를 ERP 도입에 쓰고 있어 지금 ERP를 도입하지 않은 기업들은 거의 없는 실정이며, 국내도 대기업의 70%, 중견 · 중소기업의 40%가 ERP를 도입하였다(기업정보화 지원센터, 2004; 이소희, 2004). 가트너 그룹의 최근 통계를 보면 2008년 전 세계가 ERP에 투자할 금액은 1900억 달러에 이를 것이라고 한다. 이러한 전사적 통합 시스템의 도입과 확산이 업계의 전체 경쟁적 구도에 미칠 영향을 이해하는 데는 앞서 예로 든 CVS를 생각하면 그리 어렵지 않다. 미국에는 CVS와 같은 약국이 포함된 잡화체인점이 여러 개가 있다. 이들 모두가 CVS와 경쟁하기 위해서 IT를 도입하고 경쟁력 창출을 위해 전사적 통합 시스템 을 적용할 때 생겨날 수 있는 치열한 경쟁적 구도를 상상하는 것은 어렵지 않다. ERP와 같은 전사적 통합 시스템 이 있기 전에는 한 매점의 점장이 시도한 성공적인 혁신이 그 지역 시장에서 경쟁적 우위를 주도할 수 있었다. 결국 경쟁 업체들도 균등하게 고용하고 있는 우수한 점장들이 제각기 자신의 매장에서 혁신을 시도하게 되는 상황에서는 혁신의 공유와 복제과정(메모, 절차 매뉴얼개발, 훈련 등의 방식)이 상대적으로 느리고 불완전하기 때문에 경쟁업체들의 상대적 시장점유율도 쉽게 변하지 않는 것이다.

한편 전사적 통합 시스템의 출현으로 경쟁업체도 자신의 업무 프로세스를 혁신하기 위한 기술적 옵션을 쉽게 손안에 넣을 수 있다. 어떤 업체는 IT의 효과를 믿지 않기에 그 옵션을 쓰지 않을 수도 있지만 어떤 기업은 시도를 했다가 실패할 수도 있다. 그런데 만일 어떤 업체가 성공하였다면 그 혁신은 전사적으로 확산될 것이다. 결국 최고의 프로세스를 가진 기업이 시장의 대부분 또는 전부를 차지할 것이다. 그러면 이제 경쟁업체들이 더 빨리 치고 나올 수 있을 것이다. 이들은 앞서 간 경쟁업체를 모방하는데 그치지 않고 디지털 방식의 아웃소싱 전략이나 Cross-selling, Up-selling 기회를 알려주는 CRM으로 무장된 IT 기반 혁신전략을 들고 나올 것이다. 이러한 혁신은 정보시스템에 구현되기 때문에 전사적으로 신속하고 정확하게 확산될 것이다. 한번 성공을 맛 본 기업들은 다음에 더 과감하고 빈번하게 경쟁적 우위 확보를 위한 노력을 경주할 것이고 이에 고객들은 자신의 입맛에 맞는 거래 기업을 바꾸기도 할 것이다.

결과적으로 IT를 도입하여 가장 큰 이익을 누린 기업이 업계를 장악하면서 전반적인 성과는 확산되고 상승할 것이고, 업계 내 집중은 가속화 되고 일부 실패한 기업들은 낙오할 것이다. 남아 있는 경쟁업체들은 다른 경쟁업체를 제치기 위하여 새로운 IT기반 운영 모델(operating model)을 잇달아 도입하면서 업계의 혼란은 증폭될 것이다. 결국 대부분 산업의 경쟁적 상황은 전사적 통합 시스템의 출현 이전 보다 훨씬 더 빠르고, 강하며, 동적으로 변할 것이 예상된다.

이런 슘페터식 혁신 환경에서 프로세스 혁신의 가치는 몇 배로 증폭되며, 이는 경영진에게 프로세스를 혁신하고 새로운 업무 방식을 확산하는 일에 전략적으로 임할 것을 주문한다.

III. 디지털 방식의 경쟁

오늘날 치열한 경쟁적 환경에서 CEO들에게 줄 수 있는 고언은 "(IT를)배치하고, 혁신하고, 확산하라"는 말로 요약될 수 있다. 첫째, 전사적으로 일관성 있는 표준화된 플랫폼(하드웨어, 소프트웨어, 네트워크)을 배치하여야 한다. 일을 더 잘 할 수 있는 방법을 찾기 위해 끊임없이 고정관념에서 벗어나 변화를 모색해야 한다. 그런 다음 이 새로운 혁신 방법을 배치된 표준화된 플랫폼을 통해 안정적으로 넓게 확산시켜야 한다. 이런 측면에서 IT의 배치는 혁신적 아이디어를 생성하는 촉매제와 이를 전달하는 엔진 역할을 수행한다. 각 단계마다 권한의 집중화와 자율성 문제 이상으로 경영자가 해결해야 하는 다양한 도전과제가 놓여있다.

IT의 배치: 도전적 과제

1990년대 중반 이후 ERP와 같은 상업용 전사적 통합 시스템 패키지의 출현은 경영자에게 새로운 책임을 가져다주었다. 경영자는 회사의 다양한 운영모델 중에 전 세계적으로 또는 전사적으로 일관성 있게 적용되어야 하고, IT를 활용하여 복제해야 하는 혁신적 모델이 무엇인지를 판단해야 한다. 어떤 팀은 기회를 잡기 위해 뛰어들기도 하지만, 많은 기업들은 IT를 배치할 때 장애물이 될 수 있는 시스템의 파편화(fragmentation)와 부서(팀)의 자율성(autonomy) 문제를 해결하려하지 않고 이런 책임을 부서 매니저들에게 맡기려하고 있다.

역사적으로 볼 때, 지역담당 매니저, 제품 매니저, 부서 매니저들에게 자신들에게 맞는 IT서비스를 구매해서 설치하며 필요할 때 커스터마이징까지 할 수 있는 상당한 재량이 주어졌다. 지난 경험에 비쳐볼 때 이런 방식으로 발전된 시스템들은 공통의 DB를 활용하고 표준화된 프로세스를 적용하기 위해 파편화된 시스템들을 통합해야 할 때 엄청난 비효율과 값비싼 대가를 치려야 함을 알게 되었다. 기업이 표준화된 전사적 통합 시스템의 도입을 위해 엄청난 투자를 하였지만 소프트웨어가 수많은 사무실이나 독자적 매장에서 원래 의도했던 대로 배치되어 사용되지 않다보니까 표준이 오랫동안 전사적으로 적용되지 않고 방치되어 왔던 것이다. 이런 일이 일어나면 전사적으로 데이터, 프로세스, 고객 인터페이스, 운영 모델 등이 일관성을 잃게 되고 당초에 경쟁력 향상을 위해 전사적 통합 시스템을 도입하려 한 의도가 무색해져 버리는 것이다.

이런 일이 네트워크 장비회사인 시스코(Cisco)에서 실제 일어났다. 1990년대 중반에 시스코는 전사적 ERP시스템을 성공적으로 도입하였다. 그 때 매니저들에게 자기 부서가 필요로 하는 애플리케이션들을 독자적으로 구매하고 설치할 수 있도록 재량권을 주었다. 당시 시스코의 IT부서는 여러 기능별 부서들, 기술 그룹들, 제품별 부서들이 자발적으로 원하는 시스템들을 구매하고 설치하는 일에 별 제한을 가하지 않고 방임하였다. 2001년에 새로 부임한 CIO 브래드 보스톤이 시스코의 IT환경을 평가해 보았는데, IT투자에 열광했던 시스코에게 예기지 않았던 시스템, 데이터, 프로세스의 파편화는 심각한 수준이었다.

예를 들면, 고객주문 처리상황을 확인하는 도구가 9가지나 있을 정도였고, 여러 개로 나눠진 DB와 업무가 불분명한 팀으로 인해 회사 내에는 서로 상충되는 고객주문 처리보고서가 마구 돌아다녔다. 뿐만 아니라 고객 조사용 소프트웨어가 50 종류, 비즈니스 인텔리전스 도구가 15개에 이르렀으며, 200여개의 신규 IT 프로젝트가 진행되고 있었다.

IT를 배치할 때 모든 기업들은 전사적으로 일관된 표준 시스템으로 갈 것인지 아니면 지역적 자율성을 인정할지 사이에서 늘 갈등한다. 이런 갈등은 시스코 사례에서 볼 수 있듯이 의도적이라기보다 자연스럽게 생겨나는 현상이므로 결국 경영진은 이런 긴장감이 엄청난 이익으로 거듭나도록 노력을 집중해야 한다. 시스코 경영진은 신임 CIO의 평가를 받아들여 기존의 ERP시스템과 표준화된 데이터와 프로세스를 지원하는 핵심 애플리케이션을 업그레이드하기로 결정하였다. 이 업그레이드 프로젝트는 3년에 걸쳐 2억불의 예산이 들었다. 시스코가 발견한 핵심 프로세스는 제품출시, 주문과정, 주문단가 산정, 문제해결, 수요예측, 아이디어의 상품화, 고용에서 은퇴까지의 직원관리들이었으며 이 프로세스를 지원하기 위한 시스템들을 구상하였다. 기술로 인해 촉발된 소프트웨어 업데이트와 전략에 대한 토론을 통해 조직 전체의 일관성은 향상되었고 시스코가 지난 몇 년간 낸 뛰어난 성과에 크게 기여하였다.

시스코가 스파게티처럼 엉긴 시스템을 푸는 동안, 역사가 오래된 전통적 선도기업들도 경쟁에서 성공하는데 필요한 정보시스템의 이미지를 재구상하였다. 2002년에 아리 보우스비브가 오티스(Otis)[5]의 사장으로 취임하였을 때, 148년된 기업의 정보시스템은 파편화될 여지도 없을 정도로 그 존재가 미미하였다. 기존 소프트웨어 애플리케이션들은 새 엘리베이터를 설치하는데 필요한 고객의 요구사항을 모으는 핵심 프로세스를 집행하고, 받은 주문의 사양을 정확하게 결정하고, 최종 제안서를 만들기에는 너무 낡아 있었다. 더구나 많은 지역에서는 그러한 프로세스를 종이에 수작업으로 하고 있었다.

시스코처럼 오티스도 핵심 프로세스에 집중하였으며 기존의 옛 소프트웨어들을 e-Logistics라 불리는 새로운 기술기반 플랫폼으로 대체하였다. e-Logistics는 인터넷을 기반으로 전 세계의 영업점, 제조공장 그리고 설치현장을 연결하도록 설계된 시스템이다. 오티스는 판매, 주문처리, 현장설치, 검수라는 네(4) 가지 핵심 프로세스를 찾았으며 각 프로세스들이 어디서나 어느 때나 일사분란하게 실행될 수 있도록 e-Logistics를 설계하였

5) Otis는 세계 최대의 엘리베이터, 에스컬레이터, 무빙워크 미국계 제조회사로서 150년의 전통을 가지고 있다.

다. 그 결과 오티스는 영업 사이클 시간을 단축했을 뿐만 아니라 수입과 이윤을 올릴 수 있었다.

IT를 통한 혁신 기회의 포착

기업의 다양한 애플리케이션을 통한 최첨단 자료 분석 역량과 웹 2.0기술을 기반으로 한 집단지능(collective intelligence)[6]은 새로운 아이디어를 전파하는 역할뿐만 아니라 이런 아이디어를 생성하는데 많은 기여를 하고 있다. 그러나 이러한 역량이 우수한 관리자가 갖는 통찰력이나 토론을 통해 해결책을 찾는 과정을 결코 대체할 수는 없으며 단지 비즈니스 프로세스 혁신을 돕고 속도를 내도록 돕는다.

영국의 할인점 체인 테스코(Tesco) 역시 IT의 종합적 역량과 분석능력을 활용한 좋은 예라 할 수 있다. 다른 경쟁 할인점처럼 고객 구매에 대한 상세한 정보를 얻기 위해 고객 보상카드제를 도입하였으며, 이를 근거로 고객들을 분류하여 보상을 달리하였다. 테스코는 한걸음 더 나아가 고객의 보상상환율[7]을 정밀하게 추적하여 고객의 반응을 향상시키기 위해 프로세스를 혁신하는 실험도 시도하였다. 다이렉트 마케팅 기법의 하나인 보상제의 상환율은 평균 2%에 지나지 않지만 테스코의 경우 20%까지 육박하게 만들었다.

시장 전방에 대한 집단의 지혜(지식)를 모을 수 있도록 돕는 웹 2.0 애플리케이션은 비즈니스 혁신의 새로운 잠재력을 보여주고 있다. 첨단기술기업인 라이트-솔루션(Rite-Solutions)사의 라보이 사장은 회사 인트라넷에 "Mutual Fun"이라 불리는 가상적 지식시장을 개설하였다. 직원들은 비용절감 아이디어를 내면 '절감 채권(Saving Bonds)'에 포인터 머니를 적립할 수 있고, 기존 제품을 혁신하는 아이디어를 내거나 새로운 제품 아이디어를 내면 각기 다른 포인터를 적립할 수 있다. 직원들은 또한 장래성이 있는 좋은 아이디어에 포인터 머니를 투자할 수 있으며, 아이디어를 현실화할 수 있는 프로젝트를 발주할 수 있다. 라보이 사장이 말하기를 "우리 기업은 멋진 차세대 사업 아이디어가 상급경영자가 아닌 다수의 일반 직원들로부터 나온다고 보기 때문에 지금 투자하지 않으면 그런 기회를 얻을 수 없다고 생각한다. 그래서 모든 직원들에게 목소리를 낼 수 있는 동일한 기회를 주

6) 혼자가 아닌 다수가 생각, 아이디어, 의견을 내 문제를 집단적으로 해결하는 역량을 말하는 것으로 위키피디아(www.wikipedia.org)가 대표적인 집단지능 사이트라 할 수 있다. 우리나라에서는 네이버의 지식검색이 이에 해당된다고 할 수 있다.

7) 일종에 포인터 적립제로 고객이 테스코가 제공한 보상을 얼마나 빨리 회수하는 지를 측정하는 지표의 일종

고 흥미로운 게임형식을 빌려 그들의 호기심을 자극하는 것이다."

IV. Top-down/Bottom-up 방식의 혁신의 확산

CVS가 보였듯이 전사적 통합 시스템의 매력은 가장 효율적인 작업 방식(best practices)과 표준화된 업무 절차를 전사적으로 적용함으로써 분점과 대리점에서 생겨나는 다양하고 일관성이 결여된 작업방식과 절차가 야기하는 혼란의 위험을 제거하는데 있다. 예를 들어, 재고관리를 위해 가장 효율적인 작업 방식이 있음에도 불구하고 각 분점과 대리점들이 이질적이고 다양한 프로세스를 각기 만들어 낸다는 것은 경쟁적 우위를 확보하는데 별 도움이 되지 않는다.

혁신을 확산할 때 ERP와 같은 전사적 통합 시스템이 중요한 도구가 되기도 하지만 혁신이 반드시 위에서부터 시작될 필요는 없다는 사실을 일깨워 주는 다른 도구들이 많이 있다. 예를 들어, 웹 2.0 애플리케이션들은 조직의 바닥에서부터 프로세스의 변화가 일어나도록 도울 수 있다. 시스코의 경우, 만 명 정도 되는 매킨토시 컴퓨터 사용자 집단은 중앙 IT부서가 제공하는 지원서비스에 만족하지 못하고 자신들의 컴퓨터를 더 효과적으로 사용하는 방법을 공유하는 사이트를 만들었다. 사람들은 문제해결에 도움이 되는 정보나 파일, 인터넷 링크 그리고 애플리케이션들을 올렸고 누구든지 이를 편집할 수도 있어 궁극적으로 생산성 향상에 크게 기여하는 도구가 되었다. 이 사례는 프로세스의 혁신이 중앙에서 시작된 것이 아니라 하위 직원들에 의해 주도되었다는 특징이 있다.

적절한 IT 결정권의 분산

시스코와 오티스 사례를 보면 전사적 통합 시스템을 이용한 프로세스의 혁신은 중요한 결정을 모두 중앙에서 내리고 나머지 구성원들은 그것을 실행하는 중앙 집중적 기업 조직을 선호하는 것처럼 보인다. 핵심 비즈니스 프로세스와 그것을 지원하는 시스템의 선택을 사업부 책임자나 지역시장 관리자의 손에서 빼앗는 결과를 가져왔고, 기업이 변하려는 노력이 이전보다 집중도가 높은 고위경영층에서 이루어지는 것 같다. 그러나 현실은 훨씬 더 복잡하다.

일부 결정은 중앙에서 이루어지고 절차가 표준화되어 있지만 그렇지 않는 것도 많이 있다. 상급경영자가 핵심적인 프로세스를 찾아 혁신을 시작하지만 라인 매니저와 직원들은 고객의 필요에 맞도록 그들만이 가지고 있는 특별한 관계적 정보를 이용하여 프로세스에 적용하는데 재량권을 행사할 수 있는 것이다. 이러한 역할구분이 왜 중요한지 정부의 예를 들어보자. 헌법을 제정한다는 것은 고도록 집중화된 활동이다. 즉 전 국민을 대신하여 소수의 심의위원들이 결정하는 것이다. 그렇지만 그렇게 제정된 헌법이 고도로 분권화된 지방 정부의 기능을 규정하는 것도 가능한 것이다.

시스코나 오티스사의 지역담당 관리자나 최전방의 직원들도 기업이 추진하는 IT기반 운영모델에 대한 중요한 책임을 질뿐 아니라 때로 새로운 책임까지 추가될 수 있다. 예를 들어 e*Logistics가 도입된 오티스의 경우, 현장설치감독관이 제작된 엘리베이터가 출하되기 전에 그것이 설치될 장소가 엘리베이터가 설치될 준비가 되었는지를 확인하는 책임을 처음으로 맡게 되었다 (이전에는 주문된 엘리베이터가 만들어지면 확인 없이 바로 출하되었다.) 그러한 새로운 업무 프로세스는 오티스가 비즈니스를 하고 있는 전 세계에서 표준 절차가 되었지만 결코 운영이 중앙 집중화된 것은 아니었다. 오히려 시장 전방에 나가 있는 직원에게 더 큰 책임이 주어졌다.

자라(Zara)라는 스페인계 의류회사를 예로 들어보자. 전 세계에 천개 이상의 상점을 가진 이 회사는 동일한 디지털 양식을 이용하여 주 중에 정해진 시간에 똑 같은 방식으로 옷을 주문한다. 대부분 다른 의류 체인점들은 어느 가게에서 어떤 종류의 옷을 얼마나 주문할 지를 결정하기 위해 컴퓨터를 이용한 복잡한 수요예측 프로그램을 실행하는 수고를 한다. 개별 상점이 시장 정보를 제공하기보다 중앙에서 수량을 산출하여 내려 보내는 식으로 주문과정이 처리된다. 반면 자라의 매니저들에게는 지역의 특별한 수요나 취향을 고려하여 주문을 할 수 있는 재량이 주어졌다.

자라와 다른 의류소매점의 이런 차이는 전사적 IT로 인해 핵심적인 프로세스가 가장 좋다는 한 가지 방법으로만 처리되는 것은 아니라는 사실을 말해준다. 사실 결정하는데 누가 가장 필요한 지식을 가졌는지, 어느 곳(지점, 부서 등)에서 결정을 내리는 것이 가장 적절한지를 생각해 보면 다양한 실험적 아이디어와 옵션이 있을 것이다.

V. 인재관리 효과의 극대화

IT가 기업의 프로세스의 혁신을 촉진하고 감시하면서 새로운 업무방식(프로세스)의 가치는 증대하겠지만 기계적으로 반복되는 프로세스의 가치는 떨어질 것이다. 어떤 경우에는 새로운 업무방식이 굉장한 효과를 가져다주었음도 그런 가치를 창출하는데 큰 기여를 한 최고의 지식노동자에게 돌아가는 보상은 충분하지 않다. 따라서 기업의 인사정책이나 기업문화가 이런 사람들을 알아주고 지원할 수 있도록 발전해 가야 한다. 유능한 리더나 효과적인 조직은 이러한 지식노동자와 이들이 만들어내는 혁신을 능동적으로 찾아 나설 뿐만 아니라 이에 적절한 보상시스템도 만든다.

400개의 미국회사를 대상으로 2005년에 조사한 결과를 보면 IT를 이용하여 성공한 기업일수록 인재를 발굴하는데 더 열성적이어서 신입사원에 거는 거대가 높다. 이러한 기업들은 지원자들의 자질을 꼼꼼히 검토하며, 상급경영자들이 인터뷰를 포함한 초기 충원과정에서부터 적극적으로 참여한다. 일단 최고의 인재를 고용한 후에는 이들을 내적, 외적으로 훈련하고 교육하기 위해 엄청난 시간과 돈을 투자할 뿐만 아니라 보수(승진)와 성과를 연계하고 일을 처리하는 방법에 대한 상당한 권한을 부여한다. 우수 인재를 이렇게 관리하는 데는 많은 비용이 들겠지만 우수한 매니저 한명이 일군 혁신의 열매를 전 세계의 다른 상점이나 지점이 공유함으로써 얻을 수 있는 이익에 비교하면 미미할 것이다.

성공적인 IT기반 프로세스의 요소

전사적 IT 구축에 드는 막대한 비용과 이들을 잘못 배치함으로 인한 위험을 고려할 때 IT의 강점을 적극 활용하는 변화 프로젝트를 선택하는 일은 매우 중요하다. 가상적 기업의 사례를 하나 들어보자(McAfee and Brynjolfsson, 2008).

미국의 한 가구전문회사는 표준 제품(standard products)과 주문제작 제품(custom products)들을 100개의 상점을 통해 전국에 공급하고 있다. 판매원들은 이 회사의 3개 공장과 직접적인 소통을 하고 있지 않기 때문에 주문제작 가구의 거래가 안전하게 처리될 수 있도록 가급적 긴 리드타임을 고객에게 약속하였다.

이런 상황에서 제조와 영업활동들을 통합하기 위한 소프트웨어를 개발하여 한 상점에서 테스트를 하였다. 이제 영업사원은 주문제작 가구의 스펙을 입력하자마자 정확한 배달일자를 확인할 수 있게 되었다. 회사는 또한 배달과정을 관리하기 위해 같은 소프트웨어를 이용하기로 하였다. 테스트 상점의 배달팀은 고객에게 주문물품을 배달하자마자 즉시 중앙물류센터에 '배달완료'를 알려야 했고, 이어 센터는 고객을 접촉하여 배달 여부와 만족도를 묻는 전화를 걸 수 있었다. 소프트웨어를 이용하여 배달시간과 만족도를 꾸준히 측정한 결과 배달시간은 계속 줄어들었으며 만족도는 증가하였다.

성공적인 테스트에 만족한 기업은 전사적 소프트웨어에 구현된 새로운 프로세스를 나머지 상점들로 확대해 나갔다. 고객들은 이 기업의 프로세스 혁신에 매우 만족했기 때문에 시장점유율은 전국적으로 증가해 갔다.

성공적인 IT기반 프로세스 혁신은 다음과 같은 특징을 지닌다.

첫째, 이런 종류의 혁신은 그 범위가 매우 광범위하다. 이 회사의 경우, 모든 상점, 공장, 배달팀까지 확대 적용되었다.

둘째, 이런 종류의 혁신은 그 결과를 즉각 보여준다. 새로운 전사적 통합 시스템이 도입되자마자 즉각 프로세스의 혁신은 가능해졌다.

셋째, 이런 종류의 혁신은 일반적인 가이드라인에 그치기보다 비즈니스 활동을 어떻게 수행해야 할지를 구체적으로 지시하는 특징이 있다.

넷째, 혁신이 언제 어디서나 동시에 똑같이 집행될 수 있다. 모든 가구점이 똑 같은 방식으로 배달시점을 배정받고, 배달이 종료된 후에는 똑 같은 절차를 거쳐 거래가 종료된다.

다섯째, 활동상황을 모니터하기가 쉽다. 모든 활동과 이벤트를 실시간으로 관찰하고 측정하여 신속한 피드백을 통한 전례 없는 기회를 제공한다.

여섯째, 소프트웨어에 장착되는(embedded) 새로운 프로세스의 설계자들은 그것이 착오 없이 의도한대로 실행되리라는 확신을 가질 수 있다. 소프트웨어가 아닌 사람에 의한 인위적 방식으로는 시행과정에서 변형과 착오를 피할 수 없다. 이 회사는 배달과정의 데이터를 쉽게 확보하여 배달팀들이 제대로 일을 하고 있는지 쉽게 파악할 수 있었다.

VI. 결론

강력한 IT의 도래는 과거에 당연시 되었던 전제나 일하는 방법들을 쓸모없도록 만들기보다 경영자에게 오히려 새로운 기회를 제공한다. 첫째, IT의 이용으로 기업들 간의 격차는 줄어들기보다 더 확대되었다. 혁신전략을 선택하고, 도입하고, 이를 활용하여 성과를 내는 기업들의 역량은 천차만별이며, IT 기술은 그러한 차이를 더 가속화하고 증폭시켰다. 둘째, 수준 높은 IT서비스 업체, 컨설턴트, IT부서가 전사적 IT기술의 성공적 구현에 필요하지만 진정한 가치는 구축된 플랫폼을 통해 구현되는 프로세스의 혁신으로부터 온다. 이러한 혁신 분위기를 조성하고 확산하는 일이야 말로 중역들이 결코 위임해서는 안 되는 임무라 할 수 있다. 끝으로 IT로 인한 경쟁적 환경의 변화는 아직 끝나지 않았다. 이러한 경쟁적 환경의 변화는 IT투자가 증가하는 한국에서도 꾸준히 일어날 것이다.

기업들이 전사적 IT기술을 성공적으로 배치하는 일은 쉽지 않다. 기술 그 자체를 구성하고 효과를 검정하기가 어려울 뿐만 아니라 기술을 향한 사람들의 행동과 태도를 변화시키는 일은 더욱 어렵다. 전사적 IT기술은 일을 하는 방식을 현저하게 바꿔야 하는 경우가 많기 때문에 이를 직원들과 매니저들에게 설득하는 일이 쉽지 않다. 집중도(concentration), 혼란도(turbulence), 성과양극화(performance spread)가 심화됨에 따라 경영진은 실수를 용납하지 못하거나 성과가 낮은 직원들을 잘라야 하는 등 불편한 조치들을 취할 수밖에 없게 된다. 준비된 중역들조차 급작스런 혼란에 생존하지 못할 수도 있다. 그러나 새로운 비즈니스 혁신을 시도하는 경쟁업체가 나타나기 전까지 일부 사람들에게는 의외로 높은 보상이 주어질 것이다.

ERP와 같은 전사적 IT에 많은 투자를 해온 우리나라에도 이런 현상이 이미 일어났거나 현재 일어나고 있을 것이다. 그러나 이런 문제를 인식하는데 필요한 객관적인 자료 분석은 아직 시도되지 않았으며, 사례연구도 보고된 것이 별로 없다. 따라서 전사적 IT투자가 국내 산업별 경쟁적 구도에 미친 영향, 국내 현실에 맞는 혁신의 확산을 위한 전사적 IT역할, 효과적인 IT관련 결정권의 분산, 조직의 혁신문화를 확산할 수 있는 인사전략 등을 향후 연구할 필요가 있다.

참고 문헌

기업정보화지원센터, 2003년 기업정보화 수준 평가, ITR Report, RR200402_1, March, 2004.

변지석, ERP를 통한 경영혁신, 라이트북닷컴, 2003.

이소희, 중견 · 중소기업 ERP 성공모델 연구, Knowledge Research Group, 2004.

Frank, R. H. and Cook, P. J., Winner-take-all Society, Penguin Books, 1996.

McAfee, A. and Brynjolfsson, E., "Investing in the IT that Makes a Competitive Difference," Harvard Business Review, July-Aug 2008, pp. 98-107.

□ 삼성전자의 글로벌 전사적 자원관리(G-ERP) 시스템

위 에세이 논문에서는 전사적자원관리(ERP) 시스템을 통해 이룩한 성공적인 경영혁신 모델이나 기업이 창안한 독특한 비즈니스 프로세스를 신속하게 다른 계열사나 프랜차이즈로 확산 · 고착시킴으로 승자가 시장에서 더욱 승승장구하는 현상이 설명되어 있다.

이와 비슷한 현상이 삼성전자를 시발점으로 해서 그대로 재현되고 있다. "삼성전자 성공을 다른 계열사로"라는 이건희 회장의 반복적인 주문에 따라 그룹 전체가 삼성전자 ERP(G-ERP)를 계열기업에 이식하고 있으며, 이 사업을 오픈타이드가 도맡아 함에 따라 매출이 급신장하였다.

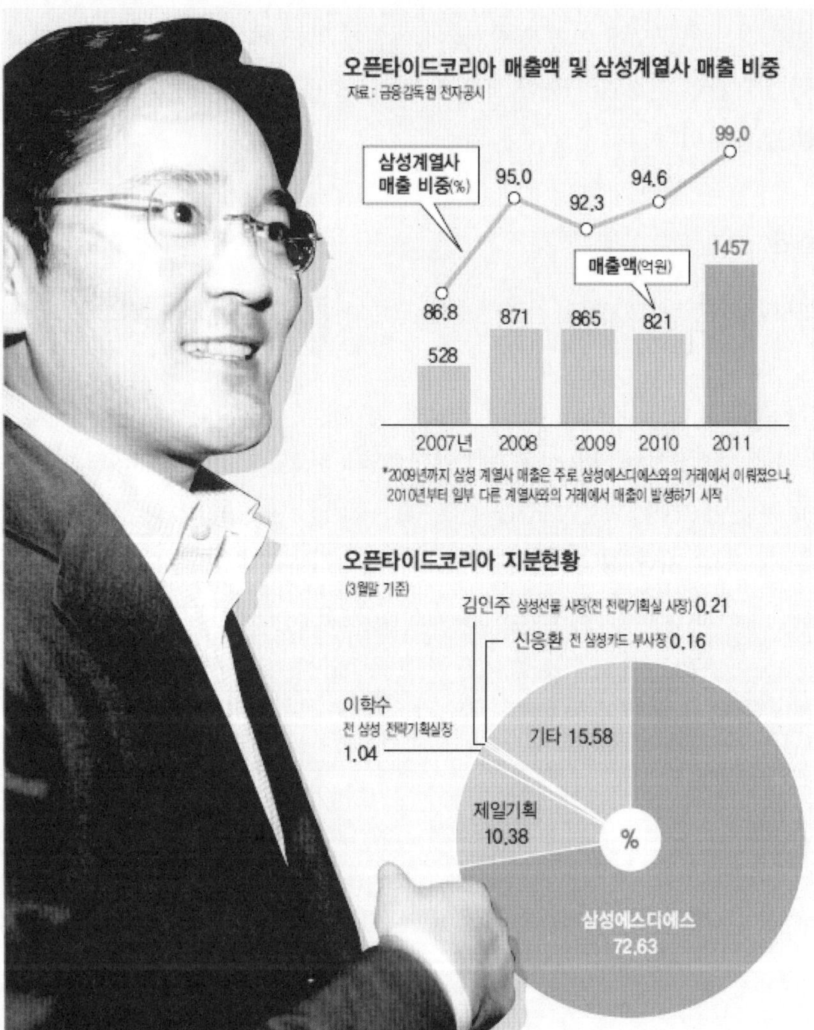

이재용 삼성전자 사장

"다른 계열사들도 삼성전자처럼 글로벌 기업이 돼야 한다." 이건희 삼성전자 회장이 2010년 경영복귀 뒤 이런 주문을 반복적으로 한 덕분에, 이재용 삼성전자 사장이 사업 실패 전력을 만회할 기회를 얻고 있다. 비상장사인 오픈타이드코리아가 급부상하고 있어서다. 최근 증권시장이 맥을 못 추고 있는 가운데, 장외시장에서 오픈타이드의 주가는 2년 전에 견줘 6배 넘게 올라 8만원까지 뛰어올랐다.

오픈타이드 급성장의 배경은 '삼성그룹 일류화 프로젝트'다. 삼성은 "삼성전자의 성공을 다른 계열사로 확산시키라"는 이건희 회장의 지시에 따라, 삼성전자의 글로벌 전사적 자원관리(G-ERP) 시스템을 다른 계열사들로 확산시키기 시작했기 때문이다. 이 작업은 지난해 삼성 미래전략실의 주관 아래 삼성SDS가 실행하기 시작했고, 오픈타이드가 컨설팅을 맡았다. 지난해부터 삼성정밀화학 · 삼성코닝정밀소재 · 삼성에버랜드 · 삼성물산 건설부문에 1차로 접목하고, 올 연말까지 단계적으로 금융 계열사로 확대할 계획인 것으로 알려졌다.

덕분에 오픈타이드 매출은 2008~2010년 800억원대에 머물다 지난해 1457억원으로 급등했다. 직원도 2010년 700여명에서 지난해 1000명을 넘었고, 올해도 신입 · 경력직을 대거 모집하면서 몸집을 키우고 있다. 오픈타이드가 삼성SDS로 합병될 것이라는 소문도 있다. 정보기술 업계 관계자는 "오픈타이드의 매출을 2000억~3000억원대로 키운 뒤 삼성SDS로 합병할 것이라는 전망이 나오고 있다"고 전했다.

이재용 사장을 따라다니는 '이(e)삼성 실패' 족쇄를 오픈타이드로 만회하려 한다는 분석도 나온다. 이 사장은 2000년대 초 e-삼성인터내셔널과 오픈타이드를 양대축으로 e-삼성을 구축하려 시도했지만, 결과는 처참했다. 그 이후로 오픈타이드는 웹에이전시 사업에서 아이티(IT)컨설팅 쪽으로 방향을 틀었다.

오픈타이드의 사업적 성공과 더불어, 이를 가능하게 한 ERP 작업 자체도 이 사장의 그룹 승계 작업과 관련이 깊은 것으로 분석되고 있다. 삼성그룹 전체의 ERP가 완성되면, 이재용 사장이 전 계열사를 장악하는 데 매우 유리해진다. 삼성 계열사의 한 관계자는 "계열사별로 따로 보고가 올라오고 형식도 달라서 전체 그룹을 파악하는 데 어려움이 있을 수밖에 없다"며 "ERP가 완성되면, 한눈에 삼성 전 계열사의 움직임을 볼 수 있게 된다"고 말했다. 그는 "그래서 제조업과 금융업을 같은 시스템 안에 넣기 어려운데도 통합 ERP를 추진하고 있는 것"이라고 덧붙였다.

아울러 이 작업을 벌이는 과정에서 개인주주로는 이재용 사장이 최대 지분(8.81%)을 가진 삼성SDS가 사업적 이익을 얻게 된다. 이 사장의 지분 가치와 무관치 않다는 얘기다. 오픈타이드가 급성장하면서, 삼성SDS 등 그룹 계열사에 대한 매출 의존도도 점차 높아지고 있다. 오픈타이드의 전체 매출 중 삼성그룹 계열사 관련 매출 비중은 2007년 86.8%에서 지난해 99.0%까지 올라갔다.

이학수 전 삼성 전략기획실장과 김인주 삼성선물 사장(전 전략기획실 사장)이 오픈타이드 지분을 각각 1.04%와 0.21% 보유하고 있는 것도 눈길을 끈다. 이 전 실장과 김 사장은 과거 이재용 사장이 지분을 보유한 삼성SDS 등 비상장사 지분을 함께 보유해왔다. 재계 관계자는 "이 사장과 이 전 실장 등이 기업의 지분을 함께 보유한 것은 일종의 운명공동체임을 보여주려는 것이었다"며 "그런 기업들을 통해 이 사장의 승계 작업을 했던 것인데, 현재는 상황이 많이 달라졌는데도 그대로 보유 지분이 유지되고 있는 것"이라고 말했다.

최지성 삼성전자 대표이사(부회장)가 삼성 미래전략실장으로 이동한 것도, 오픈타이드의 부각과 관련지어 볼 수 있다. 최 실장은 특히 ERP와 공급망관리(SCM) 등 경영관리 시스템의 신봉자로 알려져 있다. 최 실장이 이재용 사장의 '경영 교사'로 일컬어지는 만큼, 이 사장의 승계 마무리를 위해 최 실장이 앞장서서 ERP 시스템 등을 완비하는 역할을 하게 되리란 것이다. 삼성 계열사의 한 임원은 "최 실장 주도로, 삼성전자 이외의 다른 계열사들이 적지 않은 변화를 겪게 될 것"이라고 말했다. 또 다른 삼성 관계자는 "삼성전자의 노하우를 계열사에 전파하고, 동시에 3세 승계 작업을 마무리하는 것이 최 실장의 임무인 것으로 안다"고 말했다.

오픈타이드코리아

2000년 이재용 삼성전자 사장이 지주회사 e-삼성을 세울 때, 국내 투자와 마케팅 실무를 맡는 오픈타이드코리아가 세워졌다. 이재용 사장이 최대주주인 e-삼성은 e-삼성인터내셔널과 오픈타이드유에스에이(USA)를 거쳐 오픈타이드코리아를 지배했는데, 이후 e-삼성의 사업이 실패하면서 삼성SDS가 오픈타이드유에스에이가 보유한 오픈타이드코리아 지분을 넘겨받았다. 오픈타이드코리아는 웹에이전시 사업을 지속하다가 2004년 아이티(IT) 컨설팅 사업에 진출하면서 삼성전자의 글로벌 전사적 자원관리(G-ERP)를 구축하는 구실을 했다.

자료원: 한겨레신문, 2012.07.25

Chapter_08

CRM(Customer Relationship Management)

제 8 장
CRM(Customer Relationship Management)

Key Point

CRM의 의미와 등장배경을 이해하고 어떻게 실현할 것인지를 이해한다.

주요 내용

- CRM의 개념과 등장배경, 효과
- CRM과 데이터베이스 마케팅의 차이점
- CRM과 e-Business의 관계
- CRM 구축 프로세스
- CRM에서의 자료관리와 주요 성공요인
- 사례연구: 영업은 과학이다...고객을 분류하고 분석하라

제1절 CRM의 개념과 등장배경, 효과를 알아보자

고객의 중요성과 CRM

고객의 중요성을 모르는 기업은 없다. 기업이 고객의 가치를 인정하고, 고객이 만족할 수 있는 상품과 서비스를 제공하는 노력은 계속되었지만 성과는 불충분하였다. 이에 구체적인 성과가 있는 고객중심의 경영을 실천하기 위해 기업들이 CRM에 관심을 가지게 되었다.

1.1 CRM의 개념

o 개념

- 고객 데이터로 부터 추출한 고객에 대한 정확한 이해를 바탕으로, 고객이 원하는 제품과 서비스를 지속적으로 제공함으로써, '한번 고객이면 영원한 고객' 이 되도록 하여, 결과적으로 고객의 평생가치를 극대화하여, 기업의 수익성을 높이는 통합된 고객관리 프로세스로 정의할 수 있다.

- 고객과의 관계(relationship)를 바탕으로 평생 고객 가치인 LTV(life time value)를 최대화하기 위한 것이다. 고객과 단순한 관계에 머무르지 않기 위해서 다양한 고객접점(contact point)에서 신규 및 기존고객에 대한 다양한 데이터를 취득, 분류, 분석, 저장하여 마케팅 관련 의사결정에 활용하는 것이다. 이를 지원하기 위해서 다양한 분석모형, 하부 정보인프라, 업무프로세스 그리고 고객중심 마인드가 갖추어져 있어야 한다.

- CRM을 마케팅 관련 의사결정을 위해 단순한 정보제공이나 분석소프트웨어로 이해해서는 한계가 있다. 제대로 된 CRM을 위해서는 고객중심의 경영철학 정립, 직원들의 고객 중시 마인드 함양, 고객관계관리를 위한 최적의 프로세스 확립, 관련 정보기술 인프라 구축 등 기업 전반에 걸친 혁신이 동반되어야 한다.

o CRM의 이해

CRM은 고객에 대한 정확한 이해가 전제되어야 하며, 고객이 누리게 될 평생가치의 극대화를 지향해야 하며, 고객관계의 관리에 관한 의사결정에 활용될 수 있어야 한다.

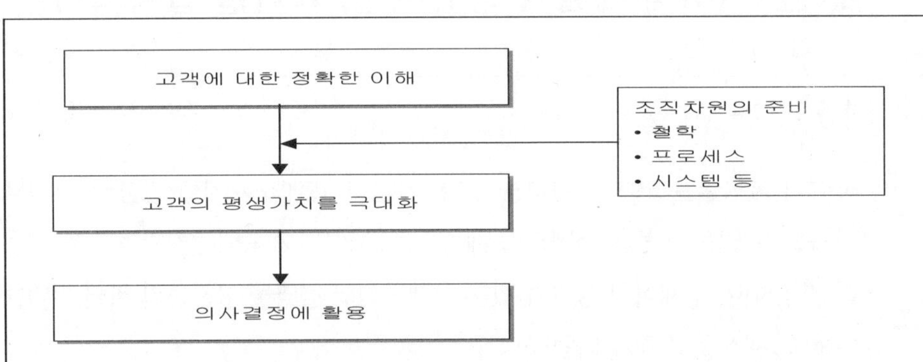

1.2 CRM의 등장 배경

○ CRM 등장배경

CRM이 등장하게 된 것은 다음 6가지의 기업 내외부의 환경적 변화에 기인한 것이다.

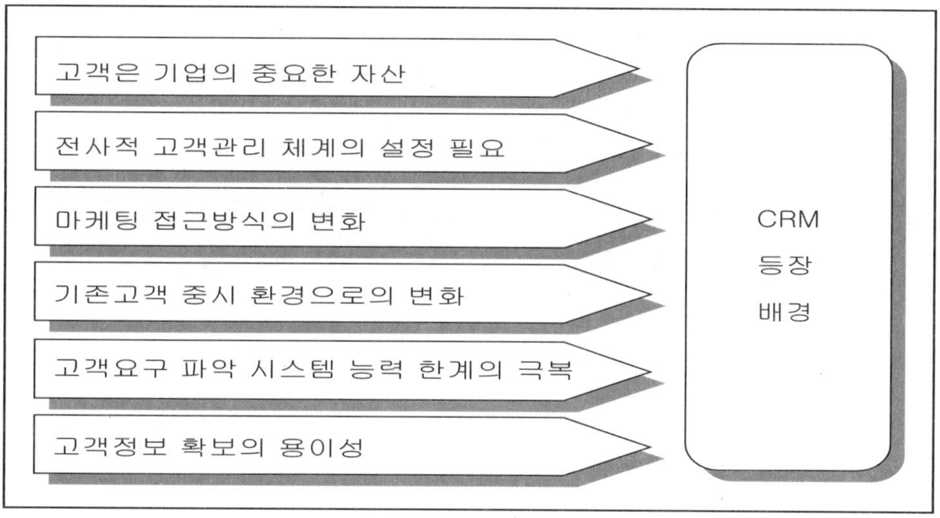

○ 고객은 기업의 중요한 자산이다. 기업들은 고객과 쌓은 관계가 자본이나 물리적 자산처럼 중요한 자산이라는 점을 인식해 가고 있다.

○ 전사적 고객관리 체계가 필요해졌다.

- 고객 정보는 계속 늘어나고 변화하고 추가되지만 이러한 변화를 체계적으로 관리할 수 있는 시스템적 역량이 부족하였다. CRM은 새로운 분석모형을 개발하고 이를 구현할 수 있는 정보 인프라를 구축함으로써 고객정보를 효과적으로 관리하여 고객요구에 부합하는 서비스와 상품설계를 도울 수 있다.

- 고객의 요구사항, 불만, 고객의 특징, 취향 그리고 분포 등의 정보를 마케팅부서만 활용하고 타 부서가 공유하지 못한다면 시장과 고객의 변화에 체계적으로 대응할 수 없게 된다. 즉 R&D, 생산, 품질관리, 영업부서 등 조직 전체가 고객을 중심에 두고 경영활동을 수행해야 고객중심 경영이 가능해진다.

- 마케팅 접근방식의 변화가 있었다.

  - 기존의 마케팅 접근 방식은 마케팅부서만의 업무로 국한되어 있었다. 불특정다수인 대중을 향해 마케팅 활동을 하는 대중 중심적 접근이 아니라, 고객 개개인의 가치와 중요성을 세밀하게 파악하여 고개관계의 구축에 역량을 쏟아 부을 필요가 있기에 더욱 CRM이 필요해졌다.

- 기존 고객 중시 환경으로의 변화가 있었다.

  - 많은 기업들은 기존 고객 유지보다는 신규고객의 확보에 초점을 맞추고 있다. '회사를 떠나는 고객의 5%만 줄이더라도 기본 수익의 2배를 얻을 수 있다' '우수고객 10%가 전체 매출의 80%에 기여한다'라는 말이 있듯이 때로 신규고객보다 기존고객의 가치가 더 중요할 수 있다.
  - 이를 위해 기존 고객을 더 정확히 분석하고 이 분석결과에 근거하여 고객관리전략의 수립을 돕도록 CRM이 등장하였다.

- 고객정보 확보가 더욱 쉬워졌으며, 그 양도 증가하였다.

  - 인터넷과 웹 애플리케이션이 보편화되면서 고객 정보의 양과 종류는 급속히 증가해 왔으며, 이를 확보할 수 있는 방법과 채널도 다양화지고 매우 쉬워졌다. 그러나 기존의 정보인프라와 기술로는 이러한 변화에 신속히 대응할 수 없기 때문에 고객관계관리에 필요한 새로운 패러다임인 CRM의 출현이 필요하였다. 오늘날 빅데이터 분석은 단순히 수치데이터의 분석에 머물지 않고 고객의 행동과 의견에 대한 데이터(위치정보, SNS메시지, 웹로그 등)까지 분석하여 고객을 이해하는데 도움을 주고 있다.

1.3 CRM 도입 효과

- 기존의 경영방식과는 다른 접근법으로 CRM의 등장은 기업 중심적 경영방식에서 고객 중

심적 경영방식으로 변하는 일대 전환이 발생한 것이다.

- CRM은 단순한 개념이나 제안으로 끝나는 것이 아니라 기업의 업무 프로세스와 정보활용이 변하고 궁극적으로는 기업 성과가 향상되는 시스템의 변화를 의미한다.
- 많은 기업들이 CRM을 도입했거나 또는 도입을 적극 고려하는 것은 다음과 그림과 같은 기대효과를 생각하기 때문이다.

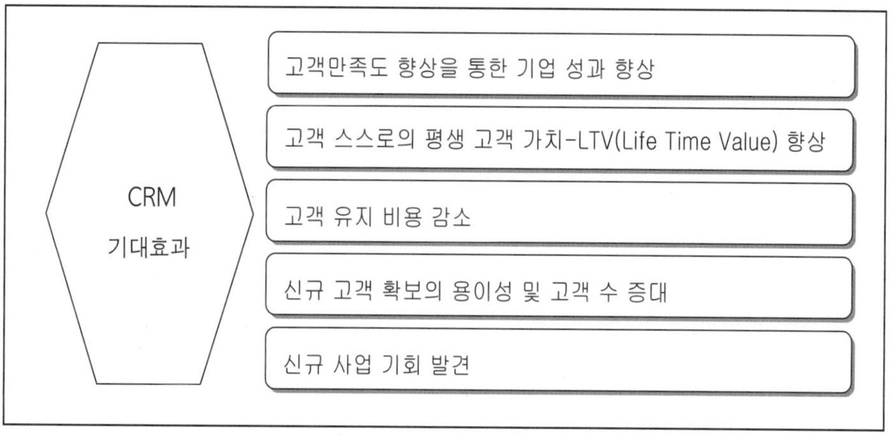

고객만족도 향상을 통한 기업 성과 향상을 얻을 수 있다.

- 고객의 요구에 부합되는 제품과 서비스를 제공하면 고객만족도는 향상된다. 고객의 소리를 신속하게 파악하고 즉시 대응할 수 있는 체계를 갖추면 기업에 대한 고객의 신뢰가 구축되고 계속적인 거래가 이루어져 이는 매출증대, 시장점유율의 증가와 같은 외형적 성과향상으로 이어진다.

고객스스로의 평생 고객 가치 - LTV(Life Time Value)가 향상된다.

- 평생고객가치란 사람이 태어나서 죽을 때까지 특정 제품이나 서비스를 소비하면서 창출하는 만족도를 말한다. CRM은 단기적 성과향상(매출액, 시장점유율 등)에 집착하기 이전에 고객의 평생가치를 극대화하는 것을 목표로 한다.

고객유지비용이 감소될 수 있다.

- 인터넷을 통해 다양한 매체를 통해 고객의 자료를 수집하고, 이에 대한 통합 DB를 구축한 후 첨단 분석 도구(데이터마이닝, OLAP 등)를 이용하여 분석하기 때

문에 보다 비용 효과적으로 가능성이 높은 고객에게 집중적으로 접근할 수 있다. 따라서 가능성이 낮은 소비자를 배제하고 높은 잠재고객에 집중하므로 고객유지 비용을 절감할 수 있다.

- 신규고객확보가 용이해지고 고객수가 증대된다.
  - CRM은 불특정 다수의 고객에게 무작정 다가가는 것이 아니라 정확히 분석에 근거하여 고객이 원하는 제품과 서비스를 고객이 원하는 방법으로 제공한다. 즉 기업과 제품에 대한 고객의 현실적 공헌도와 잠재적 공헌도를 따져 우량고객을 중심으로 마케팅을 하므로 고객확보 성공률이 높아지며 이로 인해 고객 수가 증가될 수 있다.

- 신규 사업 기회 발견
  - CRM을 기반으로 고객과의 소통을 증진하고 고객과의 관계를 다면적으로 분석할 수 있다. 그러다보면 고객으로부터 신규사업 아이디어나 새로운 영업 기회를 얻을 수 있다. 아울러 신규사업에 대한 진출과 성공가능성을 고객으로부터 검증받을 수도 있어 사업의 위험과 불확실성을 최소화할 수 있다.

제2절 CRM과 데이터베이스 마케팅의 차이점

2.1 데이터베이스 마케팅의 개념

- 고객과의 지속적인 관계를 형성할 목적으로 고객 데이터베이스를 구축하고, 유지하고, 이를 사용하여 마케팅활동을 하는 것으로서 고객 데이터베이스를 통해 관계마케팅을 실현하기 위한 기초적 수단이다.

- 정보기술의 발전으로 인하여 기업의 내 외부 자료를 데이터베이스로 통합 관리

하는 것이 가능해짐에 따라, 이에 근거해서 마케팅활동을 지원할 수 있었다.

2.2 데이터베이스 마케팅의 핵심성공요인 : 자료관리

- 축적된 자료를 활용해서 고객에 대한 이해, 제품 · 서비스에 대한 전문적 지식, 제품 · 서비스를 고객 욕구에 맞게 해석하는 능력이 주요한 성공요인이다.
- 이를 위해서 데이터베이스만 구축하는 것으로서 끝나는 것이 아니고 이를 활용하는 것이 중요하다. 따라서 데이터베이스 마케팅은 자료관리에서부터 출발한다. 예를 들어 텔레 마케팅, 다이렉트 메일링 등 마케팅 활동에 사용하기 위해 대상고객 데이터를 축적하는 일은 매우 중요한 일이다.

2.3 데이터베이스 마케팅과 CRM의 차이점

데이터베이스 마케팅과 CRM은 다음 그림과 같은 4가지 측면에서 차이점이 있다.

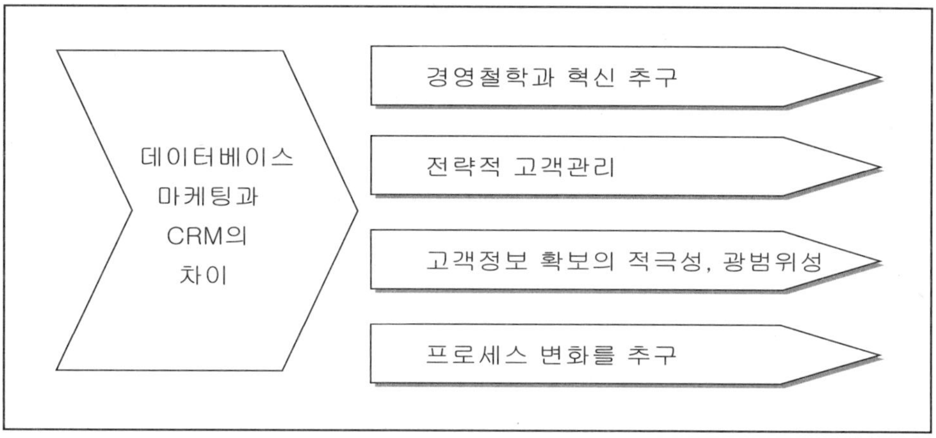

- 내재된 경영철학과 혁신의 차이

  - 데이터베이스 마케팅은 고객 자료를 축적하고 활용한다는 기술적인 측면을 강조하는데 그치지만 CRM은 고객을 모든 경영활동의 중심에 둔다는 경영철학에

서 출발한다.

- CRM은 고객과의 관계를 기업경영의 중요한 자산으로 인식하는 고객중심 경영 철학에서 출발하여 조직구성원의 고객중시 마인드 전환, 고객관계 관리를 위한 최적으로 프로세스 실행, 정보기술 인프라의 구축 등 기업 전반에 걸친 혁신적 패러다임이다.

○ 고객관리 접근 방법의 차이

- 데이터베이스 마케팅은 다이렉트 메일 발송(Direct Mailing), 텔레마케팅(Tele-Marketing)과 같은 방식을 통해 고객정보를 확보하고 고객에게 접근하여 영업 활동을 돕는 기술적 측면을 주로 다룬다. 반면 CRM은 고객자료를 보다 고차원적으로 분석하여 고객을 세분화함으로써 신규고객확보, 우수 기존 고객의 유지, 평생가치의 증진, 잠재고객 활성화 등 영업과 고객 관리를 보다 통합적이며 전략적으로 접근한다.

○ 고객정보 확보의 적극성과 범위

- 데이터베이스 마케팅은 영업 및 마케팅 부서 차원에서 고객자료를 확보하는 경향이 있다. 반면에 CRM은 고객정보의 확보와 활용을 보다 다양한 방식으로 전사적으로 추진한다. 웹사이트, 콜센터, 영업사원, A/S부서, 마케팅 부서 등 고객과 접촉하는 모든 부서들이 그 대상이 되므로 훨씬 광범위하다.

○ 프로세스의 혁신 추구

- CRM은 고객과 기업이 만나는 접점에서부터 고객이 서비스를 받고 떠날 때까지 요구되는 정보의 흐름을 효율적으로 관리하기 위해 고객 중심적 사고의 정착과 업무 프로세스의 혁신을 추구한다. 데이터베이스 마케팅은 이러한 프로세스 혁신 측면은 강조하지 않는다.

제3절 CRM과 e-Business의 관계

현대 기업경영에서 CRM은 e-Business의 한 실행유형으로서 존재한다. 즉 e-Business 범주 안에서 CRM을 구현하는 것이 보다 효과적이며, CRM의 구축은 보다 완벽한 e-Business로 가는 징검다리로 볼 수 있다.

3.1 e-Business 실행 모델인 CRM

- CRM은 e-Business 환경에서 중요한 실행유형으로 그 가치가 인정되고 있다. e-Business는 조직 내부의 효율성 추구뿐만 아니라 조직외부와의 연관성도 중시하기 때문에 이 부분도 시스템 관점에서 계획하고 지원해야 한다. ERP가 전자의 역할을 한다면 CRM은 후자의 역할을 수행한다고 볼 수 있다.

- e-Business 환경에서 고객관리는 조직의 상황에 따라 선택적으로 수행해야 하는 것이 아니라 필수적으로 수행해야 하는 과제이다. 조직내 모든 부서는 고객과의 접점이 없는 지를 확인하고, 있다면 고객이 거부감을 느끼지 않는 선에서 고객 데이터를 확보할 수 있는 채널을 확보하고, 이렇게 발생한 수많은 자료를 적절하게 분석하여 신규고객의 확보와 기존고객의 유지에 활용해야 한다.

- e-Business 환경에서 CRM이 정착되기 위해서는 조직차원의 e-Business 준비가 필요하다. 최고경영자에서부터 시작하여 조직 전 구성원이 e-Business와 CRM에 대한 중요성과 가치를 분명하게 인식하는 것에서부터 시작해야 한다.
  - 이는 CRM의 실행에 필요한 자료분석모형(분석모델링), 정보기술 인프라, 실행원칙, 혁신적 프로세스, 고객중심 마인드 등이 조직 내부에 준비되어야 함을 뜻한다.
  - 특히 CRM의 정보기술 인프라는 비즈니스 관점에서 인터넷이 보유하고 있는 가치를 충분히 활용할 수 있는 개방적 웹 환경이 되어야 한다.

3.2 CRM과 eCRM의 차이

- CRM과 eCRM(electronic CRM)을 구분하려는 시도가 일부 논의되고 있으며 일부 업체는 새로운 솔루션으로 소개하기도 한다.
- eCRM은 인터넷을 이용한 다양한 고객접점과 정보 확보를 통한 고객에 대한 정확한 이해를 바탕으로 고객의 평생가치를 극대화할 수 있는 인터넷 기반의 실시간 고객관리를 실시하는 경영활동으로 정의할 수 있다.
- 따라서 CRM과 eCRM을 굳이 구분하려는 것은 무의미한 논의이다.
  - 두 용어는 본질적으로 동일한 것이며, 유행처럼 새로운 용어를 만들어내는 것에 불과하다.
  - 사실 e-Business 환경 이전에도 CRM은 어느 정도 가능하였지만, 시스템으로서 CRM의 의미가 더 강화된 것은 e-Business 환경과 무관하지 않다.
    - e-Business에서 인터넷 기술을 통하면 정보 확보가 더욱 쉬어지고 정보의 종류도 증가하였으며 고객과의 관계가 더욱 밀접해질 수 있는 장점이 있기 때문에 CRM이 더욱 확산될 수 있었던 것이다.
  - 결과적으로 CRM에서 인터넷 기술의 장점을 부각한 것이 eCRM이라고 한다면, CRM 과 eCRM을 굳이 구분하거나 새로운 솔루션으로 포장하는 것은 바람직하지 않다.

3.3 비즈니스 모델에 따른 CRM 구현 유형

- e-Business 에서 비즈니스 모델에 따라 실현할 수 있는 CRM 내용은 다양하다.
  - 따라서 획일적 CRM을 적용할 것이 아니라 고객과의 거래관계 특성에 따라 초점을 두어야 할 내용의 변화가 필요하다. 이때 대상으로 하는 상품 및 서비스 특성도 고려되어야 한다.

- 비즈니스 모델에 따라 CRM 강조점은 달라진다.
  - 전자상거래 사이트의 경우, 주문처리 속도, 고객불만사항 대응속도, 반품처리 속도, 구매 후 만족도, 사이트의 이용편리성이 주요 초점사항이 될 것이다.
  - 인터넷 교육(사이버 강좌)의 경우, 강사 및 콘텐츠 만족도, 교육 사이트 이용편리성, 피드백의 신속성 등이 초점사항이 될 것이다.

제4절 CRM 구축 프로세스

- CRM의 의미와 필요성에 대한 개념적 이해보다는 조직에서 실제로 구현해서 성과를 얻는 것이 중요하므로 기업의 전사적 노력이 중요하다.

- 기업에서 CRM 을 구축하는 것은 아래 그림과 같이 경영전략 및 e-Business 전략에서부터 출발한다. 일반적으로 CRM은 e-Business 환경에서 필수적 실행유형이라고 할 때, e-Business 전략에서 출발하는 것이 보다 타당하다고 할 수 있다. e-Business 전략에서 CRM을 새로운 기회로 인식하고 실제로 추진하기로 결정했다면 그림의 순서에 따라 진행할 수 있다.

- CRM 구축 프로세스

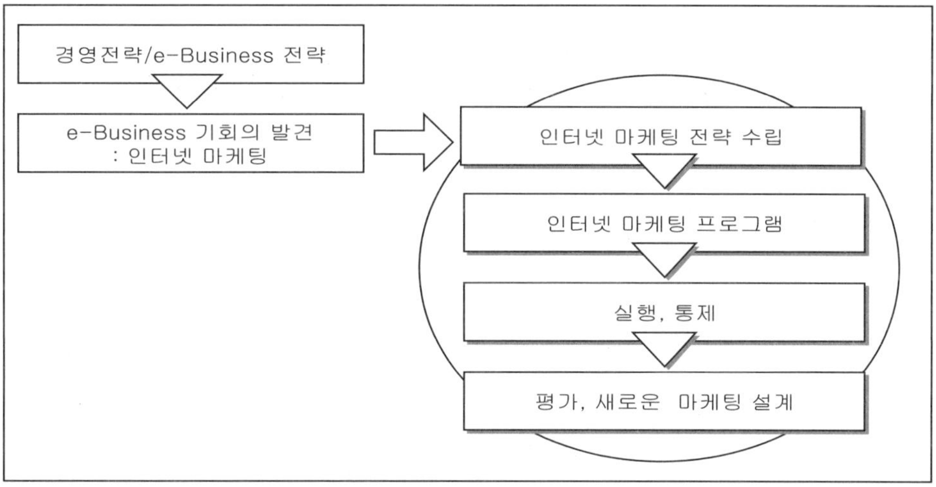

4.1 고객의 인식 및 고객 가치 정립

- 개별고객을 정확하게 인식하기 위해서는 고객의 인구적 통계특성, 기타 특성 그리고 평생가치(Lifetime Value)가 무엇인지를 정확히 이해함으로써 고객을 인지한다.

4.2 CRM 전략 수립

- 고객관리의 현황에 대한 올바른 인식을 근거로 고객관리 목표와 목표 달성을 위한 방안을 수립하는 일이다.
- 시장환경분석-경쟁업체분석-내부현황분석(강점, 약점, 기회와 위협 등)-기술분석을 통해 수립하며, 일정, 예산, 역할분담 등이 포함된다.

4.3 데이터, 프로세스 모형 정립

- CRM 데이터 모형 정립
    - CRM을 위해 필요한 데이터 항목과 이들의 관계를 정의함으로써 고객관리에 필요한 의사결정에 활용할 수 있는 모형을 설계하는 것이다. 이러한 모형을 근거로 시스템 구축과정에서 고객 통합 데이터베이스를 구축하게 되는 것이다.
- CRM 프로세스 모형 정립
    - 고객과 접촉하는 부서부터 고객관계 관리와 직·간접적으로 관계되는 전 부서들을 포함하는 최적의 업무프로세스 모형을 도출하는 것이다.
    - 콜센터, 영업, 마케팅, 캠페인(판촉활동) 관련 부서와 같이 고객과 직접적으로 접촉하는 부서들과 R&D, 생산, 상품기획 등 간접적 고객 접점 부서까지를 포함 고객관련 자료수집, 자료의 분석과 공유, 고객관련 업무에의 반영에 이르는 모든 프로세스를 설계하는 것이다.

4.4 시스템 구축

- 시스템을 구축한다는 것은 앞서 언급한 데이터 모형과 프로세스 모형을 근거로 정보기술을 이용하여 CRM시스템을 구체적으로 구현하는 것을 말한다. 시스템 구축은 고객 통합 데이터베이스 구축, 고객분석도구의 실행, 활용 프로그램들로 구성된다.

- **고객통합데이터베이스 구축**
  - 기업이 보유하고 있는 거래자료, 서비스 자료, 웹사이트, 콜센터 그리고 캠페인 실행 후 반응과 같은 고객 반응 정보와 인구통계적 자료를 데이터웨어하우스 기술을 이용하여 통합하는 것이다.

- **고객분석도구의 실행**
  - 데이터마이닝과 OLAP(On-line Analytical Process)를 구축하고 실행한다. 데이터마이닝은 다양한 데이터 항목들의 상관관계를 분석함으로써 고객의 행동을 분석하고 예측할 수 있으며, 점수화와 그룹화를 할 수 있는 도구이며, OLAP는 최근 자료 및 역사적 자료를 활용하여 제품, 영업, 유통 등 다양한 경영활동 차원에서의 동향과 다차원 비교분석을 수행할 수 있다. 사용자가 직접 DB에 접근하여 실시간으로 분석한다는 특징이 있다.

- **활용 프로그램의 개발**
  - 인터넷에서 고객 데이터를 수집하고, 관리가 필요한 고객 정보를 조회하여 이를 데이터마이닝이나 OLAP가 활용할 수 있도록 1차 가공하는 프로그램이다.

제5절 CRM에서의 자료관리와 주요 성공요인

5.1 CRM의 자료관리-1

o CRM의 자료관리-1

내부자료는 고객의 신상자료, 심리적 자료, 거래이력으로 구성된다. 요즘 개인정보보호법이 강화된 상황에서 고객을 개별적으로 인식할 수 있는 개인정보의 보안 관리는 매우 철저하게 시행되어야 한다.

자료원천	자료의 유형	내용
내부	신상자료 (demographics)	➢인구통계학적 측면의 자료 ➢성명, 성별, 생년월일, 거주지, E-Mail, 소득수준 등
	심리적 자료 (psygraphics)	➢외형적으로 나타나지 않는 가치와 태도 측면의 자료 ➢설문, 인터뷰 등을 통해 추론 ➢상품 선호도, 라이프 스타일, 가격 민감성, 가치관 등
	거래이력 (transaction history)	➢거래 발생 내역 자료 ➢구입품목, 수량, 거래금액, 거래 기간, 미납상황 등

o CRM의 자료관리-2

외부자료는 공개된 전문정보나 제휴정보로 구성된다. 정부기관의 정보공개법이 시행되고 있어 정부기관, 지자체, 통계청의 홈페이지를 방문하면 고객관리와 마케팅전략 수립에 필요한 많은 고급정보를 저렴한 비용으로 획득할 수 있다. 기업들은 전략적 제휴를 통하여 서로가 가진 고객데이트를 공유함으로써 이를 마케팅활동에 활용하기도 한다.

자료원천	자료의 유형	내 용
외부	공개된 전문정보	➢외부 전문업체의 정보 활용 ➢ 합법적 기준 내에서 공개
	제휴정보	➢제휴를 통한 타기업 고객정보 활용 ➢ 정보공개에 따른 적법성 문제 제기됨

5.3 CRM 성공요인

- CRM의 성공요인들은 다음 그림처럼 다섯 개의 축으로 설명할 수 있다.

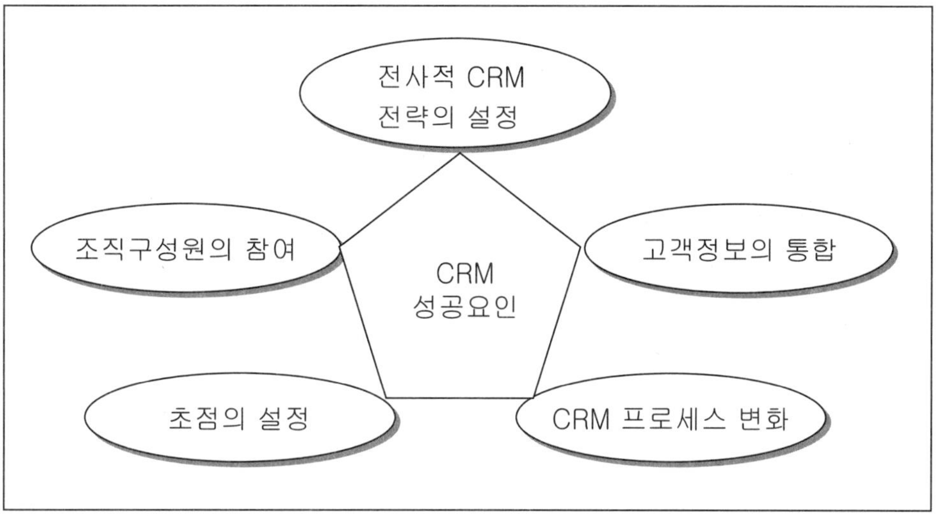

- **전사적 CRM 전략을 설정해야 한다.**
  - 전사적 CRM 전략이 명확히 정의되어 이것이 전 조직에 확실하게 전달되고 전 구성원이 이해하고 있어야 한다. '불만제로'라는 고객서비스를 지향한다면 이러한 목표가 제품개발팀, 영업팀, A/S팀, 마케팅팀의 모든 구성원들이 이를 인지하고 체화하여 자신의 경영활동에 적용할 수 있어야 한다.

- **조직구성원들이 시스템의 개발의 초기단계부터 참여해야 한다.**
  - 내부 구성원이 CRM 구축 프로젝트의 초기 때부터 적극 참여해야 한다. 조직구성원이 변화된 CRM 프로세스에 쉽게 적응하기 위해서는 프로젝트 처음부터 끝까지 참여하는 것이 중요하다.

- **초점을 어디에 두느냐가 중요하다.**
  - 고객수익성, 고객충성도, 고객가치 등 다양한 고객관리성과의 측도가 있는데 기업의 e-Business 실행 측면에서 어떤 것이 더 의미가 있고, 어떤 것이 더 중요한지 구분하여 명확히 정의를 내려 핵심역량을 강화할 수 있는 부분에 초점을 맞출 필

요가 있다. 예를 들면, CRM의 목표를 시장점유율이라는 양적 목표에 둘 때와 고객점유율(구매빈도수, 평균구매액)이라는 질적 목표에 두는 경우에 따라 CRM이 지향하는 방향은 달라질 것이다.

○ 고객정보의 통합이 핵심이다.

- 회사 내에 2개 이상의 DB가 유지된다면 동일 고객에 대한 서로 다른 내용이 저장되어 있어 고객을 이해하는데 혼선을 줄 수 있다. 고객을 하나의 창으로 보기 위해서는 고객의 정보가 통합되어야 한다. A라는 고객을 고객지원 부서는 일반 고객으로 마케팅부서는 우량고객으로 분류한다면 일관성이 없다.

○ CRM 프로세스의 변화를 추구한다.

- CRM을 구축하면서 고객관리 관련 프로세스가 혁신되지 않으면 그 효과는 미미하다. 과거에 관행적으로 실행하던 고객관계관리 프로세스가 아니라 새로운 인터넷 기반 기술과 디지털 정보기술 그리고 새로운 요구사항이 반영된 최적의 프로세스로 변화되어야 한다.

[사례 연구] 영업은 과학이다... 고객을 분류하고 분석하라

과학적 영업관리 도입 시스코 영업목표치 정확도가 99%에 달해
최고의 영업비결은 외부사례를 찾지말고 내부서 벤치마킹해야

'GE(제너럴일렉트릭)' 소비자금융 장비리스팀은 지난 2005년 영업망을 늘리지 않고도 3억 달러(약 2800억원)가량의 추가 매출을 올렸다. 새로운 목표고객 선정기법을 도입해 1만 곳의 잠재고객을 새로 발굴하고, 고객 분포에 따라 기존 영업사원과 지점을 재배치한 '과학적 영업'의 성과였다.

GE 장비리스팀은 원래 과거 거래실적에 따라 고객등급을 나눴었다. 거래실적이 많은 고객이 최우선고객이었다. 하지만 2004년부터 과거 실적뿐 아니라 미래의 거래가능성까지 고려해 고객 우선순위를 재분류했다. 그 결과 고객기업의 성장가능성과 고객기업이 속한 지역과 산업의 동향, 장비리스에 대한 수요 및 투자예측금액 등이 실제 매출과 상관관계가 높은 것으로 나타났다. GE는 상위 30%의 최우선 잠재(potential) 고객을 선발하고, 잠재고객의 위치와 매출액 추정치에 따라 영업지점과 영업사원을 재배치했다.

■ 시스템으로 무장한 과학적 영업

선진 기업들의 영업은 철저히 시스템과 팀워크에 따라 이루어진다. 목표고객에게 전화하는 법, 방문하는 법, 거래를 종결하는 법 등 영업의 전체 과정을 상황별로 매뉴얼로 자세히 정리해놓고, 영업사원들에게 반복해서 교육시킨다. 또 영업사원들이 현장에서 더 나은 성과를 낼 수 있도록 본사의 전산 · 기획 등 스태프부서들이 팀워크를 발휘해 지원한다. 영업사원의 '개인기'에 의존하던 아날로그식 영업이 사라진 빈 자리를 시스템으로 무장한 과학적 영업이 메워가고 있는 것이다.

영업에 쓰이는 분석기법이나 도구도 점점 정교해지고 있다. 네트워크 장비업체 '시스코'는 영업사원들을 위한 전용 웹사이트에 각 지역 · 지점 · 영업사원별 과거 영업실적뿐 아니라 잠재고객의 분포와 성향 등 영업확대에 필요한 정보들을 수록해 놓고 있다. 또 현장 영업사원과 본사 영업지원팀이 수집 · 분석한 정보를 매주 업데이트한다. 시스코 영업목표치의 정확도가 99%에 달하는 것도 과학적 영업관리 때문이다. 영업사원들은 휴대용 PDA 단말기를 통해 어디서든 손쉽게 본사 웹사이트 정보를 활용할 수 있다. 특히 PDA 단말기에는 고객들의 주문 · 결제내역 등 최신 정보가 자동 업데이트될 뿐 아니라, 영업사원 개인이 추가로 영업실적을 올릴 때 받을 수 있는 연말 성과급 액수까지 실시간으로 표시된다.

■ 아날로그식 영업에 의존하는 한국 기업

대부분 한국기업에서 영업은 아직까지 주먹구구식이며, 개인기 위주다. 매출액 목표는 정밀한 자료분석 과정을 거치지 않고, 상위 관리자의 지시에 의해 임기응변으로 만들어지는 게 보통이다. 또 지역 · 고객 · 영업사원별 차이에 관계없이 모든 지점과 영업사원에 똑같은 목표치가 부여된다. 개인차를 고려하지 않은 일률적인 목표치는 영업사원에 따라 지나치게 높거나 반대로 지나치게 낮게 느껴질 수 있다. 당연히 영업성과도 큰 차이를 낳을 수밖에 없다.

회사는 구체적으로 영업사원이 어떤 행동을 했길래 영업 성과가 좋게 나왔는지 알 수가 없다. 영업사원이 영업을 잘 한 덕분인지, 아니면 담당 지역과 고객을 운 좋게 잘 만난 건지도 모른다. 내년에 어떤 영업사원이 얼마나 더 잘 할 수 있을지 정확히 예측할 도리도 없다. 영업이 주먹구구식인 만큼, 내년에도 운이 좋기를 바랄 뿐이다. 한마디로 영업의 핵심 노하우가 속을 들여다볼 수 없는 블랙박스 속에 감추어진 것이다.

한국 기업들은 "우리도 훌륭한 CRM(Customer Relationship Management · 고객관계관리) 시스템을 구축하고 있다"고 반박할 것이다. 글로벌 기업에 못지않게 CRM 하드웨어에 상당한 투자를 해 온 때문이다. 하지만 IT 투자액이 많다고 영업성과가 향상되는 것은 아니다. CRM 하드웨어보다 중요한 것은 전략적 사고와 이를 뒷받침할 조직, 인력에 대한 투자다. 한국기업들 대부분은 비용만 투입했지 CRM 시스템을 수시로 업데이트하지 않을 뿐더러 취합된 고객정보를 영업전략 수립에 제대로 활용하지도 않는다. 베인의 연구결과, 외국기업들의 CRM 정보 활용도를 100으로 볼 때 한국기업들의 활용도는 절반에도 못 미친다.

■ **목표 고객군을 우선 세분화해야**

영업에는 전략이 필요하다. 새로운 신규고객에 집중할 것인지 아니면, 기존 고객에 더 많이 파는 데 집중할 것인지, 대면(對面) 세일즈에 집중할 것인지 아니면 전화나 카탈로그 같은 간접 세일즈에 집중할 것인지, 영업사원을 내부 정규직으로 가져갈 것인지 전문 계약직으로 가져갈 것인지, 영업 조직과 일반 관리 조직의 역할은 어떻게 규정할 것인지 등에 대해 전략적으로 접근해야 하는 것이다.

영업전략을 세우기 위해서는 무엇보다 고객을 깊이 이해하고 각 고객별 경제성과 수익성 등을 분석해 목표 고객군을 세분화하는 작업이 우선돼야 한다. 미국 신용카드업계에서 차별화된 비즈니스모델로 주목받는 캐피털원은 무려 2만개 항목으로 고객을 구분한다. 연령과 성별 · 직업 · 기혼여부 등 기본적인 인구통계적 변수뿐 아니라, 고객의 태도 · 성향 등 계량화하기 힘든 항목도 포함된다. 캐피털원은 회원가입 신청을 받을 때 "당신이 앞으로 돈을 더 많이 벌 것이라고 생각하느냐, 아니면 지금보다 못 벌 것이라 보느냐", "한 달에 저축은 얼마나 하는가", "주말에는 주로 무엇을 하며 시간을 보내느냐", "주로 구독하는 잡지는 무엇인가" 등을 묻는다. 캐피털원은 분석결과 당장은 소득이 높지 않지만 앞으로 발전가능성이 있다고 판단되는 고객에게는 다소 리스크가 있더라도 대출액을 늘려 준다.

씨티은행 PB는 부동산개발업자 · 변호사 · 의사 · 운동선수 · 연예인 등 목표고객군별로 맞춤화된 서비스를 제공하고 있다. 예컨대 거액의 대출을 필요로 하는 부동산 개발업자에 대해서는 금융리스크 관리전문가를 붙여줘 자금관리를 돕는다. 또 평생 모은 재산 중 일부를 장학금으로 내놓으려는 고객에게는 장학재단 설립과 관련된 노하우를 제공해준다.

■ 사내 영업고수들 노하우를 매뉴얼로

똑같은 영업전략과 매뉴얼대로 움직이더라도 영업사원 개인별로 성과차이가 발생한다. 베인이 한국의 5개 증권사 브로커들의 영업성과를 분석한 결과, 증권사별 지점 평균 매출액은 최고 3배 차이가 났다. 같은 증권사에서도 상위 20%와 하위 20% 브로커 간의 1인당 매출액 격차가 10배까지 벌어졌다. 이같은 내부 격차는 영업사원에 대한 체계적 관리 없이 오로지 개별 영업사원들의 개인기에 의존한 영업방식을 고수하기 때문이다.

영업사원별 성과차이를 좁히려면 어떻게 해야 할까? 한국 기업들은 '외부 우수사례 벤치 마킹'을 좋아한다. 하지만 영업에서만큼은 외부가 아니라 내부 우수사례 벤치마킹이 정답이다. 가장 쉬운 방법은 상위 20%에 드는 사내 영업 고수들의 노하우를 체계적으로 정리해 매뉴얼로 만드는 것이다. 매뉴얼에는 영업고수들이 매일 일상적으로 하는 업무와 상황별 대처법 등 자세한 영업활동 지침이 포함돼야 한다. "며느리에게도 안 가르쳐준다는 영업의 고급 비밀을 과연 동료와 공유하려 할까?" 걱정하는 것은 기우다. 고수는 고수를 알아본다. 국내 한 은행의 경우, 사내 영업 모범사례 전파 프로젝트를 실행한 지점의 주간 영업매출이 평균 44% 상승했다. 특히 성과가 저조한 영업사원과 신입사원의 성과가 대폭 개선됐다. 상위 25%의 영업사원들의 성과는 6% 증가한 반면, 하위 25% 영업사원들의 성과는 무려 144% 증가했다.

영업을 결과로만 측정하던 영업성과 평가방식도 바뀌어야 한다. 즉 영업성과뿐 아니라 잠재고객수, 전화횟수, 방문횟수, 제안서 작성횟수 등 영업활동 전 과정을 측정하고 보상해줘야 한다. 본인의 영업활동뿐 아니라, 후배 영업 사원들을 가르치고 조언하는 코치 역할에 대해서도 따로 보상을 해 주어야 한다. 외국의 한 제약회사는 영업사원 본인과 후배의 성과를 연동시키는 보상시스템을 도입한 결과, 2년 만에 영업성과가 낮았던 직원들의 성과가 평균 30%가량 개선됐다. 공동기획 : BAIN & COMPANY

(조선일보 2007.1.12)

〔CRM 솔류션 기업들〕

전 세계, 특히 미국에는 수 많은 CRM솔루션 기업들이 있다. 특히 기능면(functionality)과 용도면(usability)에서 우수한 우측상단 기업들을 눈여겨 보자. 세계적인 소프트웨어 회사인 Microsoft사와 DB회사인 Oracle이 눈에 띌 것이다.

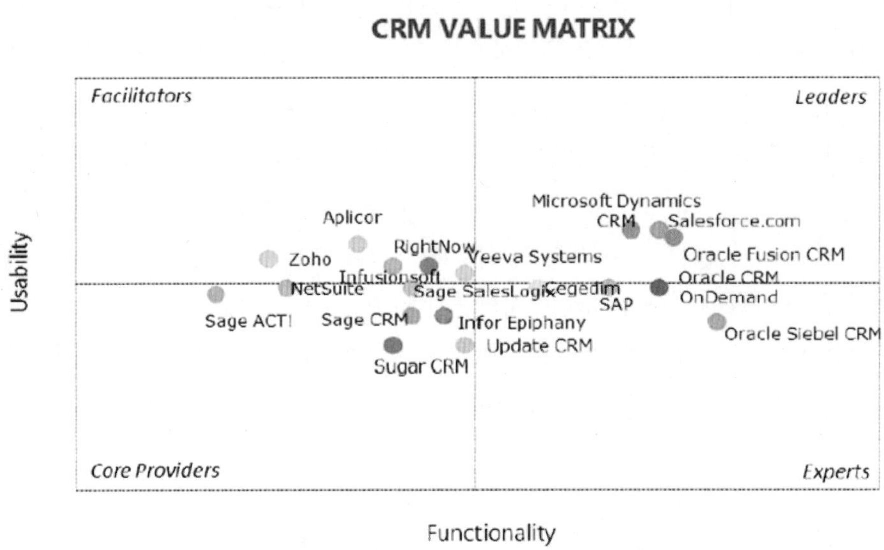

Chapter_09

SCM(Supply Chain Management)

Business

제 9 장
SCM(Supply Chain Management)

Key Point

SCM의 필요성과 의미를 이해하고 어떻게 실현할 것인지를 이해한다.

주요 내용

- SCM의 개념
- SCM의 실행방식
- SCM과 e-Business의 관계
- SCM의 실행 전략
- SCM 전문가 인터뷰: 공급망관리의 석학 나라심한 교수 인터뷰

제1절 공급망의 개념

1.1 공급망(supply chain)이란 무엇인가?

기업이 제품을 생산하고 판매하기 위해서는 제조업만의 노력으로 불가능하다. 생산에 필요한 원자재를 공급하는 업체가 필요하고, 이를 보관하고 배송하는 물류업체 그리고 판매하는 유통업체가 필요하다. 이렇게 서로 협력해서 제품이 소비자에게 전달되기까지는 여러 조직들이 존재하는데 이 모든 조직이 서로 연결되어 있기에 하나의 망(chain)이라고 부른다.

○ 공급망의 정의

공급망과 관련해서 가장 많이 인용되는 미국생산관리협회(American Production and Inventory Control Society : APICS)의 규정에 의한 정의는 다음과 같다.

- 공급망이란 원재료로부터 시작하여 완제품의 최종 소비에 이르는 프로세스로서, 협력업체 및 거래업체와의 상호 연결 및 협력을 포함한 전체 프로세스를 지칭한다. 즉 공급망은 조직 내에서 실행하는 프로세스와 조직외부와 관련된 프로세스를 모두 포함한다.
- 조직 내부 프로세스는 제품 기획과 설계, 생산계획에 필요한 원자재의 구매와 조달, 완제품을 보관하고 관리하는 재고관리, 수요자에게 배달하는 배송 및 물류관리, 판촉활동 등을 포함한다.
- 조직 외부 프로세스는 하청업체 및 협력업체로부터의 원자재나 부품 공급, 완제품을 배달하는 배송 및 물류 그리고 이것을 고객에게 판매하는 유통업체 등이 포함된다.

○ 공급망의 흐름을 그림으로 표현하면 다음과 같다. 외부업체의 원재료공급, 내부의 부품 및 가공품의 공급에서 시작하여 조직 내부 프로세스를 거친 후 유통과 판매 조직 그리고 최종적으로 고객에게 제품이 전달된다. 조직 내부 프로세스에는 생산계획, 구매 및 조달, 배달과 판매활동 등으로 구성되며 앞서 배운 ERP가 많은 부분을 지원한다.

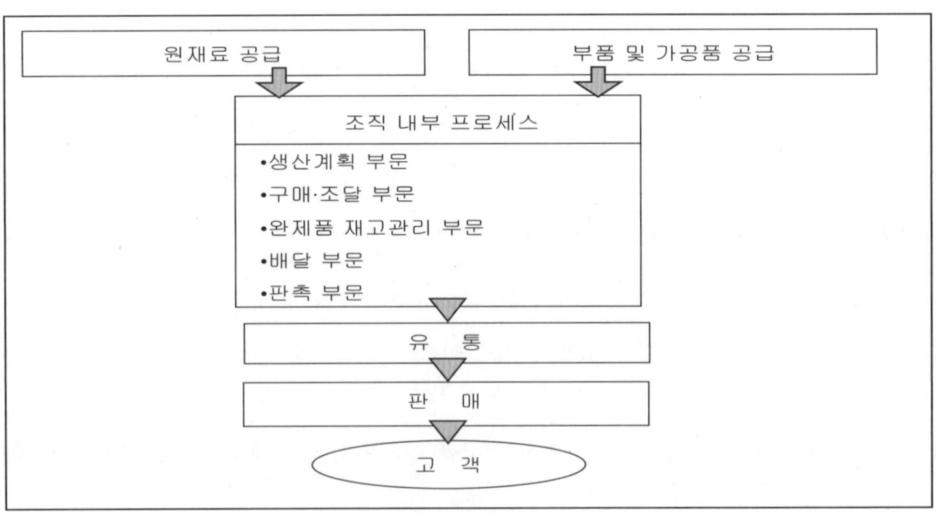

1.2 공급망의 구성요소

- 공급망은 어느 특정 기업 중심으로 구성되는 것이 아니라 각 요소가 요구되는 본연의 활동을 수행하고 이들 요소가 상호작용을 원활히 한다는 전제에서 가능한 e-Business의 한 유형이다.

- 공급망을 구성하는 대표적 요소들은 공급자(Supplier, Partner), 생산자(Manufacturer), 유통업자(Distributor), 판매점(Store), 고객(Customer)이다.

제2절 SCM의 이해

- 현대 기업경영에서 SCM은 e-Business의 한 실행유형으로서 분명히 존재한다. 조직 외부와의 관계를 중시하는 e-Business 환경에서, 제조업이 환경변화에 적응하고 업무 흐름을 유연하게 하고 생산성을 향상시키고자 할 때, SCM 은 반드시 실행해야 할 비즈니스 모델이다. 따라서 다음과 같은 내용에 대해 정확한 이해가 필요하다.
  - SCM의 등장 배경과 필요성
  - SCM의 개념
  - SCM의 목적
  - SCM의 효과

2.1 SCM의 등장배경과 필요성

- SCM 등장배경은 5가지로 나누어 생각할 수 있다. 이 중 일부 주제들은 논리적으로 상호 연결되어 있다. 예를 들면, 부가가치의 창출, 내부관리의 한계, 기존 경영혁신의 한계 극복은 궁극적으로 많은 부가가치가 기업의 내부 프로세스를 벗어나 외부에서 많이 발생하는데 내부 프로세스의 혁신만으로는 한계가 있다는 것이다.

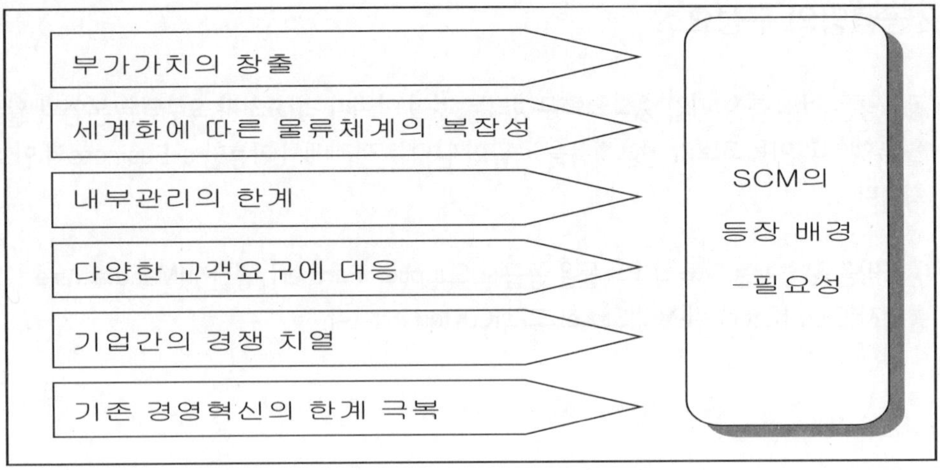

o 부가가치의 창출

고객의 주문을 받은 후 납품하기까지 소요되는 주문 사이클 시간 중에 순수하게 제조하는데 소요되는 시간보다 공급망 상에서 소요되는 시간이 많으며 그로 인해 부가가치의 60-70%가 외부 공급망에서 발생한다고 한다. ERP와 공장자동화를 통해 내부에서 소요되는 시간을 최대한 단축하고 있는 상황에서 개선할 수 있는 여지는 주문처리, 배송, 구매 조달에서 찾을 수 있다. 따라서 이 분야를 최적으로 만들 때 보다 많은 부가가치를 창출할 수 있으며, SCM은 이 부분의 업무효율화 개선에 필요한 e-Business 모델로 부각되었다.

o 내부관리의 한계의 극복

내부 프로세스의 효율성 증진을 위해 ERP가 주요한 e-Business의 모델임을 앞에서 배웠다. 그러나 외부 고객이 경험하게 되는 기업의 성과는 내부 프로세스의 효율성만으로 정해지는 것은 아니다. 예를 들어, 아무리 기업이 훌륭한 시스템을 갖추고 생산계획과 재고관리를 잘 한다고 하더라도 원자재를 공급하는 외부 협력업체가 협조하지 않으면 전체 프로세스의 질과 속도는 현저히 떨어진다. SCM은 ERP가 추구하는 내부 프로세스의 혁신만으로 부족한 전체적인 프로세스의 혁신을 위해 반드시 필요하다.

- **세계화에 따른 물류체계의 복잡성**

  기업이 세계화되면서 전 세계로부터 원자재를 조달하는 과정에서 공급망의 리드타임이 길어지고 적시확보의 불확실성도 높아지고 있다. 부품조달 비용, 인건비, 금융비용, 물류비용 등이 국가마다 다르며, 관세 및 환율 그리고 수출입 절차가 각기 달라 물류체계가 급속히 복잡해지고 있다. 이러한 상황에서 공급망과 물류의 합리적인 계획과 관리 그리고 통제의 필요성이 대두됨에 따라 SCM이 그 대안이 되었다.

- **기업간의 경쟁치열**

  오늘날 기업이 홀로 경쟁하여 생존하기는 어려워지고 있다. 외부 조직과의 전략적 제휴와 공급업체와의 상호 윈윈(win-win) 할 수 있는 협력시스템과 문화를 만들지 못하면 시장에서 살아남을 수 없다. SCM은 외부조직과의 협력을 보다 원활하게 해 주는 e-Business의 한 모델이다.

- **기존 기업 혁신활동의 한계 극복**

  이는 내부관리의 한계와 연결되는 배경이다. 기업 내 여러 부서들이 혁신을 통하여 원가를 절감하고 경쟁력 향상을 꾀하고 있지만 전체적 효율성의 향상에는 한계가 있을 수 있다. 예를 들어, 생산현장에 보관하는 재고는 크게 감축되었지만 판매현장의 재고가 늘었다면 비용절감효과는 상쇄되고 없을 것이다. 이처럼 기업들이 기업 내 일부 기능만을 최적화하거나, 개별 기업만을 대상으로 혁신을 기했을 때 전체 효과는 제로섬(zero-sum)이 되어버리는 것이다. 따라서 총체적인 경영혁신 도구로써 SCM의 필요성이 제기되었다.

2.2 SCM의 개념을 알아보자

- **원재료나 부품의 공급자로부터 시작해서 최종 소비자에까지 이르는 상호관련된 가치활동들의 흐름에서, 정보의 공유와 업무 프로세스의의 근본적인 변혁을 꾀하여 공급망 전체의**

효율성을 극대화하는 경영활동으로 정의할 수 있다.

- 기업 내 또는 기업 간의 다양한 사업 활동의 프로세스와 부문간, 부서간에 존재하는 벽을 넘어서, 공급망에서의 제품, 서비스, 정보, 자금 등의 흐름을 효과적으로 통합하고 관리함으로써 경쟁우위를 확보하는 것을 의미한다.

2.3 SCM의 추진 목적

- 기업 내 부문별 최적화나 개별 기업단위에서의 최적화에서 탈피하여 공급망 구성 요소들 간에 이루어지는 공급관련 프로세스를 획기적으로 개선해서 전체의 최적화를 달성하는 것 하는 것이다.

- 공급망 내에 존재하는 불확실성과 낭비요소를 제거해서 물류흐름을 신속하게 하고 비용 절감을 통해 관계된 구성요소 모두에게 최고의 서비스를 제공함으로써 사업의 가치를 최대화하는 것이다.

2.4 SCM의 효과

SCM의 효과는 다음과 같다.

- 공급망 관리 효율화에 의한 제반 비용을 절감할 수 있다.
- 신속한 정보교환에 의한 구매 · 조달 시간을 단축할 수 있다.
- 조직내 업무의 재설계를 통한 업무 생산성을 향상시킬 수 있다.
- 철저한 납기관리 및 영업관리로 고객 만족도를 향상시킬 수 있다.
- 계획 기능의 강화로 불확실성에 대비한 재고를 감소시킬 수 있다.
- 원자재의 적기 공급에 의한 제조 생산성이 향상될 수 있다.
- 전략적 제휴 기반을 구축함으로써 궁극적으로 경쟁력 강화를 꾀할 수 있다.

제3절 SCM의 실행방식

3.1 제품 특징에 따른 실행방식

SCM 을 구성하는 각 기업이 취급하는 제품 특성에 따라 세부 실행유형이 달라진다. 제품 특성을 기능적(Functional), 혁신적(Innovation) 기준으로 분류하고 이에 따라 SCM 실행방식을 물리적 관점의 효율적(Efficient) SCM과 시장 반응적(Response)SCM으로 구분할 수 있다.

○ 기능적 제품

- 식료 잡화나 편의점에서 사람들이 주기적으로 구매하는 물품으로 보통 안정적이고 예측 가능한 수요를 지니며 제품 수명주기가 길다는 특징이 있다. 치약, 칫솔과 같으 일상적인 물품들이 여기에 해당된다.

○ 혁신적 제품

- 휴대폰, 디지털 카메라, PDA, 폐암치료제 글루벡 등의 신기술이 적용된 첨단 제품, 패션의류 등이 혁신적 제품에 해당된다. 일반적으로 예측 불가능한 수요의 특징이 있으며 제품의 수명주기가 매우 짧다는 특징이 있다.

○ 물리적 관점의 효율적 SCM과 시장 반응적 SCM의 비교

- 두 SCM은 목적, 생산초점, 재고전략 등에서 차이를 보인다. 기본적으로 시장 반응적 SCM은 보다 불확실한 상황에서 수요 변화에 신속하게 대응할 수 있어야 한다. 따라서 보다 정확한 수요예측을 할 수 있는 지원시스템이 필요하며, 만일의 상황에 대비하여 여분의 생산능력을 확보할 필요가 있다.

구 분	물리적 관점의 효율적 SCM	시장 반응적 SCM
주요목적	➢공급량 예상이 가능한 SCM 추구 ➢최적 가격으로 효율적 SCM 추구	➢불확실한 시장수요에 신속하게 대처 ➢재고부족에 신속하게 대응, 강요된 할인 가격 배제, 불필요한 재고 최소화 추구
생산초점	➢높은 이용률	➢초과 생산능력 배치
재고전략	➢높은 재고회전률 창출 (재고회전률=판매량/재고)	➢버퍼 혹은 안전재고의 배치
리드타임	➢비용이 증가하지 않는 전제하에 단축 추진	➢리드타임 단축을 위한 공격적 투자 실행
공급자 선정	➢비용과 품질 기준	➢스피드, 유연성, 품질 기준
제품디자인전략	➢비용 최소화	➢모듈 단위 디자인

3.2 SCM 참가자의 구성에 따른 분류

- SCM 참가자가 국내 기업으로 한정되어 있는지 혹은 외국 기업도 포함되는지에 따라 국내(Domestic) SCM과 글로벌(Global) SCM으로 구분할 수 있다.
- 글로벌(Global) SCM

  - 세계화 경영이 확대되면서 기업에서 생산하는 제품의 원자재와 반제품을 국내에서만 조달할 수 없는 환경이 되어가고 있다. 따라서 국내 SCM에 비해 글로벌 SCM의 필요성이 점점 높아지고 있으며, 많은 기업들이 글로벌 SCM에 참가하고 있다.

  - 특히 e-Business 환경에서 실행주체와의 협업적 관계가 중요하므로 글로벌 SCM에서는 신중하게 고려해야 할 요소가 많다. 예를 들면, 언어와 문화의 차이로 인해 의사소통이 어려우며, 참여하는 여러 국가의 환율, 관세, 보조금 등이 변수로 작용하여 SCM 관련 의사결정이 매우 복잡해지며, 실제로 상호협력을 위한 시스템을 구축할 때 각종 기술적 문제(DB와 프로그램의 호환성, 정보기술 인프라의 수준차이 등)도 발생한다.

3.3 SCM 참가기업의 역할에 따른 분류

- SCM 실행과정의 핵심 기능인 조달(Purchasing Source), 제조(Manufacturing), 유통(Distribution, Deliver)을 담당하는 기업의 역할에 따라 구분하는 방식이다. 이는 협상력과 주도력이 어떠한 유형의 업체가 가지고 있느냐에 따른 분류라 할 수 있다.

1) 공급자주도 SCM (POSCO, 하이닉스)

- 고객수요를 정확히 예측하고 이에 대한 원자재 소요계획의 수립이 핵심이다.
- 규모가 큰 원자재 공급자와 관련 중소규모의 협력업체들 사이에 구축되는 형태의 SCM이라 할 수 있다.

2) 제조중심 SCM (현대중공업, 삼성전자)

- 산업기기, 항공, 방위산업과 같은 중공업 부문에서 요구되는 SCM이다. 예를 들면, 전자산업의 경우, 삼성전자와 같은 대기업을 중심으로 1, 2, 3차 하청업체들로 연결하는 SCM이 제조중심 SCM이라 할 수 있다.

3) 유통중심 SCM (대형할인점)

- 유통중심 SCM은 고객수요를 정확히 예측하여 제조업체나 도매업체들에게 주문을 넣고, 유통단계마다 생성되는 정보와 제조업체의 생산계획 및 재고 정보를 공유함으로써 적시에 물품을 조달할 수 있도록 한다.
- 대형할인마트나 백화점처럼 협상력이 강한 대규모 유통업체가 주축이 되어 이들에게 물품을 공급하는 제조업체나 도매업체를 중심으로 형성되는 SCM을 말한다.

제4절 SCM과 e-Business의 관계

- e-Business에서 SCM은 중요한 실행유형의 하나로 부각되고 있다.

제조업 기반의 기업들은 경쟁력 향상을 위한 노력으로서 e-Business를 추진하면서 SCM을 필수적 요소로 고려하고 있다. 이는 미래 경영환경에서 새로운 경쟁 우위 확보를 위해서 기업의 내부 시스템을 공급자와 고객의 시스템들과 통합시킬 필요성이 제기되는 e-Business로의 발전 환경을 반영한 것이다.

- **e-Business 환경에서 실행되는 SCM에는 다음과 같은 세가지 이슈에 대해 이해할 필요가 있다.**
  - SCM 실행의 핵심사항
  - SCM 과 eSCM의 차이
  - e-Business 환경에서 SCM의 영향

4.1 SCM 실행의 핵심사항

- **SCM 실행의 핵심사항은 공급망의 전체 길이를 축소하고, 정보공유를 통한 공급만의 투명성을 확보하는 것이다. 이를 위해서는 공급망 전체를 관리하는데 필요한 체계적인 관리시스템이 필수적이며 공급망 전체에 적절한 정보기술의 적용이 필요하다.**

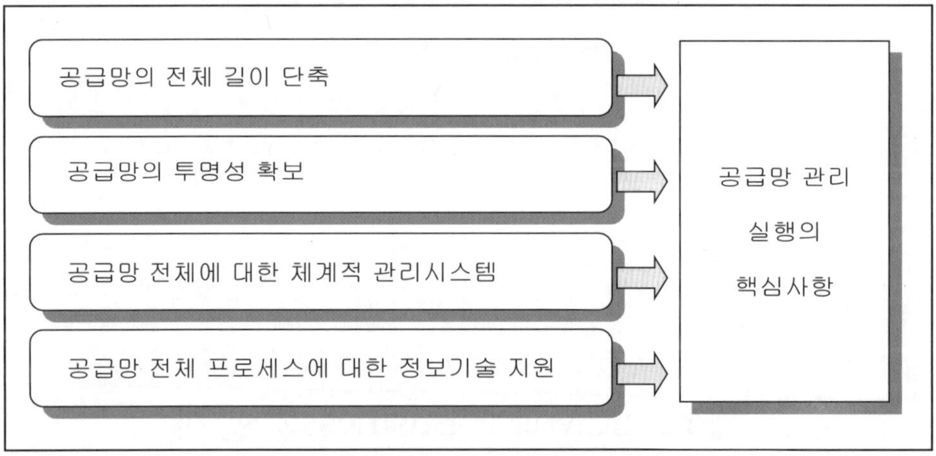

- **공급망 전체 길이 단축**
  - 공급망에 있어 단계가 많다는 것은 각 단계마다 불확실성에 대비한 재고를 많이 비축해야 한다는 것을 말하며, 이는 비용의 증가를 의미한다. 제대로된 SCM을

구축하면서 불필요한 단계는 없는지 확인한 후, 공급만 전체 길이를 단축하는 것이 전체 e-Business 시스템의 효율성을 높이는 길이다.

- **공급망의 투명성 확보**
  - 공급망으로 함께 묶여진 각 조직들(기업, 협력업체, 공급업체 등)이 각자 가지고 있는 생산계획정보, 출하계획정보, 재고정보, 품질정보를 상호 공유한다면 각자의 경영활동들을 예측하여 미리 준비할 수 있어 주문과 조달에 소요되는 전체 리드타임을 현저하게 줄일 수 있을 것이다. 이렇게 될 때 공급망의 정보흐름은 보다 투명해진다고 할 수 있다.
  - 이를 위해서는 각 조직들이 협력하여 정보기술의 인프라, 업무 프로세스, 문서양식 등에 대한 표준을 제정하고 이를 철저하게 준수해야 할 필요가 있다. 이때 개방형의 인터넷이 표준이 되어야 할 것이다.

- **공급망 전체에 대한 체계적 관리시스템**
  - 전체 공급망을 효율적으로 관리하기 위해서는 공급망을 구성하는 각 업무들이 긴밀하게 상호 연동되도록 관리할 수 있는 체계적인 시스템이 필요하다.

- **공급망 전체 프로세스에 대한 정보기술 지원**
  - 전체적인 공급망의 효과적인 관리를 위해서는 인터넷기술과 디지털 정보기술의 활용이 필연적이란 점에서 e-Business와 동일한 특성을 갖는다. 적절한 정보기술(하드웨어 및 소프트웨어 등)은 공급망을 통해 각 조직들을 효과적으로 묶는 표준을 제공하는 이점이 있다.

4.2 SCM과 eSCM의 차이

- **SCM과 eSCM(electronic SCM)을 구분하면서, e-Business에서는 eSCM을 추진해야 한다는 주장을 제기하며 일부 IT솔루션 업체들은 마치 eSCM을 기존의 SCM과는 다른 새로운 솔**

루션으로 소개하기도 한다. 그러나 e-Business를 경영의 새로운 패러다임으로 많은 기업들이 추진하기 때문에 기존의 SCM도 인터넷을 기반으로 한 eSCM이 되어야 한다는 점에서 별개의 솔루션으로 보기는 어렵다.

- eSCM의 정의는 다음과 같다.

  - 원재료 및 부품공급에서 최종소비자에 이르기까지의 공급망 상의 물류, 정보 등을 인터넷 및 디지털 기술을 활용하여 총체적인 관점에서 통합하고 관리함으로써 공급망 전체의 효율성을 극대화하는 경영활동이다.

- SCM과 eSCM을 구분하려는 것은 무의미하다는 것은 다음의 이유 때문이다.

  - CRM과 eCRM에서 본 것처럼 SCM의 본질은 동일한데 유행처럼 새로운 것 인양 만들어낸 것에 불과하다.
  - SCM과 eSCM은 본질적 지향점은 동일하고 활용하는 도구가 인터넷 기반기술로 확산된다는 차이만 있을 뿐이다.
  - e-Business 환경에서는 높은 개방성과 편의성으로 특징지어지는 SCM 추진을 위한제반 인프라가 개선됨에 따라 효율성이 보다 확대되는 성과가 있지만 이는 기존 SCM의 본질에서 크게 벗어나는 것은 아니다.

- e-Business 환경에서의 SCM과 eSCM는 다음과 같은 특징을 공유한다.

  - e-Business 환경 이전에도 SCM은 가능하였다. 다만 e-Business 환경이 조성되면서 시스템 연결 관점에서 SCM의 의미가 더욱 강화된 것이다.
  - 표준화된 그리고 저렴한 인터넷 기술을 활용할 수 있게 됨으로써, 공급자 등과의 관계가 더욱 밀접해질 수 있기 때문에 SCM의 확산이 가능하였다.
  - 결론적으로 SCM에서 인터넷 기술의 장점이 부각한 것이 eSCM 이고, SCM과 eSCM 을 굳이 구분하거나 새로운 솔루션으로 포장하는 것은 바람직하지 않다.

4.3 e-Business 환경에서 SCM이 미친 영향

- SCM이 미친 영향은 수직적 가치사슬의 해체, 공급망 체계의 변화, 다양한 형태의 공급자 등장으로 설명할 수 있다.

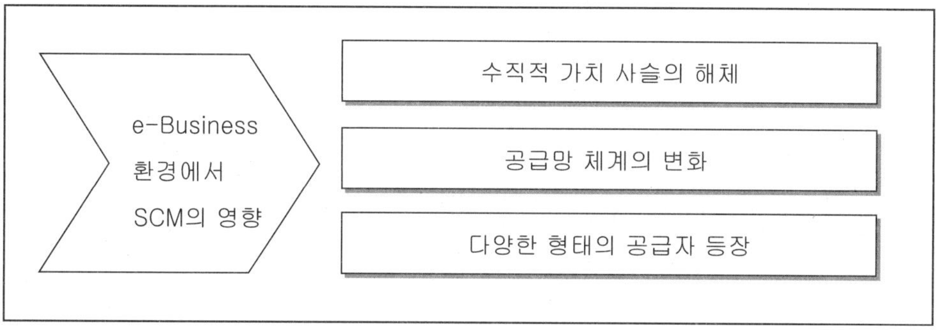

- **수직적 가치 사슬의 해체 - Deverticalization**

  - 과거 기업들이 수직적 가치 사슬(vertical value chain)을 구축한 이유는 공급자, 유통업체, 고객업체를 폐쇄형 네트워크(예: 대기업이 중심이 된 폐쇄형 EDI망)를 이용하여 묶은 후 서로 정보를 공유하면서 신속하게 비즈니스 활동을 수행하기 위한 것이었다. 이러한 수직적 가치 사슬 내지 수직적 통합(vertical integration)은 매우 중요한 경쟁력의 원천이었다.
  - 그러나 오늘날 개방형 네트워크인 인터넷의 출현으로 기업들은 폐쇄형 네트워크와 같이 큰 비용을 들이지 않고도 쉽게 업체들과 관계를 맺고 수평적 연결을 꾀할 수 있게 되었다. 즉 관련 정보를 검색하고 이를 근거로 거래처를 쉽게 변경할 수 있는 환경이 된 것이다. 저렴한 비용으로 거래처와 손쉽게 전자적 통합을 이룰 수 있어 수직적 가치 사슬의 결속력과 가치는 약화되고 수평적 확장 현상을 가속화되었다.

- **공급망 체계의 변화 - Disintermediation**

  - 기업들은 웹사이트를 구축함으로써 고객과 공급업체와 직접적으로 양방향 소통

을 할 수 있게 되었다. 이는 중간 유통업체의 입지를 약화시켜 공급망을 단순화 시키는 결과를 낳았다.

- 그럼에도 오늘날 새롭게 입지를 굳히고 있는 중간유통업체는 디지털 콘텐츠(예: 음악, 파일, 게임, 애플리케이션 등)의 판매를 중계해 주는 정보유통업체(Informediary)들이다. SK텔레컴, KT, 애플 등은 단순히 통신업체나 휴대폰 제조 회사라기 보다 자신들의 강력한 통신 플랫폼을 기반으로 각종 디지털 콘텐츠를 중간에서 유통시키는 정보유통업체라 할 수 있다.

o 다양한 형태의 공급자 등장 - Dematerialization

- 최근 기업들은 비핵심적인 분야를 아웃소싱하거나 전략적 제휴를 통해 해결하려는 경향이 있다. 충분한 규모를 갖추지 못한 중소기업들은 자신만의 SCM을 구축하기 보다 전문 e-Business 구축업체의 서비스를 빌릴 수 있다. 따라서 기업들은 SCM의 구축에 투입되어야 하는 비용을 핵심적인 부문에 더 많이 투입할 수 있어 보다 효과적으로 경쟁할 수 있다. 예를 들면, 많은 물류전문업체(택배, 창고, 운송 등)들이 외부의 공급망의 운영을 효율적으로 대행해 주고 있다.

제5절 SCM 실행 전략

e-Business 체제하에서 기업들은 SCM을 전략적 도구로 활용하여 경쟁우위를 확보할 수 있고, 새로운 사업적 기회도 얻을 수 있다.

5.1 SCM 실행 전략의 유형

o e-Business 환경에서 SCM 실행전략은 기업 주도형과 시장 포털형으로 대별할 수 있다.

○ 기업 주도형

- 자금력이 풍부하고 협상력이 강한 대기업이 공급망 관리를 실행하기 위한 SCM 솔루션을 구축하고 주도적으로 관련 업무와 자료를 통합· 관리하는 접근법이다.
- 관리 기업이 자사의 필요성에 따라 언제나 공급망 관리 항목의 변경이 가능하기 때문에 관리 유연성이 높고, 공급 업체에 대한 통제를 쉽게 할 수 있다는 이점이 있다.
- 매우 전문적이고 고도의 기술이 요구되는 제품의 경우 개별 고객들의 요구에 부합하는 전문적인 서비스 제공이 가능하다. 예를 들어, 애플은 자사의 아이 클라우드 시스템을 구축하여 콘텐츠 제공기업들(영화사, 음반사, 개인 앱개발자)과 개인소비자들을 연결해 주고 있다.

○ 시장 포털형

- 업종 또는 산업 공통의 온라인 전자시장(e-Marketplace, 온라인 장터)을 활용하여 고객 및 공급자에 대한 접근성 및 효율성을 제고시키는 방법이다.
- 포털 업체가 공급자 및 제조업자 관련 모든 자료 및 정보를 수집하여 자료구조를 표준화하고, 마스터 카탈로그를 설정한 후 구매자와 판매자가 포털에서 서로 연결되도록 하는 것이다.
- 고객은 마스터 카탈로그가 지원하는 다양한 제품의 구매가 가능하게 되며, 판매 업체도 고객에 대한 접근성이 용이해져 다수의 고객에게 자신의 제품을 판매하는 것이 가능해 진다.
- 시장 포털은 구매 안내, 지급 보증, 위험 관리, 제품 배송, 지불, 보관 등과 같은 부가서비스를 제공할 수 있으며, 경매, 제품 교환 등 다양한 거래 서비스 제공도 가능하기 때문에 기업 주도형 모델보다 확장된 서비스를 제공할 수 있다. 앞 장에서 사례로 소개된 푸드머스(foodmerce.com)의 경우, 식자재 공급업체들과 급식 및 식당을 연결해 주는 시장포털형 SCM이라 할 수 있다.

5.2 SCM 시스템의 구성요소

- 조직 내부 업무지원 시스템은 공급망 관리와 관련된 의사결정과 계획업무를 지원하는 다음과 같은 기능이 필요하다.
  - 수요계획(demand planning)
  - 행사계획(event planning)
  - 재고계획(inventory planning)
  - 자동재고보충계획(replenishment planning)
  - 생산계획(manufacturing planning)
  - 공정계획(processing planning)

- 조직외부와의 연결부분을 지원하는 시스템으로 주문처리나 물류관리를 지원하는 다음과 같은 기능으로 구성된다. 과거에는 독자적으로 운영되었으나 통합의 상승효과를 누리기 위해 통합 구축되고 있다.
  - 선적게시시스템(shipment notice system)
  - 주문처리시스템(ordering management system)
  - 창고관리시스템(warehouse management system)
  - 수송관리시스템(transportation management system) 등

5.3 SCM의 성공요인

- SCM 성공요인

SCM이 성공적으로 구축되고 운영되기 위해서는 다음과 같은 요인들을 염두에 두어야 한다

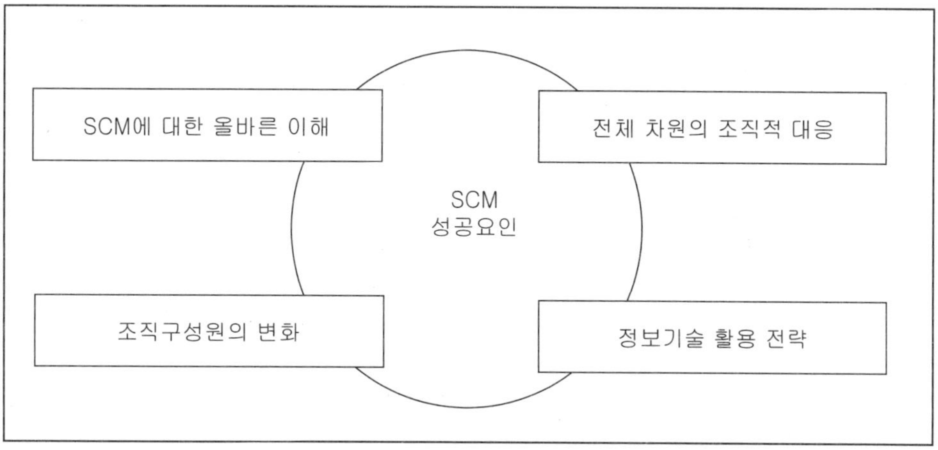

o SCM에 대한 올바른 이해가 우선되어야 한다.

- SCM을 단순한 전산 솔루션으로 생각하고 기술적으로 접근하면 SCM 뿐만 아니라 e-Business도 함께 실패한다.
- SCM은 조직 내부만의 문제가 아니라 조직 외부와의 연결이라는 e-Business의 본질에 충실하여 제도, 프로세스, 조직, 데이터에 대한 최적화된 구조를 전제로 해야 한다.

o 조직 전체 차원의 조직적 대응이 필요하다.

- SCM은 어느 한 기업의 노력으로 달성될 수 없으며 공급망에 묶여 있는 모든 기업들의 협력이 전제되어야 하는 경영방식이다. 그러나 자본이 풍부하고 협상력이 높은 대기업이 주도할 경우 성공할 확률은 높아진다.

o 조직구성원의 변화가 있어야 한다.

- SCM 시스템을 움직이는 것은 결국 구성원이므로 구성원의 변화가 수반되어야 한다. 각 사용자들은 각자의 업무만이 아니라 공급망 전체의 관점에서 각자의 업무를 바라보며 전체 SCM의 성공에 기여할 필요가 있다. 이를 위해서는 변화된 마인드와 지적순발력이 요구되며 이에 필요한 교육이 수반되어야 하는 것은 물론이다.

○ 정보기술 활용 전략이 필요하다.

정보기술이 적극적으로 활용되지 않은 SCM은 한계가 있다. SCM성과를 최대화하기 위해서는 정보인프라, 하드웨어, 소프트웨어, 타 시스템과의 인터페이스, DB구축 등을 포함하는 정보기술의 활용 전략이 동반되어야 한다. 특히 인터넷 기반기술이 적용된 e-Business 환경에서 SCM의 효과를 최대화할 수 있다.

[SCM 전문가 인터뷰] '공급망관리의 석학' 나라심한 교수 인터뷰

글로벌 소싱 확산… 개별기업 아닌 기업群간 경쟁
최초 부품공급업체에서 소비자까지 통합 운영해야
한국을 대표하는 벤처기업인인 변대규 휴맥스 사장이 최근 이렇게 토로한 적이 있다.

"매출이 갑자기 커지면서 생각지도 못한 어려움에 봉착했습니다. 엄청난 비효율이 발생하기 시작한 것이죠. 어렵게 번 돈을 눈 뜨고 날리는 경우가 허다했습니다." 벤처 시절에는 재고나 영업관리를 대부분 수작업으로 했다. 하지만 생산 기지가 유럽 · 중국 · 인도 · 폴란드 등으로 다변화하고 매출이 크게 늘어나면서 기존 방식에 한계가 드러났다. 장부상 재고와 실제 사이에 엄청난 차이가 나는 것은 물론, 배로 가야 할 자재가 비행기로 가는 사례가 비일비재했다. 변 사장은 이 같은 문제의 원인을 " ′공급사슬관리(supply chain management · SCM)′의 중요성을 미처 몰랐기 때문"이라고 스스로 진단했다. 〈본지 2008년 3월28일자 D1면 참조〉

▲ 램 나라심한 미시간 주립대 교수는 서울대 LG 경영관에서 가진 Weekly BIZ와의 인터뷰에서"한국이 좀 더 개방된다 면 동북아시아 물류 허브가 될 잠재력이 충분히 있다"고 말했다. 변 사장을 울린 공급망관리란 도대체 무엇이며, 성공의 열쇠는 무엇일까? 최근 방한한 이 분야의 세계적 석학 램 나라심한(Narasimhan) 교수를 만나 들어 보았다. 그는 인도 출신으로, 공급망 및 물류 분야 연구로 유명한 미국 미시간 주립대학 경영대학원에서 석좌 교수로 활약하고 있다. 자동차 제조업체 롤스로이스의 공급망관리 컨설팅도 맡고 있다.

- 공급사슬관리를 한 마디로 표현하면 무엇입니까?

"최초의 부품 공급업체에서부터 최종 소비자에 이르기까지 비즈니스 프로세스를 통합적으로 운영하는 전략입니다. 흔히 단순히 부품을 구하고 부품 협력업체를 관리하는 것으로 생각하는데, 실은 이보다 훨씬 더 큰 개념입니다. 제품 디자인과 개발, 글로벌 운영, 통합물류, 글로벌 소싱(global sourcing · 해외 조달) 등을 모두 포함합니다."

공급사슬관리에서 실패하면 어떤 일이 벌어질까? 나라심한 교수는 '황소채찍효과(bullwhip effect)'를 대표적 사례로 꼽았다. "황소채찍효과란 마치 채찍처럼 손잡이(시장)에서 멀리 떨어질수록 정보가 왜곡돼 나타나는 현상을 일컫습니다. 이를테면 어떤 제품에 대한 고객 소비가 10% 늘어나 소매점이 주문을 10% 늘렸다고 합시다. 그러면 도매업체는 넉넉하게 재고를 확보한다는 차원에서 생산업체에 주문을 20% 늘립니다. 생산업체는 만약을 대비해서 30% 더 만들고요. 결국 이 같은 정보 왜곡으로 인해 불필요하게 재고가 늘어나게 되죠."

이런 문제에서 벗어나기 위해서는 생산자와 도매점, 소매점이 정보를 공유하는 것이 최선이다. HP나 보잉, 델 등이 이런 방식으로 황소채찍효과를 줄인 대표적인 기업으로 꼽힌다고 나라심한 교수는 말했다.

■ 기업 경쟁력의 원천은 협력업체

나라심한 교수는 "오늘날의 산업 현장은 개별 기업 간 경쟁이 아닌 '기업 생태계(business ecosystem)'간의 경쟁"이라고 말했다. 기업 생태계란 부품을 공급하는 협력업체는 물론, 금융기관, 컨설팅 회사, 기술 제공 기관 등 이해관계자를 모두 포함하는 기업 군(群)을 말한다. 일부에서는 '기업 간 연합'을 뜻하는 '인터펌 코퍼레이션(inter-firm corporation)'이라고도 부른다.

이를테면 글로벌 LCD TV 시장에서 삼성전자와 소니가 치열한 시장 쟁탈전을 벌이고 있는 것처럼 보이지만, 보다 정확히 표현하자면 부품업체 · 디자인컨설팅회사 · 마케팅 아웃소싱 업체 · 물류시스템 등을 포함한 '삼성전자 LCD TV 연합'과 '소니 LCD TV 연합'이 일전을 벌이고 있다는 것이다.

따라서 기업의 경쟁력을 내부가 아니라 외부 협력업체와의 관계에서 찾는 '인식의 전환(paradigm shift)'이 절실해졌다고 나라심한 교수는 역설한다. 일본 자동차 산업이 세계적인 수준의 부품업체들의 힘으로 경쟁력을 유지해 온 것처럼, 요즘 전 세계 기업들은 좋은 공급업자를 구하고 그들과의 관계 개선에 힘을 쏟고 있다고 그는 전했다.

- 협력업체와의 관계가 더욱 중요해진 이유는 무엇입니까?

"세계화는 기업들에 압박을 가하고 있습니다. 생산을 보다 유연하고, 민첩하게 할 것을 요구합니다. 결국 경쟁력을 갖추기 위해서는 시장 전략에 꼭 맞는 경쟁력을 지닌 공급업자에 의존할 수밖에 없습니다. 이때 협력이란 수동적인 공급업자와 대기업 간의 관계가 아니라, 서로를 파트너로서 존중하는 적극적인 공조체제를 말합니다." 적극적인 공조체제란 "협력의 범위가 단순한 생산관리뿐 아니라 전략적 동맹, 지식 경영, 전략적 자산 경영 등으로 넓어진 것을 말한다"고 나라심한 교수는 설명했다. 공급망관리는 이런 모든 가치창조 활동을 포함하는 개념이라는 설명이다.

- 월마트, 타깃(Target) 등 세계적 유통기업들이 이른바 PL(Private Label · 자체 브랜드) 제품을 쏟아내고 있습니다. 제조업체에서 유통업체로 권력이 넘어오고 있다고도 합니다. 앞으로 전망은 어떻습니까?

"어느 정도 맞습니다. 월마트의 힘은 저가 전략에서 나옵니다. 월마트는 제조업체에게 저가의 물건을 대량 주문한 뒤 월마트 브랜드를 붙여 소비자에게 팔고 있습니다. 이걸 보면 유통업체로 권력이 쏠리는 듯 보입니다.

하지만 품질과 브랜드가 뛰어난 상품의 경우 이러한 권력 관계가 통하지 않습니다. 예를 들어 전자용품 전문점 베스트 바이(Best Buy)가 소니나 필립스를 맘대로 할 수 없습니다. 월마트라고 해도 세계적인 장난감 브랜드 레고에게 큰소리 칠 수는 없습니다. 이들 유명 제조 브랜드는 높은 인지도와 좋은 품질을 갖추고 있기 때문입니다."

■ "내가 다 하려 하지 마라"

나라심한 교수는 아웃소싱(outsourcing)의 적극적 옹호자이다. 그는 "기업이 모든 지식을 다 가지고 있을 필요가 없고, 제조에 필요한 공장 · 종업원을 갖추고 있을 필요도 없다"

고 말했다. 잘하는 기업에 맡기면 된다는 것이다. 미국 크라이슬러의 경우 아웃소싱 비율이 70%에 이른다고 나라심한 교수는 설명했다.

"델컴퓨터는 물류조차 자체적으로 하지 않습니다. 경쟁력 있는 회사가 있다면 그곳에 해당 부문을 맡기고 정말 핵심적인 일만 하는 것입니다. 잘하는 기업들을 모아 하나의 제조체계를 만들어내는 셈입니다. 그래서 공급망이 중요합니다. 한 기업이 모든 제조과정의 부가가치를 담당할 필요가 없습니다. 서너 개의 공급망이 조합돼 하나의 좋은 제품이 나온다고 보면 됩니다."

- 글로벌 소싱이 확산되면서 국내 산업의 공동화(空洞化)와 같은 여러 우려가 제기되고 있는 것도 사실입니다.

"글로벌 소싱의 물줄기는 이제 와서 다시 되돌리지 못할 정도로 진전돼 있습니다. 최근 인도와 중국의 인건비가 상승하고 있어 이들 국가로의 글로벌 소싱이 줄어들지도 모릅니다. 하지만 그건 코스트 절감 차원에서 보는 관점일 뿐입니다. 요즘 기업들은 코스트 절감 외에 혁신, 디자인 능력, 특화된 경영지식, 비즈니스 프로세스 통합 등 여러 가지 이유로 글로벌 소싱을 선택하는 것입니다. 한국의 삼성, 현대가 아웃소싱, 그것도 글로벌 소싱을 추구하는 마당에 제조업 공동화를 걱정하면 안 됩니다. 글로벌 소싱을 하지 않으면 경쟁력이 떨어집니다. 궁극적으로 좋은 협력 공급사를 찾아 세계로 갈수록 한국의 경쟁력은 더욱 좋아지는 것입니다."

- 글로벌 아웃소싱은 확대될 수밖에 없다는 얘긴가요?

"도요타나 GM이 똑같은 인도 회사에 아웃소싱을 하는 경우가 있습니다. 그건 그 회사가 그 분야에서 가장 좋은 품질의 서비스를 가졌기 때문입니다.

혁신 때문에 추구하는 아웃소싱도 있습니다. 새로운 아이디어를 얻기 위해서입니다. 대표적인 예가 팜(Palm) 사(社)의 스마트폰(휴대폰에 컴퓨터 지원 기능을 추가한 지능형 휴대폰)입니다. 그들은 아웃소싱 파트너와 손잡고 파일럿 제품을 내놓았습니다." 팜이 스마트폰의 일종인 트레오(Treo)650 개발 과정에서 대만 HTC사와 협업적 아웃소싱 방법을 적용한 일을 두고 한 말이다. 그전까지 팜은 자사 내에 디자인 팀을 뒀고, 아웃소싱 업체는 단순 조립 기능만을 담당했다. 그러나 2001년부터 팜은 자사 역량을 소프트웨어 개발에만 집중하기로 하고, 기기 생산과 관련된 모든 업무를 대만 업체에 맡겼다. 그 결과 제품 개발 기간을 혁신적으로 단축하고, 불량률도 50% 감소시킬 수 있었다.

한국에 대해 한마디

공급망관리라는 용어는 경영을 전공하지 않은 일반인들에게는 매우 생소할 것이다. 하지만 일반인들도 '물류(物流)'라고 하면 고개를 끄덕일 것이다. 공급망관리는 협의(狹義)로는 물류라고도 한다. 이 분야의 세계적 석학인 나라심한 교수에게 한국이 추진하는 동북아 물류 허브 정책에 대한 조언을 구했다.

- 한국 정부는 동북아 물류허브를 지향하고 있습니다. 동남아시아 물류 중심지 싱가포르와 비교해서 한국의 경쟁력을 평가한다면 어떻습니까?

"외형상 한국의 물류 허브 가능성을 매우 높게 봅니다. 지정학적으로 한국은 일본 · 중국 · 대만 · 홍콩 등 강력한 경제권들과 매우 가깝고 그 가운데 위치하고 있습니다. 물론 한국 스스로도 중요한 경제 국가이고요. 하지만 한국을 싱가포르와 비교해 보겠습니다. 인력 수준 · 지정학적 위치 · IT · 교통 등에서 싱가포르에 뒤질 게 없습니다. 그런데 싱가포르는 한국에는 없는 무언가를 더 가지고 있습니다."

- 그게 뭐지요?

"미국인이 싱가포르를 방문하면 매우 편안함을 느낍니다. 아무데나 들러 점심과 저녁을 해결하려고 해도 편안하게 식사할 수 있습니다. 이에 반해 서울은 너무 '한국적'입니다. (대담 중이던 김수욱 서울대 경영대학 교수를 바라보며) 만약 제가 김 교수에게 줄 선물을 사려고 서울의 백화점에 들어가서 사려는 물건이 어디 있느냐고 물으면 아무도 대답을 못합니다. (영어를 못하니까.) 그게 현실입니다.

뉴욕을 보십시오. 미국인이든, 일본인이든 뉴욕을 가면 모두가 편안함을 느낍니다. 그게 영어의 문제일 수도 있겠습니다. 싱가포르에선 영어가 통용되지만, 서울은 아닙니다. 한국의 학교에서 영어를 제2 언어로 충실히 가르칠 수 있다면 한국의 경쟁력은 무척 오를 겁니다. 한국 사회가 지금보다 더 외국에 대해 문을 열면 물류 허브는 물론이고 금융 허브, 문화 허브도 가능합니다."

- 대부분 선진국은 서비스 산업의 비율이 70%가 넘습니다. 한국 GDP에서 서비스 산업의 비율은 55%에 불과합니다. 향후 서비스 부문의 방향과 역할에 대해 말씀해 주십시오.

"매우 흥미로운 주제입니다. 엄청난 성장을 구가하는 인도의 예를 들어볼까요. 인도의 경우 IT를 기반으로 하는 소프트웨어, 엔지니어링, 디자인 등 서비스 비즈니스가 괄목할 만한 성장을 이뤄내고 있습니다. 다국적 기업들이 뛰어난 소싱(sourcing) 기지를 찾고 있는 덕입니다. 특히 지식을 기반으로 한 산업 부문에서 글로벌 소싱이 급격히 확산되고 있습니다.

한국은 삼성, 현대, LG 등을 주축으로 한 제조업 경제입니다. 제가 볼 때는 한국은 '제조업 거인(manufacturing giant)'을 추구하는 듯 보입니다. 하지만 한국도 인도처럼 서비스 부문 세계화를 추구할 수 있습니다. 삼성은 소프트웨어, IT 분야의 월드 리더입니다. 따라서 마이크로소프트의 글로벌 소싱 기지로도 활발히 커나갈 수 있는 잠재력이 있습니다. 하지만 한국이 얼마나 이 분야에 집중적인 투자를 할 수 있을지 모르겠습니다.

또 다른 기회는 관광입니다. 제가 한국에 와서 느낀 점 중 하나는 한국의 경치가 너무 아름답다는 것입니다. 대학 캠퍼스만 보더라도 너무 예쁩니다. 제주도나 춘천 경치에도 감탄했습니다. (그는 'dramatic' 'excellent'란 단어를 여러 차례 반복했다.)

하지만 한편으로 안타까웠습니다. 과연 미국인 중에서 휴가를 준비하면서 이 아름다운 서울 · 제주 · 춘천 방문을 생각하고 있는 사람이 몇 명이나 될까요. 한국은 엄청난 관광 자원을 가지고 있어 관광 산업 발전 가능성이 높습니다. 그러기 위해서는 일단 서울이 글로벌 시티가 돼야 하겠죠."

Chapter_ 10

인터넷 마케팅

Business

제 10 장
인터넷 마케팅

Key Point

인터넷 마케팅의 필요성을 이해하고 인터넷 마케팅과 전통적 마케팅의 차이를 이해한다.

주요 내용

- 인터넷 마케팅에 대한 이해 및 등장배경
- 인터넷 마케팅의 실행
- 인터넷 마케팅 전략

제1절 인터넷 마케팅을 이해해보자

- 인터넷이 확산됨에 따라 마케팅 분야에서도 인터넷이 갖는 비즈니스 관점의 가치를 활용하고자 하는 시도가 인터넷 마케팅이다.

- 인터넷은 기업 경영의 모든 분야에 적용할 수 있으며, 마케팅 활동에서도 다른 정보기술과의 조화를 통해 성과향상을 극대화할 수 있다.

1.1 마케팅의 변화

- 마케팅 의미는 처음부터 지금까지 동일하지는 않았음

- 1936년 미국 마케팅학회(National Association of Marketing : NAMT)는 마케팅을 다음과 같이 정의하였다.

  - 생산에서 소비에 이르는 재화와 서비스의 흐름과 관련된 여러 가지 기업 활동을 포함하는 것이라고 마케팅을 정의

- 1960년 미국 마케팅학회(National Association of Marketing : NAMT)의 정의

  - 생산자로부터 소비자 또는 사용자에게로 이르기까지의 재화 및 서비스의 흐름이 원활이 될 수 있도록 관리하는 기업활동 이라고 마케팅 개념을 정의하였다.
  - 이 시기의 마케팅은 생산자와 소비자 사이의 제품과 서비스의 연결, 즉 소유권의 이전과 물리적 유통을 수행하는 것을 마케팅으로 간주하였으며, 생산활동 이후의 기업활동만을 대상으로 하며, 생산자로부터 출발하여 소비자에게로 진행되는, 제품과 서비스만을 대상으로 하였다.
  - 이러한 정의에서 우리는 생산자 위주의 개념이 고객위주의 개념으로 바뀌고 있음을 알 수 있다.

- 1985년 미국 마케팅학회(National Association of Marketing : NAMT)의 정의

  - 개인이나 조직의 목적을 만족시켜주는 교환을 성립시키기 위하여 아이디어, 재화 및 서비스를 정립하는 활동과 가격결정, 촉진, 유통을 계획하고 수행하는 과정이라고 마케팅 개념을 재정의하였다.
  - 이때부터 마케팅의 적용대상이 비영리 조직체와 개인의 활동에 까지 확장되었으며 기술, 정보, 디자인 등과 같이 지적소유권의 범주에 포함되는 교환 대상들도 아이디어에 포함되었다.
  - 제품(Product), 가격(Price), 유통경로(Place), 촉진(Promotion)과 같은 마케팅 믹스 요소를 구체적으로 명시한 점이 부각되었다.

1.2 인터넷 마케팅이 등장하였다

- 마케팅의 주요 초점은 아래 그림과 같이 변화하였다. 대중마케팅, 표적마케팅, 일대일 마케팅으로 변화하였다. 일대일 마케팅으로 다가갈수록 데이터베이스를 비롯한 정보기술이 적극 활용되었고 양방향 소통의 매체가 소통의 채널이 되었다.

	대중 마케팅	표적 마케팅	일대일 마케팅
대 상	대 중	표적집단	개 인
시장접근방법	비차별적 마케팅	차별적 마케팅 집중 마케팅	데이터베이스 활용
마케팅목표	시장 점유율, 매출액, 고객만족도		고객 점유율(Customer Share) 고객 만족도, 매출액
경제 원리	규모의 경제		범위의 경제
관 리	제품 관리(Product Management)		고객 관리 (Customer Management)
커뮤니케이션	단방향(One-Way)		양방향(Two-Way)

- 인터넷 중심 사회로 이동하면서 경영 환경의 변화에 따라 새로운 비즈니스 모델이 등장하면서 전통적인 마케팅 패러다임도 변화되고 있다.

- 인터넷 마케팅의 등장과정은 아래 그림으로 설명될 수 있다. 경영환경의 변화가 발생하였으며, 새로운 e-Business의 환경에서 마케팅 패러다임이 변화하였다. 이에 기존 마케팅 접근방법은 강력한 새로운 매체인 인터넷을 활용하여 새로운 차원의 고객가치를 추구하는 인터넷 마케팅으로 발전하였다. 인터넷 마케팅은 앞서 배운 CRM과 매우 밀접한 관계를 갖는다. CRM을 통해 고객에 대한 보다 정확한 이해를 할 수 있으며, 파악된 잠재고객과 기존고객을 대상으로 인터넷을 통해 1:1 정보와 광고를 제공하고, 고객의 의견을 청취하고 즉각적으로 피드백을 제공할 수 있게 되었다.

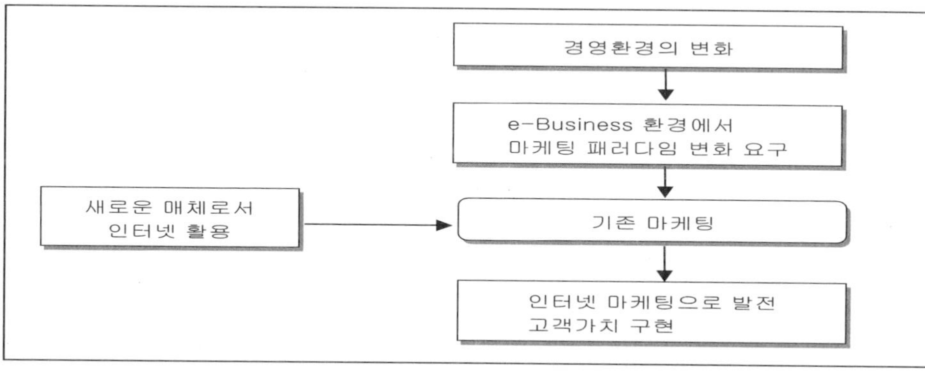

1.3 마케팅을 위한 인터넷의 활용 가치

- 1:1 관계를 통한 개인화된 밀착 서비스를 제공할 수 있다.
- 지역적, 공간적, 시간적 제약을 극복할 수 있다.
- 양방향 의사소통을 통하여 마케팅 활동의 효과에 대한 피드백을 얻을 수 있다.
- 세분화된 고객그룹을 대상으로 표적집단 접근이 매우 쉽다.
- 광고비가 상대적으로 저렴하며, 광고효과를 측정하기가 쉽다.

1.4 인터넷 마케팅의 정의

- 전 세계를 연결하는 네트워크인 인터넷, 특히 World Wide Web을 이용한 새로운 마케팅 방법이다. 인터넷이라는 가상공간에서 인터넷 기술 및 디지털 정보기술을 이용해서 고객과 관계를 형성하고 실시간으로 상호작용할 수 있는 양방향 커뮤니케이션을 통한 마케팅 활동을 지칭한다.

- 마케팅 활동 공간이 기존의 물리적 공간에서 인터넷 가상 공간으로 변화하는 것을 의미하며 전통적 마케팅을 대체하는 개념이라기 보다 이를 보완하는 도구로 이해해야 한다.

- 인터넷 마케팅의 특징-1

인터넷 마케팅은 직접 상호작용을 하며, 개인화된 서비스를 제공할 수 있다. 시간적 제약을 뛰어넘어 24시간 365일 내내 마케팅활동을 수행할 수 있으며, 인터넷으로 연결된 곳이라면 국경도 초월하여 접근할 수 있다. 상대적으로 저렴한 광고비로 특정 고객집단에 쉽게 접근하여 메시지를 전할 수 있는 장점이 있다.

비교관점	전통적 마케팅	인터넷 마케팅
상호작용	➢기존 매체를 통한 간접연결	➢직접연결
시간성	➢시간적 제약	➢시간 제약 극복 ➢ any time
지역성, 공간성	➢국가나 지역에 한정	➢경계가 사라짐 ➢ any where
마케팅 주도	➢기업이 주도하는 마케팅이 지배적	➢고객이 주도하는 마케팅이 지배적
광고비	➢높은 광고비	➢상대적으로 저렴한 광고비

○ 인터넷 마케팅의 특징-2

인터넷 마케팅은 인터넷이 마케팅의 채널의 하나로 추가된 것을 의미한다. 발전하는 정보기술을 잘 이용하면 과거에는 상상할 수 없었던 서비스를 필요로 하는 고객을 찾아 제공할 수 있다. 다양한 틈새시장을 찾아 새로운 비즈니스 기회를 보다 쉽게 창출할 수 있다. 마케팅활동에 정보기술의 역할이 중요하므로 마케팅 부서와 정보시스템 부서간의 긴밀한 협조가 요구되기도 한다.

비교관점	전통적 마케팅	인터넷 마케팅
채 널	➢TV, 라디오, 신문, 잡지, 이벤트 등	➢채널의 확대
마케팅 규칙	➢시대적으로 명확 ➢ 잘 정의되어 있으며, 일정한 모습을 보임	➢기술발전에 따라 지속적으로 발전
틈새시장	➢틈새시장을 정의하기 어려움	➢다양한 틈새시장 ➢ 새로운 비즈니스 기회 창출
정보기술과의 관 계	➢정보기술이 마케팅을 수행하는 데 큰 도움이 되지는 못함	➢마케팅 활동에서 정보 기술의 역할이 절대적 ➢마케팅 부서와 정보 시스템 부서간의 통합적 활동이 중요

제2절 인터넷 마케팅의 실행

2.1 인터넷 마케팅 구현 프로세스는 어떻게 진행되는가?

인터넷 마케팅도 역시 경영전략과 e-Business 전략의 맥락에서 출발하여야 한다. 먼저 인터넷 마케팅 전략을 수립하고, 이어 인터넷 마케팅 프로그램들을 설계하여야 한다. 실행과 통제 그리고 평가 등의 후속 경영활동들이 필요할 것이다.

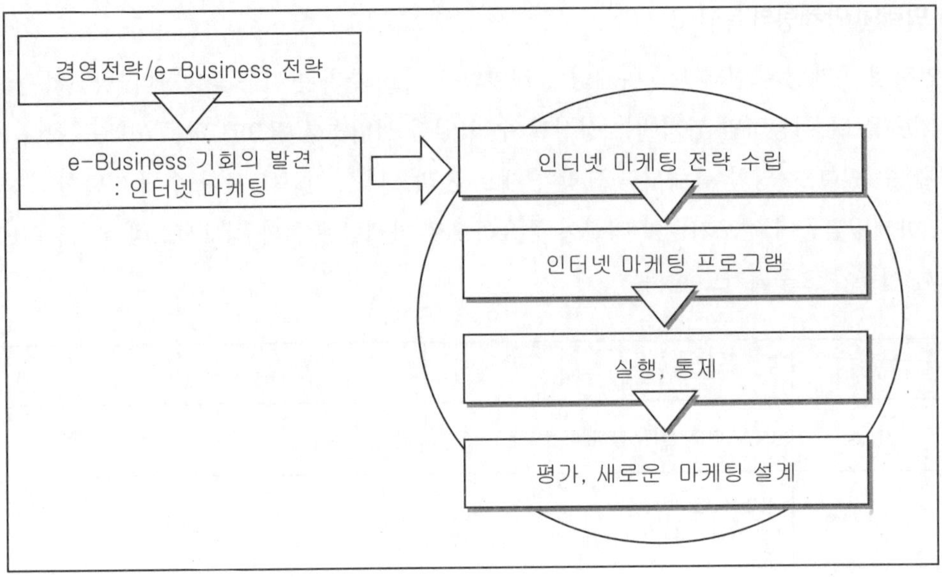

2.2 인터넷 마케팅은 경영전략 또는 e-Business 전략부터 시작한다.

- 처음부터 인터넷 마케팅이 곧바로 시작되지는 않는다. 기업의 전사적인 측면에서 분명한 비전, 목표 및 방향을 설정하는 작업에서부터 출발해야 할 것이다. 즉, 경영전략 또는 e-Business 전략이 먼저 수립되고 이에 근거해서 인터넷 마케팅의 실행이 성립될 수 있다.

- 일반적으로 경영전략에서는 인터넷 또는 디지털 기술을 중요하게 고려하지 않았다. 따라서 달성 가능한 구체적 목표에서부터 e-Business 환경과 차이가 있고, 목표를 달성하기 위한 최선의 방법 선택에서도 전통적 마케팅 수단을 찾을 수밖에 없었다.

- 그러나 e-Business 전략에서는 인터넷 또는 디지털 기술을 중요하게 고려하므로 비전, 경영 목표 그리고 수단도 달라진다.
  - 수립된 목표 달성 위한 경영자원의 활용방식도 달라지면서 인터넷 기술과 디지털 정보기술을 활용하는 인터넷 마케팅에 대한 중요성 부각되었다. 즉 e-Business 실행을 위한 중요한 기반이고 동시에 새로운 기회로서 인터넷 마케팅이 필요하게 되는 것이다.

2.3 인터넷 마케팅 기회가 발견되면 바로 시작한다.

- e-Business 전략에 따라 인터넷 마케팅의 필요성이 제기되면, 곧 바로 전략부터 시작해서 인터넷 마케팅 구현에 착수해야 한다. 그러나 인터넷 마케팅이라고 해서 기존의 마케팅과 전혀 다른 방식으로 구현되지는 않는다는 사실을 생각해야 한다.

  인터넷 마케팅이라지만 마케팅 활동의 본질은 동일하며, 적용되는 매체의 독특한 특성이 반영되는 것만 다를 뿐이다. 따라서 매체적 특성을 반영할 수 있는 획기적 아이디어가 적용되지 않는다면 인터넷 마케팅은 빛이 바랠 수도 있다.

- 그러므로 인터넷 마케팅 전략을 수립하는 것에서부터 혁신적이어야 하며, 프로그램도 인터넷이 갖는 비즈니스 관점의 특징이 충분히 반영되어야 한다.

제3절 인터넷 마케팅 전략

3.1 인터넷 마케팅 전략 수립의 특성

- 일반적으로 전통적 마케팅에서 마케팅 전략은 4P라는 수단을 활용하여 어떻게 하면 효율적으로 마케팅 활동을 수행할 것인가를 결정하지만, e-Business환경에서 인터넷 마케팅은 4A가 추가된다. 4A는 방법, 제품, 시간, 장소 측면에서 'Any'라는 광범위하고 무조건적인 성격이 부가된다. 예를 들어 Any 제품이란 물리적인 제품만이 아닌 디지털로 표현되는 모든 서비스를 의미하며, 장소와 시간을 가리지 않고 제공된다는 의미가 있다.

활용수단	전통적 마케팅	인터넷 마케팅
4P	제품 (Product)	제품 (Product)
	가격 (Price)	가격 (Price)
	유통 (Place)	유통 (Place)
	촉진 (Promotion)	촉진 (Promotion)
4A		방법 (Any way)
		제품 (Any product)
		시간 (Any time)
		장소 (Any where)

3.2 인터넷 마케팅 전략 수립: 목표고객

- **인터넷 마케팅 전략을 수립하는 과정에서 가장 먼저 해야 하는 것은 목표고객을 분명히 하는 것이다.**
  - 목표고객을 구체화 하는 것은 기존의 마케팅 전략 수립에서도 핵심적으로 고려하는 내용이지만 인터넷 마케팅 전략에서는 인터넷과 정보기술이라는 매체의 특성을 고려해서 목표고객 구체화를 시도하는 것 필요하다.
  - 특히 일대일 마케팅이 가능하고 맞춤형 마케팅의 필요성이 높이 대두되면서 고객을 정확히 인식하는 것이 중요하다.

- **목표고객 또는 시장을 분명히 인식하는 이유는 다음과 같은 질문에 답할 수 있어야 하기 때문이다.**
  - e-Business 실행의 대상이 되는 전체 시장은 어떻게 세분화되어 있는가?
  - 세분화된 시장별로 현재의 수익성 또는 미래의 잠재적 공헌도는 어느 정도인가?
  - e-Business 실행의 주요 목표 고객은 누구인가?
  - e-Business 실행자원을 집중할 우선순위가 있는가?
  - 주요 목표고객의 특성과 지리적 위치는?
  - 목표고객에게 어떻게 접근해야 하는가?

o **일반적으로 목표고객 또는 시장을 분명히 하는 작업의 순서는 시장의 세분화, 표적화, 포지셔닝이다.**

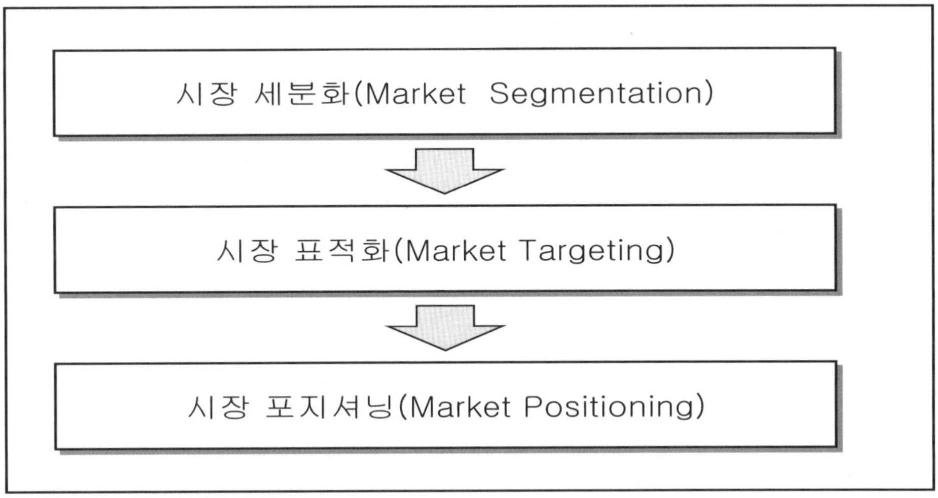

시장 세분화

- 시장세분화란 효과적 마케팅 전략을 수립하기 위해 전체 시장을 상품 및 서비스에 대한 욕구가 비슷한 작은 시장으로 나누는 작업을 의미한다. 기준은 지리적 변수(지역, 인구밀도, 기후 등), 인구통계적 변수(성별, 나이, 소득, 직업, 교육수준, 종교 등), 심리분석적 변수(생활스타일, 개성 등), 행동분석적 변수(추구하는 가치, 취미, 리스크 부담 정도)를 들 수 있다.
- 시장세분화는 다음의 3가지 수준으로 세분화된다.
  - 브랜드시장 수준(Brand Segment Level)은 어떤 시장 안에서 동질성이 높은 집단을 말한다. 브랜드시장 내에서 고객들은 유사한 욕구, 구매력, 지리적 위치, 구매태도와 습관을 보인다.
  - 틈새시장수준(Niche Segment Level)은 브랜드시장보다 더욱 좁게 정의된 시장을 말한다. 기존의 제품과 서비스로 충족될 수 없는 보다 상세한 욕구를 지닌 소비자 집단이다.
  - 세포시장수준(Market Cell Level)은 가장 세분화된 특별한 욕구를 지닌 소비자 집단이다.
  - 예를 들면, 해외여행을 자주 즐기는 소비자 그룹이 있다면 이는 여행을 통해

삶의 가치를 추구하는 라이프 스타일을 지닌 소비자 그룹으로 브랜드 시장이라 할 수 있다. 그 중에서 유럽지역을 자주 여행하는 그룹은 틈새 시장이라 할 수 있고, 여기에서 더 나아가 이태리나 스위스와 같이 특정 지역을 집중적으로 배낭 여행을 하는 그룹이 있다면 이는 세포시장이라고 할 수 있을 것이다.

시장 표적화

- 제한된 자원으로 모든 시장을 공략할 수 없다. 따라서 세분화된 시장은 평가되어야 한다. 평가기준은 시장의 규모, 성장성, 수익성, 규모의 경제의 실현 여부, 위험도 그리고 세분 시장에 대한 투자가 기업이 보유하고 있는 핵심역량과 일치하는 지 여부 등이다.
- 두 개 이상의 세분 시장을 표적으로 하면 복수시장마케팅(Multi-Segment Marketing)이며 하나의 세분 시장에 집중하면 집중마케팅(Concentration Marketing)이라 할 수 있다.
- 인터넷 환경에서는 동질성이 조금만 있어서 쉽게 가상 커뮤니티가 형성되는 등 세포시장이 빈번히 나타나므로 복수시장마케팅이 필요하다.

시장 포지셔닝

- 표적시장이 선정되고 나면 해당 시장의 고객들에게 자사의 상품과 서비스를 부각시키는 문제가 대두된다. 시장 포지셔닝이란 고객들의 마음속에 제품과 서비스를 가격, 품격, 실용성 등의 다차원에서 원하는 위치에 인식시키는 노력을 의미한다. 예를 들면, 고가이면서 고급스런 상품으로, 가격은 적절하며 실용적인 상품으로, 독특한 취향을 충족시켜주는 상품 등으로 고객의 마음에 자리 잡게 하는 것이다.
- 특히 인터넷 환경에서는 고객이 다양한 상품과 서비스에 대한 광범위한 정보를 확보할 수 있다는 전제 하에 포지셔닝을 해야 하므로 더욱 어렵다.

3.3 인터넷 마케팅 전략의 기본 요소

인터넷 마케팅 전략은 콘텐츠, 의사소통, 차별화, 연결, 공동체로 구성된다.

o 콘텐츠(contents)

- 고객이 당면한 문제를 신속하고 쉽게 해결하는데 필요한 다양한 정보를 상품과 함께 제공할 수 있어야 한다. 고객이 접근할 수 있는 콘텐츠를 정확히 정의하는 일이 인터넷 마케팅 전략수립의 기본요소이다.

o 의사소통(communication)

- 인터넷 기반 사이버환경에서는 고객의 만족과 불만족의 전파속도가 매우 빠르고 광범위할 수 있다. 따라서 고객과의 소통방식과 채널을 주도면밀하게 설계하여 고객의 요구와 불만에 신속하게 대응할 수 있어야 한다.
- 고객이 접근하는 홈페이지의 인터페이스, 편리성, 의사소통채널의 다양성(게시판, 1:1온라인 상담, 이메일 등)을 추구하여야 한다.

o 차별화(customization)와 개인화(personalization)

- 인터넷을 기반으로 한 웹 환경은 고객과의 1:1 관계를 형성하고 유지하는데 매우 적합한 기술이다.
- 고객의 개인정보와 취향에 근거하여 개인에게 적합한 콘텐츠나 상품정보를 능동적으로 제공하여 고객의 호응을 얻어낼 수 있다.

o 연결(connection)

- 고객과 고객을 연결해주는 기능도 제공할 수 있다. 사람들은 자신과 비슷한 사람들이 구매한 품목과 조언에 더 관심을 가지기 마련이다. Amazon.com등 인터넷 서점들은 특정 책을 구매한 사람들이 구매한 또 다른 책의 리스트를 제공하여 동일한 취향을 가진 고객들을 연결해주기도 한다.
- 옥션(Auction)은 물건을 팔고 사기를 원하는 사람들을 연결해주는 비즈니스 모델을 가지고 있다.

o 공동체(community)

- 동일한 취향과 강한 유대감을 가진 소비자 공동체가 인터넷에는 수없이 많이 만

고 있다. 특히 기업의 상품과 서비스와 관계된 인터넷 공동체는 해당 기업 이 권하고 관리해야 하는 대상일 수도 있다. 이러한 공동체의 운영자와 단골 고객들은 불만사항을 확산시키는 역할도 하지만 때로 고객이 문제를 해결하는데 필요한 고급 콘텐츠를 만들어 기업으로 하여금 비용을 절감할 수 있도록 한다.

3.4 인터넷 마케팅 프로그램의 종류

○ 인터넷 가격 프로그램

- 가격결정정책과 결제방법 등이 포함된다.
- 기본적으로 직거래를 통한 유통단계가 축소되어 경쟁업체에 비해 가격을 인하할 수 있을 것이다.
- 고객이 인터넷쇼핑을 많이 하는 주말과 같은 특정시간대에 할인쿠폰을 발행하는 방식으로 가격을 인하하여 구매하도록 유도할 수 있다.
- 배달지역에 따라 배송비를 반영하여 가격을 차별화할 수 있다.
- 공동구매처럼 구매수량이 많거나 잘 팔리지 않는 제품의 재고처분을 할 때도 가격을 하락할 수 있다.
- 오늘날 결제방법은 기본적으로 현금송금, 신용카드, 포인트 결제, 직불카드 등 다양한 방식이 있다.

○ 인터넷 제품 프로그램

- 인터넷 환경에서 거래하기에 가장 적합한 상품은 음악 및 영화화일, 게임, e-Book, 애플리케이션 등 디지털 형태로 생산, 유통, 소비되는 것들이다.
- 그러나 오늘날에는 배송 및 배달 인프라가 잘 구축되어 있어 인터넷에서 구매할 수 없는 물리적 제품은 거의 없을 정도로 대부분의 상품을 판매할 수 있다.

○ 인터넷 유통/물류 프로그램

- e-Business환경에서 물리적 상품에 대한 유통 및 물류인프라의 효율성은 매우 중요한 이슈이다. 산업차원에서 유통과 물류가 원활하게 될 수 있도록 포장상자나

운반차량에 대한 표준규격을 제정하고 e-Business 관련 기업들은 이를 준수하고 활용할 필요가 있다. 규모가 작은 회사는 물류전문회사와 택배회사 등과 제휴를 하여 저장 및 배달 부분을 해결할 수 있을 것이다.

o 인터넷 판매촉진(promotion) 프로그램

- 인터넷을 매체로 한 모든 판매촉진 프로그램을 말한다. 이제 이메일광고, 배너광고, 검색광고, 팝업광고 등은 고전적인 방법에 속한다. 웹프로그래밍의 기술이 고도화되고 하드웨어의 성능이 좋아지면서 정교하고 효과성이 높은 촉진 프로그램이 개발되고 있다. 예를 들어, 이용자가 포탈에 로그인해서 들어가면 이용자의 IP 주소를 추적하여 이용자 주변의 업체 광고를 보여주기도 한다.

제4절 인터넷 마케팅 실행과 성공요인

o 인터넷 마케팅을 전사적 차원에서 성공적으로 실행하기 위해서는 다음과 같이 다섯 가지 원칙을 준수할 필요가 있다. 이 원칙들은 조직이 보유하고 있는 자원의 효율적 사용을 가능하게 하고 순환구조를 형성해서 지속적 활동을 가능하게 한다.

- 시장을 세분화하고 대상고객을 확인한다.
- 인터넷 상의 다양한 사이트를 이용한다.
- 사이트를 방문한 고객의 다양한 정보를 수집한다.
- 고객과 상호작용 수단을 마련한다.
- 마케팅 성과에 대해 고객으로부터 피드백을 받는다.

4.1 시장을 세분화하고 대상고객을 확인한다

- 우선적으로 선행되어야 할 작업은 시장세분화(market segmentation)이다. 즉 고객에 대한 이해가 출발점이기 때문이다.

  보다 효과적인 마케팅 전략의 개발을 위해 전체시장을 상품 또는 서비스에 대한 욕구가 비슷하거나 혹은 영업 활동에 의미 있는 동질적 부분 시장으로 나누는 작업을 수행해야 한다.

- 대상 고객을 확인한다.

  모든 인터넷 고객에게 다양한 종류의 제품을 공급하기보다는 시장에서 자사의 제품을 필요로 하는 시장을 개척하고 대상고객을 탐색하여 접촉해야 한다.

4.2 인터넷 상의 다양한 사이트를 이용한다.

- 검색엔진 및 디렉토리, 링크교환, 배너, 스폰서, 온라인 및 오프라인 발행물 활용, 메일링 리스트, 경품행사, 공지 사이트 등을 활용한다. 트위터, 페이스북과 같은 인기 있는 SNS 매체도 활용해야 한다.

- 인터넷 마케팅 역시 전통적인 마케팅과 마찬가지로 투자 전에 세심한 준비와 치밀한 계획이 필요

4.3 사이트를 방문한 고객의 다양한 정보 수집한다.

- 신규 방문자로부터 정보를 얻기보다는 기존 회원이나 방문 경험이 있는 사용자로부터 정보를 얻는 것이 활용가능성이 높다. 방문자의 성향을 지속적으로 분석하고, 사용자 위주의 지속적인 사이트 개편을 도모해야 한다.

- 보다 정교하고 치밀한 마케팅 전략을 위해서는 고객의 경험적 자료를 수집, 분석하는 전략

이 필요하다. 사용자가 겪었던 불편이나 개선방향을 수렴하여 사이트의 개선에 반영해야 한다.

4.4 고객과 상호작용 수단을 마련한다.

- 고객에게 접근할 때 기업 입장에서 일방적으로 다가가기보다는 고객반응을 조심스럽게 관찰하고 반영하면서 접근하는 것이 효과적이다. 고객의 의사와 상관없이 기업의 입장에서 접근하면 오히려 역효과를 초래할 수 있다.

- 인터넷 마케팅이 전통적 마케팅에 비해 가지는 큰 장점은 직접적으로 고객과 상호작용 할 수 있는 다양한 방법이 존재한다는 것이다. 게시판, 1:1실시간 상담, 이메일 등이 있다.

4.5 마케팅 성과에 대해 고객으로부터 피드백을 받는다.

- 인터넷 마케팅 실행에 대한 평가는 주기적으로 실시해야 한다. 특정 시점의 1회성 평가는 인터넷 특성상 오차가 많으며 신뢰성 있는 자료로 활용하기가 어렵다.

- 기업에서 수립한 마케팅 기획이나 광고가 잘되었는지 효과가 있었는지를 알아보는 방법은 고객에게 물어보는 것이 가장 좋은 방법이다. 인터넷을 활용해 고객으로부터 피드백을 받아 다음 마케팅 전략을 수립할 때 반영하는 것이 필요하다. 제품의 구매후기, 영화감상평 등을 올리도록 하는 것이 피드백을 받는 방법들이다.

Chapter_ 11

전자상거래(Electronic Commerce)

Business

제 11 장
전자상거래(Electronic Commerce)

Key Point

전자상거래의 기본 개념을 이해하고 전통적 상거래와 비교했을 때, 전자상거래만의 특징, 장점과 단점을 이해한다.

주요 내용

- 전자상거래 개요
- 전자상거래 특징, 장점, 문제점
- BtoB e–마켓플레이스
- 전자상거래 실행
- 인터넷쇼핑몰 운영
- 사례: 인터넷 종합쇼핑몰 (주)패션홀릭

제1절 전자상거래의 기본 의미를 이해한다.

○ 새로운 기회의 등장

인터넷의 등장과 확산은 새로운 시장과 고객을 창출하고, 이를 경영성과로 연결할 수 있는 기회가 되고 있다. 기업은 새로운 사업기회로 인터넷 기술을 적용한 전자상거래 중시하고 있으며, 새로운 상거래 기술과 제도로서 전자상거래의 등장은 기존 상거래방식의 일대 혁신을 가져오고 있다.

1.1 전자상거래 (Electronic Commerce)의 개념

전자상거래란 용어는 1989년 미국의 Lawrence Livermore National Laboratory에서 미국 국방부 프로젝트를 수행하면서 처음 사용하였다. 이후 1993년 미국의 연방정부 조달부문에 정형화된 자료의 교환인 EDI 및 비정형화된 문서의 전자적인 교환방식의 도입을 추진하면서부터 광범위하게 사용되었다.

1.2 전자상거래 (Electronic Commerce)란 무엇인가?

전자상거래는 정보기술과 상거래 활동의 결합으로서 네트워크와 개방적인 인터넷 환경이 조성되면서 점진적으로 발전해온 것이다. 개념을 정의하기 위해 다음과 같은 요소들을 고려하여야 한다.

- 관계된 개체
- 적용되는 기술
- 대상 경영활동
- 기대목표

전자상거래 정의

개인, 기업, 정부와 같은 경제주체간에 인터넷기술 및 디지털 정보기술을 전자적으로 통합 활용하여 상품, 서비스, 정보를 판매하고 구매하는 행위로서 상거래 비용의 절감 및 거래 효용성을 극대화하는 경영방식

o 관계된 개체관점

전자상거래는 기업, 정부, 단체, 고객(소비자) 등 독립된 조직과 개인을 모두 포함하며, 경제활동의 모든 주체가 전자상거래의 주체와 객체가 될 수 있다.

○ 적용되는 기술

이전의 e-비즈니스 시스템처럼 전자상거래 역시 인터넷 기술 및 디지털 정보기술을 전자적으로 통합 활용하는 시스템이다.

개방형의 인터넷이 확산되기 이전에도 대기업, 정부를 중심으로 폐쇄적인 전용 네트워크 기반 EDI시스템을 통해 전자상거래를 수행하고 있었다. 다만 최근 전자상거래는 전용 네트워크 기반에서 실시되기보다는 표준화된 네트워크 아키텍처인 인터넷 기반에서 진행되기 때문에 인터넷 기술과 디지털 정보기술의 전자적 통합이 보다 적합하게 되었다.

○ 대상 경영활동

전자상거래는 기본적으로 상거래활동을 말하며 주문, 주문체결, 확인, 결제 등을 포함한 거래를 할 때 수행해야 하는 모든 경영활동을 말한다.

○ 전자상거래의 목표

전자상거래의 목표는 상거래 프로세스의 효율성을 추구함으로써 비용을 절감하고 생산성을 극대화하는 것이다. 이는 전통적 상거래에서도 추구하던 목표이지만, 전자상거래는 인터넷 기술과 디지털 정보기술을 통합 적용함으로써 전통적 상거래보다 보다 향상된 효과를 추구한다는 점에서 차이가 있다.

[돌아보기] CALS

한 때 CALS(Commerce at Light Speed)라는 용어를 전자상거래의 의미로 사용하기도 하였다. 그러나 처음부터 인터넷 기반의 전자상거래를 접한 사람들은 CALS에 대해 관심도 없고, 궁금해 하지도 않았다.

CALS는 미국 국방성(DoD-Department of Depense)의 컴퓨터를 활용한 후방보급지원 프로젝트인 CALS(Computer Aided Logistics Support) 프로젝트에서 시작하여 무기 시스템의 자동화, 전자화, 고도화에 따른 미국방부(Dapartment of Defense:DoD)의 인프라 근대화 시책의 일환으로서 1980년대 중반부터 추진되어온 국방자원의 고도화를 위한 정보화 프로그램이었다. CALS의 이러한 취지는 점차 발전되고 민간으로 확산되었으며, 현재의 CALS는 통신과 정보기술의 통합 활용되는 결과로 확장 발전되었다. 지금은 CALS를 전자상거래와는 같은 의미로 사용하고 있으나 CALS의 개념과 업무범위는 많은 변화가 있어 CALS의 초기 의미는 현재에 거의 찾아 볼 수 없다.

현재 가장 보편적인 의미로 이해되는 광속상거래(Commerce At Light Speed)는 전자상거래와 동일한 의미로 사용되어도 무방하다. 다만 전자상거래는 일반 고객을 대상으로 거래가 형성되지만, CALS(Commerce At Light Speed)는 일반 고객보다는 기업을 대상으로 거래가 형성되기 때문에 BtoB 유형이 보편적이다.

제2절 전자상거래의 특징과 장점, 문제점

2.1 전자상거래는 어떤 특징을 가지고 있는가?

전자상거래는 판매자 또는 생산자를 고객(최종 소비자)과 직접 연결해 줌으로써 유통단계를 축소하기도 하며, 때로 언어를 극복할 경우에 지역과 국경을 넘어 고객에게 접근할 수도 있다. 판매자와 생산자는 자신의 물건을 소비한 고객과 직접적으로 양방향 의사소통을 할 수 있으며, 전자카타로그를 이용하여 매우 다양한 정보를 손쉽게 전달할 수 있다.

전자상거래의 특징-1

특징	설명
판매자와 고객간의 직접연결	➢ 도매상, 소매상과 같은 중간 유통업자가 배제된 상태에서 네트워크를 통한 직접 연결 ➢ 유통비용 절감 ➢ 상호간의 이익 극대화 기회
유통구조의 단축	➢ 기존 유통구조상 중간매체 제거에 따른 유통경로의 단축 ➢ 거대한 판매망과 유통구조 확보 ➢ 비용절감 효과 발생 가능
지역, 국경을 관통	➢ 특정지역 중심이 아니라 전세계 시장을 대상으로 한 상거래 실시 ➢ 광범위한 고객확보 가능 ➢ 매출확대의 기회

전자상거래의 특징-2

특징	설명
양방향 관계	➢인터넷을 통한 주문 및 고객정보 확보 용이 ➢고객요구를 보다 빠르게 만족시킴 ➢고객중심의 e-Business 실행 가능
정보제공의 다양성	➢멀티미디어 컨텐츠 활용과 자료의 신속한 업데이트 실시 ➢고객의 변화욕구에 대한 반응 ➢ 신속하고 다양한 쇼핑 정보제공을 통한 마케팅 촉진 기회
시간적 제약 극복	➢특정 영업시간에 국한되는 것이 아니라 24시간 판매활동 지속 ➢ 매출확대의 기회
디지털 정보처리	➢고객으로 디지털 자료 형식의 주문 접수 ➢디지털 자료의 재활용 및 분석 가능 ➢새로운 비즈니스 모델 창출 가능

2.2 전자상거래와 전통적 상거래

전자상거래는 전통적 상거래와는 달리 사이버 공간에서 모든 거래과정이 이루어진다. 디지털콘텐츠라면 제품의 배송까지도 네트워크를 통해 이루어지므로 제품의 물리적 이동도 필요 없으며 상거래활동에 필요한 물리적 공간도 필요가 없다.

전통적 상거래와는 달리 전자상거래는 24시간 내내 어느 때라도 수행할 수 있으며, 거래를 하면서 입력하는 정보나 생성되는 정보 모두가 디지털 형태로 저장되므로 정보를 다시 입력해야 하는 번거러움도 없을 뿐만 아니라, 모은 정보를 이용하여 고객의 성향과 필요를 더욱 신속하고 쉽게 이해할 수 있다.

전자상거래와 전통적 상거래와의 비교-1

구분	전자상거래	전통적인 상거래 방식
유통	➢기업과 고객간 직거래	➢기업→도매상→소매상 → 고객으로 이어지는 복잡한 유통단계
거래 지역	➢전세계 시장	➢일부지역
거래시간	➢24시간	➢제약된 영업시간
고객수요 파악	➢인터넷으로 수시 획득 ➢재입력이 필요없는 디지털 자료 ➢실시간 양방향 의사 소통 가능	➢영업사원 또는 특정 부서 중심으로 확보 ➢정보 재입력 필요 ➢실시간 양방향 의사소통 불가능

전자상거래와 전통적 상거래와의 비교-2

구분	전자상거래	전통적인 상거래 방식
마케팅 활동	➢1:1 관계 ➢고객과의 상호작용 중시	➢대중마케팅 ➢고객의 의사에 상관 없는 일방적인 마케팅
고객대응	➢인터넷을 통해 요구사항, 불만을 신속히 파악 ➢즉시 대응	➢특정 부서에 의존 ➢ 대응 지연
판매거점	➢ 가상공간	➢판매공간 필요

2.3 전자상거래의 장점을 알아보자

전자상거래의 장점을 구매자의 관점에서 열거하자면 다음과 같다.

- 다양한 상품을 쉽게 비교할 수 있다.

- 상대적으로 정보 탐색 비용이 저렴하다.
- 시간적, 지리적 제약 극복할 수 있다.
- 유통경로의 단축에 따라 가격이 저렴하다.
- 지속적 상품 정보 입수

전자상거래의 장점을 판매자 관점에서 열거하자면 다음과 같다.

- 공간적, 지리적 시장 확대
- 마케팅 비용 절감
- 고객분석을 통한 고객과의 관계 증진
- 유통 및 물류비용 절감
- 거래시간 단축
- 정보처리 정확성 증가

2.4 전자상거래의 문제점과 단점

전자상거래의 단점 또한 구매자의 관점에서 살펴볼 수 있다.

- 눈으로 직접 확인하기 어렵기 때문에 상품정보의 상세한 이해 및 확인이 곤란
- 정보의 과잉으로 인한 구매의사결정의 혼란
- 구매한 제품 및 서비스의 보증체계 및 안정성에 대한 신뢰 미흡
- 대금 지급과 결제에 있어 인증과 보안 위험
- 고객정보 제공을 통한 프라이버시 노출 위험

전자상거래의 단점을 판매자의 관점에서 살펴보면 다음과 같다.

- 국가 간 제도의 차이, 관세로 인한 갈등이 야기될 수 있다.
- 때로 제대로 된 전자상거래 사이트의 구축은 많은 투자를 요구한다. 경쟁이 치열한 시장에서 자금력이 열악한 중소기업에게는 불리할 수 있다.
- 전자지불 시스템의 신뢰성 및 보안 위험으로 인해 기업신뢰성이 타격을 받을 위험의 여지가 여전히 있다.

이러한 단점에도 불구하고 전자상거래액은 매년 급속도로 증가하고 있다. 이는 전자상거래가 주는 여러 가지 편의와 효익이 전자상거래의 태생적 위험이 갖는 비용을 능가하기 때문이다. 오늘날 결제시스템과 보안기술이 발전함에 따라 전자상거래의 기술적 위험은 계속 줄어들고 있다.

제4절 B2B e-마켓플레이스

인터넷이 급격히 확산되면서 전 세계 대부분 기업이 e-Business투자를 확대하면서, 시장이 급격히 성장하고 있다. 그 가운데에서도 전자상거래는 다른 어떠한 비즈니스 모델보다 앞서 활성화 되었고 대표적 e-Business 모델로 인식되고 있다.

전자상거래에서 일반쇼핑몰을 통한 기업과 고객간 거래(B to C)도 활발히 진행되고 있지만 기업과 기업간 거래도 급격히 확산되고 있다. 최근에는 e-마켓플레이스(e-Marketplace)가 기업 간 전자상거래의 표준으로 인식되면서 e-마켓플레이스 구축 경쟁이 가속화되고 있다.

4.1 e-마켓플레이스(e-Marketplace)의 개념

e-마켓플레이스(e-marketplace)는 인터넷 등 네트워크에서 다수의 공급자와 다수의 구매자간에 거래를 할 수 있도록 구축된 온라인 시장이다. 전통적으로 기업들이 거래를 할 때 1:1 혹은 1:N의 거래관계를 갖는 것이 보편적이지만, 많은 경우 N:N의 복잡한 거래관계를 보이기도 한다. 즉 기존 물리적 시장(혹은 장터)처럼 다수의 판매자와 구매자가 같은 시간에 동일 장소에 모여 거래하는 개념에서 탈피하여 시간과 공간의 제약을 넘어 언제라도 사이버상에서 판매자와 구매자들이 만나 정보를 얻고 주문을 하고 주문에 대한 확인과 결제를 할 수 있는 새로운 형태의 온라인 시장이 e-마켓플레이스라 할 수 있다.

4.2 e-마켓플레이스의 어떤 특징과 기능

e-마켓플레이스는 전자상거래의 핵심이 되는 특징 중 하나인 "시-공간의 제약 극복" 특징이 가장 잘 발휘되는 분야라 할 수 있다. 따라서 다양한 업종에 걸쳐 다양한 품목의 국제적 거래에도 적합하다.

e-마켓플레이스는 단순히 기존의 거래형태를 변화시키는데 멈추지 않고 비즈니스 프로세스를 근본적으로 변화시키는 특징이 있다. 즉 오프라인 상에서 이루어지던 불필요하고 복잡한 거래과정들을 합리적이고 효율적인 프로세스로 변모시킨다. 팩스기를 이용하여 주문서를 보내고 주문내역을 다시 시스템에 입력하는 비효율성을 상상해 보라. 이러한 프로세스의 혁신으로 거래는 더욱 투명하여지고 거래에 드는 소요시간과 비용을 획기적으로 절감할 수 있다.

4.3 e-마켓플레이스의 분류

e-마켓플레이스는 분류기준에 따라 다양한 형태로 분류될 수 있다. 일반적으로는 e-마켓플레이스는 다음과 같이 2가지 기준에 따라 분류될 수 있다. 그렇지만 새로운 형태의 e-마켓플레이스가 계속 등장하고 있기 때문에 획일적 분류보다는 e-마켓플레이스의 본질적 내용을 이해하는 것이 중요하다.

- e-마켓플레이스 운영주체에 따른 분류
- e-마켓플레이스의 통합방향에 따른 분류

○ e-마켓플레이스 운영주체에 따른 분류

운영주체에 따른 분류는 e-마켓플레이스를 설치하고 이를 운영하는 주도권이 누구에게 있는가에 따라 결정된다.

판매자중심의 e-마켓플레이스는 거대한 판매기업이 e-마켓플레이스를 구축하고, 이 기업에서 물품을 구매하는 다수의 구매자들이 참여하는 형태를 말한다.

구매자중심의 e-마켓플레이스는 구매력이 강한 하나의 구매기업이 e-마켓플레이스를 구축하고, 이 회사에 납품하고자 하는 다수의 공급자들이 참여하는 형태를 말한다.

중개자중심의 e-마켓플레이스는 구매자나 판매자가 아닌 기업(주로 솔루션공급업체들)이 e-마켓플레이스를 구축하고, 다수의 공급자와 다수의 구매자가 참여하는 형태를 말한다.

o e-마켓플레이스의 통합방향에 따른 분류

보털(Vertical Portal : Vortal)은 특정 품목이나 산업을 중심으로 원자재부터 완성품에 이르기까지 수직적인 관계를 갖는 전 품목을 취급하는 e-마켓플레이스를 지칭한다.

호털(Horizontal Portal : Hortal)은 특정 제품이나 산업에 국한하지 않고 다양한 상품을 폭 넓게 취급하는 e-마켓플레이스를 지칭한다.

메가마켓(Mega Market)는 보털 및 호털 등을 결합시켜 놓은 거대한 규모의 e-마켓플레이스를 말한다.

4.4 국내외 e-마켓플레이스 구축 현황

국내 e-마켓플레이스는 초기에는 인터넷기업과 재벌그룹의 종합상사들이 주축이 되어 구축하다가 최근에는 오프라인의 리더기업과 IT업체, 컨설팅업체 등이 연합하여 구축해 운영하고 있다.

종합상사들이 구축한 대표적인 e-마켓플레이스는 다음과 같다.
SK상사의 e메디칼스(의료), Isteelasia(철강), 삼성물산의 Tradesteel(철강), Carecamp(의료), Chemcross(화학), LG상사의 Steelround(철강), 현대상사의 Steelnmetal(철강), 그리고 현대상사, LG상사, SK상사 연합의 Chemround(화학) 등

근래에는 오프라인 리더기업과 컨설팅업체, IT업체 등이 연합한 e-마켓플레이스를 구축

한 예로는 삼성전자 주도의 하이텍스닷컴과 LG전자주도의 이투오픈닷컴 등이 있다.

외국의 경우 경쟁업체간의 협력을 통한 e-마켓플레이스 구축이 가장 큰 특징이다. 미국과 프랑스의 대형 유통업체인 시어즈(Sears)와 까르푸(Carrefour)는 전자상거래 관련 소프트웨어 공급업체인 오라클(Oracle)과 공동으로 전세계 생산업체와 유통업체간의 도매거래를 중개해주는 온라인 상점인 글로벌넷익스체인지(GlobalNetXchange)를 개설하였다.

미국 자동차산업의 빅3인 GM, Ford, 크라이슬러는 각자 독자적으로 구축한 e-마켓플레이스(Ford의 Auto-Exchange, GM의 TradeXchange)를 통합하여 전세계 자동차회사와 부품업체, 딜러들이 참여하는 자동차 거래 포탈사이트(에이넥스) 구축하기도 하였다.

4.5 e-마켓플레이스의 성공요인

e-마켓플레이스는 어느 특정기업만이 노력한다고 되는 것이 아니기 때문에 관련된 기업들의 협업적 노력이 매우 필요한 전자상거래 모델이다.

○ e-마켓플레이스 성공요인

- 경영자들의 의식전환이 필요하다. 대기업들이 중소하청업체들을 통제하기 위한 목적으로만 e-마켓플레이스를 활용하려 한다면 발전에 한계가 있을 것이다. 파트너기업들과 대등한 협업적 관계를 유지하며 공정하고 투명하게 운영하는 것이 성공의 관건이라고 할 수 있다.
- 경쟁업체간 협력관계가 매우 중요하다.
- 규모의 경제, 즉 참여기업의 수가 많을수록 좋을 것이다.
- 참여하는 모든 기업들의 내부 및 외부 업무프로세스를 혁신하고 필요할 때 재구축할 필요도 있다.
- 인프라스트럭처 및 솔루션 보급이 잘 되어야 한다. 인증, 전자지불시스템, 보안, 관세, 조세, 디지털상품의 지적재산권 등 제도적 문제도 해결되어야 한다.
- 국제적으로 표준화된 전자 카탈로그 시스템의 구축이 중요하다.

제5절 전자상거래 실행

○ 전자상거래 실행의 의미

고객이 상품, 서비스 및 정보를 구매할 수 있도록, 전자상거래 사업계획의 수립 및 쇼핑몰 구축 등의 조직차원의 준비와 실제 상거래 행위의 발생 및 이에 따른 연속적 경영활동을 의미하며 다음과 같은 내용들이 포함된다.

- □ 전자상거래 사업계획 수립
- □ 보안시스템 구성
- □ 전자지불시스템 구성
- □ 마케팅
- □ 전자상거래 구현 성공전략 도출 및 실천

5.1 전자상거래 사업계획의 수립

○ 전자상거래 사업계획 수립 절차

전자상거래 사업계획에 포함되어야 하는 내용은 다음 그림과 같다.

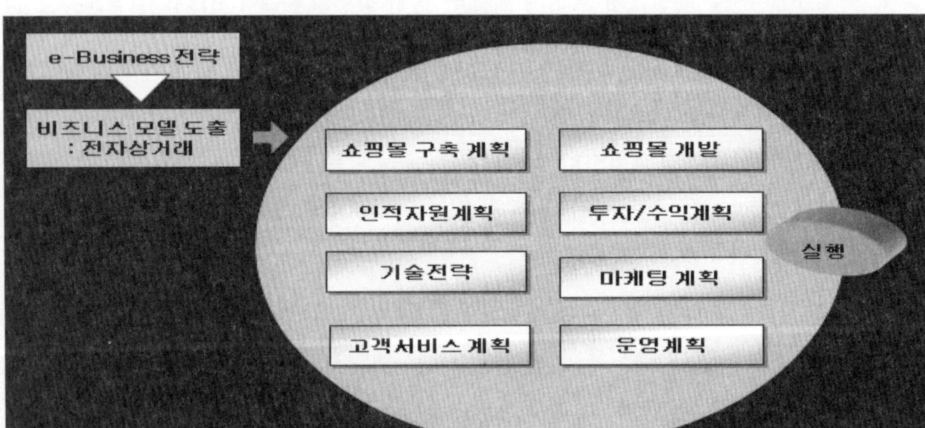

5.2 보안시스템

다른 비즈니스 모델에 비해 전자상거래는 다수의 고객들이 이용하는 환경이므로 불법적 사용에 노출되기 쉬운 환경이다. 따라서 철저한 보안시스템이 매우 중요하다.

전자상거래 보안시스템의 구성은 e-Business 실행 전체 관점에서 접근하여야 한다. 특별히 전자상거래만을 위한 보안이 중요한 것이 아니라 시스템 전체의 보안과 연결지어서 생각해야 한다. e-Business실행을 담당하는 비즈니스 모델별 보안뿐만 아니라 인프라스특럭처가 되는 정보시스템 보안체계가 철저하고 상호 유기적으로 보안협조가 이루어질 때 문제가 발생하더라도 피해를 최소화할 수 있다.

방화벽을 구축하는 것은 기본이며 고객들의 인증과 데이터의 암호화가 이뤄져 시스템과 데이터의 기밀성, 무결성, 가용성, 적법한 이용, 부인방지를 확보할 수 있어야 한다.

5.3 전자지불시스템의 구성

전자상거래는 거래가 발생하면 이에 따른 대가를 지불해야 하므로 지불시스템의 중요성이 다른 어떤 비즈니스 모델보다 강조된다. 전자지불시스템으로 널리 알려진 것은 다음과 같다.

1) 전자현금(화폐)

2) 신용카드 지불 시스템

3) 전자 자금 이체

ㅇ 전자현금(화폐)

가상공간에서 통용되는 새로운 화폐의 발행을 목표로 설정된 시스템으로서 현실세계의 지불수단인 화폐를 전자적으로 구현한 것이다. IC칩이 내장된 카드나 스마트기기를 이용하여 단말기가 비치된 가맹점에서 결제를 할 수 있다. 체크(직불)카드는 본인 명의로 예탁된 예금 한도 내에서 결제를 할 수 있으며, 충전해서 사용하는 교통카드도 전자현금(화폐)의 일종이라 할 수 있다. 상품권 대용으로 사용하는 기프트카드 역시 일종의 전자현금이라고 할 수 있다.

o 신용카드 지불 시스템

인터넷상에서 가장 보편적으로 사용되고 있는 지불시스템이다. 전자현금 시스템이 현실세계의 지불수단인 화폐를 전자적으로 구현한 것처럼, 신용카드 역시 현실세계의 신용카드 지불 절차와 동일하게 실행된다. 다만 온라인으로 결제를 할 경우에는 추가적인 보안 절차를 거쳐야하므로 다소 번거러울 수 있지만 소액 거래보다는 신용카드 한도액을 넘지 않는 범위 내에서 거래 비용을 상회하는 상당한 정도의 금액을 거래할 때 적당한 결제수단이라 할 수 있다.

o 전자 자금 이체

전자자금이체는 인터넷이 보편화되기 이전에도 대기업을 중심으로 활용되던 지불방식이었다. 오늘날에는 PC, 스마트기기, ATM과 같은 자동화기기를 이용해서도 가능하다. 가상은행을 이용한 자금 이체는 시간, 공간의 제약 없이 서비스를 편리하게 이용할 수 있으며, 인터넷을 이용한 프로세스 처리가 무척 값싸기 때문에 수수료가 적거나 없다는 점이 장점이라 할 수 있다.

5.4 전자상거래 성공구현전략

o 고객중심적 접근

전자상거래는 고객이 제품을 구매하는 것과 관련된 의사결정들을 지원해줄 수 있는 고객 의사결정지원 시스템(customer decision support system)이라는 점에서 고객중심적 접근이 필요하다. 고객의 구매의사결정에 영향을 미칠 수 있는 요인을 체계적으로 관리하는 것이 중요하다.

o 전자상거래 정착을 방해하는 장애요인 제거

전자상거래 실행의 장애는 시스템, 자료, 이용편의성 등 다양한 곳에서 발생할 수 있으며, 이와 같은 요인을 제거하거나 감소시켜야 전자상거래가 성공할 수 있다.

o 전자상거래 운영과 관련된 시스템, 기술, 제도적, 사회적 관점에서 위험요인과 불안요인을 제거

위험요인이 존재할 때, 고객은 전자상거래 쇼핑몰을 외면하게 되고 이에 따라 쇼핑몰 운영의 실패가 예견된다는 점에서 이에 대한 집중적이고 지속적인 관리가 필요하다.

제6절 인터넷 쇼핑몰 운영에 관해 알아보자

6.1 인터넷 쇼핑몰의 종류

관리방식과 운영주체에 따라서 아래 표와 같이 분류될 수 있다. 대형 쇼핑몰일수록 상거래시스템을 자체관리하고 있다. 오늘날 대형 인터넷쇼핑몰은 중소규모의 제조업체나 상인들이 임대료를 내고 입점하는 형태인 오픈마켓이 대세를 이루고 있다. 인터넷쇼핑몰은 자본이 적은 상인들이 쉽게 활용하여 상거래를 할 수 있도록 저렴한 비용으로 전자카타로그를 생성할 수 있도록 지원하고, 안전한 결제시스템을 활용할 수 있도록 하고 있다. 이러한 방식은 소상공인들을 위해 일정액을 받고 웹호스팅 서비스를 위탁관리해 주고 있다고 볼 수 있다.

기준	종류		비교 특징
관리 방식	자체관리	독립된 자체 서버 관리	전자지불시스템 자체 운영 또는 전자지불 대행서비스 위탁 선택
		웹호스팅	서버운영 및 전자지불 대행 서비스 전문업체 위탁 관리
	Mall of Mall, Mall in Mall		컨텐츠 자체 개발 또는 컨텐츠 구축 위탁 선택
운영 주체	단일상품 전문 쇼핑몰		전문점의 성격
	제조업자 직판 쇼핑몰		직거래
	종합쇼핑몰		다양한 상품 구성

6.2 성공비결은 신뢰구축

전자상거래에서 고객의 구매 의사결정과 가장 관련 있는 요소는 쇼핑몰과 전자상거래를 실행하는 기업에 대한 신뢰이다. 따라서 고객의 신뢰가 부족하면 당연히 구매가 발생하지 않는다.

신뢰는 보안과 같은 기술상의 문제뿐만 아니라 실제적이고 장기적으로 축적되는 문제이다. 고객이 보안에 대해서 느끼는 긍정적인 생각이 구매 행위와 직결된다.

○ 고객의 구매의사결정과 신뢰

인터넷 전자상거래 쇼핑몰에서 고객의 신뢰를 증진시키는 노력을 계속할 때 고객들의 구매 의사결정에 긍정적인 태도를 축적하게 된다. 인터넷 전자상거래를 안정적으로 정착시키고 발전시키기 위해서는 고객의 쇼핑몰에 대한 신뢰를 향상시켜야 한다.

고객 신뢰는 고객의 심리적 특성에 관한 것이므로 단기적 접근보다는 장기적 측면에서 접근해야하는 과제이다. 즉 단기적 관점에서 기술적 과제로서 접근하기 보다는 행위에 영향을 미치는 행위의도, 행위의도에 영향을 미치는 고객의 태도관점에서 접근해야함을 의미한다. 거래 후 문제가 발생하였을 때 고객으로 인해 야기된 사유가 아닌 경우에는 100% 보상을 한다는 정책, 고객이 수령한 제품에 대해 만족하여 결제를 승인하지 않으면 판매자에게 대금을 지불하지 않는 시스템 등은 모두 보안에 대한 고객의 긍정적인 태도를 형성해 줄 것이다.

대형 인터넷쇼핑몰들은 고객 신뢰를 얻기 위해 다양한 노력을 한다. 오늘날 인터넷쇼핑몰은 브랜드 자체가 신뢰와 연결되고 있다. 그 브랜드는 다양한 마케팅과 광고활동을 통해 확보되는 부분도 있지만, 발생할 수 있는 고객의 불만을 최소화하기 위한 기술적 장치를 구현함으로써 가능해졌다. G마켓이나 옥션과 같은 오픈마켓 기반 대형쇼핑몰은 입주점포와 고객 간의 거래과정에 사기와 불신이 개입할 수 없도록 엄격한 주문 및 결제시스템을 구축해 제공하고 있다. 셀러(seller)들에 대한 만족도를 조사하고 이를 방문하는 고객들에게 제공함으로써 문제를 일으키는 셀러들이 스스로 도태될 수 있도록 하고 있다.

6.3 쇼핑몰 운영 성공요인

쇼핑몰을 성공적으로 운영하기 위해서는 다음과 같은 사항들을 염두에 두어야 한다. 쇼핑몰 운영의 성공요인은 2개의 범주로 나누어 볼 수 있다. 성공요인들은 오픈마켓, 전문쇼핑몰 등 쇼핑몰의 종류에 따라 조금씩 달라질 수 있다. 기본적으로 다양한 상품이 구비되어야 하며, 경쟁업체에 비해 차별화가 되면 좋을 것이다. 다른 쇼핑몰에서는 결코 구입할 수 없는 특별한 제품을 팔거나 가격을 저렴하게 하는 전략들이 기본적인 차별화 전략들이다. 장바구니 기능이나 배송정보를 조회하는 기능 등은 초기에는 차별화 요소가 되었지만 대부분 업체들이 도입하는 기술이 되면서 더 이상 차별화 기술로 볼 수는 없다.

쇼핑몰 운영 성공요인-1

쇼핑몰 운영 성공요인	내 용
다양한 상품 구성	➢고객이 구매 의사를 검토할 수 있는 다양한 상품 구성과 배치 ➢고객의 선택폭이 넓을수록 구매 경향이 높음
상품구성의 차별성	➢쇼핑몰의 특성과 전문성이 반영된 상품 구성 ➢다른 쇼핑몰과 차별화 전략
가격 우위	➢가격경쟁력 확보를 통한 구매 유도 ➢마일리지 제도등 고객 보상책과 병행
충분한 상품 정보	➢구입하고자 하는 상품을 직접 확인해볼 수 없는 한계 보완 ➢멀티미디어를 활용한 제품 설명 등 고객의 상품 이해도 향상 추진

쇼핑몰 운영 성공요인-2

쇼핑몰 운영 성공요인	내 용
변화와 업데이트	➢새로운 것을 추구하는 고객의 변화욕구를 반영한 컨텐츠 및 상품구성 변화와 업데이트 ➢변화의 주기는 점점 단축되는 추세
주문 및 결제 편의성	➢주문서 작성과 결제정보 입력이 편리한 화면 구성 및 이동 경로 ➢주문과 상관없는 고객 신상정보 입력은 선택사항
마케팅	➢인터넷의 특징을 살린 마케팅 수행 ➢마케팅은 경영의 기본활동
에이전트	➢쇼핑몰을 방문하는 고객의 특성과 선호도를 분석 하여 고객의 요구와 성향에 맞는 상품과 서비스 및 정보 추천 기능 ➢고객의 구매만족도 향상과 직결

6.4 구매 에이전트의 활용

전자상거래에서 쇼핑몰을 방문하는 고객의 특성을 분석하여 고객의 요구와 성향에 맞는 상품과 서비스 및 정보 추천 기능을 수행할 수 있는 구매 에이전트(인공지능형 소프트웨어)의 개발과 실행이 필요하다.

고객의 개별 성향에 맞는 상품과 서비스 추천 기능을 수행함으로써 고객 만족도의 극대화를 기대할 수 있으며, 각종 인터넷 서비스의 고객관리 지원시스템에 활용함으로써 분석된 고객정보를 바탕으로 다양한 서비스 제공의 기회를 파악할 수 있다. 구매 에이전트는 판매자와 구매자 모두에게 이점을 제공하고 있다.

[사례] 인터넷 종합쇼핑몰 ㈜패션홀릭

'젊음과 열정'

권명일(28) ㈜패션홀릭 대표의 대명사다. 6년 전 단칸방에서 낡은 컴퓨터와 싸구려 디지털 카메라 한 대로 출발한 패션홀릭은 지난해 수백억원대의 매출을 기록하며 200여 명의 직원이 일하는 중견기업으로 성장했다.

권 대표는 사업 초창기 얘기를 꺼내자 손사래를 쳤다. 2년 동안 하루에 3시간씩 자면서 산전수전을 경험했던 고된 시절을 떠올리고 싶지 않기 때문이다. 그는 "진정한 젊음과 열정 그리고 패기가 무엇인지를 깨닫는 시간이긴 했지만 그래도 다시 돌아가고 싶지는 않은 시절"이라고 회상했다. 하지만 권 대표는 사업초기의 수차례 어려움을 이겨냈기 때문에 패션홀릭이 인터넷 남성의류 쇼핑몰 분야에서 최고의 자리에 오를 수 있었다고 설명한다.

의류 및 패션잡화 제조 판매업체인 패션홀릭은 2006년 쇼핑몰 '키작은 남자'(www.smallman.co.kr)로 출발했다. 시중에 판매되는 옷이 너무 커서 쉽게 옷을 살 수도, 마음껏 멋을 낼 수도 없는 남성들을 위한 맞춤의류를 판매하는 쇼핑몰이었다. 성장기의 중`고교생과 성인 평균 신장`체중에 미치지 못하는 왜소한 체형의 남성들이 몰려들었다. 특히 40만 명의 회원들 가운데 80% 이상이 중`고교생이었다. 젊은 고객들과의 눈높이에 맞추다 보니 기업도 젊어졌다. 이젠 성장호르몬이 넘치는 기업이 됐다. 직원 모두가 20, 30대 청년들이다. 매출을 나타내는 그래프의 키는 나날이 커지고 있다. '키작은 남자'들이 작은 고추의 매서운 맛을 보여주고 있다.

국내 온라인 남성 쇼핑몰 점유율 1위를 기록한 '키작은 남자'의 성공을 바탕으로 2007년

12월 패션홀릭이 설립됐다. 종합쇼핑 오픈마켓 '패션홀릭'(www.fashion-holic.co.kr)을 오픈했다. 법인 설립 이후 1년 만에 매출은 두 배로 늘었다. 하루 평균 홈페이지 방문자 4만명, 평균 매출 7천만원을 기록하면서 단숨에 종합쇼핑몰 상위 6위에 랭크되는 기염을 토했다. 지난해 하반기에는 신발을 중심으로 하는 자체 토털브랜드 'BSQT'(www.bsqt.kr)를 출시하고 대구시 중구 동성로에 1호 직영점을 냈다. 현재 BSQT는 온라인 멀티숍과 유명 개인쇼핑몰 등 40여 개의 공식판매처를 보유하고 있다.

이 회사는 '키작은 남자'와 '패션홀릭' 'BSQT' 등 3개 분야의 주력 사업을 통해 올해는 300억 · 400억원의 매출을 기대한다. 지난해 42명의 신규 인력(계약직 포함)도 채용하고 올해 상반기 10명의 직원을 더 고용했다. 올 하반기 중에 20 · 30명을 추가로 선발할 예정이다.

◆ CEO와 열정(PASSION)

권 대표는 키가 작다. 그래서 키 작은 이들의 설움을 누구보다 잘 안다. 하지만 열정만큼은 누구보다 크다. 작은 고추가 매운 법. 열정으로 젊음을 불태우고 있다. 그는 지난 2006년 6월 영진전문대 패션디자인과 복학을 앞두고 온라인 쇼핑몰 '키작은 남자'를 오픈했다. 옷 몇 벌과 컴퓨터 한 대가 전부였다. 사이트를 오픈한지 두 달 만에 월 매출이 1천만원을 넘어섰다. 대박이 터졌다. 비결이 있을 터. 창업 초기에는 자본금이 넉넉하지 않았다. 그래서 광고도 제대로 하지 못할 형편이었다. 대안을 찾았다. 권 대표는 머리가 벗겨질 각오를 하고 하루 두 시간 새우잠 자면서 인터넷 사이트 댓글에 공짜 광고를 실었다. 독수리 타법을 보이던 그의 타이핑 실력은 어느새 달인 수준이 됐다. 그리고 그 무렵 교통사고가 났다. 사고는 오히려 축복이었다. 보험금을 탔고 그 돈으로 카메라 등 시설투자(?)를 했다. 광고 효과가 서서히 나타나기 시작했다. 철저히 신비주의 전략을 폈기 때문이다. 쇼핑몰 오픈 전 벌써부터 가입 회원이 생겨나기 시작했고, 문의 메일이 폭주했다. 특히 한 여대생의 루저(180㎝이하 남성은 패배자) 발언 이후 노이즈 마케팅 효과를 톡톡히 봤다. 권 대표는 "철저한 시장조사를 바탕으로 한 정확한 타깃이 성공의 비결"이라고 설명했다.

◆성공 비결

누구나 도전은 해볼 수 있으나 아무나 성공하지는 못하는 패션시장, 그 감각의 전쟁터에서 살아남을 수 있었던 '키작은 남자' 성공 요인은 무엇일까. 권 대표는 "키 작은 남자들을 위한 맞춤사이즈의 패션들, 이제껏 시판되는 옷들이 사이즈가 커서 제대로 된 코디를 할 수 없었던 이들을 위한 다양한 감각을 내세우는 것이 우리의 무기"라고 전한다.

설립 이후 지금까지 연간 20 · 30명씩의 신규인력을 채용했을 정도로 성장에 성장을 거듭했다. 특히 이들 각각의 사이트들은 다른 매력을 발산하는 콘셉트를 가지고 있어 남성의류뿐만 아닌 폭 넓은 소비자층을 확보함으로써 앞으로 국내최대의 기업으로 도약 할 것을 기대하고 있다.

권 대표는 "번듯한 학력이나 스펙보다는 도전정신과 성실함을 가진 사람을 원한다"고 말했다. 권 대표는 "초봉은 많지 않지만 능력과 직급에 따라 매년 연봉을 높여주고 있어, 입사 2, 3년만 지나면 업계 평균치를 훨씬 상회한다"면서 "회사와 함께 커간다는 생각으로 회사의 비전과 가치를 평가해야 한다"고 말했다. 권 대표는 "매일 20분씩 사원 전체가 티타임을 갖고 있으며 건강검진, 동호회 지원은 물론, 직원 대출지원 등 사원 복지 향상에도 주력하고 있다"면서 "토털브랜드 BSQT의 론칭과 여성전문 온라인 종합몰 인수 등을 통해 아시아 최고의 패션쇼핑몰로 키워나가겠다"고 강조했다.

자료원: 임상준기자(news@msnet.co.kr), 2011년

Chapter_12

모바일 비즈니스(Mobile Business)

e Business

제 12 장
모바일 비즈니스(Mobile Business)

Key Point

모바일 비즈니스의 의미와 실행방식, 주요특성 등을 이해한다.

주요 내용

- 모바일 비즈니스의 이해
- 모바일 비즈니스의 유용성과 특성
- 모바일 비즈니스 모델
- 사례: 디지털 양방향 광고

제1절 모바일 비즈니스란 무엇인가?

1990년대 후반 이후 이동통신기술의 급격한 발전으로 등장한 모바일 기술은 기존 유선 기술과 대비되는 혁신적 기술로 인식되면서 경영활동 전반에 영향을 미쳤다. 기존의 산업 경제 체제로부터의 질적인 변화가 인터넷과 디지털 정보기술을 적극적으로 활용하면서 시작되었다면, 무선 인터넷과 모바일 기술은 이를 더욱 확대시키고 진행속도를 더욱 빠르게 하였다.

Any time Any place로 특징되는 무선 인터넷 기술이 경영전반에 반영되면서, e-Business 혁신의 폭을 확대되었고, 모바일환경에서의 비즈니스의 유형과 규모는 날로 확대되고 있다.

흔히 m-Commerce라고 부르기도 하지만 모바일 비즈니스는 단순히 상거래만을 대상으로 하는 m-Commerce보다는 더 포괄적인 의미를 가지고 있다.

1.1 모바일 비즈니스의 개념을 알아보자

모바일 비즈니스에 관한 정의는 연구자와 기관에 따라 상이하지만, 다음과 같은 공통점 존재한다.

o 모바일 기술을 활용

무선 인터넷, 무선랜, 블루투스 같은 네트워크 접속망과 스마트폰, 테블릿 PC 등의 모바일 기기들을 활용한다는 점이다.

o 모든 경영활동에 적용함으로서 새로운 경쟁적 부가가치를 창출한다.

부가가치란 계량적 관점에서 기업성과를 의미하는 효율성이나 비계량적 측면에서 기업성과 지표인 효과성 두 가지 모두 포함한다. 의사결정이나 업무처리가 신속해지고 하루 24시간 내내 업무를 수행할 수 있다는 이점이 있다. 이는 기업의 귀중한 자원인 인적 및 물적자원의 활용을 극대화하는 이점이 있다.

모바일 기기의 보급으로 사람들으 언제나 어디서나 자료를 조회하고 업무를 처리할 수 있는 환경은 되었지만 때로 업무 시간에 대한 공적인 영역과 사적인 영역 모호해 지면서 직원들이 업무에 대한 스트레스를 더 받을 수 있는 환경이 될 수 있다. 즉 인간의 삶에 질에 대한 측면은 간과될 수 있다.

o 모바일 비즈니스의 개념

모바일 비즈니스는 기업의 모든 경영활동에 모바일 기술과 디지털 정보기술을
통합 적용함으로써 경영의 효율성과 효과성을 극대화하고자 하는 새로운 경영혁신 방식이다.

여기에서 모바일 비즈니스란 모바일 기술의 특성이 발휘될 수 있는 경영활동 분야라면 모두 실현가능한 분야를 포함한다. 상거래, 물류관리, 마케팅, 고객관리 등이 포함될 것이다.

모바일 비즈니스를 구현하려면 모바일 기술 외에도 일반적인 디지털 정보기술과 유선 인터넷 기술도 포함된다. 모바일 기술에는 무선 네트워크 및 스마트폰이나 테블릿 PC와 같은 모바일 기기들이 포함된다. 아직은 강력한 통신인프라인 유선 인터넷 망이 모바일 비즈니스의 구현을 돕고 있다.

1.2 모바일 비즈니스와 e-Business간의 관계는?

모바일 비즈니스는 기존의 e-Business에 모바일 기술을 접목한 것이다. 모바일 기술에는 유선 인터넷과 대비되는 무선 인터넷 서비스가 포함되며 스마트폰이나 무선 통신이 가능한 노트북 등의 모바일 기기들이 포함된다. 무선랜이나 블루투스와 같은 모바일 네트워크 지원도 수반될 필요가 있다.

모바일 비즈니스가 e-Business을 대체할 새로운 패러다임이 되는 것은 아니다. 다만 전체 경영활동들 중에서 이동성과 접근용이성을 강화함으로써 새로운 차원의 효율성과 즉시성을 가능하게 할 때 모바일 비즈니스의 시도는 의미를 갖게 된다.

모바일 비즈니스는 e-Business의 한 분야로 보고 전체적으로 통합되어야 하는 대상이라 할 수 있다.

1.3 모바일 비즈니스의 발전과정

○ 1단계

유선 인터넷을 통해 이루어지던 e-Mail을 무선으로 장소불문하고 송수신하고 싶은 욕구를 충족시키면서 시작되었다고 할 수 있다.

사람들은 출장, 여행, 등산 중에도 끊임없이 소통하고자 하는 욕구가 있었지만 PC와 같은 정보처리기와 인터넷으로 연결되어 있는 곳을 찾기가 어려운 것이 현실이었다. 모바일 통신 네트워크와 소형의 모바일 기기들의 출현하면서 장소와 시간에 구애됨 없이 e-Mail 송수신하게 되면서 초창기 모바일 비즈니스는 시작되었다.

ㅇ 2단계

초창기에는 단문메세지서비스(Short Message Service : SMS)를 이용한 정보전달 단계로의 발전하였다. 수신자 주소를 입력하는 등 복잡한 e-Mail 송수신이 아니라 모바일 단말기를 통해 편리하게 정보를 전달할 수 있는 단계로의 변화가 가능하다는 것은 사용자가 보다 손쉽게 이용할 수 있는 편리한 통신 방법이 등장했음을 의미하였다.

이는 모바일 단말기와 무선 인터넷 시스템을 이용한 정보교환 횟수의 증가로 이어졌다.

ㅇ 3단계

정보교환 횟수가 증가하면서, 단순한 교환으로서 머물 것이 아니라 이를 기업성과로 연결시키려는 시도가 발생하였다. 즉 모바일 기술을 이용하여 상거래(Mobile Commerce)와 모바일 뱅킹(Mobile Banking)과 모바일 증권거래(Mobile Trading) 등이 가능해진 것이다.

ㅇ 4단계

통합과 상호작용의 단계에 이르면 한 가지 경영기능 또는 단일 조직에만 모바일 기술을 적용할 것이 아니라 복합 기능에 적용할 수 있도록 하고 다른 기업과의 상호작용 및 고객과 상호작용하는 업무에 적용할 수 있게 되었다.

모바일 마케팅(Mobile Marketing), 모바일 CRM(Mobile CRM), 모바일 SCM(Mobile SCM) 등 기존의 유선 네트워크를 기반으로 한 e-비즈니스 모델들에 모바일 기술이 적용되기 시작한 것이다.

1.4 모바일 비즈니스의 필수 기술: 무선 인터넷

o 무선인터넷의 이해

모바일 비즈니스가 가능하기 위해서는 무선 단말기와 이동 통신망 등의 무선망(Wireless Network)을 통해 언제 어디서나 인터넷 서비스를 제공받을 수 있는 모바일 환경이 제공되어야 한다.

이는 기존의 유선으로 된 전화선이나 전용선을 컴퓨터에 연결하여 사용하는 유선인터넷과는 분명히 구분되는 것이다. 즉 단말기에 상관없이 위성통신, TRS, WLL, 이동 전화 등 무선 네트워크를 통해 제공되는 인터넷 서비스가 가능해야 모바일 비즈니스가 가능한 것이다.

이 무선인터넷은 일반인들에게도 편리한 생활을 누릴 수 있도록 하는 도구이고, 기업 입장에서도 일부 경영활동을 수행할 때 유용한 도구로 사용될 수 있는 기술이다.

제2절 모바일 비즈니스의 유용성

모바일 기술의 장점은 다음과 같다. 소형의 무선단말기를 가기고 어느 곳에 가든지 소통할 수 있기 때문에 높은 이동성, 빠른 즉시성이 큰 장점이라고 할 수 있다.

- 시간과 공간의 제약 없이 언제나 사용 가능하다.
- 휴대가 간편하고 이동하면서 사용하기가 쉽다.
- 어디서나 각종 정보를 얻을 수 있다.
- 빠르게 정보를 수신할 수 있다.
- 급한 상황에서 즉시 응대할 수 있다.

모바일 기술을 잘 활용하면 기업들은 다음과 같은 실질적 이익을 얻을 수 있다.

- 거래비용을 절감할 수 있다.
- 고객서비스의 질적 향상과 만족도가 향상된다.
- 기업 전체의 경쟁력을 향상시킬 수 있다.
- 새로운 사업기회를 제공할 수 있다.

2.1 모바일 비즈니스의 특성

편재성 Ubiquity

언제 어디서나 실시간으로 정보를 교환하거나 거래 및 업무처리를 실행할 수 있는 속성을 말한다.

접근성 Reachability

언제 어디서나 서비스에 접근할 수 있는 속성을 말한다.

보안성 Security

뛰어난 편재성과 접근성에도 불구하고 보안과 안전은 여전히 보장되는 속성을 말한다.

편리성 Convenience

소형 모바일 단말기를 이용하여 이동하기가 편한 속성을 말한다.

지역성 Localization

실시간으로 현 위치의 지리 정보를 제공하는 속성을 말한다.

즉시성 Instant Connectivity

필요한 경우 빠른 시간 내 필요한 정보를 탐색 및 업무처리 가능한 특징.

개인성 Personalization

사용자의 개인적 특성에 맞는 정보를 제공함으로써 차별화된 고객서비스를 제공할 수 있는 속성을 말한다. 이는 유선 인터넷을 기반으로 운영되는 웹의 특성이 모바일 환경에도 그대로 이전될 수 있기 때문이다.

위의 7가지 특성은 개별적인 특성들이라기보다 상호 연결되어 있거나 개념이 중첩되기도 한다. 예를 들면, 이동 중인 여행자에게 제공하는 다양한 위치기반 서비스(지도서비스, 증강현실, 인터넷검색서비스 등)는 위에서 말한 편리성, 지역성, 즉시성, 개인성을 동시에 충족시켜주는 대표적인 모바일 비즈니스라 할 수 있다.

제3절 모바일 비즈니스 모델

모바일 비즈니스는 4장에서 다뤘던 기존의 e-비즈니스 모델과 크게 다르지 않다. 다만 유비쿼터스의 특성, 즉 접근성과 즉시성이 돋보이는 서비스가 특별할 뿐이다. 특히 스마트폰, 테블릿PC와 같은 소형의 모바일기기를 이용하여 기존의 ERP, CRM, SCM, 전자상거래 시스템을 활용하는 것은 유선 인터넷을 근간으로 했던 웹기반 e-비즈니스 모델들의 확장이라고 할 수 있다. 모바일 ASP는 오늘날 스마트폰에 어플을 탑재해 각종 정보서비스를 받는 비즈니스모델을 의미하며, 이러한 어플들은 광고를 주 수입원으로 한다.

모바일 비즈니스 유형 -1

구분	세부유형
기업 자체 활용 및 기업과 기업간 모바일 비즈니스 BtoB (Business to Business)	모바일 정보시스템 (Mobile Information System) 모바일 지리정보시스템 (Mobile Geographic Information System) 모바일 SCM (Mobile Supply Chain Management) 모바일 ASP (Mobile Application Service Provider) 모바일 마켓플레이스 (Mobile Marketplace)

모바일 비즈니스 유형 -2

구분	세부유형
기업과 고객간 모바일비즈니스 BtoC (Business to Customer)	모바일 CRM (Mobile Customer Relationship Management) 모바일 뱅킹 (Mobile Banking) 모바일 증권거래 (Mobile Trading, Mobile Broking) 모바일 화폐 및 지불 (Mobile Cash & Payment) 모바일 상거래 (Mobile Commerce) 모바일 예약 (Mobile Reservation) 모바일 광고 (Mobile Advertising)

3.1 모바일 정보시스템(Mobile Information System)

회사의 업무처리를 지원하는 경영정보시스템 또는 ERP를 모바일 단말기와 모바일 서버를 이용해서 처리하는 것을 말한다. 모바일 기반 정보시스템을 구축하면 재고 현황을 파악할 때 소형의 모바일기기 등을 이용해서 보유중인 재고 현황을 현장에서 파악할 수 있으며, 물류창고 현장에서 재고정보를 직접 입력할 수도 있다. 대규모 생산현장에서는 생산 공정 수행율과 작업내용 등을 현장에서 직접 입력도 가능하다.

3.2 모바일 지리정보시스템(Mobile Geographic Information System)

운수회사, 물류 · 택배회사 등은 양방향 통신이 가능한 모바일 기반의 지리정보시스템을 구축함으로서 업무용 차량이나 작업자의 위치를 신속하게 파악할 수 있으며, 이를 근거로 실시간 교통정보, 지리정보, 고객정보 등을 제공하고 업무를 지시할 수 있다.

모바일 지리정보시스템은 좁은 지역에서 업무를 추진하는 조직보다는 광범위한 지역에서 이동하면서 주로 업무를 봐야 하는 기업에 매우 유용한 모바일 비즈니스라 할 수 있다.

3.3 모바일 SCM(Mobile Supply Chain Management)

기존 유선 인터넷 네트워크를 통해 추진하던 SCM을 무선 인터넷과 모바일 단말기를 이용해서 추진하는 방식이다. SCM 추진전략과 실행 프로그램 구성은 기존의 SCM과 동일하지만 정보전달 매체와 거래를 성사시키는 매체가 모바일 기반에서 추진된다는 점에서 차이가 있다.

모바일 SCM은 원재료나 부품의 공급자로부터 시작해서 최종 소비자에까지 이르는 공급망에서 제품, 서비스, 정보, 자금 등의 흐름을 효과적으로 통합하고 관리할 때 모바일 기술을 활용함으로서 성과를 극대화하고자하는 e-비즈니스 구현 모델이다.

3.4 모바일 ASP(Application Service Provider)

ASP는 소프트웨어나 어플리케이션을 구매하지 않고 임대한다는 개념에서 만들어진 용어이다. 즉 사용자는 필요한 서비스(소프트웨어, 데이터저장 등)를 네트워크를 통해 지원받고 사용한 분량만큼만 요금을 내는 비즈니스 모델이다. 오늘날 ASP라는 용어는 클라우드(cloud) 서비스로 대체되어 가고 있다. 이제 사용자들은 자신의 모바일 기기에 어플을 설치하고 언제라도 필요한 서비스를 받을 수 있다.

3.5 모바일 마케팅 및 광고

기존 유선 인터넷 네트워크를 통해 추진하던 CRM을 무선 인터넷과 모바일 단말기를 이용해서 추진하는 방식이다. 고객에게 보내는 정보도 기존 유선 e-Mail이나 인쇄매체를 이용하는 것이 아니라 고객이 사용하는 휴대폰으로 직접 전달하므로 고객이 컴퓨터와 인터넷 사용이 가능한 환경을 찾아 번거로운 절차를 통해 정보를 확인할 필요가 없다. 따라서 이동 중인 직원이나 여행객들은 어느 곳에서나 정보를 쉽게 확인할 수 있는 장점이 있다.

다양한 지리정보시스템을 근간으로 한 위치기반서비스는 모바일 환경에서 고객에게 제품이나 서비스에 대한 맞춤 정보를 제공하고 구매까지 할 수 있도록 돕는다. 여행자가 낯선 곳에서 식당을 찾을 때 이런 위치기반광고는 여행자들에게 매우 유용한 서비스가 될 것이다.

3.5 모바일 금융(Mibile Banking)

모바일 뱅킹, 모바일 트레이딩 등 모바일기기를 이용하여 어디서나 결제를 하고 금융서비스를 받는 기능을 말한다. 점차적으로 모바일기기의 칩에 신용카드, 현금카드, 체크카드 기능들을 탑재하여 쉽게 결제를 할 수 있는 환경으로 발전해 갈 것이다.

3.6 모바일 상거래(Mobile Commerce)

모바일 기기와 무선 인터넷 네트워크를 이용해 각종 정보와 서비스를 이용할 수 있고, 물품까지도 구매할 수 있는 전자상거래 방식이다.

유선 인터넷에 연결된 컴퓨터를 이용해 전자상거래를 하는 일반적 전자상거래와는 달리 휴대폰이나 휴대용정보단말기(PDA) 등 들고 다닐 수 있는 단말기를 통해 상거래를 할 수 있다. 모바일 상거래는 상품과 서비스를 선택하고 주문하는 모바일 거래와 대금을 지불하는 모바일 결제의 결합으로 구성

모바일 상거래에는 당연히 예약을 통한 거래도 수행할 수 있다. 영화, 비행기, 열차, 호텔, 공연 등의 예약을 모바일 단말기와 무선 인터넷 네트워크를 이용해서 처리하는 비즈니스 모델을 말한다.

3.7 텔레매틱스(Telematics)

무선 인터넷과 자동차의 만남으로 달리는 사무실이라 불리는 텔레매틱스(Telematics)는 운전자들에게 꼭 필요한 기술이며 서비스이다. 자동차 안에서 무선으로 인터넷 접속을 통해 교통정보와 지리정보, 생활편의 및 정보검색은 물론 전자상거래까지 가능하다.

그러나 간편한 모바일 기기들의 보급이 늘어나면서 운전자들이 굳이 자동차에 장착된 단말기를 통해 정보를 얻으려할지는 불확실하다. 이러한 현상은 자동차에 장착되어 나오는 네이케이션(도로안내시스템)을 스마트폰의 지도서비스가 대체해 가는 것에서 엿볼 수 있다. 따라서 텔레매틱스는 자동차 운행 정보를 저장하고 자동자의 운행과 유지보수에 이를 활용하는 방향으로 발전될 것으로 보인다.

[사례] 디지털 양방향 광고

디지털 양방향 광고는 최신 기술들의 집합체이다. 사람 행동과 체형을 인식할 수 있는 인공지능 소프트웨어, 최신 디스플레이기술, 무선통신 기술, 멀티미디어 콘텐츠 등이 조합이 되어 소비자들에게 맞춤형 광고를 제공하고 있다.

2054년의 미래를 배경으로 한 영화 '마이너리티 리포트'에는 사람의 홍채를 인식해 광고를 내보내는 광고판이 나온다. 맞춤형 광고를 통해 광고 효과를 높이고 소비자에게 필요한 정보를 전달하는 미래의 광고판이다.먼 미래의 일일 것만 같았던 마이너리티 리포트의 광고판이 2012년 대한민국에 등장했다. 지난달 말 개장한 여의도 서울국제금융센터(IFC) 빌딩 지하에는 특별한 광고판이 있다. 사람 키 크기만 한 이 광고판은 사람이 지나갈 때마다 다른 광고를 내보냈다. 30대 남성이 지나가자 면도기 광고가 나오고 20대 여성이 지나갈 때는 화장품 광고가 나왔다. 광고판에 설치된 풀(Full) HD급 카메라에 촬영된 주변 10m 이내의 사람들의 얼굴을 분석해 성별과 연령대에 맞는 광고를 내보내는 것이다.

▲ 서울 홍대입구역 버스 정류장에 설치된 KT의 디지털사이니지. 버스 운행 정보와 광고 등을 보여준다./KT 제공

◇ 옥외광고의 디지털 변신

불필요한 공해처럼 여겨지던 옥외광고가 디지털을 받아들이면서 새로 태어나고 있다. 길가나 공공시설에 무분별하게 붙어 있던 포스터 대신 LCD나 LED 디스플레이가 그 자리를 대체하고 있다. 디지털사이니지(Digital Signage)의 시대가 열린 것이다. 디지털사이니지는 상업공간이나 공공장소에서 다양한 정보와 광고 등의 메시지를 디스플레이 장치를 통해 전달하는 것이다.

건물 외벽에 붙어 있는 디스플레이에 광고를 내보내는 것이나 지하철역에서 쉽게 볼 수 있는 LED 디스플레이가 대표적인 사례다. 일반적인 옥외광고는 일일이 사람이 교체해야 하지만 디지털사이니지는 네트워크로 연결된 관제센터에서 손쉽게 광고 내용을 교체할 수 있다.

최근에는 IFC몰의 사례에서 볼 수 있듯이 실시간으로 이용자들과 소통할 수 있는 디지털사이니지가 대세가 되고 있다. IFC몰에 설치된 얼굴 인식 광고판은 SK텔레콤과 SK마케팅앤컴퍼니가 함께 개발했다. 이 광고판은 카메라에 촬영된 얼굴을 수백 개의 특징점으로 분석해 성별과 연령대를 구분한다. 연령대는 유아 · 어린이 · 청년 · 중년 · 노년의 5단계까지 구분해낼 수 있다. LG전자도 인천공항 무빙워크를 따라 높이 1.4m, 길이 14m의 대형 디지털사이니지 광고판을 세웠다. 휘센 에어컨을 알리기 위한 이 광고판은 무빙워크에 올라탄 이용객의 움직임에 따라 광고판 위의 동물들도 함께 움직이고 색깔도 바뀐다.

▲ LG유플러스는 아파트나 빌딩 1층 로비에 터치형 LED 패널을 탑재한 U+미디어라이프를 설치하고 있다. U+ 미디어라이프는 자동심장제세동기(AED)를 보관하는 역할도 하고 있다./LG유플러스 제공

멀티플렉스 영화관 CGV도 SK마케팅앤컴퍼니와 함께 작년 9월부터 400인치 크기의 대형 디스플레이 'CGV 클라우드'를 영화관 10곳에 설치해서 운영하고 있다. CGV 클라우드는 디스플레이에 설치된 터치스크린을 이용자가 만지면 전체 디스플레이가 반응해서 새로운 영상을 보여준다.

◇ 통신업체-포털업체, 디지털사이니지 위해 연합

국내 이동통신사와 포털업체들은 망 중립성 문제 등 여러 이슈에서 갈등을 빚고 있지만, 디지털사이니지에서만큼은 함께 손을 잡고 있다. 전국에 유무선 네트워크를 보유한 통신사 인프라와 포털업체의 콘텐츠가 디지털사이니지 확산을 위해 손을 잡은 것이다.

KT는 2005년부터 아파트 엘리베이터와 대학교, 대형 병원에 디지털사이니지를 설치했고, 최근에는 버스정류장 · 지하철 등으로 사업 영역을 넓히고 있다. 4만 여개에 이르는 KT 디지털사이니지를 채워주는 역할은 국내 최대 포털 네이버를 운영하는 NHN이 맡고 있다. NHN은 지난해 12월부터 KT 디지털사이니지에 실시간 급상승 검색어, 포토뉴스, 스타 미투데이 등의 정보를 제공하고 있다.

다음커뮤니케이션과 디지털사이니지 협력을 맺은 LG유플러스는 좀 더 생활에 밀착한 서비스를 제공한다. 특히 아파트 1층 로비에 설치하는 23인치 터치형 LED 모니터링 'U+ 미디어라이프'는 자동심장제세동기(AED)의 보관함 역할도 한다. 심근경색 등 응급환자가 발생하면 미디어라이프 모니터를 통해 사용방법을 보고 자동심장제세동기를 이용하면 된다. LG유플러스는 올해 상반기까지 3000여대의 자동심장제세동기를 보급했다. SK텔레콤과 SK마케팅앤컴퍼니는 하나은행 · CGV 등과 함께 디지털사이니지 사업을 진행하고 있다.

최근에는 IT 서비스 기업들의 진출도 활발하다. 이들 기업은 통신사들과 달리 기업고객(B2B)과 수출을 목적으로 하고 있다. 삼성SDS는 지하철 스크린도어와 연계한 디지털사이니지를 서울대입구 · 혜화 · 신촌 등에 설치했다. LG엔시스와 동부CNI도 B2B를 대상으로 한 디지털사이니지 사업에 뛰어들었다.

KT·LG유플러스 디지털 사이니지 스크린 설치 대수

	2010년 4분기	2011년 1분기	2011년 2분기	2011년 3분기	2011년 4분기	2012년 1분기	2012년 2분기	2012년 3분기	2012년 4분기
KT	2만5000				3만8000				4만4000 (예상)
LG 유플러스	1230	3247	5888	8977	1만1960	1만5086	1만8776	2만1904 (예상)	2만5244 (예상)

▲ KT · LG유플러스 제공

◇전 세계 디지털사이니지 시장 2년 후 10조원 육박

디지털사이니지가 디스플레이 산업과 광고 · 콘텐츠 업계의 새로운 활로로 떠오르면서 시장도 빠르게 커지고 있다. 방송통신위원회에 따르면 전 세계 디지털사이니지 시장 규모는 2010년 22억9000만달러(약 2조5590억원)에서 2014년에는 82억4000만달러(약 9조 2082억원)까지 성장할 전망이다. 이미 일본은 철도에 디지털사이니지를 전략적으로 설치하고, 통신사인 NTT도코모는 향기가 나는 광고판까지 선보이는 등 다양한 시도를 하고 있다. 미국과 유럽에서도 디지털사이니지를 쉽게 찾아볼 수 있다.

디지털사이니지 세계시장·국내시장 규모

	2010년	2014년(전망치)
세계시장	22억9000만달러 (약 2조5590억원)	82억4000만달러 (약 9조2082억원)
국내시장	1150억원	2207억원

▲ 자료=방송통신위원회

국내 디지털사이니지 시장 규모도 2014년에 2207억원까지 늘어날 전망이다. 시장 규모가 커지면서 정부와 민간기업들이 중심이 돼 협회를 만들고 시장 활성화를 위한 방안도 마련하고 있다. 한국텔레스크린협회장을 맡고 있는 한원식 KT 기업상품본부장은 "한국은 하드웨어 분야에서는 이미 세계적인 수준의 기술력을 인정받고 있다. 발달한 네트워크를 기반으로 한 소프트웨어 경쟁력과 뛰어난 인적자원, 글로벌 마케팅 능력은 국내 디지털사이니지 산업의 글로벌 시장 진출에 큰 도움이 될 것"이라고 말했다. (자료원: 조선일보)

Chapter_ 13

전자무역(Electronic Trade)

Business

제 13 장
전자무역(Electronic Trade)

Key Point

전자무역의 의미를 이해하고 전통적 무역과 비교한 특징을 이해한다.

주요 내용

- 전자무역 개요
- 전자무역의 특징과 장점
- 전자무역의 수행
- 사례연구: KTNET(한국무역정보통신)

제1절 전자무역이란 무엇인가?

세계의 교역시장에는 무역하는 형태의 큰 변화가 발생하였다. 개방적인 인터넷의 확산과 정보기술의 발전으로 전자상거래가 기업간, 국가간 주요 거래수단으로 부상함에 따라 이제 일일이 사람의 손을 거쳐야 했던 일들이 전자무역방식으로 변화한 것이다.

1.1 전자무역(Electronic Trade)의 개념

- 전자 무역은 전자상거래의 무국경적 특성이 잘 반영된 것이며, 인터넷기술과 전통적인 정

보기술을 무역업무 처리과정에 적극적으로 활용한다는 의미가 담겨있다.

- 전자무역의 정의는 다음과 같다.

인터넷과 디지털 정보기술을 통해 모든 무역업무를 처리하는 무역형태이다. 인터넷을 통해 형성된 가상공간에서 바이어와의 상담에서 상품의 주문, 지불, 출고, 선적에 이르기까지 모든 무역 업무를 정보기술을 이용해서 처리하는 방식

전자무역을 할 때 개방형 인터넷을 널리 활용하고, 웹사이트를 통해 주문을 넣고 거래가 이루어지기 때문에 인터넷무역이라는 말로 사용되기도 한다.

1.2 전자무역(Electronic Trade)의 의미

- 1990년대 이후 국제화와 세계화에 대한 관심이 대다수의 국가에서 확산됨에 따라 국경을 초월한 거래가 더욱 활성화되었다. 여기에 인터넷의 확산은 이를 더욱 촉진하는 역할을 수행했으며 디지털 경제로의 전환을 이루는 계기가 되었다.

- 전자무역의 등장과 확산은 디지털 경제활동이고 디지털 통상활동이라는 점에서 국가경제적 차원에서도 의미가 있고, 무역을 담당하는 개별기업 입장에서도 다음과 같은 특별한 의미가 부여될 수 있다.

  - 세계화 경영의 확대와 직결. 전자무역의 활성화는 기업의 세계화경영과 바로 직결된다. 자본주의 사회의 자유경쟁 환경에서 국경의미는 점점 쇠퇴해 가고 있다. 시장이 점점 단일화 되면서 기업경영도 이러한 거대한 단일시장을 대상으로 이루어져야 한다.
  - 비즈니스의 디지털화. 전자무역은 바로 비즈니스의 디지털화라 할 수 있다. 기업의 경영활동 전반에 정보기술이 차지하는 비중이 점점 높아지는 것이 바로 비즈니스의 디지털화라 할 수 있다. 무역도 수출입을 하는 기업의 경우 중요한 경영활동의 하나이다. 따라서 이 부분도 당연히 디지털화가 되어야 할 것이다.

- 변화주기의 단축과 스피드 경영의 실천. 기업은 시장의 변화에 발 빠르게 대응할 필요가 있다. 인터넷과 정보기술을 적용한 전자무역은 글로벌시장의 환경변화에 발 빠르게 대응할 수 있도록 돕는다.
- 정보접근의 용이성과 정보/지식의 중요성 부각. 웹환경의 전자무역은 무역에 필요한 각종 정보에 쉽게 접근할 수 있다는 큰 장점이 있다. 정보와 지식이 새로운 부가가치를 창출하는 시대에 전자무역은 새로운 전략적 도구가 될 수 있다.

제2절 전자무역의 특징과 장점

- 전자무역의 특징은 다음 두 가지 관점에서 비교가 가능하다.
  - 일반적 무역과 비교한 전자무역의 특징
  - 일반적 전자상거래와 비교한 전자무역의 특징

- 전자무역은 일반적 무역이 발전된 형태이고 전자상거래의 특수한 형태로 볼 수 있다.

2.1 일반적 무역과 비교한 전자무역의 특징

- 전자무역은 전통적 무역을 대체하는 수단이 아니라 무역형태 또는 무역업무 처리방식의 혁신으로 인식할 필요가 있다.

- 무역업무처리가 인터넷 기반 기술과 디지털 정보기술 환경에서 처리됨으로서 신속한 거래 및 저비용 구조의 무역이 가능하다는 것을 의미한다. 따라서 무역업체가 오늘날 전자무역을 외면하고서는 기업의 경쟁력의 열세를 면치 못할 것이다.

o 일반 무역과 전자무역의 특징을 비교하면 아래 그림과 같다. 전자화폐를 이용하여 대금결제가 편리해지며, 교역상품과 서비스가격이 보다 투명하고 단순화되며, 교역에 필요한 정보를 손쉽게 확보하고 교환할 수 있다. 전자무역을 통해 거래처에 대한 정보를 얻기가 보다 용이해 지며, 거래가 마무리된 후에도 A/S 등 후속 활동을 보다 신속하고 편리하게 할 수 있다는 특징이 있다.

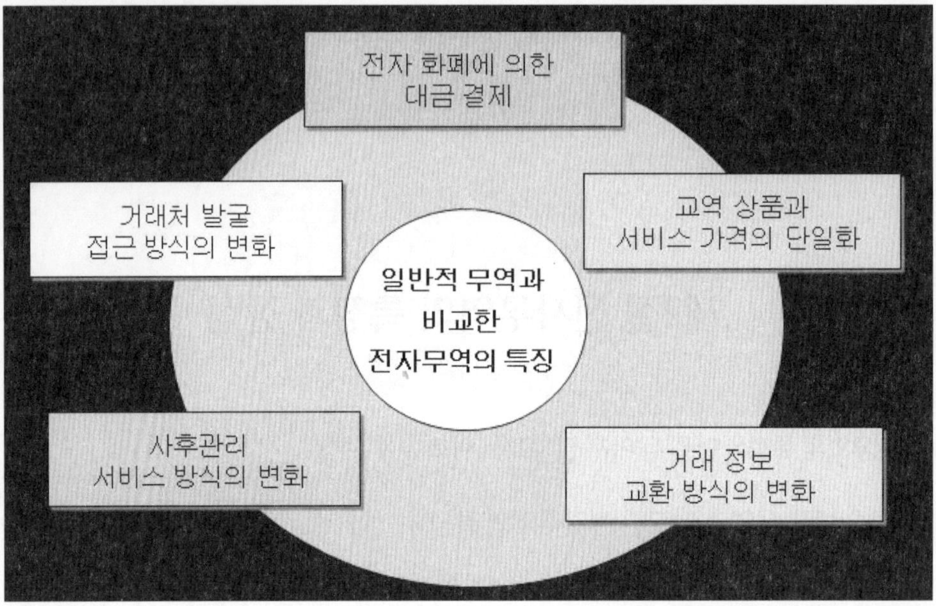

2.2 일반적 전자상거래와 전자무역의 특징 비교

o 전자상거래는 원칙적으로 국경을 초월하는 특징을 지니고 있지만, 전자무역에서는 주요 거래 대상자를 선정할 때 반드시 국가 및 국경 개념을 고려하지 않는 다는 점에서 전자상거래 분야에서도 특수한 영역이라고 할 수 있다. 국내의 전자상거래가 기본적인 표준화된 절차가 있듯이 전자무역도 표준화된 절차가 있다. 중소기업이라 하더라도 이 표준화된 절차가 구현된 시스템에 가입함으로써 저렴한 비용으로 서비스를 받을 수 있다. 그러나 중요한 것은 영업과 사후관리 문제일 것이다. 해외 구매자들에게 자사의 상품과 서비스를 더 많이 홍보할 수 있는 채널을 확보해야 하며, 거래 후 A/S나 반품처리 등을 신속하게 할 수 있는 체제의 구축은 성공적인 전자무역에 필요한 추가적인 요건들이다.

o 일반적 전자상거래와 전자무역의 특징을 비교하면 아래 그림과 같다.

전자무역이 이루어지면 당연히 거래대상이 세계시장으로 확대되며, 글로벌 시장을 대상으로 마케팅을 할 수 있게 된다. 이때 물론 외국어로 만들어진 웹사이트나 전자카타로그의 개발이 매우 중요한 요소가 될 것이다. 오늘날 수출입을 하는 기업의 웹사이트는 반드시 영어사이트가 같이 있다. 계약체결 후 물품을 인도할 때도 국제적 물류시스템과 물류망을 활용해야 하며, 무역과 관련된 국가 간 법규 및 제도 등도 고려해야 할 것이다. 특히 FTA(Free Trade Agreement)와 같은 통상조약의 체결로 인해 법규와 제도에 대한 고려가 더욱 강조되고 있다. 전자무역을 할 때는 일반적 전자상거래와는 달리 통상법규에 의한 표준화된 거래양식을 서로 주고받는데 편리한 웹 EDI가 더욱 활용될 것이다. 정부는 중소기업들도 저렴한 비용으로 웹 EDI를 활용할 수 있는 KTNET과 같은 서비스를 제공하고 있다.

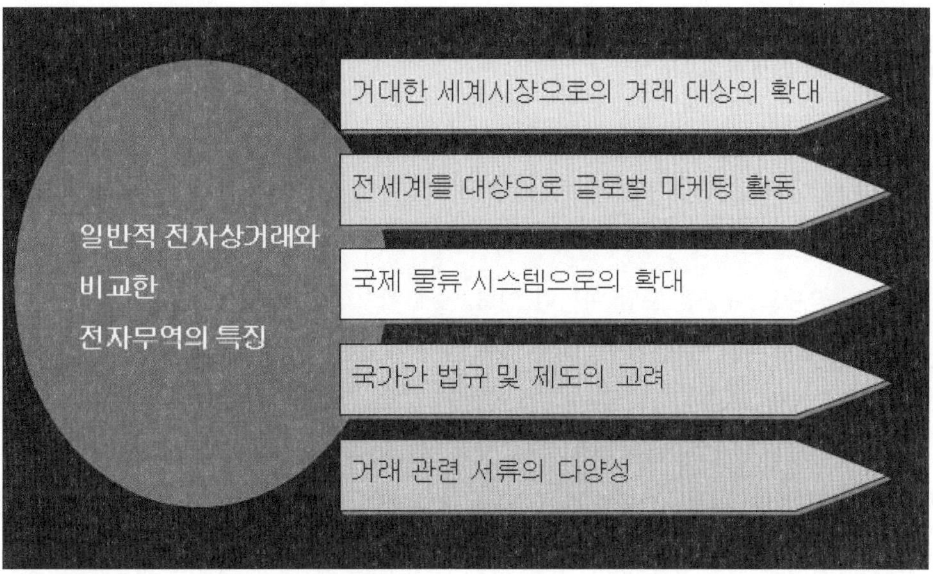

2.3 전자무역의 장점

o 전자무역은 전통적 무역방식의 대체 수단이 아니라, 가상공간에서 인터넷 기술과 디지털 정보기술을 활용한 새로운 형태의 무역방식이다. 전자무역은 다음과 같은 장점을 보유하고 있다.

- 거래처 발굴의 효율화
- 무역정보의 확보 용이
- 무역활동 비용의 절감
- 중소기업에 성장 기회 제공

○ 거래처 발굴의 효율화

인터넷을 이용하면 훨씬 더 적은 비용으로 효율적으로 거래처를 발굴할 수 있다. 기존에는 거래처 발굴을 위해서 상공회의소 등 거래알선기관에 의뢰하거나 해외에서 배포되는 인쇄매체, 현지의 광고, 각종 박람회, 전시회의 참가 등의 방법 사용해야 한다. 그러나 전자무역에서는 웹사이트에서 디지털 자료와 디지털 매체를 활용하기 때문에 보다 저렴한 비용으로 신속하게 거래처를 발굴할 수 있다는 장점이 있다.

○ 무역정보의 확보의 용이

인터넷에서는 각국의 정부와 무역단체와 기업들이 올려놓은 무역과 관련된 수많은 정보가 있어 이를 확보하기가 매우 용이하다. 일반적으로 인쇄매체 또는 직접 접촉 방식을 통해서 무역정보를 확보할 수밖에 없었던 과거와는 달리 전자무역 환경에서는 확보할 수 있는 정보의 종류도 다양할 뿐만 아니라 이를 쉽게 확보할 수 있다는 장점이 있다. 약간의 이용료를 지불한다면 업데이트된 고급 정보를 쉽게 얻을 수 있어 과거와는 달리 정보를 얻기 위해 발품을 팔아야 하는 경우도 줄어들고 있다.

○ 무역활동 비용의 절감

인터넷상에서 상품을 수출하는 기업의 경우 판매상품에 대한 정보를 별도의 홍보책자나 전단으로 만들지 않고 전자카타로그를 제작하여 인터넷에 바로 게시할 수 있어 제품의 홍보비용을 많이 절감할 수 있다. 오늘날 전자카타로그는 고도의 멀티미디어 정보(고해상 사진, 애니메이션, 동영상 등)를 포함할 수 있어 제품의 특징과 장점을 매우 효과적으로 전달할 수 있다.

구매자들의 입장에서 볼 때도 인터넷을 이용하여 다양한 상품정보를 쉽게 얻을 수 있기 때문에 시간과 비용을 절감할 수 있다. 따라서 전자무역에서는 판매자와 구매자 상호간에 무역활동에 소요되는 비용을 현저하게 절감할 수 있다는 이점이 있다.

○ 중소기업에 성장 기회 제공

인터넷을 통한 무역은 기업의 규모나 인지도보다는 거래 당사자의 필요를 얼마나 충실히 반영해 주느냐에 따라 성사여부가 많이 결정된다. 따라서 요구에 부합되는 창의적인 제품을 제공하고, 적극적으로 영업하는 자세를 갖추고 있다면 중소기업에게도 글로벌 시장에서 사업적 기회를 상대적으로 얻기가 쉽다.

또한 비용이 많이 드는 현지 지사와 같은 거점이 없더라도 해외시장 개척을 할 수 있으므로 적은 비용으로 세계시장에 진출할 수 있다는 점에서 전자무역은 중소기업에게도 또 다른 성장의 기회를 제공한다.

제3절 전자무역은 어떻게 수행되는가?

3.1 전자무역의 흐름을 이해하자

먼저 인터넷 사이트에서 고급정보를 입수하거나 또는 검색기능을 활용하여 자사의 제품을 원하는 해외업체나 구매를 원하는 제품을 생산 · 판매하는 업체를 찾아야 할 것이다. 시장조사를 통한 정보수집, 마케팅 활동을 통하여 거래업체를 찾아낸 후, 해당 업체의 신용조사를 수행해야 할 것이다. 중소기업들은 정부가 주관하는 산업시찰단이나 해외마케팅 프로그램에 합류하여 적은 비용으로 해외박람회에서 거래업체를 찾을 수도 있을 것이다. 신용이 확실한 업체인 경우 거래조건을 협상해야 할 것이며, 협상된 조건에 근거하여 계약을 체결하고 신용장 개설 업무를 시작해야 할 것이다.

○ 1단계 : 전자무역 품목선정

전자무역을 실행할 대상 품목을 선정하는 작업이 가장 먼저 실시해야한 일이다. 전자무역 품목선정은 무역통계(상품별/국가별) 자료 상품정보시장보고서(각국유망품목) 등의 자료를 이용할 수 있으며, 이때 각국 무역통계기관 사이트나 무역알선 사이트 등을 이용하면 효과적이다.

○ 2단계 : 시장조사 및 정보수집

전자무역 대상품목을 선정하면 이어 시장조사를 실시하여야 한다. 특정 수출상품의 목표시장에 대한 사회, 경제적 환경, 상관습 및 자국의 경쟁상품이나 대체상품에 대한 정보 등을 조사한다. 이 때 대상 시장의 경제적 특성, 소비자 기호, 문화적 특성 등을 고려할 필요가 있다. 시장조사와 정보수집은 일반적으로 품목별 시장조사보고서, 국가별 시장조사 보고서와 국가정보 및 경제동향 등의 자료를 이용하면 된다.

o 3단계 : 마케팅 활동

전자무역에서 실행하는 마케팅은 인터넷이 제공하는 가상공간에서 고객과 양방향 커뮤니케이션을 통해 수행하는 인터넷 마케팅을 의미한다. 해외출장 및 체류 비용을 상쇄할 정도로 거래규모가 커지 않을 경우에는 이메일, 홈페이지, 수출입 웹무역망 등을 활용해 사이버상에서 이런 활동을 할 수 있다. 인터넷을 이용하여 중간 유통과정이 생략되므로 비용절감 효과를 얻을 수 있다.

인터넷 마케팅을 수행하는 방법은 다음과 같다.

- B2B 무역 포털에 회원으로 등록하고 전자카타로그를 제작하여 탑재한다.
- 베너광고, 검색광고, e-Mail 발송 등의 인터넷 마케팅을 수행한다.
- Off-Line 마케팅과 병행해서 인터넷 마케팅을 수행하는 것이 보다 효과적이다.

o 4단계 : 거래처 발굴 및 거래제의

무역업체가 인터넷을 이용하여 자사의 회사정보 및 상품정보를 전 세계 바이어에게 홍보하는 동시에 웹사이트에 등록되어 있는 오퍼정보를 검색 또는 열람하여 잠재 거래처를 발굴하는 작업을 수행하여야 한다. 거래처 발굴은 전문적 거래알선 사이트를 통해서도 가능하고 일반 무역사이트나 전문 무역 포털 등을 통해서도 가능하다.

인터넷을 통해 거래처를 발굴하는 대표적인 방법들은 다음과 같은 것들이 있다.

- 홈페이지 구축을 통한 상품홍보
- 뉴스 그룹 등 통호인 집단에 집중적 홍보
- 전자 카타로그의 제작을 통한 홍보
- 해외 유력 사이트와의 무료광고 교환 추진
- 세계 유력 거래알선 사이트 검색
- 웹사이트 상호링크를 통한 홍보
- 유명 검색엔진에 등록
- 전자메일을 통한 거래제의 서신 발송

인터넷을 통한 거래처를 발굴할 때 다음과 같은 장점들이 있다.

- 시, 공간의 제약을 넘어 사용가능하며 목표 시장에의 접근이 용이하다.
- 실시간으로 정보공유가 가능하고 멀티미디어 정보를 활용할 수 있다.
- 해외출장, 해외법인 설치 등으로 인한 소요 경비를 절감할 수 있고, 오퍼정보의 효과성을 측정할 수 있으며 신속하게 피드백도 받을 수 있다.
- 최신정보를 신속하게 습득하므로 업무처리시간을 단축할 수 있다.
- 생산자와 소비자간 중간유통단계를 축소할 수 있다.
- 무역을 할 때 발생하는 비용인 통신비, 시무비 등 행정비용을 절감할 수 있다.

o 5단계 : 업체 신용조사

전자무역은 이메일, 팩스 등을 통한 계약체결 시 상호 교환하는 서류만으로도 거래가 성사된다. 이 때, 수출업자는 물품인도 능력을, 수입업자는 결제능력을 조사하고 이행에 대한 신뢰성과 기업의 일반적 신용정보를 사전 조사하여 미래의 불확실성을 예측하고 이를 대비해야 할 필요가 있다.

신용조사는 일반적으로 거래 상대방의 은행을 통하며 상대국의 거래처 또는 상공회의소 등을 활용하지만 거래은행이나 상공회의소를 통한 신용조사는 형식적 조사에 그칠 가능성이 있다. 따라서 기존에 잘 알고 있는 현지 업자를 통해 간접적으로 보완조사를 하거나, 약간의 비용이 들더라도 전문적인 신용조사기관을 통할 필요가 있다.

o 6단계 : 거래조건 협의

거래처에 대한 신용조사를 통해 신뢰할 만하다는 평가가 내려지면 거래조건을 협의하여야 한다. 거래조건 협의는 무역관행에 따라 진행하는 것이 일반적이지만 전자무역에서는 거래조건 협의 통신수단이 주로 인터넷을 사용해서, e-Mail, 인터넷폰, 화상회의 등을 이용한다는 점에서 차이가 있다. 오늘날 인터넷의 양방향 소통기능 적극적으로 활용하면 실시간 의사소통 및 협상이 가능하다.

○ 7단계 : 계약체결 및 신용장 개설

거래조건 협의가 완료되면, 계약을 체결하고 신용장을 개설해야 한다. 전자무역의 참 의미가 적용된다면 전자계약과 전자인증 및 전자서명을 통해 모든 계약체결이 온라인에서 이루어져야겠지만, 아직 그 과정과 절차가 무역대상국의 무역관련 법규, 제도 및 기술수준에 따라 상이하므로 오프라인과 아날로그 통신방식으로 진행해야 하는 부분이 아직 많다.

만일 온전히 전자무역에서 전자적 계약 체결이 이루어진다면 계약 및 이행과정 등 거래의 투명성이 더욱 확보된다는 의미가 있다지만 아직은 먼 미래의 일이라 할 수 있다.

○ 8단계 : 선적, 통관, 보험

계약이 체결되면 선적, 통관, 보험 등의 절차가 뒤따르게 된다. 이 단계에서 하는 활동들은 전통적인 무역방법과 큰 차이가 없다. 그러나 인터넷을 이용하여 의사소통을 하거나 보험 처리를 한다면 시간과 비용 면에서 많은 절약을 가져다 줄 것이다.

○ 9단계 : 물류 및 사후관리

전자무역 환경에서는 물류도 많은 변화가 발생한다. 종합 물류망을 통해 민원을 처리하고, 정확한 물류계획을 수립할 수 있으며, 물류정보를 제공받을 수 있으며, 화물을 추적할 수도 있다. 이로써 업무생산성을 높일 수 있고, 원가를 절감할 수 있으며, 투자비용을 절감할 수도 있다. 이러한 물류시스템을 구축하고 자문하는 많은 물류정보 서비스 업체들이 있다.

특히 24시간 동안 고객과의 커뮤니케이션이 가능함에 따라 환불, 보상 등 사후관리를 보다 철저하게 할 수 있다. 그렇지만 이러한 효과를 얻기 위해서는 웹 사이트의 정보를 지속적인 업데이트를 해야 하며, 변경된 사항을 즉각 통보하는 등의 신뢰 구축 프로세스가 꼭 필요하다.

3.2 전자무역 경로에서 적용되는 정보기술 내용을 알아보자

전자무역은 대외적으로 무역하는 그것만으로 끝나는 것이 아니라, 전자무역시스템이 자사의 정보시스템(ERP 등)과 인터넷을 통해 연결되어 전사적 e-Business를 구현할 수 있다면 또 다른 시너지효과를 얻을 수 있다. 즉, 전자무역과 연동한, 재고관리, 생산계획, 공급망관리(SCM), 판매자 및 고객 관리 등을 보다 손쉽게 할 수 있다. 오늘날 글로벌 SCM에는 이러한 전자무역기능이 포함되기도 한다.

이렇게 연동이 가능하기 위해서는 개방형의 인터넷기술과 웹 기반의 정보기술이 있어야 가능하다. 수출입 계약 체결 이전과 이후로 구분할 때 거래경로, 유통경로, 추적경로에는 개방적 인터넷 기술이 주요 역할을 수행하고, 서류경로에서는 웹기반 EDI가 그 역할 수행한다. 거래 당사자들끼리 표준화된 수출입 서류를 교환해야 할 경우에는 웹기반 EDI를 활용한다면 보다 효율적으로 무역업무가 진행될 것이다.

○ 전자무역에서의 경로별 정보기술 적용

계약체결 이전	계약체결 이후		
거래경로(인터넷)	거래경로(인터넷)	거래경로(인터넷)	거래경로(인터넷)
•해외홍보 •마케팅 •거래선 발굴 •신용조회 •거래협상 •거래계약 체결	•구매조달 •생산 •재고관리 •물류운송 •외부납품	•신용장(L/C) •추천 및 승인 •운송 · 보험 청약 •대금결제 •통관 •환급	•수출입 통관정보 •화물추적 정보 •선박입출항 정보 •항만 · 하역 정보

[사례연구] KTNET(한국무역정보통신)

KTNET은 1991년 무역업계의 경쟁력을 향상시키고자 무역절차의 온라인 처리를 목적으로 한국무역협회가 전액 출자하여 설립한 회사이다.

KTNET은 UN/EDIFACT EDI(전자문서교환) 국제표준을 도입하였으며, 무역회사, 협회(조합), 관세사, 세관, 선사, 항공사, 운송사, 은행, 보험 등 모든 무역 커뮤니티를 연결하는 네트워크를 구성하여 수출입 업무 처리를 EDI 및 인터넷으로 서비스하고 있다.

KTNET가 제공하는 전자무역서비스는 무역업체와 은행, 요건확인기관, 선사, 포워더,[1] 관세사 등 무역유관기관과의 수출입업무를 전자문서교화(EDI 및 XML) 기술을 도입하여 컴퓨터 통신망을 통해 전자적으로 처리하는 서비스로 "종이 없는 무역"을 가능하게 하여 시간과 비용을 절감시켜준다.

전자무역을 다양한 법률과 기관이 다음과 같이 규정하고 있다. 「전자무역촉진에 관한 법률 2조」에 의하면 무역의 일부 또는 전부가 전자무역문서에 의하여 처리되는 거래를 의미하며, 무역거래기반조성 5개년 개획에 의하면 인터넷 등 정보통신기술을 활용하여 처리하는 거래 형태를 지칭하며, 한국무역협회는 물품이나 용역을 수출입하는 과정에서 표준화된 전자문서를 전부 또는 일부 사용하여 거래하는 방식으로 설명하고 있다.

좀 더 구체적으로 본다면, 제품과 서비스의 수출입에 관련된 전통적 무역 프로세스에서 발생하는 방대한 정보를 전자적 방식(주로 전자문서)으로 교환함으로써 무역 프로세스를 획기적으로 전환함과 동시에 마케팅 활동과 무역업무를 대행하는 역할을 수행한다. 전자무역 인프라가 보편화된 무역환경에서는 다양하고 새로운 방식의 사업모델의 창출도 가능하다. 전자무역은 궁극적으로 다수의 관련 기업 및 공공기관의 개별프로세스가 전자무역 프로세스라는 표준화된 프로세스로 융합되는 과정으로서 e-비즈니스화(e-Transformation)의 핵심부분을 구성한다.

---

1) 일반적으로 화주(물건의 주인, 수출업자 혹은 수입업자)는 운송수단, 즉 배, 항공기 등을 가진 선사/항공사는 직접 운송계약을 하지 않는다. 포워더는 운송수단을 가지지 않고 단지 화주와 선사/항공사의 중간에서 가교 역할을 하는 브로커 업체라고 보면 된다.

아래 그림은 업체들, 서비스제공자(KTNET, 사설VAN 등) 그리고 전자무역 유관기관의 연관관계를 보여주고 있다.

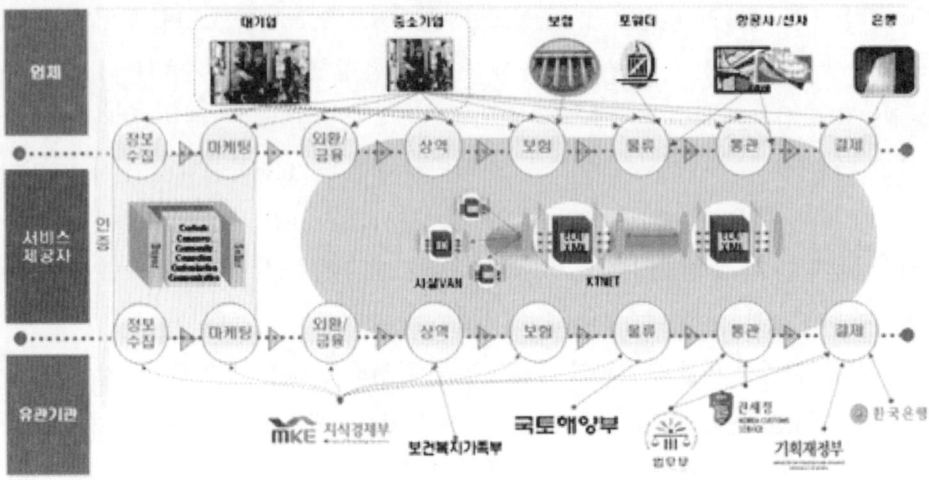

Chapter_ 14

e-Business의 법적 환경

제 14 장
e-Business의 법적 환경

주요 내용

- 국제동향
- 국내동향

제1절 국제동향

정보통신 기술과 관련 산업의 급속한 발전으로 우리 사회 전반의 정보화가 급속히 진전되고 있다. 또한 정보화가 가속화되면서 기존의 대면, 서류 문화가 사이버상의 비대면 문화로 바뀌는 등 생활양식 자체가 변화하고 있다. 이러한 정보화는 산업화 시대의 사회구조와 생활양식에 근본적인 변화를 가져왔기 때문에 과거 산업화 시대에 적절하게 만들어진 법 제도는 현실성과 실용성이 부족하다고 볼 수 있다. 앞으로도 계속 급격한 변화가 예상되므로 지금의 사회 현상을 고려해 볼 때 현재의 법 제도를 현 추세에 맞춰 고치는 것이 매우 중요하다.

정보화는 생활을 편리하게 만들고 삶의 질을 향상시킨다. 반면 정보 격차의 발생, 컴퓨터 범죄, 지적재산권 침해, 불건전 정보 유통, 사생활 침해 등의 역기능을 불러와 인간소외, 사회, 문화적 갈등과 범죄현상 등 부작용을 초래할 위험성을 내포하고 있다. 이에 대한 예방 기능적 법과 제도 보완이 필요하다. 즉 새로운 사회 구조에 발생 가능한 범죄와 사회의 해악적인 요소에 대한 예방을 위해서 새로운 법과 제도가 절대적으로 필요하다.

1.1 개인 정보 보호 관련 법과 제도

OECD

OECD에서는 1980년 프라이버시 보호 지침을 채택하여 개인 정보 수집 및 관리에 관한 국제적 수준의 가이드라인을 제시했다. 그 후 OECD는 1992년 정보 보호 지침(Guidelines for the security of information systems and Network)을 제정했고 2002년 7월 이를 개정하였다. 이 지침은 다음과 같은 9개 원칙을 담고 있다.

- 참여자들의 정보 보호 필요성과 역할 인식
- 참여자들의 정보 시스템 및 네트워크 보호에 대한 책임 의식
- 참여자들의 시의적절하고 상호협조적인 행동
- 참여자들의 정보 시스템 이용 시 타인의 적법한 이해관계 존중
- 정보 보호와 민주주의의 가치와의 조화
- 정보시스템과 네트워크에 대한 위험 평가 실시
- 정보통신 제품 등의 설계와 사용에 정보 보호를 핵심 요소로 고려해야 함
- 정보 보호 관리의 예방에서 대응, 평가에 이르기까지 포괄적인 수행
- 정보 보호 실태에 대한 지속적인 재평가와 보완

EU

유럽연합은 입법 형식상 인권 보호 차원에서 엄격하게 법률(단일 통합법)로 규제하고 있으며, 엄격한 법적 규제를 담당하는 독립적인 개인 정보 감독 기구를 설치 운영하고 있다. 또한 국제협력 부분에서는 유럽은 역외국에게 일정 수준 이상의 보호를 요구하고 있다.

미국

미국은 불법 행위로 인한 개인의 프라이버시 침해 문제를 다루고 있다. 개인 프라이버시 침해에 다른 엄격한 법 규제가 없고 프라이버시 침해 관련 특별법을 제정하고 있다. 또한 프라이버시 침해에 대한 규제는 자율 규제를 원칙으로 하여 독립 감독 기구가 없다.

최근 미국 내에서 가장 활발한 프라이버시 입법 활동을 보여 온 캘리포니아 주에서 금융 정보 프라이버시법을 제정하여 2004년 7월 1일부터 시행하고 있다. 이 법은 미국 내 금융 프라이버시 보호 관련법 중에서 가장 강력한 내용을 담고 있다.

WHOIS 서비스

인터넷 도메인 등록 정보 검색에 관한 후이즈(WHOIS) 서비스의 개인 정보 침해 문제가 대두되고 있다. 즉 인터넷 도메인을 등록을 위해 등록업체에 제공되는 개인 등록 정보는 WHOIS 서비스를 통하여 검색이 가능하다. 이 서비스는 일반 인터넷 이용자로부터 경찰, 법조인, 정부기관에 이르기까지 매우 유용한 정보로 사용되고 있다. 하지만 등록된 정보의 정확성 및 신뢰성에 관한 문제와 함께 누구나 쉽게 접근할 수 있는 정보의 공개성으로 인해 개인의 정보침해에 대한 우려가 제기되고 있다.

최근 입법은 후이즈 서비스에 의한 개인 정보의 공표는 강요받을 수 없고, 직접 마케팅을 위한 후이즈 정보의 대량 접속과 이메일 주소의 사용은 오직 옵트인(opt-in)방식에 의해서만 가능하여야 한다고 제시하고 있다. 옵트인 방식이란 자신의 정보를 제공해도 좋다고 사전에 동의한 개인이나 기관의 정보만을 제공하는 제도이다.

RFID 도입과 프라이버시

최근 월마트(www.walmart.com)가 RFID 장치를 도입하기로 결정했다. 월마트는 이러한 전자식별 장치로 인해 프라이버시 침해 문제가 제기될 수 있다는 경고를 받고 있다. 이를 위해 RFID 시스템의 설치와 사용이 공정한 정보 관행에 따를 것을 제안한 선언(the RFID Bill of Rights)은 다음과 같은 RFID 프라이버시 5대 권리로 정리할 수 있다.

- 상품에 RFID 태그가 부착되어 있는지 알 권리
- 상품 구매 후 내장된 RFID 태그를 제거, 기능 정지, 파괴할 권리
- RFID를 파괴하였을 경우에도 그로 인하여 다른 권리(예: 상품의 반환 등)를 침해 받지 않을 권리
- RFID 태그 안에 저장된 정보를 알 권리
- 언제, 어디서, 왜 RFID 태그가 읽혀지는지 알 권리

1.2 소비자 보호 관련 법 제도

OECD

소비자 정책 위원회(CCP) 제 67차 회의(2004. 3.18), 68차 회의(2004.10.14)에서 국경을 넘어선 사기 · 기망적 상행위로부터 소비자를 보호하기 위한 가이드라인의 이행 및 집행 협력, 전자상거래 가이드라인(e-Commerce Guideline)의 영향력 평가, 신기술 및 새로운 비즈니스 모델의 영향, 소비자 분쟁 해결 및 보상 등 정책 이슈가 논의 되었다.

ICPEN

국제 소비자 보호 집행기구(ICPEN) 춘계회의(2003. 3.21)에서는 국가 간 사기 · 기망 상거래 행위 예방을 위한 OECD 가이드라인 이행, 스팸문제, 모바일 등의 의제가 논의 되었다. 추계회의(2004.10. 7)에서는 인터넷 국제 청소의 날 행사의 주된 주제를 스팸으로 정하였다. 2005년 9월 1일부터 2006년 8월 31일까지 우리나라의 한국소비자보호원이 ICPEN 의장 기관으로 결정되어 대한민국 소비자 활동의 기상을 드높였다.

1.3 정보 보안 관련 법 제도

ITU

ITU는 정보사회에서 전 세계가 정보 격차 없이 지속적인 성장을 추진하기 위해 국가 간 협력의 장을 마련하고자 노력하고 있다. 2003년 12월 제네바 회의에서 발표한 WSIS 선언문에는 정보보호 발전과 프라이버시 보호를 위한 국제적 차원의 사이버 보안 문화운동의 추진, 정보통신 기술의 범죄 및 테러 목적으로의 사용 금지, 그리고 국가 및 국제 수준에서의 사이버 보안 업무 취급 등 정보보호와 관련한 3개 항목이 포함되어 있다. 또한 WSIS 행동 계획에는 사이버 범죄와 정보통신 기술의 오 · 남용을 방지하기 위한 법 체계 정비, 전자거래의 걸림돌을 제거하기 위한 국내법 검토 등 입법적 사항들이 포함되어 있다.

일본

일본 총무성은 2004년 5월 발표한 'u-Japan 구상'을 구체화하여 12월에 'u-Japan 정책'을 발표하였다. 이 정책 안에는 개인 정보 보호, 통신 비밀 보호, 정보 보안 및 보안 기술 개발 등이 포함된 '유비쿼터스 사회헌장(안)' 제정 추진 사항이 포함되어 있다.

1.4 전자서명 인증제도

APEC

APEC은 PKI(Public Key Infrastructure) 인증을 전자인증의 방법으로 강조하고 있다. APEC 회원국 간 PKI 상호연동을 구현하는 경우, APEC PKI 가이드라인의 적용을 원장하고 있다. 가이드라인의 주요내용은 다음과 같다.

■ 법 제도 구조

법 제도 프레임워크는 인증기관의 설립 및 운영과 관련된 조항 등을 다루고 있으며, UNCITRAL 전자서명 모델법을 기초로 하고 있다.

- 인증기관의 설립 및 활동을 위한 기준을 정하는 프레임워크의 발전은 인증기관이 제공하는 서비스와 관련하여 외국 관할에서 쉽게 수용할 수 있도록 한다.
- 그러한 프레임워크는 다른 외국 관할에서 제공되는 인증 서비스를 수용할 수 있어야 한다.
- 국내외 인증기관이 제공하는 전자적인 형태의 문서 및 전자서명에 동등한 법률적 효력을 부여하여야 하며, 외국 관할에서 법적 예견 가능성을 용이하게 하여야 한다.
- 특정 기술만을 요구하여서는 안 되며, 변화하는 산업 표준을 수용하고 새로운 기술을 도입하여야 한다.

■ 정책구조

- 인증기관의 설립 및 활동을 위한 자금 및 요건을 포함하여 인증기관의 제도적 지위에 관한 요건은 인증기관이 발행한 인증서에 대하여 공적 신뢰성을 제공하고, 외국 재판 관할 에서 승인을 용이하게 할 수 있도록 마련되어야 한다.
- 참가국 사이의 기술적 상호연동을 확보하기 위한 승인 기준 및 최상의 관행을 이용한 평가 계획은 인증서가 외국 관할에서 용이하게 승인을 받을 수 있게 한다.
- PKI 평가체계에서 널리 인정된 기술적 기준 및 관리 기준의 실행이 평가를 받는 인증기관에게 허용되어야 한다.
- 외국 관할에서 PKI 평가 체계의 승인을 위한 정책 및 절차는 그러한 평가 체계 아래에서 발행된 인증서에 대하여 법적 예측 가능성과 확실성을 보장할 수 있어야 한다.

■ 운영 시스템

- 인증 정책 및 인증 업무 준칙을 위해서는 국제적인 산업 표준으로 널리 채택된 인터넷 X.509 프레임워크 RFC2577을 사용하는 것이 외국관할에서 승인을 쉽게 얻을 수 있다. X.509는 PKI에서 사용하는 표준 인증서 형식이다. PKI에서 사용하는 공개 키, 개인키와 같은 비대칭 키를 X.509 인증서로 관리한다. 그리고 X.509 인증서는 Thawte, VeriSign, RSA와 같은 외부 CA(Certificate Authority) 기관에서 승인 과정을 통해 발행된다.
- 다른 국가에서 사용하고 있는 특정 업무에 적합한 인증기관 가입 등록 및 초기 본인 확인절차가 외국 재판 관할의 인증서 수용을 용이하게 하여야 한다.
- 전자서명 키 위탁제도(Key Escrow)의 사용은 이용자의 신뢰를 떨어뜨리고 외국 관할에서의 인증서 승인을 저해할 것이다.
- 암호 및 전자서명 생성 정보(키쌍)를 구분하여 생성하는 국제적인 실무 관행을 수용하는 것이 사용자의 신뢰성과 외국 관할에서의 인증서 승인을 용이하게 한다.

1.5 조세 관련 법 제도

내국세

전자상거래 관련 내국세라 함은 소득세 및 소비세를 지칭한다. 전자상거래 관련 조세문제에 관한 국제적인 논의의 중심은 OECD이다. 수년 전부터 인터넷이 전자상거래 기업뿐 아니라 전통적인 기업에게도 필수적인 수단이 되고 있다. 거의 모든 영업에서 전자적인 수단을 어떠한 방법으로든지 이용하고 있기 때문에 e-비즈니스라는 개념이 전자상거래를 포괄하는 보다 적절한 개념으로 등장하였다.

따라서 OECD는 조세 문제에 대하여 디지털 경제로의 전환이라는 보다 넓은 시각으로 선회하여 접근하기 시작했다. 소득세 및 소비세 분야에서 기존 세법의 틀을 깨지 않는 범위 내에서 과세한다는 대전제 아래 전자상거래에 적합한 고정 사업장의 정의, 소비자 과세 원칙의 확인 등 주요 사안에 대한 정리가 끝났다고 볼 수 있다. 최근에는 소비세 분야에서 소비자의 소비지와 납부 의무자 신분의 확인을 위한 기술적인 문제, 과세 당국간의 국제협력에 관한 문제와 같은 조세행정에서 세부적이며 기술적인 문제들이 다루어지고 있다.

관세

전자상거래에 대한 관세 문제는 주로 WTO에서 논의되어 왔으나 이 분야의 국제 논의도 2004년도에 특별한 진전은 없는 상황이다. 1997년 미국에 의하여 제창된 무관세 관행이 그 동안 수차례의 WTO 각료 이사회에서 계속 연장되어 왔다. 미국을 비롯한 수 개의 국가들은 전자상거래에 대한 무관세의 영구화를 주장하고 있지만 WTO에서 전자상거래로 거래되는 디지털 제품을 상품으로 볼 것인가, 서비스로 볼 것인가에 대한 분류 문제가 해결되지 않은 상황에서 유럽을 비롯한 대부분의 국가들은 이 문제에 대하여 신중한 입장을 취하고 있다. 최근 우리나라에서는 싱가포르, 일본 등과 자유무역협정(FTA) 체결을 위한 회담을 개최하면서 온라인 전자상거래에 대한 무관세 관행의 영구화가 이슈가 되고 있다.

1.6 전자정부 관련 법 제도

선진 각국은 모두 전자정부를 주요 국가사업의 하나로 추진하고 있다. 많은 나라가 2005년 또는 2007년까지는 행정 서비스를 전부 온라인화 한다는 목표를 갖고 있다.

미국

2002년 제정된 전자정부법(E-Government Act)은 전자정부 추진 정책에 관한 기본법이라고 할 수 있다. 현재 미국의 전자정부 추진은 이 법의 시행을 중심으로 행해지고 있다.

일본

향후 3년간 전자정부 구축에 관한 정부의 구체적인 대응을 정한 '전자정부 구축 계획'에 따라 향후 정보화가 체계적으로 추진되고 있다. 2004년 7월 현재 전자정부 종합 창구인 'e-Gov(www.e-gov.go.jp)'를 통해 중앙 행정기관, 독립 행정법인 등 약 1,600개 기관의 홈페이지에 접근할 수 있다.

프랑스

1998년 1월 16일 프랑스 사회 정보화를 정부 행동 계획(programme d'action gouvernement pourpreparer l'entree de la Francedans la societe del'Information, PAGSI)이 발표되었는데, 이 행동 계획은 이후의 프랑스 행정 정보화의 지침이 되고 있다. 2003년 공공기관의 인터넷 사이트가 5,399개이던 것이 2004년 4월 1일 현재 7,015개에 이르고 있다. 현재 프랑스 행정서식의 90%, 즉 1,400개 이상의 서식이 인터넷을 통하여 제공되고 있다. 전자적으로 행해질 수 있는 서비스의 수는 전체 행정 서비스의 45%에 이른다. 전자행정 전략 계획에 의하면 2007년에는 100%의 행정 절차가 인터넷을 통해 행해질 예정이다.

영국

2005년 12월 31일까지 중앙정부 서비스를 모두 전자화하는 것을 목표로 추진하였다. 이를 점검하기 위해 각 부는 분기마다 내각 전자정부팀(e-government unit)에 보고서를 제출하고 있고, 이들 보고서는 통합되어 공개되고 있다. 2004년 1분기 보고서에 의하면 정부 서비스의 74%가 전자화되었다. 정부 차원의 전자정부 정책은 내각에 소속된 전자정부

팀에서 맡고 있다. 내각 전자정부팀은 각부와 협력하여 전자정부를 확대 · 강화하고 있다.

제2절 국내동향

2.1 개인 정보 보호 관련 법 제도

정보통신망법

개인 정보 보호와 관련하여 2004년에 개정된 정보통신망법의 주요 내용은 다음과 같다.

① 개인정보의 수집 시, 이용자의 동의

정보통신 서비스 제공자는 이용자의 동의를 얻고자 하는 경우에 인터넷 접속 정보 파일 등 자동으로 개인 정보를 수집하는 장치의 설치 · 운영 및 그 거부에 관한 사항을 고지하거나 이용 약관에 명시하여야 한다(법 제22조 제2항 제5호).

② 정보통신 서비스 이용자의 권리

이용자는 정보통신 서비스 제공자 등에 대하여 개인 정보를 이용하거나 제3자에게 제공한 명세를 요구할 수 있고, 정보통신 서비스 제공자 등은 지체 없이 이에 필요한 조치를 취하여야 한다(법 제30조 제2항 제4호).

③ 개인 정보 분쟁조정위원회 조정부

개인 정보 분쟁조정 업무를 효율적으로 수행하기 위하여 분쟁조정위원회에 5인 이하의 위원으로 구성되는 조정부를 설치하고, 일부 분쟁에 대하여는 조정부에 일임한다(법 제33조 제2항 제6호).

④ 정보 보호 지침의 준수

정보통신부 장관은 정보통신망의 안정성 확보를 위해 보호 조치의 구체적 내용을 정한 정보통신 서비스의 정보통신망 및 정보에 관한 보호 지침(정보 보호 지침)을 정하여 고시하고, 정보통신 서비스 제공자에게 그 준수를 권고할 수 있다(법 제45조 제2항).

⑤ 이용자의 정보보호

정보통신부 장관은 이용자의 정보 보호에 관한 필요한 기준을 정하여 이용자에게 이를 권고할 수 있고, 주요 정보통신 서비스 제공자는 정보통신망에 중대한 침해 사고가 발생하여 정보통신망 등에 심각한 장애가 발생할 가능성이 높은 경우에는 이용 약관이 정하는 바에 따라 이용자에게 보호 조치의 권고를 할 수 있다(법 제47조의 2).

⑥ 영리 목적의 광고성 정보 전송 차단

정보통신 관련 장관은 수신자가 영리 목적의 광고성 정보를 편리하게 차단하거나 신고할 수 있는 소프트웨어나 컴퓨터 프로그램을 개발하여 보급할 수 있다(법 제50조의 6).

⑦ 정보통신망 침입 행위의 미수범 처벌

정당한 권한 없이 또는 허용된 접근 권한을 초과하여 부정한 목적으로 타인의 정보통신망에 침입을 시도한 자(미수범)도 3년 이하의 징역 또는 3천만 원 이하의 벌금에 처한다(법 제63조 제2항).

개인 정보 보호와 스팸메일

우리나라 정보통신망 이용 촉진 및 정보 보호 등에 관한 법률에서는 스팸메일의 규제를 원칙적으로 수신 거부 방식(Opt-Out)으로 규정하면서도(법 제50조 제1항) 무선 인터넷 및 휴대폰 SMS는 사전 동의 방식(Opt-In)으로 개정하는 안이 만들어졌다.

〔표4-1〕 스팸메일을 줄이는 방법

방법	내용
메일 주소 노출을 줄임	각종 게시판, 홈페이지, 방명록 등 검색에 노출되기 쉬운 곳에는 절대 자신의 메일 주소를 남기지 않도록 주의한다.
메일택의 사용	이에 따라 한메일, 네이버 등에서는 자신의 이메일 주소를 하나의 그림 파일로 제공하고 있다. 어쩔 수 없는 경우 이러한 메일택(이메일 주소 이미지)의 사용을 통해 조금이나마 수집을 제한한다.
회원가입 시, 광고메일 받지 않기 선택	인터넷 사이트 회원가입 시에는 광고성 메일 수신 여부를 선택할 수 있으므로 메일 수신을 원하지 않을 때에는 '원하지 않음'을 선택한다.
스팸용 메일계정 운영	각종 회원가입 시에 요구하는 메일 주소를 하나 만들고 그쪽으로 메일을 집중시켜 스팸메일 수를 줄인다.
스팸메일 차단 기능 활용	주요 메일 사이트는 특정 단어나 주소 등에 대하여 스팸메일 차단 기능을 사용하고 있으므로 이를 적극적으로 활용한다.
신고	상습적으로 스팸을 보내오는 자들은 사이버 경찰청 등에 신고한다. 이를 통해 다른 사용자의 피해를 줄일 수 있다.

2.2 e-비즈니스관련 소비자 보호 법률

2004년 전자상거래 관련 소비자 보호법 제도는 소비자 보호법, 전자상거래 등에서의 소비자 보호에 관한 법률, 약관의 규제에 관한 법률, 표시 · 광고의 공정화에 관한 법률 등이 있다.

소비자 보호법

소비자 정책 심의 위원회는 2004년 3월 16일 소비자 보호법에 따라 각 부처 및 기관에서 시행할 2004년도 소비자 보호 종합시책을 심의 의결을 거쳐 확장하였다. 이 중에서 전자상거래 관련 소비자보호의 주요 내용은 다음과 같다.

첫째, 전자상거래 안전상 확보 방안의 모색으로 '에스크로' 또는 보험가입 의무화 등을 포함한 전자상거래 소비자 보호법 개정 추진, 소비자 교육 · 정보 제공 및 소비자 경보 활성화로 인터넷 쇼핑몰 안전성 확보 추진, 공인인증서 이용의 활성화, 특히 하반기 중 무선 인터넷 공인인증 서비스 도입을 추진한다.

둘째, 효율적 전자상거래 시장 감시 및 사업자의 자율 규제 유도로써 온라인 게임 및 이동전화 서비스의 해지 제한 행위 등에 대한 감시 활동을 통하여 소비자 피해 예방, 전자상거래 신뢰성 확보 및 소비자 보호를 위해 사기 행위자 집중 단속, 인터넷 상시 감시센터의 운영 등이 주요 골자이다.

전자상거래 등에서의 소비자 보호에 관한 법률

공정거래위원회는 전자상거래 등에서의 소비자 보호에 관한 법률 개정안을 선불식 통신판매 거래 소비자들의 피해 예방 등의 구매안전을 위해 '에스크로' 제도 도입을 주요 내용으로 하여 2004년 5월 10일 재차 입법 예고했다. 개정 취지는 비대면 · 선불 거래 방식으로 인해 소비자 피해가 급증하고 있는 전자상거래의 안전성을 강화하는 동시에, 불필요한 규제를 정비함으로써 사업자의 부담을 경감시키는 것으로 개정안의 주요내용은 다음과 같다 .

- 소비자의 정의 규정에 대한 위임 범위를 명확히 하고 사업자에 대한 개념을 새로이 신설한다.
- 서면 외에 전자문서에 의한 계약서를 인정하고 계약 내용에 포함되어야 할 사항 중 거래에 관한 약관을 약관의 출처 및 약관을 확인할 수 있는 방법으로 대체하는 것을 가능하게 한다. 통신판매업자에게 미성년자와의 계약 시 법정 대리인의 동의를 얻지 못하면 계약을 취소할 수 있다는 내용을 고지토록 한다.
- 재화 등의 공급 시기의 기산점을 소비자가 대금의 전부 또는 일부를 지급한 날로 변경한다.
- 계약 내용에 관한 서면과 실질적으로 내용이 동일한 공급서 교부 의무를 삭제한다.

약관의 규제에 관한 법률

공정거래위원회는 전자거래와 관련한 표준 약관으로 인터넷 사이버몰 이용 표준약관(제10023호, 2000.1.28), 전자금융거래 표준약관(제100028호, 2001.10.10)외에 인터넷 등 전자적 수단에 의한 보험 거래에서의 고객 권익을 보호하고 건전한 거래 질서를 확립하기 위하여 생명보험협회와 대한손해보험협회가 심사 청구한 전자보험거래 표준 약관(제10054호)을 2003년 11월 21일 승인 · 보급하고 있다.

약관의 규제에 관한 법률은 2004년 1월 20일 표준 약관에 관한 내용을 중심으로 개정 · 공포(법률 제07108호)되어 전자상거래 분야의 표준 약관의 승인 · 보급이 활성화될 것이다. 개정이유는 불공정 약관으로 인한 소비자의 피해와 분쟁을 예방할 수 있도록 표준 약관의 보급을 확대하는 한편 현행 표준 약관 제도의 운영상 나타난 일부 미비점을 개선 · 보완하려는 것이다. 주요 개정 내용은 다음과 같다.

① 표준 약관의 보급 확대를 위하여 표준 약관의 제정 주체 확대

종전에는 사업자(단체)만 표준 약관을 마련하여 심사를 청구할 수 있을 뿐이므로 사업자측이 스스로 청구치 않을 경우 표준 약관 제정이 불가능하였으나, 한국소비자보호원 또는 소비자 보호법에 의하여 등록된 소비자 단체가 공정위에 대하여 표준 약관의 제청을 요청할 수 있도록 하였다(개정법 제19조의 2 제2항).

② 표준약관의 활용도 제고

공정위는 제정한 표준 약관을 사업자에게 사용하도록 권장할 수 있고, 사용 권장을 받은 사업자가 표준 약관과 다른 개별 약관을 사용하는 경우에는 표준 약관과 달리 사용하는 부분을 표시하도록 한다(개정법 제19조의 2 제5항, 제6항).

③ 표준 약관 허위 사용에 대한 제재

표준약관의 보급 확대 및 실효성 확보를 위해 공정위가 표준 약관 표지(마크)를 정하여 사업자로 하여금 이를 사용할 수 있도록 하고, 동 표지의 허위 사용 등에 대한 제재 근거 등을 마련한다(개정법 제19조의 2 제7항, 제9항). 사업자가 표준 약관과 다른 내용의 약관을 사용하면서 표준 약관 표지를 허위로 사용하는 경우 표준 약관의 내용보다 고객에게 더 불리한 개별 약관의 내용은 그 효력이 없도록 하였고, 이러한 행위에 대해 5,000만원 이하의 과태료를 부과할 수 있다.

전자금융법안 입법 예고

재정경제부는 전자금융거래법을 2004년 8월 30일 입법 예고했다. 제정 취지는 급속한 정보통신기술의 발전에 따라 인터넷 뱅킹 등 전자금융거래가 확산되고 전자화폐 등 새로운 전자지급 결제수단이 등장함에 따라 전자금융거래의 비대면성 · 비서면성 등 전자적 특성을 반영하여 전자금융거래의 기본 요소 절차와 사고 시 책임 분배 등에 관한 법률 관계를 명확히 하는 것이다. 또 전자금융업무를 영위하는 자에 대한 감독 제도를 체계적으로 정비함으로써 전자금융거래의 안전성을 확보하고 이용자를 보호하여 전자금융거래가 활성화될 수 있는 계기를 마련하고자 한다.

2.3 전자서명 인증제도 관련 법률

개인용 공인인증서(상호연동용) 유료화 정책 시행

전자거래의 안전하고 신뢰할 수 있는 환경 조성을 위하여 1999년 전자서명법이 제정된 이후, 2001년 한 차례 개정이 이루어진 바 있다. 우리나라는 전자서명법에 따라 현재 6개의 공인 인증기관이 지정되어 인터넷 뱅킹, 온라인 증권거래, 전자조달 및 입찰, 인터넷 보험 등의 전자거래를 중심으로 전자서명의 이용이 확산되고 있다.

2001년 개정 전자서명법은 전자서명 공인인증서의 상호연동을 실시할 수 있도록 규정을 신설하였다(법 제26조의 3). 이러한 전자서명 공인인증서의 상호연동은 법적 의무사항이며, 미이행시 1년 이하의 징역 또는 1천만원 이하의 벌금형에 처해진다(법 제25조의 3 및 제32조).

2004년 8월까지 개인에게 발행된 공인인증서는 약 725만 장으로, 전체 공인인증서 830만장의 91%를 차지하였다. 개인용 상호연동용 공인인증서의 유료화는 2004년 9월 11일부터 상호연동용 가격 가이드라인에서 제시된 범위 내에서 공인 인증기관이 자유롭게 결정하여 시행할 수 있도록 결정되었다. 공인 인증기관은 일정금액의 수수료를 받는 것으로 정하였다.

2.4 전자금융 거래법

전자어음법의 개정

■ 전자어음법의 목적

전자어음의 발행 및 유통에 관한 법률(이하 '전자어음법'이라고 한다)은 약속어음을 전자적 방식으로 발행 · 유통할 수 있도록 하고, 그 어음상의 권리를 행사할 수 있도록 함으로써 국민경제의 향상에 이바지함을 목적으로 하고 있다.

■ 주요 내용

- 전자어음법의 목적
  - 이 법률은 약속어음을 전자적 방식으로 발행 · 유통할 수 있도록 하고 그 어음상의 권리를 행사할 수 있도록 함으로써 국민 경제의 향상에 이바지함을 목적으로 한다(제1조).

- 전자어음의 중앙관리기구
  - 전자어음의 발행, 배서, 보증 및 권리 행사를 관장할 중앙관리기구로서 '전자어음관리기관'을 두며, 이 기관은 법무부장관이 지정하되 그 지정 요건 및 지정 절차, 그 밖에 필요한 사항은 대통령령으로 정한다(제3조). 전자어음 관리기관은 특정경제범죄가중처벌 등에 관한 법률 제2조의 규정에 의한 금융기관으로 본다(제2조).

■ 전자어음의 등록 및 어음 행위

전자어음을 발행하고자 하는 자는 당해 전자어음을 전자어음 관리 기관에 등록하도록 하고(제5조 제1항), 전자어음의 배서, 보증 또는 전자어음상의 권리 행사는 이 법의 규정에 의한 전자문서에 의해서만 할 수 있다(제5조 제3항). 또한 전자어음의 기재 형식은 디지털 환경에 맞게 정하고, 특히 어음 당사자의 사업자 고유 정보를 반드시 기재하게 하여 융통 어음이 발행되지 못하게 되며, 조세의 공정성과 투명성이 확보되도록 하였다(제6조). 전자어음의 발행 또는 배서할 때에 발행인 또는 배서인이 공인전자서명을 한 경우에는 어음법 제75조 제4호의 규정에 의한 기명날인 또는 서명이 있는 것으로 본다(제6조 제

3항, 제7조 제6항).

■ 거래의 안전성 확보 및 이용자 보호

전자어음 관리기관은 전자어음에 관한 거래의 안전을 확보하고 지급의 확실성을 보장할 수 있도록 전자어음 거래의 전자적 전송 · 처리를 위한 인력, 시설, 전자적 장치 등에 관하여 대통령령이 정하는 기준을 준수하여야 한다(제15조).

2.5 전자무역관련 법 제도

대외무역법

2000년 12월 8일 국회 본회의 의결을 거쳐 2000년 12월 29일 법률 제6316호로 대외무역법 중 개정 법률이 공포되면서 전자무역의 개념이 대외무역법에 규정되었다. 동 개정 법률의 목적은 국내외 무역환경의 급속한 변화에 능동적으로 대응하고, 무역거래의 효율성 제고를 위하여 전자무역에 관한 사항을 규정하려는 것이다. 주요 내용은 다음과 같다 .

- 대외무역법 제2조 1항은 무역을 '물품과 대통령령이 정하는 전자적 형태의 무체물의 수출입'으로 정의하고, 동조 6항은 전자무역을 '무역의 전부 또는 일부가 컴퓨터 등 정보처리 능력을 가진 장치와 정보통신망을 이용하여 이루어지는 거래'라고 정의했다.
- 한편 대외무역법상 산업자원부 장관은 무역의 진흥을 위하여 필요하다고 인정되는 때에는 대통령령이 정하는 바에 의하여 물품 등의 수출, 수입을 지속적으로 증대하기 위한 조치를 취할 수 있다(동법 제4조 1항).

대외무역법 시행령

현행 대외무역법 시행령 중 전자무역과 관련된 주요 내용은 다음과 같다. 우선 대외무역법 시행령은 수출입에 포함되는 전자적 형태의 무체물의 범위를 규정하고 있다. 대외무역법 시행령 제2조의 3에서 규정한 전자적 형태의 무체물의 범위는 다음과 같다.

- 소프트웨어산업진흥법 제2조 제1호의 규정에 의한 소프트웨어
- 부호 · 문자 · 음성 · 음향 · 이미지 · 영상 등을 디지털 방식으로 제작하거나 처리한 자료 또는 정보 등으로써 산업자원부장관이 정하여 고시하는 것
- 제1호 및 제2호의 집합체, 기타 이와 유사한 전자적 형태의 무체물로써 산업자원부장관이 정하여 고시하는 것. 이러한 전자적 형태의 무체물의 수출입 확인에 대해 동 시행령은 산업자원부장관이 수출입 관련 지원을 받기 위하여 수출입 사실의 확인을 신청하는 경우에는 수출입 확인을 할 수 있고, 이러한 수출입 확인에 필요한 세부 절차 등은 산업자원부 장관이 정하도록 규정하고 있다(동법 시행령 제31조의 2).

한편, 대외무역법 시행령 제18조의 5가 규정한 전자무역 중개기관의 기준은 다음과 같다. 첫째, 정보통신망을 통한 무역거래의 알선이나 전자무역 문서의 전달을 주된 업무로 하고, 지정 신청일 현재 전자무역 중개업무를 6개월 이상 수행하고 있어야 한다. 둘째, 전자무역 중개업무를 수행하기에 적합한 운영 시스템을 갖추어야 한다. 셋째, 전자무역에 관한 무역거래자의 교육 · 홍보 · 자문 계획을 체계적으로 수립, 수행하고 있어야 한다. 넷째, 전자거래 기본법 제23조의 규정에 의한 한국 전자문서 교환 위원회에서 제정 · 고시한 전자문서를 사용하고 있어야 한다. 동 시행령은 전자무역 중개기관의 지정 신청 및 그 절차 등을 규정하고 있다.

산업자원부장관은 전자무역 중개기관의 지정을 신청한 자가 동 시행령 제18조의 5의 규정상 지정 기준을 충족하는 경우 전자무역 중개기관 운영위원회(동법 시행령 제18조의 7)의 심의를 거쳐 전자무역 중개기관을 지정하고 지정서를 교부해야 한다. 산업자원부장관은 전자무역 중개기관을 지정한 경우 이를 바로 공고하고 전자무역 중개기관 명단을 비치하여 누구든지 열람할 수 있도록 해야 한다. 또한 종합무역상사의 정의에 대한 동 시행령 제18조의 2의 규정도 2002년 12월 18일 개정되어 종합무역상사에 대한 질적 요건을 고려한 별도의 자격심사 기준 도입을 가능하게 함으로써 앞으로 전자무역 등 새로운 무역유형에 적극적으로 대응할 수 있는 종합상사의 설립 근거를 마련하고 있다 .

2.6 전자정부 관련 법 제도

정책 및 계획

2003년 8월 14일 참여정부의 5년간의 전자정보 로드맵이 작성되었다. 2004년 3월 전자정부 로드맵의 세부 추진 계획이 정부혁신 지방분권위원회 내의 전자정부 전문위원회에 의해 작성되었다. 2003년 8월 14일 현재 15%의 민원 업무 온라인화 비율을 5년 후 85%로 끌어올리려는 계획을 갖고 있다. 법제 정비 로드맵을 보면 개인 정보 보호 법제를 정비하고, 전자행정에 장애가 되는 전자행정에 관한 행정일반법(민원 사무 처리에 관한 법률, 행정절차법, 정보공개법 등) 및 개별 법령을 전자행정에 맞도록 정비하는 것으로 하고 있다.

① 공공기관의 기록물 관리에 관한 법률의 개정 추진

2004년도 전자문서 시스템 도입에 따라 다량으로 생산되는 전자기록물의 체계적인 관리를 위해 동 법률의 미비점을 보완하기 위하여 개정이 추진되고 있다.

② 정보기술 관리 혁신법의 제정 추진

공공기관 정보기술의 체계적이고 효율적인 관리를 도모하고, 중복 투자를 방지하고 정보기술의 상호 운용성을 확보하기 위하여 공공기관의 정보기술 관리에 관한 법률 제정이 추진되고 있다.

③ 공공기관의 개인 정보 보호에 관한 법령 정비

개인 정보를 보호하기 위하여 공공기관에 의한 개인 정보의 수집 · 처리 등에 관한 정보를 공개하도록 하고, 개인 정보의 공동 이용을 제한하는 등 공공기관의 컴퓨터 등에 의하여 처리되는 개인 정보의 보호 제도를 개선 · 보완하려는 취지의 법령이다. 이 법률이 제정되면 위치 정보를 긴급구조 등 공공목적을 위해 이용할 수 있는 근거가 마련된다.

④ 공공기관의 정보 공개에 관한 법률의 개정

공공기관의 정보 공개에 관한 법률이 2004년 1월 개정되어 공공기관은 정보통신망을 통한 정보공개 시스템을 구축하고 전자적 형태로 정보를 공개할 수 있도록 하는 등 전자적 정보공개의 근거가 마련되었다.

전자정부 추진 체계 정비

전자정부의 추진에 관하여 관계 기관 사이의 업무 분담이 분명하지 않아 관계 기관 사이의 업무분담을 정부 조직 관계 법령에 명확히 규정하였다.

전자정부 기반 구축

중앙 행정 정보화 사업과 시군구 행정 종합 정보화 사업은 완료되었지만, 시도 행정 종합 정보화 사업은 현재 추진하고 있다. 2005년 6월까지 중앙과 시도, 시군구 상호연계 시스템을 구축할 것을 목표로 진행하였다.

행정 정보 공동 이용

2004년에는 정보 공동 이용을 위한 모델 연구가 행해졌다. 국가와 지방자치단체 상호간의 정보 공동 이용이 확대 · 강화되도록 하고, 2005년까지 공공기관으로, 2007년까지 금융기관으로 행정 정보 공동 이용 범위를 확대하는 것을 목표로 진행하였다.

전자민원

기업지원 단일 창구(G4B) 구축이 추진되고 있다. 인감증명법의 개정으로 인감 업무의 전산화가 완료됨에 따라 읍 · 면 · 동사무소뿐만 아니라 시 · 군 · 구청에서도 인감증명서를 발급할 수 있도록 되었다(제12조 제1항).

2.7 e-러닝 산업 발전법

제정 배경 및 목적

IT를 교육, 학습에 접목하여 산업화함으로써 지식의 대중화와 학습의 산업화 및 이를 통한 산업 경쟁력 강화를 도모할 필요성이 제기됨에 따라 'e-러닝(전자학습) 산업발전법

(2004년 1월 29일 법률 제7137호, 이하 '법'이라한다)' 이 제정되었다. 이 법은 e-러닝 산업의 발전에 필요한 사항을 정함으로써 e-러닝을 활성화하여 국민의 삶의 질 향상과 국민경제의 건전한 발전을 목적으로 한다.

산업자원부는 종래 e-러닝 산업의 기반 조성 및 활성화를 위하여 'e-러닝 지원센터', 'e-러닝 표준화포럼', 'e-러닝 백서 발간', '코리아e-러닝 2003' 및 'ASEM e-러닝 세미나 개최' 등을 통하여 국가적 차원에서 e-러닝 확산을 추진하고 있었다. 이 법의 제정에 의하여 이러한 정책 추진이 법제화되어 체계적으로 시행될 수 있는 기반을 갖추게 되었다.

2.8 인터넷 주소 자원에 관한 법률

제정 배경 및 목적

인터넷 주소 지원은 정보화 사회의 중요한 핵심 인프라로서 이에 대한 체계적이고 효율적인 관리체제를 확립하고, 인터넷 이용자의 이익과 공익이 조화를 이룬 인터넷 주소 자원의 종합적인 관리와 진흥을 위한 토대가 필요하다. 이러한 토대 위에서 인터넷 주소 자원의 관리, 분쟁의 해결 및 예방, 인터넷 주소의 등록 및 사용에 따른 소비자 보호의 문제, 불공정 경쟁의 예방 등 인터넷 주소 자원에 관한 종합적이고 체계적인 대응 체계를 마련하기 위하여 인터넷 주소 자원에 관한 법률이 제정되었다. 주요 내용은 다음과 같다.

주요 내용

- IP 주소의 할당
- 도메인 이름 등의 등록
- 부정한 목적의 도메인 이름 등의 등록 금지
- 인터넷 주소 관리 준칙
- 개인 정보의 보호

인터넷 주소 분쟁조정 위원회

인터넷 주소 자원 관리법은 인터넷 주소의 등록과 사용에 관한 분쟁을 조정하기 위해 인터넷 주소 분쟁 조정위원회를 두도록 규정하고 있다(법 제16조). 조정 신청을 받은 분쟁조정위원회는 3인의 위원으로 분쟁 조정부를 구성하고, 60일 이내에 이를 심사하여 조정안을 작성하여야 한다(법 제18조).

[부록] 사업계획서 작성방법

e-Business 분야를 연구하고 추구하다보면 새로운 사업적 기회를 찾는 경우가 많다. 새로운 사업을 구상하고 필요한 자금을 조달하기 위해서 세련된 사업계획서를 작성하는 일은 필수적이다. 부록에서는 사업계획서 작성에 관한 정보들을 제공하고자 한다.

1. 사업계획서 작성의 의의

사업계획서는 사업을 위한 준비, 사업 실패 위험의 감소 및 이해 관계자들과의 의사소통의 기초 자료로 활용하기 위하여 작성된다. 또한 투자 유치, 정책 자금의 조달, 사업의 승인, 벤처기업 확인, 각종 인허가용 등 특정한 목적을 가지고 외부 기관에 제출하기 위해 작성된다. [표 1]은 사업계획서의 용도를 요약해서 보여주고 있다.

〔표 1〕 사업계획서의 용도

항목	내용
자금 조달	투자유치용 정책 자금 조달용 정부 출연 자금 신청용 일반은행 자금 신청용
기술 평가	벤처 기술 평가 기술 담보 가치 평가용 코스닥 예비심사를 위한 기술 평가
각종 인허가	창업 사업계획 승인용 각종 인허가용

① 사업을 위한 준비

사업계획서에는 사업계획을 정교하게 수립함으로써 사업을 준비하는 데 이정표를 제시한 다. 준비가 많이 필요한 사업일수록 사업계획서의 효과는 크다고 할 수 있다.

② 사업의 실패 위험성의 감소

사업아이디어를 다양한 방법으로 분석하여 타당성을 검증하고 실질적인 사업 조사를 함께 할 수 있다. 이렇게 하면 사업에 자신감도 생기고 사업의 검증으로 의욕적인 사업을 추진할 수 있게 된다.

③ 이해 관계자들과의 의사소통 도구

사업을 진행하면서 생기는 수많은 이해 관계자와의 의사소통의 도구로써 사업계획서는 큰 역할은 한다. 즉 투자자, 투자기관, 금융기관 등 다수의 이해 관계자들은 사업계획서를 가지고 사업의 모든 것을 평가한다.

2. 사업계획서의 기본 요소

사업계획서에는 창업자, 사업 아이디어(사업의 내용) 및 재원 조달을 포함한 재무 계획이 필요하다. 사업계획서의 내용이 실행에 옮겨졌을 때의 피해를 최소화하고 가장 수익성 있는 사업의 전개를 위한 투자에 대한 합리적인 경제성 분석이 필수적이다.

창업자

창업자는 아이디어의 확보, 사업성의 분석, 사업계획의 수립과 실행 등을 주도하는 책임자다. 창업자는 기업 설립에 필요한 유 · 무형 자원(Resources)을 동원하고 이들을 적절히 결합하여(Organize) 기업이라는 시스템을 만든다. 또 창업자는 창업 기업이 의도한 대로 기능을 발휘하도록 관리하는(Manage)역할을 해야 한다.

창업자의 능력, 가치관 등은 창업기업의 성패와 효율에 지대한 영향을 미치게 되므로 창업에서 가장 중요한 요소라 할 수 있다. 유능한 창업자가 되려는 노력은 창업 성공을 위해 필요하며 그러한 창업자를 양성하려는 사회적 또는 국가적 노력은 해당 사회와 국가의 경제적 발전을 위해서 반드시 필요한 것이다.

사업아이디어

사업아이디어란 기업에서 무엇을 생산할 것인가의 계획을 의미한다. 생산품은 구체적인 형태를 가진 재화일 수도 있고 형태가 없는 무형의 서비스일 수도 있다. e-비즈니스 모델이 바로 사업 아이디어가 될 수도 있다. 사업 아이디어의 원천은 전문적 기술이나 노하우로부터 나오거나 시장 수요로부터 발생된다. 이러한 사업 아이디어의 원천이나 형태에 관계없이 상업적 아이디어가 만족시켜야 할 조건은 사업 아이디어에 의한 생산 활동 결과가 창업기업이 목표로 하는 수익을 창출할 수 있는 것이어야 한다는 점이다.

좋은 사업 아이디어는 쉽게 얻어지지 않으며 끊임없는 노력을 필요로 한다. 우연한 발견이나 취미 등에 의해서도 도출되기도 하나 체계적인 사업 아이디어의 발굴 노력이 필요하다. 저크버그는 대학시절 졸업생들이 인터넷에서 서로 쉽게 만날 수 있는 방법을 고안하다가 페이스북을 창립하였다.

자금(재무) 계획

자금이란 기업을 설립하는 데 필요한 금전적인 자원뿐만 아니라 자금을 이용해 동원할 수 있는 토지, 기계 기술자, 원재료 등을 포함하는 포괄적인 의미의 경영 자원을 의미한다.

자금은 자본의 형태로 창업자 자신의 출자에 의한 경우나 창업 팀에 속한 사람들이 제공하는 경우, 그리고 창업 과정과 경영에 직접 참여하지 않는 제 3자로부터 조달할 수도 있다.

창업의 가장 큰 장애 요인은 창업 자금 확보의 어려움으로, 아무리 유망한 사업 아이디어가 있다 해도 자금이 없는 아이디어는 사장될 수밖에 없다. 창업을 위한 자금 공급의 필요성은 개인적인 차원뿐만 아니라 공익적인 차원에서도 그 중요성이 인정되어 여러 가지 지원 제도를 운용하고 있다. 하지만 기술형 창업지원에 중심을 두고 있으며 시장형 창업에 대한 지원은 상대적으로 빈약한 실정이다. 최근 젊은이들은 위한 일자리 창출이 여의치 않아 대학생들을 대상으로 창업자금을 지원해주는 프로그램들이 대학가에 많이 있다.

이를 적절하게 활용하여 성공적인 창업을 할 수도 있지만 실패를 통해 창업을 학습할 수도 있을 것이다.

경제성분석

기업의 경영자는 투자를 결정할 때 우선 각 대안별로 어떠한 결과가 발생할 것인가에 관한 정보를 사전에 정확히 파악하고 현금흐름을 예측해야 한다. 즉각 투자 대안의 초기 투자액과 이후 발생하는 현금 흐름, 그리고 다른 투자안과 배타적 혹은 독립적 관계 등을 파악해야 한다. 그런 다음 기업의 자본 비용을 고려하여 각 투자안의 경제성을 분석하고 선택 여부를 결정해야 한다.

투자안의 경제성을 평가하는 방법은 크게 전통적 분석 방법과 할인 현금 흐름 분석 방법으로 구분할 수 있다. 전통적인 분석 방법은 화폐의 시간적 가치를 고려하지 않은 방법으로 평균 이익률법과 자본회수 기간법이 있다. 할인 현금 흐름 분석 방법은 화폐의 시간적 가치를 고려한 투자 평가의 방법으로써 순현재 가치법(이하 순현가법)과 내부 수익률법이 있다.

■ 평균 이익률법

평균 이익률법이란 평균 투자액 또는 총투자액에 대한 연평균 순이익 비율을 구하여 투자안을 평가하는 방법으로 회계적 이익률법이라고도 한다. 평균 이익률은 다음과 같이 구한다.

$$\text{평균이익률} = \frac{\text{연평균순이익}}{\text{연평균투자액}} = \frac{\text{연평균순이익}}{\text{총투자액}/2}$$

이 방법은 회계장부상 자료를 그대로 사용할 수 있으므로 매우 편리하다. 현금 흐름이 아닌 회계장부상의 이익에 기초를 두고 있어 화폐의 시간적 가치를 무시하고 있다는 단점이 있다. 따라서 투자안의 경제적 타당성과 무관하게 투자 결정이 이루어지는 위험을 내포한다.

■ 자본회수 기간법

자본회수 기간이란 투자에 소요된 자금을 그 투자로부터 발생하는 현금 흐름으로부터 모두 회수하는 데 걸리는 기간을 말한다. 자본회수 기간법은 이러한 자본회수 기간을 비교하여 투자안을 평가하는 방법으로 자본회수 기간이 빠른 투자안부터 우선 순위를 갖는다.

■ 할인 현금 흐름 분석법

평균 이익률법이나 자본회수 기간법 등의 전통적 분석 방법은 다 같이 화폐의 시간 가치를 무시하고 있다는 단점이 있자. 이에 비하여 순현가법이나 내부 수익률법 등의 할인 현금 흐름 분석 방법은 화폐의 시간 가치를 고려하여 투자안을 분석하는 방법이다. 순현가법과 내부 수익률법은 기업의 목표인 기업 가치 극대화를 의사결정 기준으로 한다.

① 순현가법(Net Present Value법)

일반적으로 투자 결정을 비롯한 기업의 모든 의사 결정은 현재 시점을 기준으로 이루어지지만 투자로부터 얻어지는 대가는 미래에 실현되는 것이 보통이므로 이러한 투자안을 평가하기 위해서는 화폐의 시간 가치를 고려해야 한다. 순현가법은 이와 같이 투자로부터 발생하는 현금 유입의 현재 가치와 현금 유출의 현재 가치를 비교하여 투자 여부를 결정하는 방법이다.

여기서 할인율은 투자를 위해서 요구하는 최소한의 수익률로써 일반적으로 그 기업은 자본 비용이 된다. 순현가법에서 의사 결정 기준은 순현재 가치가 0보다 클 경우 그 투자안은 채택하고 0보다 작을 경우 기각한다. NPV〉0 이라는 것은 절대적 부 또는 기업 가치의 증가를 의미하며, NPV〈0 이라는 것은 그 반대를 의미하기 때문이다. 상호 배타적인 투자안의 경우에는 NPV가 큰 순서대로 투자안을 선택한다.

② 내부 수익률법(IRR법)

내부 수익률법은 투자안의 순현재 가치를 0으로 할인율을 구하여 이를 요구 수익률과 비교하여 투자 여부를 결정하는 방법이다. 여기서 내부 수익률이란 투자로부터 기대되는 현금 유출의 현재 가치를 같게 하는 할인율을 말하는데, 내부 수익률을 r로 정의하여 의사결정에 활용한다면 기업의 자본 비용 또는 시장 이자율을 i라 할 때, r〉i 이면 이 투자안을 채택하고 r〈i 이면 이 투자안을 기각한다. 이러한 의미에서 IRR법에서 자본 비용은 투자를 위한 최저 요구 수익률이라고 할 수 있다.

3. 사업계획서 구성 내용

사업계획서의 내용은 그 용도와 목적에 따라 다양한 형태이지만 사업계획서의 기본 요소들을 포함하면서 대부분의 사업계획서들은 아래의 내용들이 기본적으로 포함된다.

- 회사소개
- 사업의 개요
- 시장 환경 분석
- 마케팅 계획
- 웹 사이트 구축 계획
- 재무계획
- 위험 요소 및 대처 방안
- 사업 추진 일정

회사소개

회사 소개 부분은 회사의 현황과 회사의 연혁 및 조직도, 그리고 경영진에 대해 소개하는 부분이다. 외부의 지원을 얻기 위한 사업계획서의 경우 대부분 경영진의 구성에 많은 관심을 갖는 것이 일반적이다. 이는 창투사나 기타 투자 기관의 경험에 비추어 경영진의 능력이 뛰어나면 그만큼 사업의 성공 가능성이 높다고 판단하기 때문이다. '창업가 정신'이라는 학문 분야에서는 창업의 기본 요소를 창업자, 사업성 있는 아이디어, 그리고 자금, 세 가지라고 한다. 이중에서 가장 중요한 요소가 창업자의 능력이라는 것이 다수 의견이다. 물론 그렇지 않은 의견도 존재한다. 그러므로 회사 소개 시 경영진의 내용을 솔직하고 객관적으로 표시하고, 만약 취약하다면 새로운 경영진 구성도 모색하여야 한다. 아울러 회사 소개 부분에 회사의 경영 이념과 함께 비전을 제시하는 것도 좋은 방법이다.

사업의 개요

사업의 개요 부분은 비즈니스 모델을 설명하는 부분이다. 특히 e-비즈니스 분야의 경우 이 부분에서 사업 아이디어의 구체적이고 명확한 설명이 필요하다. 이 부분에 들어갈 내용은 사업 아이디어의 추진 배경, 도식화한 형태의 사업 아이디어, 사업의 절차도, 사업 아이디어의 특징, 유사한 사업에 대한 검토 내용(경쟁사) 및 사업 아이디어의 구현 기술들을 가능하면 도식화하여 표현하여야 한다.

시장 환경 분석

사업 아이디어를 설명하고 난 후 이 사업 아이디어가 사업성이 있는지에 대한 설명이 필요하다. 시장 환경 분석이라는 제목으로 산업 분석, 목표 시장 분석, 시장 규모 및 성장 추이, 시장 진입 전략 및 성장 전략, 경쟁사 비교, SWOT 분석 및 향후 예상 매출 규모를 추정해 본다.

마케팅 계획

사업 아이디어를 구현할 수 있는 마케팅을 4P(Product, Price, Place, Promotion)를 중심으로 수립한다. e-비즈니스의 경우 사이트 도메인의 작명을 포함한 사이트 도메인 홍보 전략도 수립되어야 한다.

웹 사이트 구축 계획

일반적인 사업계획서의 경우 생산 전략을 수립하지만 e-비즈니스 사업의 경우 사이트 구축 계획을 수립해야 한다. 사이트 구축 계획에는 웹 서버의 형태 결정 및 운영 방안, 사이트 구조 및 콘텐츠 전략 등이 필요하다.

재무 계획

재무 계획에서는 구체적인 매출 계획을 세우고 최소 향후 5년간의 추정 재무제표를 작성하여야 한다. 추정 재무제표에는 인력 계획, 투자 계획, 추정 손익계산서, 추정 대차대조표, 추정 현금 흐름표 및 손익분기점 분석이 포함된다. 또한 소요 자금 및 조달방법이 구체적으로 표시되어야 한다.

참고문헌

김갑중, 김철수, 서우종, e-Business for Manager-e비즈니스 원론, 사이텍미디어, 2004.

이동훈, 전자상거래와 e-비즈니스의 이해, 한빛미디어, 2006.

임규건, 백승익, 이정우, 한창희, 디지털 경제시대의 e-비즈니스 경영, 이프레스, 2005.

정희연, 비즈니스와 IT의 융합, 이담, 2010.

황하진, 고일상, 박경혜, 전자상거래와 e-비즈니스, 경문사, 2006.

기업정보화지원센터, 2003년 기업정보화 수준 평가, ITR Report, RR200402_1, March, 2004.

변지석, ERP를 통한 경영혁신, 라이트북닷컴, 2003.

이소희, 중견 · 중소기업 ERP 성공모델 연구, Knowledge Research Group, 2004.

플러, 플로이드, 인터넷 비즈니스, 오재인, 전기정, 장승권, 홍길표 편역, 도서출판 성우, 2000.

Deitel, H. M., Deitel, P. J., and Steinbuhler, K., 매니저를 위한 e-Business와 e-Commerce(한글판), (주) 워터엔오일 역, Prectice Hall, 2002.

Frank, R. H. and Cook, P. J., Winner-take-all Society, Penguin Books, 1996.

McAfee, A. and Brynjolfsson, E., "Investing in the IT that Makes a Competitive Difference," Harvard Business Review, July-Aug 2008, pp. 98-107.

Schneider, G. P., E-Business, 8th ed., South-Western, 2009.

색인

숫자

한국어

ㄱ

ㅂ

ㅅ

ㅇ

ㅎ

영어

A

B

F

G

H

I

J

K